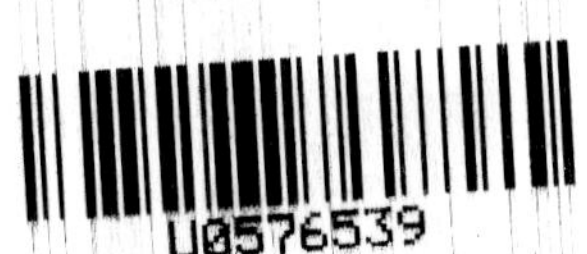

中华经典名著

全本全注全译丛书

胡平生 张萌◎译注

礼记 下

中華書局

丧服小记第十五

【题解】

郑玄说："'丧服小记'者，以其记'丧服'之小义也。"

《丧服》为《仪礼》中的一篇，记生者为死去的亲人所服丧服的形制和丧期等内容。而本篇主要记述《仪礼·丧服》中未说明的一些特殊情况。吴澄曰："此篇记《丧服》各章，又以补《丧服》经后《记》之所未备，又广记丧礼杂事，其事琐碎，故名《小记》。"本篇内容既与《仪礼·丧服》相通，亦可与《檀弓》篇的相关部分相互参考。

斩衰：括发以麻。为母，括发以麻，免而以布①。箭笄终丧三年②。齐衰：带、恶笄以终丧③。男子冠而妇人笄，男子免而妇人髽④。其义：为男子则免，为妇人则髽。

【注释】

①"斩衰"五句：父亲去世，孝子服斩衰（有关"斩衰"、"齐衰"见《曲礼上》"卒哭乃讳"节注⑨）。父亲刚刚去世，用笄和纚（xǐ）束发（详见《檀弓上》"曾子袭裘而吊"节注②），小殓后，就去掉笄、纚，仅用一条麻绳从脖后前交于额，再向后缠绕发髻，约束头发，即

“括发以麻”。母亲刚刚去世和小殓后，孝子也要括发以麻，但移尸于堂时就改用绕（音 wèn，一寸宽的白麻布条）来束发，方法与用麻绳束发相同。

②箭笄终丧三年：此句本在下文“除丧则已”后，孙希旦认为根据文意应移至此，今从。箭笄，用做箭的小竹做的笄，长一尺，是未婚女子为父服丧三年的一种丧饰。

③带、恶笄以终丧：此句传本脱“带”，据段玉裁、王念孙考证，应补“带”字，且先带后笄。恶笄，即丧笄。孔疏：“榛木为笄也。”

④髽（zhuā）：一种女性的丧髻，是用麻绳或布帛缠束头发并用笄固定的发髻样式，分别称为“麻髽”、“布髽”，也称为“露纷髽”。见《檀弓上》“邾娄复之以矢”节注③。

【译文】

斩衰：父亲去世，孝子在小殓后正式穿着的丧服，在穿着斩衰服之前要用麻绳束发。母亲去世，孝子在小殓后也要用麻绳束发，在正式穿丧服前用白麻布条束发。女子为父服三年丧，头上要插箭笄。齐衰：女子为亲人服丧，腰间缠麻带，头上要用榛木做的丧笄固定头发，一直到服丧期满。男子头上戴冠而女子头上插笄，小殓后，男子头上缠麻布条，而女子用麻绳或布编束头发。它的意思就是：男子束发叫“绕”，女子束发叫“髽”，以此区别男女。

苴杖[①]，竹也；削杖[②]，桐也。

【注释】

①苴（jū）杖：服斩衰时所持的以粗劣竹材制作的丧杖。苴，粗劣。

②削杖：服齐衰时所持的丧杖，削去桐木枝叶制成。

【译文】

服斩衰所持苴杖，是用粗劣的竹子制作的；服齐衰所持削杖，是削去桐木枝叶而制成的。

祖父卒，而后为祖母后者三年[①]。

【注释】

①“祖父卒”二句：孙子本应为祖父、母服丧一年，如果是作为后人的嫡孙，则要为祖父、母服丧三年；祖父去世后祖母才去世，就和父亲去世为母服丧一样，也要服丧三年。

【译文】

祖父先去世，而后祖母去世，作为后人的嫡孙要为祖母服丧三年。

为父、母、长子稽颡[①]。大夫吊之，虽缌必稽颡[②]。妇人为夫与长子稽颡，其余则否。

【注释】

①为父、母、长子稽颡（sǎng）：指服丧者向吊唁的宾客行拜礼并稽颡。子为父，父死为母，父为长子服丧时，要先稽颡而后拜，这三种情况丧期都是三年。其余则当先拜而后稽颡。稽颡，额头触地。

②“大夫”二句：这里指死者身份为士以下，大夫地位尊贵，因而即使只是服缌麻的亲戚也要先拜后稽颡。

【译文】

子为父、父死为母、或父母为嫡长子服丧时，宾客来吊唁，丧主要先磕头触地再行拜礼。如果丧主是士，大夫前来吊丧，为表示尊重，即使只是服缌麻之丧的亲属也要先磕头触地再行拜礼。妇人只有在为丈夫和嫡长子服丧时，要对来吊的宾客先磕头触地再行拜礼，其余丧事只需跪拜不用磕头。

男主必使同姓，妇主必使异姓[①]。

【注释】

①“男主”二句：这里指没有嫡子、嫡妇的情况下，需要找人代为充当接待宾客的男主、女主。孔疏：“庾氏云：‘丧有男主以接男宾，女主以接女宾。若父母之丧，则適子为男主，適妇为女主也。今或无適子、適妇为正主，遣他人摄主，若摄男主，必使丧家同姓之男；若摄妇主，必使丧家异姓之女。’”

【译文】

如果死者没有后嗣，找人充当男主、妇主，一定要找同姓的男子做男主，找异姓的女子做妇主。

为父后者，为出母无服[④]。

【注释】

①出母：即被父亲休弃之妻。见《檀弓上》“子上之母死而不丧”节注③。妻子如果触犯了“七出”之一，丈夫即可将其休掉。“七出”指：一，无子；二，淫佚；三，不事舅姑；四，口舌；五，盗窃；六，妒忌；七，恶疾。如果子不为父后，可以为出母服期年之丧。

【译文】

如果自己是父亲的嫡长子，被休出的母亲去世，不需为她服丧。

亲亲以三为五，以五为九[①]。上杀，下杀[②]，旁杀而亲毕矣[③]。

【注释】

①“亲亲”二句：指亲爱自己的亲属，上亲父，下亲子，和自己就构成了三辈。由父与子再延伸，由亲父而亲祖，由亲子而亲孙，这就构成了直系亲属的五辈。再由亲祖往上推，亲及自己的曾祖、高祖，再从孙往下延伸，亲及自己的重孙、玄孙，这就构成了直系亲属的九辈。

②上杀(shài)：在直系亲属中，从父亲逐渐往上，关系愈远，亲情愈疏，丧期愈短，丧服也愈轻。下杀：从儿子逐渐往下，关系愈远，亲情愈疏，丧期愈短，丧服也愈轻。

③旁杀：指旁系亲属中，和自己血缘关系愈远，亲情愈疏。如由亲兄弟而至从兄弟，再远至曾祖兄弟、高祖兄弟。

【译文】

亲爱自己的亲属，上亲父，下亲子，形成三辈相亲；然后由父而亲祖，由子而亲孙，扩大至五辈；在此基础上，再上亲及曾祖、高祖，下亲及曾孙、玄孙，这样就扩大为九辈。由父亲往上，血缘关系愈远，亲情愈疏，丧期愈短，丧服愈轻；由儿子往下，血缘关系愈远，亲情愈疏，丧期愈短，丧服愈轻；在旁系亲属中，和自己血缘关系愈远，亲情愈薄，丧期愈短，丧服愈轻，一直到亲尽无服而毕。

礼，不王不禘①。王者禘其祖之所自出②，以其祖配之，而立四庙③。庶子王亦如之④。

【注释】

①礼，不王不禘：此句原在后文“则不为女君之子服”句下，今据孔颖达、孙希旦等说移于此处。王，孔疏：“天子也。”禘，天子每五年在宗庙中举行祭祀祖先的大祭。

②禘其祖之所自出：郑注："始祖感天神灵而生，祭天则以祖配之。"如周祭天，就要以后稷神主配祭。

③四庙：指始祖庙之外的高祖庙、曾祖庙、祖庙、祢庙（父庙）四庙。

④庶子王：庶子继承王位。庶子，指嫡子以外的众子。庶子本来无资格继承王位，但如果嫡子因故不能继立，就由庶子继位。

【译文】

礼制规定，不是天子不得举行祭天的禘祭。天子举行禘祭，是祭祀降生了始祖的天神，因此要以始祖配祭，建立始祖庙祭祀之外，还要立高祖、曾祖、祖、祢四亲庙。如果是庶子继承了天子之位，祭天、立庙之礼也是如此。

别子为祖①，继别为宗②。继祢者为小宗③。有五世而迁之宗④，其继高祖者也。是故祖迁于上，宗易于下⑤。尊祖故敬宗⑥，敬宗所以尊祖、祢也。庶子不祭祖者，明其宗也。

【注释】

①别子：即庶子。因其与嫡长子有别，故称。别子不能继承王位，他的后裔即尊别子为祖。如周公是武王之弟，是别子，被封于鲁，即为鲁之始祖。

②继别为宗：郑注："别子之世长子，为其族人为宗，所谓百世不迁之宗。"依宗法制度，别子所立新宗，世代皆由嫡长子继承，百世不迁。

③继祢者：别子的庶子，又分出另立新宗，其又由嫡长子继承，此为小宗，小宗五世而迁。

④五世而迁之宗：此指小宗。小宗有四种：有继祢的小宗，有继祖的小宗，有继曾祖的小宗，有继高祖的小宗。小宗传到五世，其

庙就要迁毁。从自己上推祢、祖、曾祖、高祖,是五世。如果自己去世,高祖之庙即毁弃,而将牌位迁于大宗的庙内,此所谓"五世而迁之宗"。

⑤"是故"二句:自己去世后,自己的神主成为祢,原来的祢升为祖,原来的祖升为曾祖,原来的曾祖升为高祖,原来的高祖则将牌位迁入大宗之庙,即所谓"祖迁于上"。而自己的嫡长子成为新的继祢小宗,即所谓"宗易于下"。

⑥宗:指嫡长子。郑注:"宗者,祖祢之正体。"只有嫡长子才被承认是继承先祖的正体,有权主持宗庙祭祀。

【译文】

嫡长子之外的庶子称为别子,别子的后裔奉其为始祖,别子的嫡长子另立新宗,世代由嫡长子继承而不变更,即为大宗。别子的庶子的嫡长子,再立新宗,就是小宗。五世之后即变迁、更动的小宗,就是祭祀到高祖一代的小宗。因此高祖一代的神主上迁于大宗的祖庙中,继祢的小宗变易为下一代。因为尊敬先祖,所以才尊敬作为继承先祖的正体的大宗,而尊敬大宗作为继承先祖的正体,正是尊重祖辈、父辈的实际表现。庶子不得主持祖庙的祭祀,表明上有宗子在,必须由他主持祖庙的祭祀。

庶子不为长子斩,不继祖与祢故也①。

【注释】

①"庶子"二句:庶子不为自己的嫡长子服斩衰之丧,而只服齐衰一年。因为庶子不是继承父祖的正体,其嫡长子也不是继承先祖的正体,所以庶子不得为其嫡长子服三年之丧。如果父为嫡长子,就要为自己的嫡长子服丧三年。

【译文】

如果父亲是庶子，就不能为自己的嫡长子服斩衰三年之丧，因为庶子不是继承祖与父的正体，其嫡长子也不是继承祖与父的正体。

庶子不祭殇与无后者[1]，殇与无后者从祖祔食[2]。

【注释】

①庶子不祭殇与无后者：郑注："不祭殇者，父之庶也。不祭无后者，祖之庶也。"殇，未成年而夭折者。无后，指成人未婚或已娶无子而死者。

②从祖祔(fù)食：附于被祭的祖先享受祭祀。

【译文】

庶子不祭祀未成年而死者以及没有后嗣的死者，未成年而死者以及没有后嗣的死者，都附于始祖庙中受祭。

庶子不祭祢者，明其宗也[1]。

【注释】

①明其宗：只有宗子可以立祢庙祭祢，庶子不得立祢庙祭祢，只能在宗子家参加并协助祭祀，表明对宗子的尊崇。

【译文】

庶子不得立祢庙祭祢，只能在宗子家参加并协助由宗子主持的祭祀，这表明了对宗子作为继承祖、父的正体的尊崇。

亲亲、尊尊、长长[1]，男女之有别[2]，人道之大者也。

【注释】

①亲亲:亲爱父母。尊尊:尊重祖、曾祖、高祖。长长:敬重兄弟及旁系亲属。郑注:"言服之所以降杀。"即指不同身份者丧服的区别。

②男女之有别:孔疏:"若为父斩,为母齐衰;姑、姊妹在室期,出嫁大功,为夫斩,为妻期之属,是男女有别也。"

【译文】

丧服制度体现敬爱双亲,尊崇祖先,敬重亲戚长辈,对男女不同的身份是有差别的,这是人伦之道中必须遵循的大原则。

从服者[①],所从亡则已。属从者[②],所从虽没也服。妾从女君而出[③],则不为女君之子服。

【注释】

①从服:即本人与死者原无亲属关系但自己亲属中有与死者有关系的人,自己就跟从亲属服丧。"从服"可分为六种,详见《大传》"从服有六"。其二曰"徒从"。徒,空,指非亲属而空为之服丧。孔疏说"徒从"有四,如子从母服于母之君母,妾子服君母之党等。

②属从:"从服有六"之一。即本人与死者有间接亲属关系,自己跟从与死者有直接亲属关系的人为死者服丧,如子从母服母亲的亲属之丧,妻从夫服夫的亲属之丧,夫从妻服妻的亲属之丧。孔疏:"属者,骨血连续以为亲也。"

③妾:这里指随嫁的媵妾,一般是主妇的妹妹或侄女。女君:嫡妻。

【译文】

随从而服丧,是本人与死者没有亲属关系而随从自己亲属中与死者有关系的人服丧，若所随从的人已去世，即可停止服丧。因亲属而随从服丧，是本人与死者有一定的亲属关系，并随从死者的直系亲属为其服丧，那么尽管所随从的人已去世，也要继续为死者服丧。如果媵妾跟随主妇一同被丈夫休出，如果主妇之子去世，媵妾就不为其服丧了。

世子不降妻之父母[①]；其为妻也，与大夫之適子同。

【注释】

①世子不降妻之父母：丧服有根据尊卑亲疏而降服的规定，世子虽然地位尊贵，但夫妇一体，妻之父母为妻之正尊，故夫要正常服丧，不能降低为妻之父母服丧的规格。

【译文】

天子、诸侯的嫡长子虽然身份高贵，但是为妻之父母服丧的规格也不能降低；天子、诸侯的嫡长子为其妻服丧，与大夫之嫡子为其妻服丧规制相同，都是齐衰杖期。

父为士，子为天子、诸侯，则祭以天子、诸侯，其尸服以士服[①]。父为天子、诸侯，子为士，祭以士，其尸服以士服。

【注释】

①“父为士”四句：如果父亲生前是士，而儿子现在做了天子、诸侯，儿子在祭祀时要以天子、诸侯规格行礼，但象征父亲的尸要穿着士服，因为父本无爵，子不敢以己爵加之。

【译文】

如果父亲生前是士，而他的儿子现在为天子或诸侯，祭祀其父就用天子或诸侯之礼，但代表父亲的尸还要穿士服受祭。如果父亲生前为天子或诸侯，后来儿子成为了士，那就要以士礼来祭祀其父，代表父亲的尸也要穿士服。

妇当丧而出[①]，则除之[②]。为父母丧，未练而出则三年[③]，既练而出则已；未练而反则期，既练而反则遂之。

【注释】

①当丧：正当公婆之丧。

②除：除服。孔疏："恩情既离，故出即除服也。"

③练：即小祥，服丧的周年祭。因祭时改戴练冠，故名。

【译文】

妇人如果在为公婆服丧期间被丈夫休出，就不必再为公婆服丧。如果是为自己的父母服丧，在未满周年的练祭前被丈夫休出，就和自己的兄弟一样服丧三年，如果是在已满周年的练祭后被丈夫休出，因为服丧期已满，就不必继续为父母服丧；如果被休出的妻在未满周年的练祭前又被丈夫召回，就按常规为父母服丧期年，如果是在已满周年的练祭后被丈夫召回，就要为父母服丧三年。

再期之丧[①]，三年也。期之丧[②]，二年也。九月、七月之丧[③]，三时也。五月之丧[④]，二时也。三月之丧[⑤]，一时也。故期而祭[⑥]，礼也。期而除丧[⑦]，道也。祭不为除丧也。

【注释】

①再期（jī）之丧：即斩衰之丧，丧期为二十五个月，实际上跨了三个年头。期，周年。

②期之丧：指齐衰之丧，丧期是十三个月，经过两年。

③九月、七月之丧：指大功之丧，丧期是九个月。对于成人应服期丧者，如果死者为长、中殇，就降为大功。长殇的丧期是九个月，中殇的丧期是七个月，皆经过三个季节。

④五月之丧：指小功之丧。

⑤三月之丧：指缌麻之丧。

⑥期而祭：指一周年的小祥祭和两周年的大祥祭。

⑦期而除丧：在小祥祭后男子可以除去首绖，妇人可以除去腰绖；大祥祭后就可以除去丧服。

【译文】

服丧期两周年，服丧月数为二十五个月，实际跨着三年。服丧期一周年，服丧月数为十三个月，实际跨着两年。服丧期九月或七月，实际服丧过三季。服丧期五月，实际服丧过两季。服丧期三月，实际服丧过一季。所以为死者服丧一周年举行小祥之祭，两周年举行大祥之祭，表示对亲人的思念，这是合于礼的。周年祭后就可以逐渐除去丧服，表示活着的人要恢复生活，这合乎人伦之道。祭祀后虽然可以除服，但举行周年祭的目的不是为了除去丧服。

三年而后葬者必再祭①，其祭之间不同时，而除丧。

【注释】

①祭：指小祥祭和大祥祭。

【译文】

如果双亲去世未能及时安葬，三年后才下葬，那也要举行小祥、大祥之祭，而且小祥、大祥祭不可同时，必须于异月举行，要隔开一段时间，然后才除去丧服。

大功者主人之丧①，有三年者则必为之再祭，朋友虞、祔而已②。

【注释】

①大功者主人之丧：与死者有服大功之丧的亲属，死者无子或子年幼，就由服大功者为其主持丧事。

②虞：祭名。郑注："虞，安也。士既葬其父母，迎精而返，日中而祭之于殡宫以安之。"(《仪礼目录》)之后隔日举行一次。士三虞而止，大夫五虞，诸侯七虞，天子九虞。祔(fù)：祭名。即将死者的神主按昭穆顺序移入祖庙时的祭祀。虞祭结束后的次日举行卒哭之祭，卒哭祭的次日举行祔祭。参《檀弓下》"丧礼，哀戚之至也"节注㉓。

【译文】

如果死者无子或子年幼，为死者服大功的男性亲属就要为其主持丧事，而且要为死者主持举行小祥、大祥之祭；如果是为朋友主持丧事，举办虞祭、祔祭即可。

士妾有子而为之缌，无子则已。

【译文】

士之妾如果有子，去世后就为她服缌麻，如果无子就不为她服丧。

生不及祖父母、诸父、昆弟而父税丧①，已则否。降而在缌、小功者则税之。为君之父、母、妻、长子，君已除丧而后闻丧，则不税②。近臣，君服斯服矣。其余从而服，不从而税。君虽未知丧，臣服已。

【注释】

①税(tuì)丧:追服丧服。此句是说生前从未见过去世的亲属,亲属死后已过丧期才知晓,父亲要为亲属追服丧服。

②"为君"三句:此三句原在本节"已则否"下,今据郑注移于此。

【译文】

自己从未见过祖父母、伯父和叔父、叔伯兄弟,得知这些亲属去世的消息时,已经过了丧期,这种情况,父亲应追服丧服,自己就不必服丧了。如果是本应服齐衰、大功之丧,因故降为小功、缌麻之丧的,则应追服丧服。臣子应为国君的父亲、母亲、嫡妻、长子服丧,如果臣子出使他国,得知国君的上述亲属去世时,国君已除丧,这种情况下,臣子就不再追服丧服。如果国君出国时亲属去世,回国后才得知,这种情况下,国君如果追服丧服,亲近之臣也要跟着追服丧服。其他臣子,如果还在丧期内就跟着服丧,过了丧期就不用追服了。国君在国外而臣子在国内,国君虽然还不知亲人去世,但留在国内的臣子应正常为死者服丧。

虞,杖不入于室;祔,杖不升于堂[①]。

【注释】

①"虞,杖不入于室"二句:虞祭在死者生前的正寝举行,孝子不能将丧杖带入寝室之内。祔祭在祖庙中举行,也不能将丧杖带入祖庙中。去掉丧杖,意味着哀情减少而恭敬增多。室,死者生前的正寝,即殡宫。堂,祖庙之堂。

【译文】

虞祭时,不要将丧杖带入寝室;祔祭时,不要将丧杖带到庙堂。

为君母后者,君母卒,则不为君母之党服[①]。

【注释】

①"为君母后者"三句:此处所述即"从服"的原则,见上文"从服者,所从亡则已。属从者,所从虽没也服"。君母,嫡母。

【译文】

作为庶子而被立为嫡母的后嗣,嫡母在世时,其娘家人如果去世,庶子要从嫡母服丧,嫡母如果去世,就不用再为其娘家人服丧。

绖杀[①],五分而去一[②]。杖大如绖。

【注释】

①绖(dié):指首绖和腰绖。为亲属服丧,不仅身穿孝服,而且要头缠麻缕,腰系麻带。头缠的叫"首绖",腰系的叫"腰绖"。下文"杖大如绖"的"绖"指腰绖。杀(shài):减少。

②五分而去一:此处有两层含义。一指在同一种丧服里,腰绖的围长比首绖要少五分之一;一指在相邻的两种丧服里,后一种丧服的首绖围长要比前一种丧服的首绖少五分之一,即前一种丧服腰绖的围长和后一种丧服首绖的围长相同。如斩衰丧服的首绖围长九寸,腰绖的围长七寸八分,齐衰丧服的首绖也是七寸八分。

【译文】

首绖和腰绖的减省,都是以递减五分之一为度。斩衰所用的苴杖,其粗细与斩衰腰绖相同;齐衰所用的桐杖,其粗细与齐衰腰绖相同。

妾为君之长子,与女君同。

【译文】

妾为丈夫的嫡长子与嫡妻为嫡长子服制相同，都是齐衰三年。

除丧者先重者，易服者易轻者[①]。

【注释】

①“除丧者”二句：男、女为父母服丧都有首绖、腰绖。男子以首绖为重，以腰绖为轻；女子以腰绖为重，以首绖为轻。卒哭祭后男子要将腰绖由粗麻换成葛麻，女子要将首绖由粗麻换成葛麻。周年祭除丧时男、女则要首先除所重之绖。

【译文】

小祥祭后除去丧服，男子先除首绖，女子先除腰绖。因为男子以首绖为重，女子以腰绖为重，除服要先除重者；卒哭祭后以轻丧之服改换重丧之服，男子以轻丧的腰绖变为重丧的腰绖，女子以轻丧的首绖变为重丧的首绖，因为变服要先改换轻者。

无事不辟庙门[①]，哭皆于其次[②]。

【注释】

①辟：打开。庙：指殡宫。这里是说，灵柩停在殡宫期间不得随意开门，因鬼神性喜幽暗。

②次：倚庐，即守丧时，在寝门外临时搭建的简陋的庐舍。按规定，朝夕哭丧在殡宫，平时就在庐舍哭悼。

【译文】

死者入殓后，无事就不开殡宫之门，因思念死者而哭，都要到倚庐之中。

复与书铭[①]，自天子达于士，其辞一也。男子称名，妇人书姓与伯仲[②]，如不知姓，则书氏[③]。

【注释】

①铭：明旌，即书写死者姓名的旌旗，悬于棺首。

②伯仲：我国传统以“伯、仲、叔、季”表示排行，“伯”是老大，“仲”是老二。

③姓、氏：秦、汉以前姓、氏有别，姓起源于女姓，氏起源于男姓。姓以别婚姻，氏以表贵贱。贵族有氏，贱者有名无氏。如周为姬姓，鲁、卫、晋等诸侯国也是姬姓。而鲁国“三桓”则是季氏、孟孙氏、叔孙氏。

【译文】

招魂时所喊的和明旌上所写的死者之名，从天子至士，文辞都是一样的。男子，就称呼其名，妇人，就称呼其姓和排行，如果不知其姓，就书写上氏。

斩衰之葛与齐衰之麻同[①]，齐衰之葛与大功之麻同，麻同皆兼服之。

【注释】

①斩衰之葛：指卒哭祭后改换的葛绖。齐衰之麻：齐衰初丧所戴的是麻绖。

【译文】

斩衰丧服在卒哭祭后要把麻绖改为葛绖，葛绖的大小与齐衰丧服初丧时所服的麻绖相同；齐衰丧服在卒哭祭后所服的葛绖，大小与大功丧服在初丧时所服的麻绖相同；如果服丧时又有亲属去世，就要兼服麻经与葛绖,男子首绖服葛,腰绖服麻,女子则首绖服麻,腰绖服葛。

报葬者报虞[1],三月而后卒哭。

【注释】

①报(fù)葬:按礼制规定,死者要停柩三月再下葬,但因故不停柩,死而即葬。报,通"赴",急速。

【译文】

如果没有停柩而直接下葬,也要快速举行虞祭,但卒哭祭不能提前,一定要等三个月以后才能举行。

父母之丧偕,先葬者不虞、祔,待后事[1]。其葬,服斩衰。

【注释】

①"父母"三句:此节是说父母同时去世时的礼节规定。下葬要按先轻后重的原则。据《曾子问》:"并有丧,如之何?"孔子曰:"葬,先轻而后重,……其虞也,先重而后轻。"父为重,母为轻。偕,同。先葬者,指母亲。

【译文】

如果遇到父母同时去世的情况,就要先葬母亲,但葬后不举行虞祭和祔祭,等到安葬父亲,并为父亲举行虞祭、祔祭后,再为母亲举行虞祭和祔祭。葬母时因为父亲还未葬,所以应服斩衰之服。

大夫降其庶子[1],其孙不降其父[2]。

【注释】

①大夫降其庶子:大夫为嫡长子服斩衰三年,为庶子则降为大功九月。降,降低服丧等级。

②其孙:大夫之孙,指庶子之子。其孙为其父服丧不随其祖降等。

【译文】

大夫为其庶子服丧降级为大功,但其孙,即庶子之子为父服丧,不随其祖降等。

大夫不主士之丧。

【译文】

大夫不为士主持丧事,因为大夫位尊。

为慈母之父母无服[①]。

【注释】

①慈母:有两种,一是某妾无子,某妾子丧母,父命二人为母子。这种情况母子虽非亲骨肉,子待慈母应同亲生母亲,为其服三年之丧,但对慈母之父母则不服丧。此处所说就是这种情况。二是指养育自己的妇人,相当于保姆。这种"慈母"去世,则不服丧。参见《曾子问》"子游问曰"节注①。

【译文】

不为非生母的慈母之父母服丧。

夫为人后者,其妻为舅姑大功[①]。

【注释】

①"夫为人后者"二句:夫本为支子(非嫡长子),而后成为宗子的继承人,如有亲生父母的丧事,则要降等服丧,其妻也随夫降等服丧。其夫已为宗子继承人,对本生父母则降等服期年丧,其妻服大功丧。

【译文】

丈夫原非嫡长子,如果后来过继到宗子家成为嗣后的继承人,其亲生父母去世,也要降等服丧,妻子为公婆降等服大功。

士祔于大夫则易牲①。

【注释】

①士祔于大夫则易牲:祭士本用特牲(一猪),士死后将神主安置于祖庙,如果其祖是大夫,孙祭祀时就要改用少牢(一羊一猪)。

【译文】

士的神主祔于祖庙,如果其祖为大夫,祭祀时的牺牲就不能再按士的标准而要按大夫标准使用少牢。

继父不同居也者①,必尝同居。皆无主后,同财而祭其祖、祢,为同居;有主后者为异居②。

【注释】

①继父:父死而子随其母改嫁,所嫁之夫即为此子继父。继子为同居的继父服齐衰期年,如果异居则为继父服齐衰三月。

②有主后者为异居:孔疏:"异居之道,其理有三。一者,昔同今异;二者,今虽共居,而财计各别;三者,继父更有子,便为异居。"

【译文】

说“不同居的继父”，那一定是曾经同居过。继父没有亲生之子，没有应服大功丧的亲属，随母改嫁而来的继子也没有应服大功丧的亲属，继父并以自己的财产建庙，以祭祖、祭父，这就是同居；如果继父有亲生之子，或继父、继子皆有服大功丧的亲属，或者曾经同居后来又分开了，或财务上各自独立等，那就是异居。

哭朋友者于门外之右①，南面。

【注释】

①门外之右：寝门外西边。

【译文】

朋友去世，哭朋友时要站在朋友寝门外的西边，面朝南哭。

祔葬者不筮宅①。士、大夫不得祔于诸侯，祔于诸祖父之为士、大夫者。其妻祔于诸祖姑，妾祔于妾祖姑，亡则中一以上而祔②，祔必以其昭穆。诸侯不得祔于天子，天子、诸侯、大夫可以祔于士。

【注释】

①祔葬：按礼制，孙死祔祖。在家族墓地中安葬时，按昭穆顺序左、右排定，孙与祖排在同侧，宗庙祭祀时牌位也依昭穆设置，孙与祖在同侧，此即为祔葬。不筮宅：不再用卜筮的方法选择墓地，因为祖先已选定，而族葬按昭穆已有一定的次序。宅，指墓地。

②亡（wú）：无，没有。中一：间隔一代。孔疏：“祖无妾，则又间曾祖而祔高祖之妾也。”因为祔葬时昭从昭，穆从穆，孙必从祖，此处

本应祔于祖之妾，因为祖无妾，则再向上推，当中必又间隔了曾祖一代，而要祔于高祖之妾了。

【译文】

在家族墓地祔葬于祖坟时，不再占筮选择墓地。士、大夫不得祔葬于曾经为诸侯的祖父之墓旁，只能祔葬在世时为士、大夫的叔伯祖父之墓旁。士、大夫之妻也只能祔葬在为士、大夫的叔伯祖父之妻的墓旁，士、大夫之妾也只能祔葬在叔伯祖父之妾的墓旁，如果叔伯祖父没有妾，就要间隔曾祖一代而上祔于高祖之妾，因为祔葬一定要按照昭穆顺序排列。诸侯不能祔葬于做了天子的祖先之墓旁，但天子、诸侯、大夫可以祔葬于做士的祖先的墓旁。

为母之君母①，母卒则不服。

【注释】

①母之君母：指母亲的嫡母。母亲是庶生，但要称其父的嫡妻为君母。母亲在世，如果其嫡母去世，母亲要为其服齐衰期年，儿子要随母亲从服小功。母亲若已去世，此时其嫡母去世，儿子就不用服丧。

【译文】

自己的母亲为庶出，其嫡母去世，如果此时母亲已去世，就不用为她的嫡母服丧了。

宗子母在为妻禫①。

【注释】

①禫（dàn）：祭名。在大祥祭后的下个月举行，为除服之祭。孔疏：

“贺玚曰：‘父在，適（嫡）子为妻不杖。不杖则不禫。若父没母存，则为妻得杖又得禫。’”可知此处宗子为父亡母在。

【译文】

如果是宗子，父殁母在，为亡妻服丧期满除服要举行禫祭。

为慈母后者，为庶母可也①，为祖庶母可也②。

【注释】

①庶母：有子之妾受父命抚育无母的妾之子，此子称其为“庶母”。

②祖庶母：有子的祖父之妾受父命抚育无母的妾之子，此子称其为“祖庶母”。

【译文】

要为慈母服齐衰，那么同样也要为庶母服齐衰，为祖庶母也要服齐衰。

为父、母、妻、长子禫。

【译文】

为父亲、母亲、妻、嫡长子，都要举行服丧期满除服的禫祭。

慈母与妾母①，不世祭也。

【注释】

①妾母：庶母。

【译文】

慈母和庶母去世，由受其抚育的妾之子服丧，不用世世代代为其祭祀。

丈夫冠而不为殇，妇人笄而不为殇①。为殇后者，以其服服之②。

【注释】

①“丈夫冠”二句：男子行冠礼，女子行笄礼，都代表已成人，若去世则不得以殇死行丧礼。

②“为殇后者”二句：这是说宗子夭折，另立他人作为宗子的继承人，但此人不能作为死去的宗子之子的身份为父服斩衰丧，因为殇代表未成人，是不能有子的，因而只按原来的亲属关系服丧。

【译文】

男子行过冠礼就是成人，去世不能按殇死对待；女子行过笄礼就是成人，去世不能按殇死对待。宗子未成人而去世，他人立为宗子的后嗣，只须按照与宗子原本的亲属关系服丧。

久而不葬者①，唯主丧者不除②，其余以麻终月数者③，除丧则已。

【注释】

①久而不葬：孔疏：“谓有事碍，不得依月葬者，则三年服身皆不得祥除也。”

②主丧者：即丧主。孔疏：“子为父，妻为夫，臣为君，孙为祖，得为丧主，四者悉不除也。”

③其余：指从齐衰期年至缌麻的亲属。以麻终月数：因故久不入葬，则亲属不能变服，而要一直服麻，到应服的月数为止再除服。

【译文】

因故而不能如期下葬的，只有丧主始终穿着丧服，其余的亲属一直服麻，服满自己应服的月数可以除丧。

齐衰三月，与大功同者绳屦[1]。

【注释】

①绳屦：麻绳编成的鞋。

【译文】

齐衰三月的丧服，与大功九月的丧服相同之处，就是都穿麻绳编的鞋。

练[1]，筮日、筮尸、视濯，皆要绖、杖、绳屦[2]，有司告具而后去杖[3]。筮日、筮尸，有司告事毕而后杖，拜送宾。大祥吉服而筮尸[4]。

【注释】

①练：即小祥祭。服丧十三个月为死者举行的周年祭。

②要绖：即腰绖。服丧至小祥，男子已除去首绖。要，同“腰”。

③具：指上述筮日、筮尸、视濯三事准备完毕。去杖：放下丧杖，表示对祭祀的敬重。

④吉服：头戴缟冠，身穿朝服。大祥时也要筮日、筮尸和视濯。这里是省文。

【译文】

小祥祭，丧主事前要占筮选择吉日，占筮选择充当尸的人，亲自检查祭祀用器的洗涤情况，在做这些事情时都要腰缠葛绖、手执丧杖、脚穿麻绳编制的鞋，等到有关执事报告已准备就绪，然后放下丧杖，去主持占筮日期、占选尸者和洗涤祭器的事情。在占筮择日、占筮选择充当尸的人时，有来宾参加，等有关执事报告占筮结束，丧主又拿起丧杖，拜送宾客。到大祥祭，丧主也要占筮选择吉日，占筮选择充当尸的人，亲自检查祭祀用器的洗涤情况，此时要换上吉服。

庶子在父之室，则为其母不禫①。庶子不以杖即位②。父不主庶子之丧，则孙以杖即位可也③。父在，庶子为妻，以杖即位可也。

【注释】

①"庶子"二句：庶子与父亲同居，生母去世，由于受父尊的制约，可以为母亲行周年祭而不能举行禫祭。

②不以杖即位：父母之丧，嫡子持丧杖立于东阶左前方朝夕哭之位，庶子须将丧杖放在殡宫外，再入内即朝夕哭位。以杖即位是丧主之事，庶子非丧主，故不能以杖即位。即位，指即朝夕哭位。

③孙：指庶子之子。

【译文】

庶子与父亲同居，为生母服丧结束时不举行禫祭。庶子不能手执丧杖到朝夕哭位即位。庶子去世，如果父亲不为庶子主丧，那么庶子之子可以手执丧杖到朝夕哭位即位。庶子之妻去世，虽庶子之父在世但不为庶子之妻主丧，而由庶子本人主丧，庶子可以手执丧杖到朝夕哭位即位。

诸侯吊于异国之臣，则其君为主①。诸侯吊，必皮弁锡衰②。所吊虽已葬，主人必免③。主人未丧服④，则君亦不锡衰。

【注释】

①“诸侯”二句：诸侯本无吊臣丧之礼，这里说的是诸侯到他国出聘，恰遇他国臣子去世，所以前去吊丧，这时主国国君要代其臣之子为丧主。

②皮弁：谓弁绖，即在皮弁上加麻绖。锡衰：是用锡布制作的丧服。锡，《仪礼·丧服》：“锡者何也？麻之有锡者也，锡者十五升，抽其半，无事其缕，有事其布曰‘锡’。”经过加灰捶打洗涤后洁白光滑的细麻布。

③免(wèn)：同“绕”，头缠白麻布。“免”是未成服(停柩前)时的打扮，已葬而绕，是表示重视他国国君。

④未丧服：即未成服。

【译文】

诸侯出访他国，遇他国之臣去世，若诸侯去此臣家里吊丧，主国国君应代替死者之子做丧主。诸侯前去吊丧，一定要穿皮弁服，外穿经加工的细麻布制作的丧服。如果所吊唁的死者已经下葬，丧主也要头缠白麻布。如果主人还未成服，国君就不用穿细麻布制作的丧服。

养有疾者不丧服[1]，遂以主其丧。非养者入主人之丧，则不易己之丧服。养尊者必易服，养卑者否。

【注释】

①养有疾者不丧服：这是说自己本在居丧，但有生病的亲属需要侍奉，病人求吉恶凶，所以不穿丧服。

【译文】

本人居丧期间，因需要奉养有病的亲属，就不穿丧服，如果病人去世，就要为他主持丧事。本人居丧期间，另有没有奉养过的病人去世，本人需要为其主丧，就不用更换自己原来的丧服。侍奉父兄等尊长病人，一定要换下丧服，对于幼辈的病人就不用换下丧服。

妾无妾祖姑者，易牲而祔于女君可也[1]。

【注释】

①“妾无妾祖姑者”二句：妾本应祔于妾祖姑（公公之妾），如果无妾祖姑，就间隔一辈，祔于高祖之妾。如果高祖也无妾，那就祔于嫡祖姑（女君）。这种情况属于以卑祔于尊，所以祔祭的牺牲也要升级一等，由特牲变为少牢。

【译文】

妾无妾祖姑可祔，又无高祖之妾可祔，在这种情况下只好祔于嫡祖姑，祔祭使用的牺牲要由原来的特牲改为少牢。

妇之丧，虞、卒哭，其夫若子主之，祔则舅主之[1]。

【注释】

①祔则舅主之：郑注：“祔于祖庙，尊者宜主焉。”舅，指夫之父。

【译文】

媳妇辈的丧事，虞祭和卒哭祭，可由她的丈夫或儿子来主持，但将她的神主祔祭于祖姑之庙时，应由她的公公来主持。

士不摄大夫[1]，士摄大夫唯宗子。

【注释】

①摄:代为丧主。

【译文】

士,不得代理做大夫的丧主;如果士是宗子的话,则可以代理做大夫的丧主。

主人未除丧,有兄弟自他国至,则主人不免而为主。

【译文】

主人尚未除去丧服时,如果主人的兄弟从国外奔丧回来,主人可以不用头缠白麻布继续主持丧事。

陈器之道[1],多陈之而省纳之可也,省陈之而尽纳之可也[2]。

【注释】

①器:随葬的明器。

②"多陈之"二句:送死者陪葬的器物有一部分是朋友和宾客赠送的,这部分器物在陈列时以多为荣,但下葬时则有数量限制,不能全部随葬;另一部分是主人自己准备的明器,是按礼制规定准备的,陈列时可以不全部拿出来,但下葬时则可以全部纳入。

【译文】

陈列明器的原则是,宾客馈赠的物品要全部陈列出来,但不必全部随葬放入墓穴,主人自己准备的物品可不必全部陈列出来,但可以全部放入墓穴。

奔兄弟之丧，先之墓而后之家，为位而哭。所知之丧[①]，则哭于宫而后之墓[②]。

【注释】

①所知：指朋友与同事。

②宫：殡宫，即死者生前的正寝。

【译文】

从远方回家赴兄弟之丧，要先到墓地去哭，然后再回家，在自己的哭位上哭。如果是奔赴朋友之丧，则应先到殡宫去哭，然后再到墓地去哭。

父不为众子次于外[①]。

【注释】

①众子：嫡长子以外的庶子。次：丧次，倚庐。见本篇“无事不辟庙门”节注②。

【译文】

庶子去世，父亲不用在门外设倚庐守丧。

与诸侯为兄弟者[①]，服斩。

【注释】

①与诸侯为兄弟：包括本国的兄弟和在他国的兄弟。

【译文】

如果与诸侯是兄弟关系，诸侯去世，即使是人在他邦，也要为其服斩衰。

下殇小功[1]，带澡麻不绝本[2]，诎而反以报之[3]。

【注释】

①下殇：指八岁至十一岁的夭折者。小功：指因其下殇，而降二等，从齐衰之服降为小功之服。

②带澡麻不绝本：郑注："带不绝其本，屈而上至要(腰)，中合而纠之，明亲重也。"即用漂白的麻，不去除根部，弯曲向上折至腰部，制成腰绖。本，根。

③诎(qū)：屈折。报：合。

【译文】

下殇小功这种丧服，腰绖用不去根的麻加灰漂白制作，下垂的部分折起来缠在腰上。

妇祔于祖姑，祖姑有三人[1]，则祔于亲者[2]。

【注释】

①祖姑有三人：指祖母去世后，祖父又两次娶妻。

②亲者：郑注："谓舅所生。"即公公的生母。

【译文】

妇人去世后，她的神主祔祭于祖姑之侧，如果祖姑有三位，应当祔祭于自己的嫡亲祖姑之侧。

其妻，为大夫而卒，而后其夫不为大夫而祔于其妻，则不易牲。妻卒而后夫为大夫，而祔于其妻，则以大夫牲。

【译文】

妻去世时丈夫为大夫，后来丈夫不再是大夫，这种情况下祔祭妻时只能用与丈夫后来的身份适配的牺牲，不能用大夫之牲。如果妻去世后丈夫成为大夫，这种情况下丈夫祔祭妻时可以用大夫之牲。

为父后者，为出母无服。无服也者，丧者不祭故也。

【译文】

作为父亲的继承人，对被父亲休出的生母不服丧。之所以不服丧，是因为被休出的母亲不在祖庙祭祀了。

妇人不为主而杖者[①]，姑在为夫杖，母为长子削杖[②]。女子子在室为父母[③]，其主丧者不杖[④]，则子一人杖[⑤]。

【注释】

①妇人不为主而杖者：妇人服丧一般不持丧杖，此处讲述妇人持杖的若干情形。主，丧主。

②削杖：见本篇“苴杖”节注②。

③女子子：即女子。

④其主丧者：因无兄弟，使族中男子代为丧主，主持料理丧事。

⑤子一人：郑注：“谓长女也。”

【译文】

妇人不作为丧主也可手持丧杖，如婆婆在世而丈夫去世，妻应为夫持丧杖，嫡长子去世，也要手持削杖。女子还未出嫁，为父母治丧，家中若无兄弟，就由族中男子代为丧主，代理丧主不持丧杖，而由长女持丧杖。

缌、小功，虞、卒哭则免。既葬而不报虞[1]，则虽主人皆冠，及虞则皆免。为兄弟既除丧已，及其葬也，反服其服。报虞、卒哭则免，如不报虞则除之。远葬者[2]，比反哭者皆冠[3]；及郊而后免，反哭。君吊，虽不当免时也，主人必免，不散麻。虽异国之君，免也，亲者皆免[4]。

【注释】

①报：通“赴”。下同。

②远葬者：葬在远郊。

③反哭：指下葬后从墓地返回祖庙而哭。

④亲者：谓大功以上亲属。

【译文】

服缌麻、小功的亲属，到虞祭和卒哭祭时还要用白麻布缠头。如果下葬后没有立即举行虞祭，那么即使是丧主也要戴冠，等到虞祭时再脱冠着绕。为兄弟服丧，如果死者久而未葬，就各按丧期除去丧服，但等下葬时，还要穿上原先的丧服。如果葬后按时举行了虞祭和卒哭祭，那就用白麻布缠头，否则送葬后就可以除去丧服。如果葬在远郊，等到反哭时，男性要戴上冠，进入近郊后再脱冠着绕，返回祖庙去哭。国君来吊臣之丧，即使不应当戴绕，丧主也一定要戴绕，腰中的麻绖不要下垂散开。即使是异国之君来吊，大功以上的亲属都要如此打扮。

除殇之丧者，其祭也必玄。除成丧者，其祭也朝服缟冠[1]。

【注释】

①朝服：指玄冠、缁衣、素裳。朝服是纯吉的祭服。除服之祭（大

祥)还不到穿朝服的时候,所以把“玄冠”改为“缟冠”,这是半吉半凶的祭服。

【译文】

为未成年而夭折的人服丧,到了除服之祭时一定要戴玄冠,穿玄衣玄裳。为成年人服丧,到了除服之祭时要穿缁衣、素裳,戴缟冠。

奔父之丧,括发于堂上①,袒,降,踊,袭绖于东方②;奔母之丧,不括发,袒于堂上,降、踊,袭免于东方。绖即位,成踊③,出门,哭止。三日而五哭三袒④。

【注释】

①括发:见本篇首节注①。堂上:殡宫堂上。

②袭:与“袒”相对,谓穿上左臂衣服。东方:谓东序之东。“东序”是堂上的东墙。

③成踊:跳脚以三次为一节,三节礼成,共跳九次。

④五哭:初来之日一哭,明日早、晚各一哭,后日早、晚各一哭,共五哭。三袒:初至一袒,明日早晨一袒,后日早晨一袒。

【译文】

奔父之丧,到家后应在堂上头缠白麻,袒露左臂,从阼阶下堂,在阼阶之东南边哭边跺脚,然后升堂到东墙下穿好衣服,系好麻绖;奔母之丧,不用头缠白麻,要在堂上袒露左臂,从阼阶下堂,边哭边跺脚,掩好衣襟,然后在东墙下穿好衣服,系好腰绖。然后就孝子之位,跳脚九次,然后走出殡宫之门,停止哭泣。三天内,共哭五次,袒露左臂三次。

適妇不为舅后者①,则姑为之小功②。

【注释】

①適妇:嫡长子之妻。適,同"嫡"。

②小功:公婆本应为嫡妇服大功,但嫡妇没有生下继承人,故而降服。

【译文】

嫡长子的媳妇去世,如果嫡长子废疾或媳妇无子,没有能做父亲的继承人,婆婆就只为嫡妇服小功之丧。

大传第十六

【题解】

郑玄说："名曰'大传'者，以其记祖宗人亲之大义也。"

本篇开篇言先王治理天下必从人伦之道开始，之后言服制、宗法、祭法等，篇末又回归于"亲亲"的治国之策。再三强调无论是丧服制度还是继承制度，都要按照一定的"亲亲"、"尊尊"的亲疏原则。本篇内容有和《丧服小记》以及《仪礼·丧服》相同之处，可互相参看。

礼，不王不禘。王者禘其祖之所自出，以其祖配之①。诸侯及其大祖②。大夫、士有大事③，省于其君④，干祫及其高祖⑤。

【注释】

①"礼，不王不禘"四句：见《丧服小记》"礼，不王不禘"节注①②。

②大（tài）祖：始封之君。大，同"太"。

③大事：大的功勋。

④省（xǐng）：善。

⑤干祫（xiá）：郑注："干，犹空也。空祫，谓无庙祫。祭之于坛墠

(shàn)。”“干祫”是祫祭的一种特例。大夫、士本不祭(没有)始封之祖,也不设坛埠,若此大夫、士有功劳,为国君喜爱,则国君特许其设坛埠祫祭先祖一直祭至高祖。祫,祫祭,集合远近祖先神主于太庙合祭,通常于天子、诸侯丧事完毕时举行。

【译文】

按照礼制规定,不是天子就不能举行祭天的禘祭。天子举行禘祭,是祭祀孕育始祖的天神,同时还要以其始祖神主配享。诸侯祭祀祖先时,可以上及始封之君。大夫、士如果立了大功勋,国君喜爱他,可以让他设坛埠合祭祖先,可以祭至高祖。

牧之野①,武王之大事也。既事而退,柴于上帝②,祈于社,设奠于牧室③。遂率天下诸侯执豆、笾,逡奔走④,追王大王亶父、王季历、文王昌⑤,不以卑临尊也。

【注释】

①牧之野:即牧野,地名。在今河南新乡附近。周武王率领诸侯联军在牧野大败商纣王,确立了西周的统治。

②柴:祭名。燔柴以告祭天。

③设奠于牧室:指将行主供奉在牧室进行祭告。“行主”指先祖神主,古代君王率军出征,要将先祖的神主载在车上同行。见《曾子问》“丧有二孤”节注⑤。牧室,牧野的馆舍。

④逡(qūn):快。

⑤大王亶(dǎn)父:武王的曾祖父古公亶父。大,同“太”。季历:太王亶父之子,武王的祖父。文王昌:武王之父文王姬昌。

【译文】

牧野之战打败商纣王,是武王的大功绩。战事结束收兵后,武王燔柴祭告上天，向土地神祷告，在牧野的馆舍中供奉随军而行的先祖的神主，设置祭品祭奠报告。于是率天下诸侯手执豆、笾等祭器，迅速地奔走安排庙祭事宜，追封曾祖古公亶父尊为太王，祖父季历尊为王，父昌尊为文王，这就避免了祭祀时先祖的封号低、自己的天子封号高。

上治祖、祢[1]，尊尊也。下治子、孙，亲亲也。旁治昆弟，合族以食[2]，序以昭缪[3]，别之以礼义，人道竭矣。

【注释】

①治：正。指端正亲疏厚薄的关系。

②合族以食：聚合族人一道饮食。

③昭缪：即昭穆。缪，通"穆"。

【译文】

对上端正祖父、父的亲疏顺序，要尊敬尊者。对下端正子、孙的亲疏顺序，要亲爱亲属。对旁侧端正兄弟的亲疏顺序，聚合族人一道饮食，按着昭穆次序排列座位，用礼义来区别亲疏长幼，人道伦常都体现出来了。

圣人南面而听天下，所且先者五，民不与焉[1]：一曰治亲[2]，二曰报功[3]，三曰举贤，四曰使能，五曰存爱。五者一得于天下[4]，民无不足，无不赡者[5]；五者一物纰缪[6]，民莫得其死。圣人南面而治天下，必自人道始矣[7]。立权、度、量[8]，考文章[9]，改正、朔[10]，易服色[11]，殊徽号[12]，异器械[13]，别衣服[14]，此其所得与民变革者也。其不可得变革者则有矣。亲亲也，尊尊也，长长也，男女有别，此其不可得与民变革者也。

【注释】

①民不与焉:“民事”未包含在下文提到的五者中。

②治亲:治理亲属的亲疏关系。

③报功:报答功臣。

④一得:皆得,尽得。

⑤赡:丰赡。指生活优裕。孔疏:“谓上五事,一皆得行于天下,则民无有不足,无有不赒赡者。赡是优足之余也。”

⑥纰缪(pī miù):失误。

⑦人道:孔疏:“人道即治亲、报功、举贤、使能、存爱,是以理相承顺之道。”

⑧权、度、量:孔疏:“权,谓称锤;度,谓丈尺;量,谓斗斛也。”指制定统一的测量轻重、长短、容量,即度、量、衡的标准。

⑨文章:指国家礼法制度。

⑩正、朔:指历法。正,岁首。朔,月初。改朝换代要改历法,故三代历法不同,夏以正月为岁首,殷以十二月为岁首,周以十一月为岁首。

⑪服色:指服饰、车马所崇尚的颜色。如夏尚青,殷尚白,周尚赤。

⑫徽号:指旌旗。夏、商、周三代旌旗及旗帜的标识不同。参见《明堂位》“鸾车”节注③。

⑬器械:礼乐之器及兵甲。

⑭别衣服:衣服上纹饰图案有别。

【译文】

圣人面南听朝治理天下,首先要做五件事情,而民事不在其内:一是治理亲属间的亲疏关系,二是报答功臣,三是举荐贤人,四是任用能人,五是心存仁爱。这五件事都施行于天下,百姓就不会不富足,生活就不会不优裕;这五件事如有一件失误,百姓就会遭殃,不得善终。所以圣人面南听朝治理天下,一定要从治亲、报功、举贤、使能、存爱这五个为人之道开始做起。要确立度、量、衡标准，制定国家礼法，改订历法，变易车马、服色，采用不同的旌旗徽识，改换礼乐器具和兵甲，改更衣服图案纹饰，这些都是可以和民众一起变革的。但是，也有些是不能随意变革的。比如，亲爱亲属，尊敬尊者，敬重长者，男女有别，这些方面是不能由百姓随意变革的。

同姓从宗，合族属。异姓主名[①]，治际会[②]，名著而男女有别。其夫属乎父道者[③]，妻皆母道也；其夫属乎子道者，妻皆妇道也。谓弟之妻“妇”者，是嫂亦可谓之“母”乎？名者，人治之大者也，可无慎乎？

【注释】

①异姓主名：嫁来的异姓女子的称谓，主要取决于其夫，其夫如果为父，则称“母”；为子，则称“妇”。异姓，来嫁的异姓女子。名，异姓女子的名分。

②际会：交际聚会。

③道：孔疏：“犹行列也。”指辈分、排位。

【译文】

同姓之人都要跟从宗子，聚合为一族属。嫁来的异姓女子，以丈夫的辈分确定其称谓，以端正族内的交际和聚会的彼此关系，称谓名分确定后就能做到男女有别。对于嫁来的异姓女子来说，如果她的丈夫属于父辈，那么她就属于母辈；如果她的丈夫属于子辈，那么她就属于媳妇辈。弟弟的妻子可以称为“媳妇”，那嫂嫂可以称为“母”吗？那是不行的。所以名分称谓是端正人伦的大事，可以不慎重吗？

四世而缌[①]，服之穷也。五世袒免，杀同姓也[②]。六世，亲属竭矣。其庶姓别于上而戚单于下[③]，昏姻可以通乎？系之以姓而弗别[④]，缀之以食而弗殊[⑤]，虽百世而昏姻不通者，周道然也。

【注释】

①四世而缌：高祖以下从曾祖、祖父、父亲到自己为四世。从自身讲，要为父亲服斩衰三年，为亲兄弟服齐衰一年，为同祖兄弟服大功九月，为同族曾祖族人服小功五月，为同族高祖族人服缌麻三月。与死者同一高祖，死者与自己属于第五代人，这种情况下为死者服五服中最末等丧服缌麻。后文之“六世”，已出五服关系，所以不用服丧。

②杀（shài）：减少。

③庶姓：五世以外的同姓。别于上：孔疏：“云周家五世以后，庶姓别异于上，与高祖不同，各为氏族，不共高祖，别自为宗。”戚：亲。单：通“殚”，尽。

④姓：指正姓，即始祖之姓。

⑤殊：异。

【译文】

到了四世，同一高祖的亲属去世，为其穿缌麻丧服，这是五服中的最末等。到了五世，已经出了五服，只须袒露左臂、戴绕，这是因为同姓的血缘关系已减少。到了六世，亲属关系已经没有了。那么出五世的同姓，他们从祖上已经别立宗属，而后代的亲情逐渐消失殆尽，他们之间可以通婚吗？他们这些人仍系联于同姓之下而没有区别，通过定时的合族聚餐来联系彼此，不认为是异族，因此，即使他们相隔百代也不能互相通婚，周代的规定就是这样。

服术有六[①]：一曰亲亲[②]，二曰尊尊[③]，三曰名[④]，四曰出入[⑤]，五曰长幼[⑥]，六曰从服[⑦]。从服有六：有属从，有徒从[⑧]，有从有服而无服[⑨]，有从无服而有服[⑩]，有从重而轻[⑪]，有从轻而重[⑫]。

【注释】

①服术：服丧的原则。术，道。

②亲亲：孔疏："父母为首，次以妻、子、伯、叔。"指依亲疏关系论，为父母服丧最重，其次是妻、子、伯、叔。

③尊尊：孔疏："君为首，次以公卿、大夫。"指依尊卑地位论，为君长服丧最重，其次是公卿、大夫。

④名：孔疏："若伯叔母及子妇并弟妇、兄嫂之属也。"指对家族中的异姓女子，要依亲属的名分服丧，如伯母、叔母、子妇、弟妇及兄嫂等。

⑤出入：女子已出嫁的叫"出"，未出嫁的叫"入"。指对本族的女子，要依女子是已经出嫁还是尚未出嫁来服丧。

⑥长幼：孔疏："长谓成人，幼为诸殇。"指要依成人还是未成年人来服丧。

⑦从服：本人与死者本无服丧关系，由于自己的亲属与死者有亲属关系，自己跟从亲属服丧。见《丧服小记》"从服者"节注①。

⑧属从、徒从：见《丧服小记》"从服者"节注①②。

⑨有从有服而无服：指跟从有丧服的亲属但自己无服。如夫应从妻为岳父、岳母服缌麻之丧，但如果夫是诸侯之子，因父尊贵所以不能为岳父、岳母服丧。

⑩有从无服而有服：指被跟从者无服而跟从者却有服。如诸侯之子因父尊贵而不能为其外祖父母服丧，但其妻却仍要按徒从规定服缌麻。

⑪有从重而轻：指跟从服重者自己服轻。如妻为自己的父母服齐衰期年，夫跟从妻服缌麻三月。

⑫有从轻而重：指跟从服轻者自己服重。如诸侯之子为其母服丧，如果其母为妾，由于父尊，不能穿丧服，只能头戴练冠、穿绛色麻衣。但诸侯子之妻却仍要为婆婆服齐衰期年。

【译文】

服丧的原则有六条：一是根据亲属的亲疏关系服丧，二是根据地位的尊卑关系服丧，三是根据异姓女子来嫁后的名分服丧，四是根据本族女子是否出嫁服丧，五是根据是否成人服丧，六是根据从服关系服丧。从服又有六种情况：一是属从，与死者有间接亲属关系，跟从有直接关系的亲属为死者服丧；二是徒从，与死者没有亲属关系，跟从与死者有关系的亲属服丧；三是跟从有丧服的亲属但自己无服；四是被从者无服而跟从者却有服；五是本应跟着服重服而变为服轻服；六是本应跟着服轻服而变为服重服。

自仁率亲，等而上之至于祖，名曰轻；自义率祖，顺而下之至于祢，名曰重①。一轻一重，其义然也。

【注释】

①“自仁率亲”六句，郑注：“用恩则父母重而祖轻，用义则祖重而父母轻。”仁，恩。率，循。亲，父亲。

【译文】

由恩爱之情循着父母向上一级一级推至于先祖，恩爱之情是父母重而先祖轻；由道义之理循着祖先向下一级一级推至于先父，道义之情是父母轻而先祖重。这样，恩情虽轻但道义重，或恩情虽重但道义却轻，从人情道理而言正该如此。

君有合族之道，族人不得以其戚戚君①，位也。

【注释】

①不得以其戚戚君：不得拿亲戚关系中身份的高下、不得以亲戚序列中的地位高低与君排序。

【译文】

国君有聚合族人燕饮的道义，但族人却不得以亲戚序列中的地位高低与君排序，这是国君的地位决定的。

庶子不祭，明其宗也。庶子不得为长子三年，不继祖也。别子为祖，继别为宗，继祢者为小宗。有百世不迁之宗，有五世则迁之宗。百世不迁者，别子之后也。宗其继别子之所自出者，百世不迁者也。宗其继高祖者，五世则迁者也。尊祖故敬宗，敬宗，尊祖之义也①。有小宗而无大宗者，有大宗而无小宗者，有无宗亦莫之宗者，公子是也②。公子有宗道。公子之公③，为其士大夫之庶者宗其士大夫之適者，公子之宗道也。

【注释】

①"别子为祖"至"尊祖之义也"：文字与《丧服小记》"别子为祖"一节类似，可参看。

②"有小宗"四句：公子，本指诸侯之子，这里指先君之子，即国君的兄弟。公子不得宗君，又未成为后世之宗，但不能无人统领，因而要选择大宗、小宗来管理他们。这里的小宗、大宗和上文有所不同。有小宗而无大宗，指国君无嫡弟，选其余兄弟最长者为小

宗,由他统领公子们,公子们以小宗之礼对待他。有大宗而无小宗,指国君有嫡弟,即为大宗,统领公子们,公子们以大宗之礼对待他。有无宗亦莫之宗,指只有一位公子,既无所宗,也不为他人所宗。

③公子之公:指国君。

【译文】

庶子不能祭祖,就是为了表明正宗才是继祖的正体。庶子不能为其长子服丧三年,因为庶子不是先祖的继承人。嫡长子之外的庶子称作别子,别子为其后裔之始祖,继承别子的嫡长子就是大宗,继承别子之庶子的嫡长子就是小宗。有百世不迁之宗,即大宗,有五世而迁之宗,就是继高祖的小宗。百世不迁之宗,是别子的继承人。继承别子的嫡长子为宗,是百世不迁的大宗。继承同高祖族人的宗,是五世而迁的小宗。因为尊敬先祖,所以才尊敬继承先祖的嫡长子,而尊敬嫡长子正是尊重祖祢的实际表现。诸侯公子之间的宗法制度有三种情况,一是只有小宗没有大宗,二是只有大宗没有小宗,三是己无所宗,也无人以己为宗,以上就是公子的宗法制度。公子有这样的宗法,国君让作为士大夫的嫡弟作为其余为士大夫的庶兄弟的宗子,这就是公子的宗法。

绝族无移服,亲者属也①。

【注释】

①"绝族"二句:《释文》曰:"移,本或作'施'。"按,此句见于《仪礼·丧服》:"绝族无施服,亲者属。"孔疏:"此一节论亲尽则无服,有亲则有服。"如妻子被休出,妻族与本族的亲属关系已断绝,故其子无须为母族亲属服丧,但母子为至亲,母子关系不能断绝,故仍须为其母服丧。

【译文】

亲属关系已经断绝的，就不用为其服丧了，唯有保有亲属关系的，仍须为其服丧。

自仁率亲，等而上之至于祖，自义率祖，顺而下之至于祢，是故人道亲亲也。亲亲故尊祖，尊祖故敬宗，敬宗故收族[①]，收族故宗庙严，宗庙严故重社稷，重社稷故爱百姓[②]，爱百姓故刑罚中，刑罚中故庶民安，庶民安故财用足，财用足故百志成，百志成故礼俗刑[③]，礼俗刑然后乐。《诗》云："不显不承，无斁于人斯。"[④]此之谓也。

【注释】

①收族：聚族，即团结族人。

②百姓：百官。

③刑：通"形"，形成，显现。

④"《诗》云"以下二句：见《诗经·周颂·清庙》。不，通"丕"，大。承，尊奉。斁(yì)，厌。

【译文】

由恩爱之情循着父母向上一级一级推至于先祖，由道义之理循着先祖向下一级一级推至于先父，人之道首先是亲爱其父母。亲爱父母所以就尊敬先祖，尊敬先祖所以就尊敬宗子，尊敬宗子所以团结聚合族人，团结聚合族人所以宗庙得到崇敬，宗庙得到崇敬所以重视社稷，重视社稷所以爱护百官，爱护百官所以刑罚公正，刑罚公正所以百姓安宁，百姓安宁所以财用充足，财用充足所以百事都能如愿，百事都能如愿所以礼仪风俗形成，礼仪风俗形成所以天下同乐。《诗经》上说："显扬尊奉文王的功德，人们是永远不会厌烦的。"说的就是这个意思。

少仪第十七

【题解】

“少”即“小”。据郑玄《礼记目录》：“名曰‘少仪’者，以其记相见及荐羞之少威仪。”朱熹认为本篇主要记“少者事长之节”。孙希旦《集解》说：“此篇固多为少者事长之事，而亦有不专为少时者，但其礼皆于少时学之。”本篇主要记述君臣、长幼、尊卑之间的各种应对仪节，也包括自身修养、宴会中的仪节等记载，部分内容与《曲礼》、《内则》相近。

闻始见君子者①，辞曰“某固愿闻名于将命者”②，不得阶主③。敌者④，曰“某固愿见”⑤。罕见曰“闻名”，亟见曰“朝夕”⑥。瞽曰“闻名”⑦。适有丧者曰“比”⑧，童子曰“听事”⑨。适公卿之丧，则曰“听役于司徒”⑩。

【注释】

①君子：郑注：“卿大夫若有异德者。”

②某：求见者之名。固：坚决。这里是说主人不即见自己，已乃坚持通报求见。闻名：通达姓名。将命者：传话之人。

③阶主：直接进告主人。阶，进。

④敌：指地位身份对等。

⑤某固愿见：此句是“某固愿见于将命者”的省略句。

⑥亟(qì)：数次。与上文“罕”相对。

⑦瞽曰“闻名”：郑注：“以无目，辞不称见。”因为是盲人，所以说“闻名”而不说“见”。

⑧比：比方，将自己比作执事者，供丧家役使。

⑨听事：童子未成人，不敢与成人一样自比，但也要听丧主的役使，即“愿听事于将命者”。

⑩司徒：司徒主管国家大事，公卿大夫之丧，由司徒率其属下掌管。

【译文】

听说第一次拜见卿大夫或有德行的人，应该说“某很希望将名字通报给您的传话人”，不能直接说要进告主人。如果要见的是与自己地位相当的人，就说“某很希望拜见您”。平素很少见面的人，要说“某很希望将名字通报给您的传话人”，经常见面的人，要说“某常早早晚晚麻烦您的传话人”。如果是盲人求见，要说“某很希望将名通报给您的传话人”。到有丧事的人家，要说“将某比作您的执事人员役使”，未成年的孩子要说“听候役使”。参加公卿的丧事，要说“听候司徒的役使”。

君将适他[①]，臣如致金玉货贝于君，则曰“致马资于有司”[②]。敌者曰“赠从者”。

【注释】

①适他：去他国。

②马资：指车马所需费用，即路费。

【译文】

国君将出行到他国，臣子如果向国君赠送金玉钱币，要说“送些车马赞给国君的随员”。如果给地位相当的人赠送金钱，就说“赠给随从”。

臣致襚于君[①]，则曰“致废衣于贾人”[②]。敌者曰“襚”。亲者兄弟不以襚进[③]。

【注释】

①襚(suì)：指身份地位与死者相当者所赠送的衣物。

②废衣：不是必须使用、收存的衣服。贾人：孔疏：“识物贾(价)贵贱而主君之衣物者也。”指了解物品优劣、价格贵贱并管理国君衣物的官员。

③亲者兄弟不以襚进：这是指赠亲人襚不用通过傧者传话，可以直接陈列在房中。

【译文】

臣子给去世的国君送上随葬衣物，要说“送上些不是必须穿用的废衣给负责管理衣物的吏员”。如果是给地位相同的人，就说“赠送殓衣”。如果是兄弟要赠送殓衣，就不用傧者通报，直接送进去就可以。

臣为君丧，纳货贝于君，则曰“纳甸于有司”[①]。

【注释】

①甸：郑注：“谓田野之物。”指臣子采邑的田野之物，用以进献国君。

【译文】

臣子为了国君的丧事，向新国君进献货币，要说“将采邑田野的产物进献给主管官员”。

赗马入庙门[①]，赙马与其币[②]，大白兵车[③]，不入庙门。赙者既致命，坐委之[④]，摈者举之，主人无亲受也[⑤]。

【注释】

①赗(fèng)马入庙门：赗马用于牵引柩车出葬，为死者服务，所以可以进入庙门。赗马，赠给丧家的车马。

②赙(fù)马与其币：赙马和赙币。这是为帮助丧主办丧事用的马与财物，是为生者服务的，所以不能进入庙门。

③大白：旗名。

④委：置。

⑤主人无亲受也：丧主因亲人去世十分悲伤，不亲自接受赠物。

【译文】

送给死者的用于殡葬的马可以进入庙门，送给丧家帮助办丧事的赙马和赙币，插有大白旗的兵车，不能进入庙门。赠送财物的人在致辞后，就跪坐着将财物放在地上，然后由接待宾客的傧者跪坐着从地上拿起来收好，丧主不亲自接受。

受立，授立，不坐[①]，性之直者[②]，则有之矣。

【注释】

①坐：古人铺席于地，两膝着席，臀压在脚后跟上，称之“坐”，故译为“跪坐”。

②性：指身体、身材。直：长。这里指身材高大。

【译文】

接受和授予礼物时，双方都站立着，不用跪坐着接受与授予，但如果是天生身材高大的人，就要跪坐着接受或授予礼物了。

始入而辞,曰"辞矣"[①]。即席,曰"可矣"。

【注释】

①"始入而辞"二句:这是傧者为宾、主之间传话时的致辞。

【译文】

宾客刚进门,傧者要提醒主人说"请您让宾客先进门"。等到宾、主双方都来到席前时,傧者就说"可以就席了"。

排阖说屦于户内者,一人而已矣。有尊长在,则否[①]。

【注释】

①"排阖"四句:据孙希旦《集解》,众人要席坐于室中,如果尊卑相当,就选最年长一位在室内脱鞋,其余人都要在户外脱鞋。如果有尊者,尊者要先进入。尊者在堂,其余人都要在堂下脱鞋,只有尊者可以在席侧脱鞋。在室的话,其余人都要在户外脱鞋,只有尊者可以在室内脱鞋。阖,门扇。说,通"脱"。

【译文】

如果坐席在室内,宾、主进去后,年龄最大的一位在室内脱鞋,其他人都在户外脱鞋。如果室内已有尊长在,其余的人就都要在户外脱鞋。

问品味[①],曰:"子亟食于某乎?"问道艺[②],曰:"子习于某乎?""子善于某乎?"

【注释】

①品味:口味。

②道艺:"道"指三德三行,即至德、敏德、孝德,孝行、友行、顺行。

“艺”指六艺，即礼、乐、射、御、书、数。

【译文】

宾、主之间如果询问对方的口味，要说：“您常吃某种食品吗？”如果询问对方的学问技艺，要说：“您研习某某学问吗？您擅长某某技艺吗？”

不疑在躬[1]，不度民械[2]，不愿于大家[3]，不訾重器[4]。

【注释】

①躬：自身。

②械：器物。

③愿：表示要效仿。大家：孔疏：“谓富贵广大之家，谓卿大夫之家也。”

④訾(zī)：估量，揣度。

【译文】

不做使自己受到怀疑的事，不猜度他人的器物，不羡慕富贵之家，不揣度他人宝器价值。

氾扫曰“扫”[1]，扫席前曰“拚”[2]。拚席不以鬣[3]，执箕膺擖[4]。

【注释】

①氾(fàn)：同“泛”。

②拚(fèn)：除秽。

③鬣(liè)：扫帚。“鬣”只能用来扫地，不能扫席。

④膺(yīng)：胸。擖(yè)：箕舌，即畚箕伸出的部分。

【译文】

遍扫室内室外的地叫做“扫”，只打扫席子前边的地叫做“拚”。清扫席子不用鬣，拿畚箕时要把箕舌对着自己的胸口，不要朝向在座的尊者。

不贰问①。问卜、筮②，曰：“义与，志与③？”义则可问，志则否。

【注释】

①不贰问：此节是讲占卜时的礼节。贰，二心。

②卜、筮：用龟甲占问吉凶，叫“卜”；用蓍草占问吉凶，叫“筮”。

③义、志：郑注：“义，正事也。志，私意也。”

【译文】

问卜的时候不能怀有二心，要专心诚意。卜筮前先要扪心自问：“我是为了公家正事呢？还是为了私事？”如果是为了公家正事，就可以卜问，为了个人私事，就不要卜问。

尊长于己逾等①，不敢问其年。燕见不将命②。遇于道，见则面，不请所之。丧俟事③，不犆吊④。侍坐，弗使不执琴瑟，不画地，手无容，不翣也⑤。寝，则坐而将命⑥。侍射则约矢⑦，侍投则拥矢⑧。胜则洗而以请⑨，客亦如之。不角⑩。不擢马⑪。

【注释】

①逾等：辈分高过自己。

②燕见:闲暇时私下拜见。不将命:孔疏:“不使摈者传命。”

③俟(sì):等待。事:指朝夕之哭,即大殓之后。

④不犆(tè)吊:孔疏:“谓不非时而独吊也。”犆,同“特”,单独。

⑤翣(shà):扇子。

⑥寝,则坐而将命:这是怕长者在寝躺卧,自己站立则恐临尊长。

⑦约矢:射礼中,两人为一耦(竞赛组),每人一支一支地轮流取箭,各取四支,然后将三支箭掖在腰间,手持一箭升堂射箭。而如果幼者与长者为一耦,幼者要先让长者取四支箭,自己再取四支箭,一起拿在手里。

⑧侍投则拥矢:幼者陪长者投壶,长者将四支箭矢放在地上,一支一支地取投,幼者则把要投的四支箭矢一起抱着,不敢放在地上。投,投壶。宴飨礼中的一项内容,即比赛将箭矢投入铜壶中。通常二人一组,每人四支箭,轮流用手将箭矢投向放置在一定距离外的铜壶,投入壶中多者获胜。

⑨洗:洗爵斟酒。请:谓敬酒。无论是射箭还是投壶,如果双方地位年龄相当,赢家取酒敬输家,即罚酒;如果是卑者胜尊者,就要先清洗酒杯然后再敬酒,主人赢了客人也是如此。

⑩角:罚酒所用的酒杯。如果是卑者赢了尊者就不敢用角,而要用爵。

⑪不擢(zhuó)马:投壶每次取胜,要立一筹,称之为“马”,先立三马者为胜方。如果一方二马,一方一马,那么二马者可撤去对方的一马,自己凑成三马,即擢马。但如果是卑者先获二马,就不能去撤尊者的一马凑给自己。详见《投壶》篇。擢,撤去。

【译文】

尊长的辈分比自己高,不敢询问他们的年龄。闲暇时私下拜见尊长,不需要通过傧者传话。在路上遇到尊长,尊长如果看见了自己,就上前问好,如果没有看到就不要去打招呼,以免打扰尊长,不要问尊长要去哪里。尊长家里有丧事，要等到朝夕哭时再去吊丧，不要在不合适的时间独自去吊丧。陪坐于尊长身边，如果尊长没有指使，就不要拿起琴瑟弹奏，不要在地上乱画，不要乱动手干这干那，不要摇扇子。尊长如果躺卧在席上，自己就应跪坐着听候使唤。陪侍尊长比赛射箭时，要让尊长先取箭，然后自己再一起取四支箭，陪侍尊长比赛投壶时，尊长可以将箭矢放在地上，自己则要抱着自己的箭矢。射箭或投壶比赛时如果取胜，要先清洗杯子再斟酒，端到尊长面前请他喝，如果是主人在与客人的比赛中获胜，也要这样对待客人。请尊长喝酒，不能用罚酒的杯子角。投壶比赛时，即使是二马比一马领先尊长，也不能按一般的规则拿走尊长的一马告胜。

执君之乘车则坐①。仆者右带剑②，负良绥③，申之面④，拖诸幦⑤。以散绥升⑥，执辔然后步⑦。

【注释】

①执君之乘车则坐：为国君驾车，驾车的人居中，国君居左。执，执辔。

②仆：御者，即为国君驾驶车马者。右带剑：一般情况下剑都佩带在左侧，便于右手拔剑；但为国君驾车时，国君在驾车者的左侧，为了不妨碍国君，故将剑佩在右边。

③负良绥：君绥是系在车的左栏供国君登车时挽引的绳索，国君自车子的后方登车，御者要将绥从自己的背后绕过，因此称为“负”。良绥，即君绥。良，善。

④申之面：御者把登车绥的末端交到国君的面前。

⑤幦(mì)：车轼上的覆盖物。

⑥散绥：副绥，即车的右栏所系的供驾车人登车时挽引的绳索。

⑦步：行车。按照礼仪，驭手驾车走五步，停下等候国君上车再继

续前行。

【译文】

为国君驾车就要坐在车上，手执马缰绳等候。驾车人要把剑佩在腰际右侧，把良绥从左腋下搭在左肩，然后从背后绕过，将末端交到国君面前，良绥的另一头则搭在车轼的覆盖物上。驾车人先拉着散绥登车，手执驭马缰绳，启动马车走几步停下，让国君登车再继续前行。

请见不请退①。朝廷曰“退”，燕游曰“归”，师役曰“罢”②。

【注释】

①请见不请退：孔疏：“谓卑者于尊所，有请见之理，既见，去必由于尊者，故不敢请退。”

②师役：战争和劳役。

【译文】

卑幼者可以请求进见尊长，但见面后不能请求退下，要等尊长发话。从朝廷上散朝叫“退”，宴饮或游玩后回家叫“归”，从战争、劳役中回家叫“罢”。

侍坐于君子，君子欠伸，运笏①，泽剑首②，还屦③，问日之蚤莫④，虽请退可也。

【注释】

①运：转动。

②泽剑首：抚弄剑柄。摩擦的时间长，剑柄上会有光泽。

③还（xuán）屦：尊者脱屦于室内席侧，所以可旋转屦。还，旋转。

④莫：同“暮”。

【译文】

在君子身边侍坐，如果君子打哈欠，伸懒腰，转弄笏板，抚摩剑柄，调转鞋头，问天色早晚，这说明君子已经疲倦，此时表示请求退下离去也是可以的。

事君者量而后入，不入而后量。凡乞假于人、为人从事者亦然[1]。然，故上无怨而下远罪也。

【注释】

①乞假：乞求借贷。

【译文】

臣子侍奉国君，凡有请求要办事，要先考量提出此事是否合理、能否办成，然后再入朝请求；不要先入朝请求要办事，然后才考量此事是否合理、能否办成。凡是向人借贷东西、为人办事，也要如此。只有这样做，才能让国君不怨恨、不怪罪，而自己也不忤逆、无罪过。

不窥密，不旁狎[1]，不道旧故，不戏色[2]。

【注释】

①狎（xiá）：亲近。

②不戏色：孔疏：“不戏弄其颜色。”

【译文】

不要窥探他人的隐私秘密，不要随便与人套近乎，不要说别人以前的罪过、丑事，不要有嬉戏、轻慢的神态表情。

为人臣下者，有谏而无讪[①]，有亡而无疾[②]，颂而无谄，谏而无骄，怠则张而相之[③]，废则扫而更之[④]，谓之社稷之役[⑤]。

【注释】

①讪(shàn)：毁谤。

②亡：去。疾：恶(wù)，憎恶。

③怠则张而相之：孔疏："若君政怠惰，则臣当为张起而助成之也。"相，助。

④废则扫而更之：孔疏："君政若已废坏，无可复张助者，则当扫荡而更创立为新政也。"废，政令废弛。

⑤社稷之役：帮助维护社稷的臣子。役，孔疏："谓助为也。"

【译文】

作为臣子，应该对国君的过错当面加以劝谏，而不能背后毁谤；国君如果不听自己的劝谏，臣子可以离他而去，但不能心存憎恶；可以称颂国君的美德，但不能谄媚阿谀；国君如果接受了自己的劝谏，不能骄傲自得；国君如果对政事荒废怠惰，就要帮助国君加以处理；如果政务已经废坏，就设法要扫除弊政、更立新政，这样的臣子才叫社稷之臣。

毋拔来，毋报往[①]，毋渎神[②]，毋循枉[③]，毋测未至。

【注释】

①"毋拔来"二句：要循序渐进，不要疾来疾往。朱熹认为，二句的意思是不要轻易地因为喜欢而去做某事，而又很快地放弃。拔、报(fù)，都是疾速的意思。报，通"赴"。

②渎(dú)：郑注："谓数而不敬。"频繁地祭祀神明，是对神明的不敬。

③枉：曾走过的不正之路。

【译文】

不要很快地去做某事，如果做了不要很快地放弃；不要频繁地祭祀而亵渎神明；不要重蹈曾经走过的错路；不要臆测未来。

士依于德[①]，游于艺[②]。工依于法，游于说[③]。

【注释】

①德：三德。见本篇"问品味"节注①。

②艺：六艺。见本篇"问品味"节注①。

③说：指理论、道理。

【译文】

作为士，应当以三种道德为依归，遨游于六艺之中。作为工匠，应当以规矩为依归，钻研有关的理论。

毋訾衣服成器[①]，毋身质言语[②]。

【注释】

①毋訾(zī)衣服成器：郑注："訾，思也。"孔疏："无得思念衣服善器。"与上文"不訾重器"意近，不要揣度估量人家的衣服、器具。

②毋身质言语：不要以自己的怀疑去推定言语，以免作出错误判断。见《曲礼上》"疑事毋质"之意。

【译文】

不要去打好衣服、好器物的主意，不要以自己的怀疑去推定言语，以免作出错误的判断。

言语之美，穆穆皇皇①。朝廷之美，济济翔翔②。祭祀之美，齐齐皇皇③。车马之美，匪匪翼翼④。鸾和之美，肃肃雍雍⑤。

【注释】

①穆穆：和静貌。皇皇：美盛貌。

②济济（qí）翔翔：威仪厚重宽舒之貌。

③齐齐皇皇（wǎng）：皇，郑注："读如'归往'之'往'。"指祭祀时孝子心有所系往，故言。

④匪匪翼翼：车马严正之貌。

⑤肃肃雍雍：孔疏："肃肃，是敬貌，雍雍，是和貌。"指车马銮铃之声庄重和谐。

【译文】

言语之美，在于平和大方。朝廷之美，在于威仪端庄。祭祀之美，在于虔诚敬慎。车马之美，在于严肃端正。鸾铃之美，在于铃声庄重和谐。

问国君之子长幼，长①，则曰"能从社稷之事矣"；幼，则曰"能御"、"未能御"②。问大夫之子长幼，长，则曰"能从乐人之事矣"③；幼，则曰"能正于乐人"、"未能正于乐人"。问士之子长幼，长，则曰"能耕矣"；幼，则曰"能负薪"、"未能负薪"。

【注释】

①长：已行冠礼，即已是成年人，与下文"幼"相对。此节与《曲礼上》"儗人必于其伦"节类似，可以参看。

②未能:成童以下,即未到十五岁。御:驾车。

③乐人:乐师。

【译文】

询问国君之子的年龄,如果已是成年人,就说"能够参与国家社稷大事了";如果还未行冠礼,若已是成童,就说"已经能够驾车了",若尚未成童,就说"还不能驾车呢"。询问大夫之子的年龄,如果已是成年人,就说"能从事乐师的工作了";如果未行冠礼,若已是成童,就回答说"能接受乐师的指导了",若尚未成童,就说"还不能接受乐师的指导呢"。询问士之子的年龄,如果已是成年人,就说"能够耕田种地了";如果未行冠礼,若已是成童,就说"能背柴禾了",若尚未成童,就说"还不能背柴禾呢"。

执玉、执龟筴不趋,堂上不趋,城上不趋。武车不式①,介者不拜②。

【注释】

①武车:兵车。式:通"轼"。

②介者:身着铠甲者。不拜:军人身着甲胄不能下跪,仅拱手低头行礼。

【译文】

手里拿着玉器、占卜用的龟甲蓍草时,不要快步走;在堂上不要快步走;在城上不要快步走。在兵车上不要凭轼行礼,身穿铠甲时不行拜礼。

妇人吉事,虽有君赐,肃拜①;为尸坐②,则不手拜③,肃拜;为丧主④,则不手拜。葛绖而麻带。取俎、进俎不坐⑤。

执虚如执盈，入虚如有人。凡祭，于室中、堂上无跣[⑥]，燕则有之。未尝不食新[⑦]。

【注释】

①肃拜：即直身不低头，双手下垂不至于地而拜。妇人以肃拜为正拜。古人席地而坐，各种拜都是在跪坐的形式下进行的。

②为尸：郑注："为祖姑之尸也。"尸是受祭拜的鬼神形象，由活人扮饰。

③手拜：俯首低头，双手至地，头再至于手。妇人以手拜为丧拜。

④为丧主：妇人为丧主，一般是丈夫或长子去世，妇人主持丧事。

⑤俎(zǔ)：宴飨、祭祀时置放熟鱼熟肉的带足的器具。

⑥跣(xiǎn)：脱屦。

⑦尝：秋天的祭祀。

【译文】

妇女行吉礼时，即使遇上国君赏赐，也要肃拜；充当祖姑之尸而坐时，不用手拜，而用肃拜；如果做丈夫或长子丧事的丧主，也不用手拜，而要磕头触地。妇人在卒哭祭后，头上从粗麻绖改为葛麻绖，腰间仍用粗麻绖。祭祀时，无论是将俎从堂上取下，还是将俎放到席上，都不能跪坐，而要站立。手中拿着没有盛放东西的器皿，要像拿着装满东西的器皿一样小心翼翼；进入无人的房间，要像进入有人的房间一样恭恭敬敬。凡是进行祭祀，在室中或堂上都不脱鞋，但是在燕饮时，可以脱鞋。没有在宗庙举行过秋季尝新之祭前，不能吃新收获的粮食。

仆于君子，君子升、下则授绥，始乘则式，君子下行，然后还立[①]。乘贰车则式[②]，佐车则否[③]。贰车者，诸侯七乘，上大夫五乘，下大夫三乘。有贰车者之乘马，服车，不齿；观君子之衣服、服剑、乘马，弗贾。

【注释】

①还（xuán）：指调转车身。

②贰车：朝觐、祭祀时所用的副车。朝觐、祭祀主敬，故轼。

③佐车：战争、田猎时所用的副车。打仗、田猎主武，故不轼。

【译文】

为尊长驾车，尊长上车、下车时，就把登车索递给他；尊长开始乘车时，驾车人要俯身凭轼致敬；尊长下车步行离开后，驾车人要将车身调转，然后下车站立等候。乘贰车要凭轼行礼，乘佐车就不必了。贰车的数量，诸侯是七辆，上大夫是五辆，下大夫是三辆。有贰车的车马，不要评论车的新旧、马的老幼；观看尊长的衣服、佩剑、所乘之马，不要议论其价钱贵贱。

其以乘壶酒、束脩、一犬赐人[①]，若献人，则陈酒、执脩以将命[②]，亦曰“乘壶酒、束脩、一犬”。其以鼎肉[③]，则执以将命。其禽加于一双，则执一双以将命，委其余。犬则执绁[④]，守犬、田犬则授摈者[⑤]，既受乃问犬名。牛则执纼[⑥]，马则执靮[⑦]。皆右之，臣则左之[⑧]。车则说绥[⑨]，执以将命。甲，若有以前之，则执以将命；无以前之，则袒櫜奉胄[⑩]。器则执盖[⑪]。弓则以左手屈韣执拊[⑫]。剑则启椟[⑬]，盖袭之，加夫襓与剑焉[⑭]。笏、书、脩、苞苴、弓、茵、席、枕、几、颎、杖、琴、瑟、戈有刃者椟、筴、籥[⑮]，其执之皆尚左手[⑯]。刀，却刃授颖，削授拊[⑰]。凡有刺刃者，以授人则辟刃。

【注释】

①乘(shèng)壶:即四壶。束脩:十条干肉。见《檀弓上》“陈庄子死”节注④。赐:给卑者曰“赐”,给尊者则曰“献”。

②陈酒:将酒陈列在门外。酒重脯轻,陈列重者于门外,执轻者进门奉命。

③鼎肉:已经解割的牲体,可放入鼎中直接烹煮。

④绁(xiè):绳索。

⑤守犬:守御宅舍的狗。田犬:田猎所用的狗。守犬、田犬皆有名。

⑥纼(zhèn):穿过牛鼻,用来牵牛的绳。

⑦靮(dí):马缰绳。

⑧臣则左之:孔疏:“左之,谓左手操其右袂也。”据说,这是要防备俘虏“起恶虑”,留出右手以便制服。臣,郑注:“谓囚俘。”

⑨说:通“脱”。

⑩櫜(gāo):装铠甲的大袋子。胄(zhòu):头盔。

⑪器则执盖:孔疏:“凡器若献则陈底执盖以将命,盖轻便也。”

⑫韣(dú):弓袋。拊(fǔ):器物之柄。此指弓的把手。

⑬椟(dú):剑匣。

⑭袶(ráo):剑套。

⑮苞苴(jū):包裹鱼肉的草袋。茵:草垫子。颎(jiǒng):警枕。用圆木制成的枕头,人的头如果侧斜,就会警醒。籥:管乐器,形制似笛。

⑯尚:上。

⑰削:曲刀,即刀刃向内弯曲的刀。

【译文】

以四壶酒、十条干肉、一只狗赐给卑者,或献给尊长,要把酒和狗放在门外,只拿着干肉进门致辞,但致辞时要说“送来四壶酒、十条干肉、一只狗”。如果送来的是切割好的肉,那就拿着肉进去致辞。以禽鸟送人，数量多过一双，那就只拿着一双进门致辞，其余的都放在门外。以狗送人，要牵着拴狗的绳子，送的是看家的狗、田猎的狗，就要把拴狗的绳子交给主人家负责接待宾客的傧者，傧者接受之后，要询问狗的名字。以牛送人，就牵着牛鼻绳，以马送人，就牵着马缰绳。牛和马都用右手牵绳递交，以俘虏送人，就要用左手牵着递交。以车送人，就将登车的绥解下来拿进门致辞。以盔甲送人，如果还有重量较轻的礼物要献，那就先拿着较轻的礼物进门致辞；如果没有其他重量较轻的礼物，那就打开放盔甲的大袋子，拿着头盔进门致辞。以器具送人，将器的底座放在门外，拿着器盖进门致辞。以弓送人，就用左手将弓套折弯，同时拿着弓把进门致辞。以剑送人，要打开剑匣，把盖放在匣子底部，然后把剑套放在剑匣内，剑放在剑套上。以笏版、书册、干肉、用芦苇袋包着的鱼肉、弓、草垫子、席子、枕头、几案、警枕、手杖、琴、瑟、装有锋刃的戈的木盒、蓍草、籥等物送人，拿这些东西时都要左手在上、在外或在前。以刀送人，要让刀刃向后，递给对方刀环，以削刀送人，要将刀把递给对方。凡给别人递交有锋刃的东西，都要避开锋刃朝向别人。

乘兵车，出先刃，入后刃。军尚左，卒尚右①。

【注释】

①"军尚左"二句：左为阳，阳主生，表示战事无败绩；右为阴，阴主杀，表示士卒有必死的决心。

【译文】

兵车上的将士，出城时刀刃向前，入城时刀刃向后。将军以居左为上，士卒以居右为上。

宾客主恭，祭祀主敬，丧事主哀，会同主诩①。军旅思险，隐情以虞[②]。

【注释】

①诩(xǔ)：敏而有勇。

②虞：郑注："度也。"估量，估测。

【译文】

接待宾客以容貌恭敬为主，祭祀以内心诚敬为主，办理丧事以悲痛哀伤为主，国家间的会盟以勇武敏锐为主。军事行动要考虑危险情况，隐蔽自己的部署，并估测敌方的军情。

燕侍食于君子，则先饭而后已，毋放饭，毋流歠[①]，小饭而亟之[②]，数噍[③]，毋为口容[④]。客自彻，辞焉则止。

【注释】

①"毋放饭"二句：见《曲礼上》"侍食于长者"节注⑤。

②小饭：小口吃饭。亟(jí)：速。

③数：通"速"，快。噍(jiào)：嚼。

④毋为口容：即《曲礼上》的"毋咤食"，不要口舌作响、鼓嘴等。孔疏："无得弄口以为容也。"

【译文】

平时陪侍君子吃饭，要先为君子尝食，在君子吃饱后才停止吃；不要把手里不吃的饭再放回到盛饭的食器中，喝汤不要大口喝个不停，要小口吃饭，迅速咀嚼，吃东西嘴巴不要啧啧作响，不要鼓起腮帮子。饭后，陪侍吃饭的客人要自己动手撤掉餐具，这时主人加以劝阻，客人就住手不撤了。

客爵居左[①],其饮居右[②]。介爵、酢爵、僎爵皆居右[③]。

【注释】

①客爵:主人酬宾之爵,即一献之礼,宾接过此爵而不饮,放在自己坐席前脯醢的左边。

②其饮:主人献宾之爵,即旅酬(宾主、宾客互相敬酒)开始时,主人献宾之酒,宾饮此酒后将爵放在席前脯醢的右边。

③介:宾的副手。酢爵:宾回敬主人之爵。酢,指宾回敬主人酒。僎(zūn):通"遵",即乡人中来观礼的卿大夫。介爵、酢爵、僎爵都是必饮之爵,所以都放在各自席右。

【译文】

举行乡饮酒礼时,主人酬宾的爵,宾接过后放在自己席前脯醢的左边;主人献宾的爵,宾饮此酒后将爵放在席前脯醢的右边。主人献给介的爵,宾回敬主人的爵,主人献给观礼的卿大夫的爵,都放在各自席前脯醢的右边。

羞濡鱼者进尾[①]。冬右腴[②],夏右鳍[③],祭朊[④]。

【注释】

①羞:进献食物。濡(rú):本意为湿,此处应指浇汁。进尾:鱼尾向前,便于从后向前食鱼而使肉与刺分离。

②腴(yú):鱼腹。

③鳍(qí):鱼脊。

④朊(hū):从鱼腹切下来的大片的肉。

【译文】

献鱼时,进献的是浇上汁的鱼,要让鱼尾朝前。冬天上鱼时要让鱼腹朝着人的右侧，夏天上鱼时要让鱼脊朝着人的右侧，这样便于人用右手取食；行食前祭时，要用鱼腹切下来的大片的肉。

凡齐[①]，执之以右，居之于左。

【注释】

①齐（jì）：同“剂”。指将盐、梅放入羹汁中调味。

【译文】

凡调和食物的滋味，要用右手拿着调味品，用左手拿着羹汁等。

赞币自左[①]，诏辞自右[②]。

【注释】

①赞币：国君不亲自赠人币帛，由相礼者助国君授币。

②诏辞：孔疏：“谓为君传辞也。”

【译文】

相礼者协助国君授币站在国君的左边，为国君传达命令站在国君的右边。

酌尸之仆，如君之仆。其在车，则左执辔，右受爵，祭左右轨、范[①]，乃饮。

【注释】

①轨：车轴的左、右两头。范：车轼的前面。

【译文】

酌酒给为尸驾车的人，礼数要与给国君驾车的人相同，因为尸与国君一样尊贵。如果给尸驾车的人在车上,就左手抓住缰绳,右手接过酒杯,先用酒祭车轴的左、右两头和车轼前面,然后饮酒。

凡羞有俎者,则于俎内祭[①]。

【注释】

①于俎内祭:按礼仪,食前祭应取少量食物放在豆、笾之间的地上,但因俎之体形较长大,横设于席前,妨碍了将祭品放到别处,因此放在俎内表示祭祀。俎,盛放肉食的器具。

【译文】

凡上菜,如有用俎盛的,就在俎内行祭。

君子不食圂腴[①]。

【注释】

①圂(huàn)腴:孔疏:“圂,猪犬也。腴,猪犬肠也。”猪狗的内脏。圂,通“豢”,指猪、犬。

【译文】

君子不吃猪狗的内脏。

小子走而不趋[①],举爵则坐祭,立饮。

【注释】

①小子走而不趋:孔疏:“弟子不得与宾、主参与礼,但给役使,故宜驱走,不得趋翔为容也。”趋翔,快步疾行,翩翩若翔,是一种礼仪之容。弟子供宾、主役使,因此不须趋翔为容。小子,弟子。

【译文】

弟子参加宴会，只供役使，不须快步趋翔为礼；举杯喝酒，可以跪坐着行祭礼，起立后再饮酒。

凡洗必盥[①]。

【注释】

①凡洗必盥：郑注："先自洁也。"

【译文】

凡洗爵杯，一定先要洗手。

牛羊之肺，离而不提心[①]。

【注释】

①离：割。提：绝。心：指中央部分。这是一种割肺祭祀之法。古人吃食先要祭祀，切肺要先从四边切，而保留与中央部位的连接，祭祀时再用手撕断。

【译文】

牛羊的肺，四周切割，但不完全割断与中央部分的连接，食前祭祀时再用手撕断。

凡羞有湆者[①]，不以齐[②]。

【注释】

①羞：指美味的食品。湆(qì)：肉汁。

②齐(jì):见上文"凡齐"节注①。孔疏,肉汁本身已有盐、梅调味,如果食用者再要自己加调味品,是嫌主人没有调好味道,因此不能自己再调味。

【译文】

凡是佳肴中有肉汁,主人已调好味道,客人不再加调料。

为君子择葱薤[①],则绝其本末。

【注释】

①薤(xiè):多年生草本植物,韭类。

【译文】

为君子选葱、薤时,要把叶梢和根须掐掉。

羞首者,进喙[①],祭耳。

【注释】

①喙(huì):一般指鸟兽的嘴,这里泛指动物的嘴。

【译文】

进献的食物有牲头的,要把牲嘴朝前,用牲耳来行食前祭。

尊者以酌者之左为上尊[①]。尊壶者面其鼻[②]。

【注释】

①尊者:孔疏:"谓设尊人也。"即摆放酒樽的人。上尊:设两樽,一为玄酒之樽,二为酒之樽。二樽中以玄酒为上。

②尊壶者面其鼻：孔疏："尊与壶悉有面，面有鼻，鼻宜向于尊者。"

【译文】

摆设酒樽的人，要以斟酒人的左边为上樽之位。摆设酒壶的人，要使壶鼻朝向尊长。

饮酒者、禨者、醮者[①]，有折俎不坐[②]。

【注释】

①饮酒：指私下饮宴。禨(jì)：沐后饮酒。醮(jiào)：冠礼中加冠者所饮之酒。

②折俎：即按着牲体的骨节折解成块，盛放于俎上。"折俎"是尊贵的礼食，所以折俎未撤就不能坐饮，只有撤俎后才能坐饮。

【译文】

平常饮酒、沐后饮酒以及冠礼中加冠者所饮之酒，只要折俎在就不能坐饮。

未步爵[①]，不尝羞。

【注释】

①步爵：行爵。宴会时先完成祭祀礼仪，象征性地吃食饮酒。旅酬后，宾、主才开始不计杯数畅饮，这叫做"无算爵"。行爵，就是指进行到无算爵时的饮酒。

【译文】

宴会未到行爵畅饮时，就不吃菜肴。

牛与羊、鱼之腥，聂而切之为脍[①]。麇、鹿为菹，野豕为轩，皆聂而不切。麕为辟鸡，兔为宛脾，皆聂而切之。切葱若薤，实之醢以柔之[2]。

【注释】

①聂（zhé）而切之为脍：将肉先切成薄片，再细切即成脍。

②“麋、鹿为菹”八句：见《内则》“牛脩、鹿脯”节注②、“肉腥，细者为脍”节注②。

【译文】

生的牛肉和羊肉、鱼肉，切成薄片后再细切就叫做“脍”。麋肉、鹿肉切成大片，叫做“菹”；野猪肉切成大片，叫做“轩”，都是切成薄片后不再细切。獐子肉切成细丝，叫做“辟鸡”；兔肉切成细丝，叫做“宛脾”，都是切成薄片以后再加细切。切葱和薤放在肉中，并加醋和拌使肉柔软。

其有折俎者，取祭肺，反之，不坐。燔亦如之[1]。尸则坐。

【注释】

①燔（fán）：烧烤。

【译文】

俎上有按骨节折解成块的牲体，宾客就从中取肺行祭，祭毕再放回俎内，取祭与放回时都不能坐着。取烤肉行食前祭以及放回时也不能坐着。只有尸在做这些事时可以坐着。

衣服在躬，而不知其名为罔[1]。

【注释】

①“衣服在躬”二句：孔疏：“衣服文章，所以表人之德，亦劝人慕德，若着之而不识知其名义者，则是罔罔无知之人也。”罔，郑注：“无知貌。”

【译文】

衣服穿在身上却不知衣服的名和义，就是无知。

其未有烛，而后至者，则以在者告。道瞽亦然[①]。

【注释】

①道（dǎo）：引导。瞽（gǔ）：盲人。

【译文】

聚会时天色已晚但尚未点燃火烛，这时又有后来者，主人就要把已经在座的人介绍给后来者。引导盲人时也是这样。

凡饮酒，为献主者执烛抱燋[①]，客作而辞，然后以授人。执烛，不让、不辞、不歌。

【注释】

①献主：即主人。因为主人献酒于宾，故称“献主”。燋（jiāo）：未点燃的火把。

【译文】

凡聚会饮酒，天黑后，主人就要一手执着点燃的火烛，一手抱着未点燃的火把，劝来宾饮酒，客人看到后就要站起身来辞谢，然后主人将所执火烛交给手下人。手执火烛饮酒，礼仪要减省，不用互相谦让，不用起身辞谢，不必歌唱赋诗。

洗、盥、执食饮者勿气[①]。有问焉，则辟咡而对[②]。

【注释】

①洗、盥：孔疏："洗，谓与尊长洗爵也。盥，谓与尊长洗手也。"一说"洗，谓为尊长洗足"，亦可通。见《训纂》、《集解》引正义。

②辟咡（èr）：侧着头说话，以免口气直冲对方。见《曲礼上》"幼子常视毋诳"节注④。

【译文】

为长者倒水洗爵，或倒水洗手，以及拿食物饮品，自己的口气不要直冲尊者和食品。尊者如果提问，要侧着头回答，也是避免口气冲及长者。

为人祭曰"致福"，为己祭而致膳于君子曰"膳"，祔、练曰"告"[①]。

【注释】

①告：报告刚刚举行完祔祭或练祭。

【译文】

代别人做祭祀主持人，将祭肉送人时就说"给您送上祭祀之福"；主持自家的祭祀，将祭肉送给君子时就说"给您送上些美食"；如果是举办祔祭、练祭，将祭肉送给君子时就说"向您报告举行了祭祀"。

凡膳、告于君子，主人展之[①]，以授使者于阼阶之南，南面，再拜稽首送；反命，主人又再拜稽首。其礼，大牢则以牛左肩、臂、臑、折九个[②]，少牢则以羊左肩七个[③]，犆豕则以豕左肩五个。

【注释】

①“凡膳”二句：即上文的“为己祭而致膳于君子曰‘膳’，祔、练曰‘告’”。展，省视。

②肩、臂、臑(nào)：牲体前腿的三个部位名称。上端是肩，肩下是臂，臂下是臑。右腿已在祭礼中使用，所以要用左腿作为祭肉送人。

③左肩：郑注，从牛的牲体肩、臂、臑，就可知羊、豕也是如此，因此就只说肩，不说臂、臑了。

【译文】

凡是自己祭祀或祔祭、练祭后送祭肉给君子，主人要亲自检视，然后在阼阶南面交给使者，面向南行两拜磕头礼送别使者；使者归来复命，主人又行两拜磕头行礼。致送祭肉的礼数是，如果祭祀时用太牢，那就送牛左前侧的肩、臂、臑三个部位，每个部位折成三段，共九段；如果祭祀时用少牢，那就送羊左前侧的肩、臂、臑，折成七段；如果祭祀时用一头猪，那就送猪左前侧的肩、臂、臑，折成五段。

国家靡敝①，则车不雕幾②，甲不组縢③，食器不刻镂，君子不履丝屦，马不常秣④。

【注释】

①靡敝：孔疏：“‘靡’谓侈靡，‘敝’谓凋敝。由君作侈靡，赋税烦急，则物凋敝。”

②雕：镂刻。幾(qí)：凹凸的花纹。

③组縢(téng)：用丝组为装饰。

④秣(mò):喂马的谷物。

【译文】

国家用度奢靡财政凋敝,车子就不要雕刻凹凸的花纹,铠甲也不用丝绸组带来装饰,食器不刻镂图案,君子不穿丝绸装饰的鞋,马也不经常喂以谷物。

学记第十八

【题解】

郑玄《礼记目录》云:“名曰‘学记’者,以其记人学、教之义。”

《学记》之“学”,意涵丰富,有教导、学习、学校、教育等多项意义。郑玄认为此篇内容乃记载人们学习与教育的意义;朱熹《仪礼经传通解》更具体指出,本篇是谈古代学校教人、传道、授业的顺序以及教育得失与兴废的缘由,因此称为“学记”。

本篇是相当完整而且成熟的教育论著,开宗明义即提出化民成俗的教育意义,也指出教学相长的重要观念,并提供教育者具体可行的教学方法——预防、适时、循序、观摩,尤其重视导引启发学生,而非一味强迫学生记诵;同时又从教育者与学习者的不同角度讨论有关的学习原则。本篇的时代距今虽已久远,但今日读来仍然很有意义。

发虑宪①,求善良,足以谀闻②,不足以动众。就贤体远,足以动众,未足以化民。君子如欲化民成俗,其必由学乎!

【注释】

①宪:法。

②谀(xiǎo):小。闻(wèn):声誉,名声。

【译文】

思想符合法度原则，招求善良贤能之士，这样能够博取小的名声，但不足以感动大众。亲近贤人、体恤远方的臣民，这样能感动大众，但不足以教化人们。君子如果想要教化人们并形成良好的风俗，就一定要从办学校、兴教育入手！

玉不琢，不成器；人不学，不知道。是故古之王者建国君民，教学为先。《兑命》曰①："念终始典于学②。"其此之谓乎！

【注释】

①《兑（yuè）命》："兑命"当作"说命"，《尚书》佚篇名。下同。郑注："高宗梦傅说，求而得之，作《说命》三篇，在《尚书》，今亡。"今本伪《古文尚书》有《说命》上、中、下三篇，不可信。2008年，清华大学出土文献研究与保护中心收藏一批流失到香港的战国竹书，经李学勤带领团队整理研究已陆续由上海中西书局出版（2012年出版），其中第三辑有《说命》上、中、下三篇。清华藏《说命》简长45厘米，每篇末简简背都有篇题《傅说之命》。此处所引"《兑》命曰：念终始典于学"，不见于清华竹简本，整理者认为"这应该是由于《说命》的传本有异"。

②典：常。

【译文】

玉不雕琢，就不能成为有用的器物；人不学习，就不能知晓道理。所以古代的君王建立国家、治理百姓，以兴办教育为先。《说命》说："自始至终惦念着致力于学习。"说的就是这个意思吧！

虽有嘉肴，弗食，不知其旨也；虽有至道，弗学，不知其善也。是故学然后知不足，教然后知困。知不足，然后能自反也；知困，然后能自强也。故曰：教学相长也。《兑命》曰："学学半[1]。"其此之谓乎！

【注释】

①学（xiào）学半：教与学，各获益一半。上"学"字，即"教"。此处所引"《兑》命曰：学学半"，不见于清华竹简本。

【译文】

即使有美食佳肴，如果不吃一口，就不知道它的美味；即使有深刻的道理，如果不学习，就不明白它好在哪里。所以学习之后才知道自己的不足，教人之后才发觉自己的困惑。知道自己的不足，然后才能够反省自己；发觉自己的困惑，然后才能发奋图强。所以说：教与学是相互促进的。《说命》说："教与学，各获益一半。"说的就是这个意思吧！

古之教者，家有塾[1]，党有庠[2]，术有序[3]，国有学。比年入学[4]，中年考校[5]：一年视离经辨志，三年视敬业乐群，五年视博习亲师，七年视论学取友，谓之"小成"。九年知类通达，强立而不反，谓之"大成"。夫然后足以化民易俗，近者说服而远者怀之，此大学之道也。《记》曰[6]："蛾子时术之[7]。"其此之谓乎！

【注释】

①家有塾：据孔疏，古代二十五家为闾，同在一巷，巷首有门，门边有塾，居民子弟受教于塾。塾，与后文"庠"、"序"、"学"皆指古代

学校名。

②党：据《周礼·地官·大司徒》，五百家为党。党属于乡。

③术：据郑注，当为“遂”。据《周礼·地官·大司徒》，一万二千五百家为遂。遂在远郊。

④比（bì）年：每一年。

⑤中年：间隔一年。

⑥《记》：孔疏：“旧人之记先有此语，记礼者引旧记之言。”

⑦蛾（yǐ）子时术之：旧注说，蚂蚁不停地衔土，最终垒成了土丘。蛾，同“蚁”。术，指蚂蚁不停地学习衔土。

【译文】

古代的教育场所，二十五家的闾有塾，五百家的党有庠，一万二千五百家的遂有序，天子、诸侯的国都有学。每年有新生入学，隔一年要考核一次：第一年，考核阅读经文的句读能力并辨别学习兴趣的方向；第三年，考核是否专心课业且善于合群；第五年，考核是否精专广博且敬爱师长；第七年，考核讲论学问及识人交友的能力；完成这七年的学习并通过考核，就称为“小成”。第九年，知道触类旁通，想法独立而又不违反师教，就称为“大成”。学业大成后，就足以教化人们、移风易俗，使亲近的人心悦诚服，而远方的人都来归附，这就是大学之道。《记》中说：“蚂蚁不停地学习衔土，终于垒成了土堆。”说的就是这个意思吧！

大学始教，皮弁祭菜[①]，示敬道也。《宵雅》肄三[②]，官其始也[③]。入学鼓箧[④]，孙其业也[⑤]。夏、楚二物[⑥]，收其威也。未卜禘不视学[⑦]，游其志也[⑧]。时观而弗语，存其心也。幼者听而弗问，学不躐等也[⑨]。此七者，教之大伦也。《记》曰：“凡学，官先事[⑩]，士先志[⑪]。”其此之谓乎！

【注释】

①皮弁：即皮弁服，一种礼服名。可参看《郊特牲》“天子适四方”节注⑬。祭菜：即释菜礼，将菜放置在先圣、先师的神位前进行祭祀。见《月令》“是月也，毋竭川泽，毋漉陂池”节注⑤。

②《宵雅》：即《小雅》。宵，小。肄(yì)三：学习三篇诗歌，即《诗经·小雅》中《鹿鸣》、《四牡》、《皇皇者华》三篇。肄，习。

③官其始：劝诱初学者立志任官事上。据郑注，《小雅》这三篇诗歌都属于君臣宴乐、犒劳辛苦的内容，安排学生学习可以劝诱学生事上的意愿。

④入学鼓箧(qiè)：这一种入学的仪式，开学时，大胥之官击鼓以召集学生，到齐后，打开书箱，取出书籍。鼓箧，郑注：“击鼓警众，乃发箧出所治经业也。”

⑤孙(xùn)：通“逊”，敬顺。

⑥夏、楚：两种教鞭。夏，用榣(tāo，山楸)木制作；楚，用荆条制作。

⑦视学：即考核评判优劣。

⑧游其志：让学生优游心志，不急于求成。游，优游从容。

⑨躐(liè)：超越。

⑩官：已仕者。

⑪士：未仕者。

【译文】

大学开学时，学生要穿着皮弁服，在先圣、先师神位前祭菜，表示敬重师道。诵习《小雅》中的三篇诗歌，这是为了劝导学生在开始学习时就立志做官事奉君上。入学时，击鼓召集学生，打开书箱取出书籍，使学生敬顺学业。使用夏、楚两种教鞭鞭笞违规的学生，收敛他们的气势。天子、诸侯没有经过占卜举行禘祭前，就不到学校视察考核，让学生志意从容宽松，学习不会紧迫急切。教师注意观察学生，却不事事叮咛，让学生动脑筋、存疑问，培养独立思考的能力。年幼的学生只听讲而不随意提问，因为学习不能逾越等级。以上七项，就是教学的大纲。《记》说：“凡是学习，学做官就先学为官之事，学做士就先学学士之志。”说的就是这个意思吧！

大学之教也，时教必有正业[①]，退息必有居学[②]。不学操缦[③]，不能安弦；不学博依[④]，不能安《诗》；不学杂服[⑤]，不能安礼；不兴其艺，不能乐学。故君子之于学也，藏焉，修焉，息焉，游焉。夫然，故安其学而亲其师，乐其友而信其道。是以虽离师辅而不反也[⑥]。《兑命》曰：“敬孙务时敏[⑦]，厥修乃来[⑧]。”其此之谓乎！

【注释】

①时教：因时施教。朱熹将“时”字属上句，读为“大学之教也时”，认为即《王制》篇中“春、秋教以《礼》、《乐》，冬、夏教以《诗》、《书》”。正业：孔疏，即先王的正典，而非诸子百家。

②居学：指居家休息时的辅助性的学习。以下“安弦”、“博依”、“杂服”、“兴艺”等，都是“居学”的内容。

③操缦（màn）：操弄琴弦。缦，弦索。

④博依：广博的譬喻。《诗经》善用比兴的写作手法，读者必须博学多闻，知道天地草木、鸟兽、虫鱼之事，才能理解《诗经》的内在意涵。

⑤杂服：指各种礼服、燕服。

⑥辅：指朋友。

⑦孙（xùn）：通“逊”。此处所引“《兑》命曰：敬孙务时敏，厥修乃来”，不见于清华竹简本。

⑧厥：其。修：修正业。指修业的成果。

【译文】

大学的教学，要因时施教安排授课内容，教学内容一定是先王的正典，课后休息一定在居所有各种学习。不学习拨弄琴弦的指法，就不能把琴弹好；不广博地学习比兴比喻，就不能真正领会理解《诗经》；不学习各种服饰弁冕知识，就不能很好地操持执行礼典礼仪；不喜好精深博雅的技艺，就不能有乐趣地学习。所以君子对于学习这件事，要时刻怀藏着学习的心愿，不断研修，休息时不忘学习，游乐时也不忘学习。这样才能安心学习并亲近师长，与朋友快乐地交往而信奉所学的道理。所以，即使离开师长朋友也不会违反所学的道理。《说命》说："敬重道义，谦逊问学，努力学习，时刻学习，尽快实行，那修业的成果才会到来。"说的就是这个意思吧！

今之教者，呻其佔毕①，多其讯言②，及于数进③，而不顾其安④，使人不由其诚⑤，教人不尽其材。其施之也悖，其求之也佛⑥。夫然，故隐其学而疾其师⑦，苦其难而不知其益也。虽终其业，其去之必速。教之不刑⑧，其此之由乎！

【注释】

①呻其佔(chān)毕：指教师不懂经义，只会吟读简册，无法为学生诠释义理。呻，吟诵。佔毕，指视简上文字诵读以教人。佔，视。毕，指简。

②讯：王引之说，应读为"谇"。多其谇言，即多其告语，指学生还没有自己思考领悟，就将答案告诉学生。

③及于数(sù)进：追求于速进。及，通"汲"，汲汲。数，通"速"。

④安：知晓。

⑤使人：即教人。

⑥佛：通“拂”，乖戾。

⑦隐：厌恶。

⑧刑：成功。

【译文】

今天的教师，只知道照本宣科拿着简册吟读，不等学生自己思考领悟就生硬灌输，汲汲于加速进度，而不管学生是否真的知晓道理，教学不是诚心诚意的，向学生传授知识也有所保留。教师施教就违背常理，学生求学也乖戾抵触。正因如此，学生厌恶学习而且痛恨自己的教师，感到学习的痛苦而不知学习的好处。即使完成了学业，也必然很快地会忘掉学过的东西。教育之所以不能成功，应该就是这个原因吧！

大学之法：禁于未发之谓豫①，当其可之谓时，不陵节而施之谓孙②，相观而善之谓摩。此四者，教之所由兴也。

【注释】

①豫：预备，预防。

②陵节：超越阶段。孙（xùn）：通“逊”，顺。

【译文】

大学教育的方法：在邪念未萌发之时就加以禁止，这叫预防；在可以接受教育之时就加以教育，这叫适时；不超越学习阶段而循序渐进地施教，这叫顺序；互相观察而学习别人的优点，这叫观摩。这四项，是教育之所以能兴盛的方法。

发然后禁，则扞格而不胜①；时过然后学，则勤苦而难成；杂施而不孙，则坏乱而不修；独学而无友，则孤陋而寡闻；燕朋逆其师②；燕辟废其学③。此六者，教之所由废也。

【注释】

①扞(hàn)格:抵触。

②燕:轻慢。

③燕辟废其学:孔疏:“堕学之徒,好亵慢笑师之譬喻,是废学之道也。”燕辟,郑注:“亵师之譬喻。”

【译文】

邪念萌发后才加以禁止,就会抵触抗拒而不能战胜邪念;过了能够接受学习的年纪之后才学习,就会劳累辛苦而难有成效;教学杂乱而不依顺序,就会破坏混乱教学体系而无法治理;独自学习而没有朋友相互交流切磋,就会孤陋寡闻;轻慢朋友就会违背师教;轻慢老师的训喻,就会荒废学业。这六项,是教育之所以会失败的原因。

君子既知教之所由兴,又知教之所由废,然后可以为人师也。故君子之教喻也,道而弗牵[①],强而弗抑[②],开而弗达。道而弗牵则和,强而弗抑则易,开而弗达则思。和、易以思,可谓善喻矣。

【注释】

①道(dǎo):导引。下同。牵:牵制。

②强(qiǎng):劝勉。

【译文】

君子已经知道教育之所以兴盛的方法,又知道教育之所以失败的原因,然后就可以为人师表了。所以君子教育学生时,引导而不牵制,劝勉而不压抑,启发思考而不说尽。引导而不牵制能使师生关系融洽,劝勉而不压抑能使学生容易接受,启发而不说尽能使学生独立思考。使学生和顺,易于领会接受,又能独立思考,这就称得上善于教谕了。

学者有四失，教者必知之。人之学也，或失则多，或失则寡，或失则易，或失则止[①]。此四者，心之莫同也。知其心，然后能救其失也。教也者，长善而救其失者也。

【注释】

①止：指学者尚未知晓通透道理，却又不请教咨问，将自己想法作为结论。孔疏，"此失在于自止"，这是"思而不学则殆"。

【译文】

学生容易产生四种过失，教师必须了解。人们学习时，有的失于贪婪求多，有的失于孤陋寡闻，有的失于肤浅而不知深究，有的失于自以为是而故步自封。这四项过失的产生，心理是各不相同的。教师必须知道他们的心理，然后才能纠正他们的过失。教育，就是让学生发挥所长，并纠正他们的过失。

善歌者，使人继其声；善教者，使人继其志。其言也约而达，微而臧[①]，罕譬而喻，可谓继志矣。

【注释】

①臧（zāng）：善。

【译文】

善于唱歌的人，能使人感动而不知不觉地跟着唱；善于教育的人，能使人听懂了他讲的道理、继承他的志向。言语简约而通达，精微而妙善，少用譬喻而意义明白，能够做到这几点，就称得上是能使人继承志向的人。

君子知至学之难易，而知其美恶，然后能博喻[①]。能博喻然后能为师，能为师然后能为长，能为长然后能为君，故师也者，所以学为君也。是故择师不可不慎也。《记》曰："三王、四代唯其师[2]。"此之谓乎！

【注释】

①博喻：孙希旦《集解》："谓因学者之材质而告之，而广博譬喻，不拘一途也。"即因材施教。

②三王：夏、商、周三代之王。四代：三代加虞。

【译文】

君子知道到达学问之路的难易，而且知道学生的素质有好有坏，然后能广用比喻、因材施教。能广用比喻、因材施教，然后才能为人师表，能为人师表，然后才能做官长，能做官长，然后才能做国君，所以和老师学习，就是在学习做国君。因此选择老师不可不慎重。《记》说："三王、四代都是以老师为重。"说的就是这个意思吧！

凡学之道，严师为难[1]。师严然后道尊，道尊然后民知敬学。是故君之所不臣于其臣者二：当其为尸，则弗臣也；当其为师，则弗臣也。大学之礼，虽诏于天子[2]，无北面，所以尊师也。

【注释】

①严：尊敬。

②诏：教。

【译文】

凡学习之道，最难的就是尊敬老师。老师受到尊敬，然后道才会受到尊重，道受到尊重，然后人们才知道尊崇敬重学问。因此有两种情况国君是不把臣子当作臣子看待的：一种是当臣子担任祭祀的尸时，国君不敢把他看作是臣子；另一种是当臣子是自己的老师时，国君不敢把他看作是臣子。大学的礼仪，即使是给天子讲学，老师也不必面向北方表示居臣位，就是为了表示尊敬老师。

善学者，师逸而功倍，又从而庸之①；不善学者，师勤而功半，又从而怨之。善问者，如攻坚木，先其易者，后其节目，及其久也，相说以解②；不善问者反此。善待问者，如撞钟，叩之以小者则小鸣，叩之以大者则大鸣，待其从容，然后尽其声；不善答问者反此。此皆进学之道也。

【注释】

①庸：功劳。

②说（tuō）：通“脱”，解脱。

【译文】

善于学习的人，老师轻松而效果加倍，学生又从而归功于老师；不善于学习的人，老师辛勤而效果减半，学生又从而埋怨老师。善于发问的人，好比攻伐坚硬的木材，要先从容易的部位开始，然后再砍伐坚硬的关节处，等到时间一长，木材就脱落分解了；不善于发问的人正与此相反。善于回答问题的人，好比撞钟，小力地敲打钟声就小，用力地敲打钟声就大，从容不迫地敲打，钟声就渐渐止息；不善于回答问题的人正与此相反。这都是推进学习的方法。

记问之学①，不足以为人师。必也其听语乎！力不能问，然后语之；语之而不知，虽舍之可也。

【注释】

①记问之学：预先背诵书中内容。

【译文】

只靠预先记诵书中的内容来给学生讲授，这不足以成为老师。一定要听了学生发问后才加以解答吧！如果学生有疑惑却没有发问的能力，他才主动为学生解惑；如果为学生讲解了而学生仍然无法理解，先搁置一旁，以后再讲解也是可以的。

良冶之子[①]，必学为裘[②]；良弓之子，必学为箕[③]；始驾马者反之[④]，车在马前。君子察于此三者，可以有志于学矣。

【注释】

①冶：冶铸。

②为裘：以兽皮缝缀裘衣，把一片片的兽皮拼合成皮衣。

③为箕：畚箕必须由弯曲柳条编制。本节前两句，李调元《礼记补注》认为，虽然冶铸与缝制裘衣、制弓与编制簸箕，表面上是不相关的事，但方法与道理却是可以借鉴学习的，作者是借此说明“学者贵于善悟也”，也就是举一反三的学习之道。

④始驾马：初学驾车的幼马。反之：据孔疏，这是指由大马驾车在前，而将学习驾车的小马系在车后，一反大马驾车的常态，是为了让未曾驾车的小马勿因惊恐而奔驰，逐渐熟悉适应驾车。

【译文】

优秀的冶铸工之子，一定要学习缝制裘衣；优秀的制弓匠之子，一定要学习编制畚箕；刚开始学习驾车的幼马，与大马在车前驾车的位置正相反，车子行在幼马前。君子明白了这三件事的道理后，就可以触类旁通，立志学习了。

古之学者，比物丑类[①]。鼓无当于五声[②]，五声弗得不和；水无当于五色[③]，五色弗得不章[④]；学无当于五官[⑤]，五官弗得不治；师无当于五服[⑥]，五服弗得不亲。

【注释】

①比物丑类：指排比并列各类事物。丑，比。

②当：主。五声：即宫、商、角、徵、羽。

③五色：青、赤、黄、白、黑。

④章：通“彰”，显明。

⑤五官：据《曲礼下》“天子有后”节，指司徒、司马、司空、司士、司寇。这里泛指政府各级官吏。

⑥五服：指斩衰、齐衰、大功、小功、缌麻五种丧服。这是按照与死者的亲疏关系确定的穿着丧服的规格、服丧时间长短、服丧内容的丧礼制度。

【译文】

古代的学者，喜欢排比并列各类事物。鼓，本不属于五声，而五声若没有鼓的调节就不能和谐；水，本不属于五色，而绘画时若没有水的调和，五色就无法彰显色彩；学，本不属于五官中的一职，而五官若不通过学习，就不懂得治理之道；老师，本不属于五服，而五服之内的亲属不通过老师教导，就不知道应当怎样互相亲近。

君子曰[①]：“大德不官，大道不器，大信不约，大时不齐。察于此四者，可以有志于学矣[②]。”

【注释】

①曰：原本脱此字，整理者补出。

②学：孔疏引作“本”，故注家多以“本”字作解，如孙希旦《集解》、朱彬《训纂》等。孔疏：“不官为诸官之本，不器为诸器之本，不约为诸约之本，不齐为诸齐之本。”此处作“学”亦通。

【译文】

君子说：“最大的德性不局限于任何官职，最高的道理不拘泥于任何器用，最大的诚信不必用符券约束，最要紧的天时不会将万物消长、荣枯、兴衰整齐划一。明白了这四项，就可以有志于学习了。”

三王之祭川也，皆先河而后海，或源也①，或委也②。此之谓务本。

【注释】

①源：孔疏引或说云：“源则河也。”

②委：孔疏引或说云：“委则海也。”

【译文】

夏、商、周三代君王祭祀河川，都先祭河再祭海，河是源头，海是众水之所汇聚。这就叫作务求根本。

乐记第十九

【题解】

郑玄《礼记目录》云:“名曰‘乐记’者,以其记乐之义。”

本篇所谓的“乐”不同于今天的音乐,它包含音乐、舞蹈(或兼诗歌)的表现形式。记文主要阐述乐的形成与功能,并论述礼、乐关系及影响等,因此题为“乐记”。本篇是中国最早的音乐理论著作。刘向《别录》校书,得《乐记》二十三篇,今本《乐记第十九》乃将前十一篇合为一篇,各篇篇目及主旨为:一、乐本:论乐之起源,提出声、音、乐意义不同,并谈及乐的社会功能。二、乐论:论礼、乐之别,以及其各自的社会功能。三、乐礼:论礼、乐与社会、天地、自然的关系。四、乐施:论乐与统治者的德行及事功的关系以及礼、乐的教化功能。五、乐言:论乐对性情的影响,圣王制乐必须深思。六、乐象:论乐对思想情绪的影响及乐教意义,另及礼、乐的教化功能。七、乐情:论乐与情的关系、礼与乐之区别及社会功能。八、魏文侯:论古乐与郑、卫之音的区别、德音与溺音的差异。九、宾牟贾:论周乐舞《武》的舞蹈结构、内容及意义。十、乐化:论乐对修养及人伦的教化作用,以及先王制《雅》、《颂》的意义。十一、师乙:论人性情不同,各有所宜之歌,且歌舞乃喜悦的自然流露。

近十几年来,由于郭店楚墓竹简《性自命出》与上海博物馆藏战国楚竹书《性情论》两篇先后面世,《乐记》再度引起学界的高度关注。学者指出，这两篇出土简文的部分内容，其根本思想与《乐记》一致，如人性乃感于物而生情，乐则足以陶冶性情，发挥教化的社会功能等。

凡音之起①，由人心生也。人心之动②，物使之然也③。感于物而动，故形于声。声相应，故生变，变成方④，谓之音。比音而乐之⑤，及干戚、羽旄⑥，谓之乐。

【注释】

①音：曲调。包括有词的歌和无词的曲。《乐记》中的“音”与“声”、“乐”相对，郑玄以为宫、商、角、徵、羽五音相杂调和谓之“音”，单出谓之“声”。

②动：指感情的变化。

③物：外界事物。郭店楚墓竹简《性自命出》与上海博物馆藏战国楚竹书《性情论》均载：“凡人虽有性，心亡定志，待物而后作，待悦而后行，待习而后奠。喜怒哀悲之气，性也。及其见于外，则物取之也。”与此句意味相同，说明人心的变化是由外界事物影响的结果。

④方：声按照一定方式、形式排列组合，即曲调。

⑤比：编排。乐：用乐器演奏。

⑥干戚：跳武舞时所执的舞具。干，盾。戚，斧形的器具。羽旄：跳文舞时所执的舞具。羽，雉羽。旄，旄牛尾。本篇所谓“乐”，正是音乐与舞蹈的结合。

【译文】

“音”的缘起，是从人心所产生的。人心的活动，是外界事物触发的结果。有感于外界事物而心动，所以用“声”表现出来。不同的声彼此应和，所以产生变化，把声的变化按着一定的规律表现出来，就称作

“音”。排列这些“音”而且配上乐器演奏,并手持干、戚、羽、旄跳舞,就称作“乐”。

乐者,音之所由生也,其本在人心之感于物也。是故其哀心感者,其声噍以杀①;其乐心感者,其声啴以缓②;其喜心感者,其声发以散③;其怒心感者,其声粗以厉④;其敬心感者,其声直以廉;其爱心感者,其声和以柔⑤。六者⑥,非性也⑦,感于物而后动。是故先王慎所以感之者⑧。故礼以道其志⑨,乐以和其声,政以一其行,刑以防其奸。礼、乐、刑、政,其极一也,所以同民心而出治道也。

【注释】

①噍(jiāo):急促。杀(shài):衰退,消减。

②啴(chǎn):宽舒。

③发:扬。散:畅达。

④粗:粗犷,壮猛。厉:高急,凌厉。

⑤和:温和,不乖。柔:致顺。

⑥六者:上述六种声音。

⑦性:本性。

⑧先王:先代的圣贤帝王,旧注指尧、舜、禹、文王、武王等。

⑨道(dǎo):引导。

【译文】

乐,是从音产生的,它的根源在于人心感应外界的事物。因此当哀伤的心有所感应时,发出的声音是急促而衰弱的;当欢乐的心有所感应时,发出的声音是宽绰而舒缓的;当喜悦的心有所感应时,发出的声音是开朗而畅达的;当愤怒的心有所感应时,发出的声音是粗暴而凌厉的；当虔敬的心有所感应时，发出的声音是刚直而廉正的；当爱慕的心有所感应时，发出的声音是和美而温柔的。这六种声音，并非天性，而是受到外界事物触动才发生的。因此前代先王对于能触动人的事物十分慎重。所以用礼义来引导人们的心志，用音乐来和同人们的声音，用政治来统一人们的行止，用刑法来防止人们的奸邪。礼、乐、刑、政，它们终极目标是一致的，都是用来统一民心而使社会安定、天下大治的。

凡音者，生人心者也。情动于中，故形于声，声成文[①]，谓之音。是故治世之音安以乐[②]，其政和；乱世之音怨以怒[③]，其政乖[④]；亡国之音哀以思[⑤]，其民困。声音之道，与政通矣。

【注释】

①成文：意同上文“成方”，指合成为一定的形式，即曲调。文，指文采。

②治世：太平的时期。安：安详。

③乱世：动乱的时期。怨：怨恨。

④乖：反常，不和谐。

⑤思：深沉，忧郁。

【译文】

音，是产生于人的内心的。情感在心中激宕，因此表现为“声”，“声”组合成一定形式的曲调，就称作“音”。所以治世之音安详而喜乐，表示政治和谐；乱世之音怨恨而愤怒，表示政治混乱；亡国之音悲哀而忧郁，表示人们困苦。声音的道理，是与政治相通的。

宫为君，商为臣，角为民，徵为事，羽为物[①]。五者不乱，则无怗懘之音矣[②]。宫乱则荒，其君骄；商乱则陂[③]，其官坏；角乱则忧，其民怨；徵乱则哀，其事勤[④]；羽乱则危，其财匮。五者皆乱，迭相陵[⑤]，谓之慢[⑥]。如此则国之灭亡无日矣。

【注释】

①“宫为君”五句：宫、商、角、徵（zhǐ）、羽，即“五音”或“五声”，是我国古代五声音阶中的五个音级，相当于简谱中的1、2、3、5、6。这里的宫、商、角、徵、羽，不是指五个单音，而是曲调的调式。事，劳役，役事。物，财物，物资。

②怗懘（zhān chì）：指音调敝败不和谐、不流畅。

③陂（bì）：倾斜。这里指邪恶。

④勤：指劳役的繁重。

⑤迭（dié）：这里指五声互相混淆缠杂。

⑥慢：慢音，放肆而没有规矩的音乐。

【译文】

宫声代表国君，商声代表臣下，角声代表百姓，徵声代表役事，羽声代表物资。这五种调式不混乱，就不会有不和谐的声音。宫声混乱音调就散漫，象征君主骄纵；商声混乱音调就倾颓，象征吏治腐败；角声混乱音调就忧愁，象征百姓怨恨；徵声混乱音调就哀伤，象征百姓役事繁重；羽声混乱音调就危殆，象征财物匮乏。五种调式都发生混乱，彼此混淆侵凌，就叫做“慢音”。如此，国家灭亡的日子就不远了。

郑、卫之音[①]，乱世之音也，比于慢矣[②]。桑间濮上之音[③]，亡国之音也，其政散，其民流[④]，诬上行私而不可止也。

【注释】

①郑、卫之音：指春秋战国时期郑、卫两国的音乐。与传统的雅乐不同，因其细腻动听而往往被认为是“靡靡之音”。先儒都强调近雅乐而远郑声。孔子说，治国就要“放郑声，远佞人”，因为“郑声淫，佞人殆”(《论语·卫灵公》)；还说“恶郑声之乱雅乐也，恶利口之覆邦家者”(《论语·阳货》)。郭店楚墓竹简《性自命出》、上海博物馆所藏战国楚竹书《性情论》也说：“郑、卫之乐，则非其声而纵之也。”认为郑、卫之乐皆非雅乐而是放纵不知节制之音，与传世文献可互相印证。

②比：近。

③桑间濮上之音：桑间，郑注：“濮水之上，地有桑间者。”在今濮阳南，古属卫地。《史记·乐书》正义云：“昔殷纣使师延作长夜靡靡之乐，以致亡国。武王伐纣，此乐师师延将乐器投濮水而死。后晋国乐师师涓夜过此水，闻水中作此乐，因听而写之。既得还国，为晋平公奏之。师旷抚之曰：‘此亡国之音也，得此必于桑间濮上乎？纣之所由亡也。’”亦见《韩非子·十过》。

④流：放纵，不受约束。

【译文】

郑、卫两地的音乐，是乱世之音，已接近于慢音了。桑间濮上的音乐，是亡国之音，它反映政教散乱，百姓放纵，臣下犯上欺上、图谋私利而无法遏止。

凡音者，生于人心者也；乐者，通伦理者也。是故知声而不知音者，禽兽是也，知音而不知乐者，众庶是也，唯君子为能知乐。是故审声以知音[①]，审音以知乐，审乐以知政，而治道备矣。是故不知声者不可与言音，不知音者不可与言乐。知乐,则几于礼矣[②]。礼、乐皆得,谓之有德。德者,得也。是故乐之隆,非极音也;食飨之礼[③],非致味也。《清庙》之瑟[④],朱弦而疏越[⑤],壹倡而三叹,有遗音者矣。大飨之礼[⑥],尚玄酒而俎腥鱼[⑦],大羹不和[⑧],有遗味者矣。是故先王之制礼乐也,非以极口腹耳目之欲也,将以教民平好恶而反人道之正也[⑨]。

【注释】

①审:审察,研究。

②几:接近。

③食飨之礼:食礼和飨礼,古代招待宾客及宗庙祭祀的礼仪。具体仪式仪节已不得而知。

④《清庙》:《诗经·周颂》篇名。是周人祭祀先祖文王时演奏的乐章。

⑤朱弦:即"练朱弦",指弹奏的琴弦是经过练制并染红的。古代以水煮生丝叫做"练",经过练制的琴弦,声音较低沉稳重,符合宗庙音乐的需求。疏:通。越:瑟底孔。战国早期曾侯乙墓出土漆瑟,瑟底板前、后两端各有一个椭圆形孔,即"越"。孔疏引熊氏说"瑟两头有孔",与出土实物正相合。该孔有调节琴音的作用,孔小则声急促,孔大则声舒迟。

⑥大飨之礼:合祭先王的祭礼。

⑦玄酒:水。腥鱼:生鱼。

⑧大羹:不调以盐、菜的肉汁。

⑨平好恶:孔疏:"将以教民均平好恶,使好者行之,恶者避之。"即节制、调节好恶之情。

【译文】

音,产生于人的内心;乐,是可以通达人事伦理的。因此,禽兽只懂得“声”而不懂得“音”，庶民大众只懂得“音”而不懂得“乐”，唯有君子能够懂得“乐”。因此，从审察“声”而懂得“音”，从审察“音”而懂得“乐”，从审察“乐”而懂得政治，这样，治理国家的道理就完备了。不懂何谓“声”的人，就不能与他讨论“音”；不懂何谓“音”的人，就不能与他讨论“乐”。懂得了“乐”，就接近于懂得礼了。礼、乐都有心得，就称之为有德。德，就是有得于礼、乐。所以，乐盛大隆重，不是为穷极对音乐的欣赏；举行食、飨之礼，不是为穷极对美味的享受。伴奏《清庙》乐章的瑟，拨着红色的弦，疏通琴底的调音孔，一人领唱，三人应和咏叹，形式简朴但余音袅袅。大飨之礼，将实为清水的玄酒放在上位，俎上摆置的是未经烹煮的生鱼，肉汁里不用盐、菜调和，食物简单却余味无穷。所以先王制礼作乐，并不是用以穷极口腹耳目等感官的欲望，而是用以教导人们节制欲望、平衡好恶，进而归返人性的正道。

人生而静①，天之性也。感于物而动，性之欲也。物至知知②，然后好恶形焉。好恶无节于内，知诱于外，不能反躬，天理灭矣③。夫物之感人无穷，而人之好恶无节，则是物至而人化物也④。人化物也者，灭天理而穷人欲者也。于是有悖逆诈伪之心，有淫泆作乱之事。是故强者胁弱，众者暴寡，知者诈愚，勇者苦怯，疾病不养，老幼孤独不得其所，此大乱之道也。

【注释】

①静：平静。指人初生时没有外物的影响，还没有情感、欲望的躁动。

②知（zhì）知：前“知”同“智”，指心智；后“知”为感知、知晓。

③天理：上天之理，犹天性。指天所决定的人的本性，即天赋善性。

④人化物：人化于物，即人天赋的善性受外物影响而异化。

【译文】

人生来是平静的，没有情欲的躁动，这是天赋的本性。感受到外物而心动，这是人的本性产生的欲求。外物来到，心智便不断地感知它，然后内心就生出好恶。如果好恶在内心无法制约，心智又被外物诱惑，不能回到初生时平静的本性，天生的理性就泯灭了。外物对人的影响是无穷尽的，倘若人的内心好恶不能节制，这样，随着外物的到来，人就渐渐被物化了。人被物化，就会泯灭天理而穷尽欲求。于是就有了悖乱叛逆、狡诈虚伪之心，有了骄纵淫逸、为非作乱之事。所以强者胁迫弱者，多数欺侮少数，聪明人欺骗愚钝者，胆大的凌辱胆小的，有病的人无法治病疗养，老人、幼童、丧父的孤儿、丧子的独身老人都找不到安置之所，这是导致国家社会大乱的邪道。

是故先王之制礼乐，人为之节。衰麻哭泣[①]，所以节丧纪也[②]；钟鼓干戚，所以和安乐也；昏姻冠笄[③]，所以别男女也；射乡食飨[④]，所以正交接也。礼节民心，乐和民声，政以行之，刑以防之。礼、乐、刑、政，四达而不悖，则王道备矣。

【注释】

①衰（cuī）麻：指丧服，因为丧服均用粗麻布制成。哭泣：指丧礼中各种有关哭泣的规定。

②丧纪：丧事。

③昏：同“婚”。冠笄（jī）：指男女的成年礼。见《曲礼上》“男女异长”节注②④。

④射：大射礼。乡：乡饮酒礼。

【译文】

所以先代君王制礼作乐，使人以此节制自己。制定丧服的等次与哭泣的礼数，是用来节制丧事的；制定钟鼓干戚乐舞的礼制，是用来调和安乐的；制定婚礼、冠礼、笄礼，是用来区别男女的；制定射礼、乡饮酒礼、食礼、飨礼，是用来规范交际的。礼可以节制民心，乐可以调和民声，政可以推行国政，刑可以防止奸邪。礼、乐、刑、政，能通达于四方而不悖乱，那么王道之治就完备了。

乐者为同，礼者为异。同则相亲，异则相敬。乐胜则流[①]，礼胜则离[②]。合情饰貌者[③]，礼、乐之事也。礼义立则贵贱等矣[④]；乐文同[⑤]，则上下和矣。好恶着，则贤不肖别矣。刑禁暴，爵举贤，则政均矣。仁以爱之，义以正之，如此则民治行矣。

【注释】

①乐胜则流：乐的功能是使人和合亲近，若用乐过度则容易发生轻慢不敬。胜，过度。流，放任失敬，不讲尊卑。

②礼胜则离：礼的功能在使人分别远近亲疏，若用礼过度则使人疏离不和。

③合情：调和内在的感情，这是乐的功能。饰貌：修饰外在的行为仪态，这是礼的功能。

④义：同“仪”。

⑤乐文：指乐曲。

【译文】

乐是为了和合情感，礼是为了区别差异。情感和合就能彼此亲近，区别差异就能互相尊敬。乐如果过度就会轻慢不敬，礼如果过度就会疏离失和。调和感情、修饰仪态，这是礼和乐的功能。礼仪确立，贵贱等级就分明了；乐曲和谐，上下关系就和睦了。喜好与厌恶明确，贤人与不肖、好人与坏人就分清了。用刑罚来禁止暴虐，用爵位来选拔贤能，政治就平和清明了。以仁来关爱保护人们，以义来匡正管教人们，这样，就能把人们治理好了。

乐由中出[①]，礼自外作。乐由中出，故静；礼自外作，故文[②]。大乐必易，大礼必简。乐至则无怨，礼至则不争。揖让而治天下者，礼乐之谓也。暴民不作，诸侯宾服，兵革不试[③]，五刑不用[④]，百姓无患，天子不怒，如此则乐达矣。合父子之亲，明长幼之序，以敬四海之内，天子如此，则礼行矣。

【注释】

①中：内心。出：产生。

②文：文饰，文采。这里指仪式、仪节。

③试：用。

④五刑：见《王制》“司寇正刑明辟”节注⑤。

【译文】

乐是从内心产生的，礼是在外表反映的。乐从内心产生，所以就平静；礼在外表反映，所以就显现文采。大乐一定是平易的，大礼一定是简约的。乐教施行了，就没有怨恨；礼教施行了，就不会相争。靠着谦让就能治理天下的，说的就是礼乐了。不会有暴民暴乱，诸侯臣服于天子，武器军备不动用，五刑不施行，百姓没有忧患，天子不必恼怒，这样，乐教的目的就达到了。使四海之内父子亲情融合，长幼秩序分明，人人尊敬天子，这样礼的教化就推行了。

大乐与天地同和，大礼与天地同节。和，故百物不失[①]；节，故祀天祭地。明则有礼乐，幽则有鬼神[②]，如此，则四海之内合敬同爱矣。礼者，殊事合敬者也；乐者，异文合爱者也。礼、乐之情同[3]，故明王以相沿也。故事与时并[4]，名与功偕[5]。

【注释】

①不失：不失其本性。

②幽：幽冥世界，与人间相对。

③礼、乐之情同：指礼、乐虽然殊事异文，但是其合敬同爱的内在精神却是一致的。情，犹精神。

④事与时并：礼须应时宜，视时而起。事，即礼。

⑤名与功偕：乐名与功业匹配。据说，圣王作乐，都依据得天下之功而名乐曲，如尧作《大章》、舜作《大韶》、禹作《大夏》、汤作《大濩》、武王作《大武》等皆是。名，指乐。

【译文】

大乐与天地一样协和万物，大礼与天地一样节制万物。因为能协和，所以万物不失本性；因为有节度，所以按礼节祭祀天地。人间有礼乐教育教化，幽冥中有鬼神佑护扶持，这样，四海之内就能使人们互相尊敬、互相亲爱。礼，以不同的仪节使人彼此敬重；乐，以不同形式的乐曲使人亲近相爱。礼与乐的精神作用是相同的，所以圣明的君王都重视礼乐，世代沿袭。因此，圣王所制定的礼仪与所处的时代相符，所制定的乐名与所建的功业相称。

故钟、鼓、管、磬[1]，羽、籥、干、戚[2]，乐之器也。屈伸俯仰，缀、兆、舒疾[3]，乐之文也。簠、簋、俎、豆[4]，制度、文章，礼之器也。升降上下，周还、裼袭[5]，礼之文也。故知礼乐之情者能作，识礼乐之文者能述。作者之谓圣，述者之谓明。明圣者,述作之谓也。

【注释】

①管:管乐器的通称。“钟、鼓、管、磬”与下列“羽、籥、干、戚”都是“乐之器”,前者为演奏之乐器,后者为跳舞之舞具。

②籥(yuè):编管乐器,也可作为舞具。《诗经·邶风·简兮》:“左手执籥,右手秉翟。”文舞执羽籥,武舞执干戚。

③缀:舞队的位置。兆:舞队的活动界域。舒疾:指舞蹈节奏的舒缓与急促。

④簠(fǔ)、簋(guǐ):见《曾子问》“曾子问曰:天子尝、禘、郊、社、五祀之祭”节注①。

⑤周还(xuán):环绕转体。裼(xī)袭:见《玉藻》“以帛里布”节注⑨。

【译文】

所以,钟、鼓、管、磬,羽、籥、干、戚,都是表现乐的器具。屈身、伸展、下俯、上仰,舞队定位、舞蹈范围、动作节奏的舒缓,都是表现乐的形式。簠、簋、俎、豆,衣食住行的仪节制度、图案文饰,都是表现礼的器具。升阶、降阶、上堂、下堂,环绕转身、袒露外衣、掩住外衣,都是表现礼的形式。所以懂得礼乐精神和作用的人能够制作礼乐,懂得礼乐表现形式的人能够传授礼乐。能制作礼乐的人称为“圣”,能传授礼乐的人称为“明”。所谓“明圣”,就是传授礼乐、制作礼乐的意思。

乐者,天地之和也;礼者,天地之序也。和,故百物皆化;序,故群物皆别。乐由天作,礼以地制。过制则乱,过作则暴。明于天地,然后能兴礼乐也。

【译文】

乐,象征天地的和谐;礼,象征天地的秩序。有和谐,所以万物化生;有秩序,所以万物有别。乐是按照天的道理而创作的,礼是按照地的道理而制作的。乐若过度就会造成秩序紊乱,礼若过度就会产生暴戾暴虐。明了天地的道理,然后才能制礼作乐。

论伦无患[①],乐之情也;欣喜欢爱,乐之官也[②]。中正无邪,礼之质也;庄敬恭顺,礼之制也[③]。若夫礼乐之施于金石,越于声音,用于宗庙社稷,事乎山川鬼神,则此所与民同也。

【注释】

①论伦无患:裴骃《史记集解》引王肃说:"言能合道论,中伦理而无患也。"伦,伦理道德。

②官:功能。

③礼之制:孔疏:"礼之节制也。"

【译文】

合乎伦理,对社会无害,是乐的情理;欣喜欢爱,是乐的功能。中正平和而无邪恶,是礼的本质;待人接物庄敬恭顺,是礼的节制。至于将礼乐借由金石乐器表现出来,透过声音传播出来,用于宗庙社稷的祭祀,用于山川鬼神的祭奠,这些则是天子与百姓都相同的。

王者功成作乐,治定制礼。其功大者其乐备,其治辩者其礼具[①]。干戚之舞,非备乐也;孰亨而祀[②],非达礼也。五帝殊时,不相沿乐;三王异世,不相袭礼。乐极则忧,礼粗则偏矣。及夫敦乐而无忧[③],礼备而不偏者,其唯大圣乎!

【注释】

①辩:通“遍”。

②孰:同“熟”。亨:同“烹”。“孰亨”即熟肉。

③敦:厚,盛大。

【译文】

君王功业创立后就制作乐,政治安定后就制定礼。王道功业伟大的,所制作的乐就完备;治国政绩宏大的,所制定的礼就周全。拿着干戚跳跳舞,不算是完备的乐;用烹熟食物祭祭神,不算是通达的礼。五帝时代不同,因此不互相沿袭乐制;三王时代不同,因此不互相沿袭礼制。乐,超过极限就会生发忧虑;礼,制作粗疏就会出现偏差。如果是能使乐盛大而又无忧虑,能使礼完备而又无偏差,那只有大圣人才能做到吧!

天高地下,万物散殊,而礼制行矣。流而不息,合同而化[①],而乐兴焉。春作夏长,仁也;秋敛冬藏,义也。仁近于乐,义近于礼。乐者敦和,率神而从天[②];礼者别宜,居鬼而从地[③]。故圣人作乐以应天,制礼以配地。礼乐明备,天地官矣[④]。

【注释】

①合同而化:合同阴阳,化育万物。

②率:遵循,遵从。

③居:遵循,遵从。

④天地官矣:天地的职能得以发挥。官,职能。

【译文】

天在上地在下,万事万物品类各异,为区别上下尊卑,因而制定了礼。天地之气流动不止，合和阴阳，化育万物，为表现调理燮和，因而兴起了乐。春天萌生，夏天成长，体现了天地的仁；秋天收获，冬天储藏，体现了天地的义。仁与乐相近，义与礼相近。乐能敦睦亲和，就是要遵循神的旨意而顺从天之道；礼能区别异同，就是要遵从鬼的旨意而顺从地之道。所以圣人制礼作乐，以配天地运行之道。礼乐制度明白完备，天地的职能就得以发挥了。

天尊地卑，君臣定矣。卑高已陈①，贵贱位矣。动静有常，小大殊矣②。方以类聚，物以群分，则性命不同矣③。在天成象，在地成形，如此，则礼者，天地之别也。地气上齐④，天气下降，阴阳相摩，天地相荡，鼓之以雷霆，奋之以风雨，动之以四时，煖之以日月⑤，而百化兴焉。如此，则乐者天地之和也。

【注释】

①卑高：孔疏："卑谓泽也，高谓山也。"尊卑之位像山泽。这是借自然地势的高低，来比喻人之贵贱。

②小大：泛指万物。

③"方以类聚"三句：郑注："方，谓行虫也。物，谓殖生者也。性之言生也。命，生之长短也。""方"、"物"，原指走兽飞禽之类，泛指万物。

④齐(jī)：通"跻"，上升。

⑤煖：同"暖"，照耀。

【译文】

天高而尊，地低而卑，君臣尊卑取法天地而定。山高泽低已有布陈，身份贵贱取法自然而定。天地阴阳的动静有一定的规律，大小万物的差异就显现了。飞禽走兽，各以种类而聚；草木竹树，各以族群而分，那么万物的禀性、生命是各不相同的。天空中日、月、星辰形成各种天象，大地上鸟兽、草木生成各种形态，这样，礼就是用以显示天地万物的差异和区别的。地气上升，天气下降，阴阳交接摩擦，天地互相激荡，雷霆震动，风雨飘摇，四时更迭，日月照耀，而万物就兴旺生长。这样，乐就是用以显示天地万物的协调与燮和的。

化不时则不生，男女无辨则乱升[①]，天地之情也。及夫礼乐之极乎天而蟠乎地[②]，行乎阴阳而通乎鬼神，穷高极远而测深厚。乐着大始[③]，而礼居成物[④]。著不息者天也[⑤]，著不动者地也，一动一静者，天地之间也。故圣人曰“礼乐”云。

【注释】

①升：成。

②蟠(pán)：郑注：“犹委也。”孔疏：“言礼乐下委于地。”

③着：处。大始：始生万物之天。大，同“太”。

④成物：生成百物之地。

⑤著：明白，显著。下同。

【译文】

化育万物不符合天时就不能生长，男女没有区别就会产生混乱，这是天地间的情理。至于礼乐，上达于天而下至于地，行于阴阳之间与鬼神相通，穷极高远，探测深厚。乐处于始生万物的上天中，礼处于生成万物的大地之上。明白运动不息的是上天，明白一切静止的是大地，而一动一静的，是天地之间的万物。所以，圣人常说起的就是“礼乐”。

昔者舜作五弦之琴以歌《南风》[①]，夔始制乐以赏诸侯[②]。故天子之为乐也，以赏诸侯之有德者也。德盛而教尊，五谷时孰，然后赏之以乐。故其治民劳者，其舞行缀远[③]；其治民逸者，其舞行缀短。故观其舞，知其德；闻其谥[④]，知其行也。

【注释】

①《南风》：古诗歌名。此诗亦见《孔子家语・辨乐解》、《尸子》。曰："南风之薰兮，可以解吾民之愠兮。南风之时兮，可以阜吾民之财兮。"

②夔（kuí）：人名。舜时乐官。

③舞行（háng）缀远：天子赏赐给诸侯的舞队规模小，人数少，舞蹈场地上为确定舞者的位置所设标记就隔得远。与后文"其治民逸者，其舞行缀短"正相反。缀，为了舞队的整齐，舞蹈场地在舞者的位置上所设标志的间隔。

④谥（shì）：谥号。人死后依其德行，功过所定的称号。

【译文】

从前，舜制作五弦琴以歌唱《南风》，乐官夔于是制作乐章，用来赏赐给诸侯。所以天子制乐，就是用来赏赐给有德的诸侯的。德行高尚而教化尊崇，五谷按时成熟丰收，那么就把乐赏赐给诸侯。所以诸侯治理人们而使人们劳苦的，天子赏赐给诸侯的舞队就规模小，人数少，舞蹈场地上为舞者的位置所设标记就隔得远；诸侯治理人们而使人们安逸的，天子赏赐给诸侯的舞队就规模大，人数多，舞蹈场地上为舞者的位置所设标记就隔得近。所以观看诸侯所展示的舞蹈，就可以知道他的德行；听到诸侯死后的谥号，就可以知道他一生的行为了。

《大章》[①]，章之也。《咸池》[②]，备矣。《韶》[③]，继也。

《夏》[4],大也。殷、周之乐[5],尽矣[6]。

【注释】

①《大章》:尧时乐名。章,彰明。

②《咸池》:黄帝时乐名。咸,皆。池,通“施”。此乐名的意思是指黄帝之德无所不施。

③《韶》:舜时乐名。郑注:“韶之言绍也。”舜绍承尧,所以乐名为“韶”。

④《夏》:禹时乐名。禹能光大尧、舜之德,所以乐名为“夏”。夏,大。

⑤殷、周之乐:殷乐指《大濩》,周乐指《大武》。

⑥尽:指尽人事,是说殷、周之乐表现文治武功达到了极致。

【译文】

《大章》,彰显尧的德治。《咸池》,表现黄帝之德遍施天下。《韶》,体现舜能继承尧志。《夏》,反映禹能光大尧、舜之德。殷、周之乐,充分反映了当时的文治武功的盛况。

天地之道,寒暑不时则疾,风雨不节则饥。教者[1],民之寒暑也,教不时则伤世;事者[2],民之风雨也,事不节则无功。然则先王之为乐也,以法治也,善则行象德矣。

【注释】

①教者:指乐。

②事者:指礼。

【译文】

天地之间的道理,寒暑不应时令就会发生疾病,风雨不合节气就会发生饥荒。乐的教化犹如寒暑，不应时令就会伤害世风；礼的教化犹如风雨，不合节气就会劳而无功。所以先王作乐，作为治世之法，运用得当就能使百姓的行为合乎道德规范。

夫豢豕为酒[①]，非以为祸也，而狱讼益繁，则酒之流生祸也[②]。是故先王因为酒礼。壹献之礼[③]，宾、主百拜[④]，终日饮酒而不得醉焉，此先王之所以备酒祸也。故酒食者所以合欢也，乐者所以象德也，礼者所以缀淫也[⑤]。是故先王有大事，必有礼以哀之；有大福，必有礼以乐之。哀乐之分[⑥]，皆以礼终。乐也者，圣人之所乐也，而可以善民心，其感人深，其移风易俗[⑦]，故先王著其教焉。

【注释】

①豢(huàn)：养。

②流：放纵无度。

③壹献之礼：见《文王世子》“凡语于郊者”节注⑩。

④百拜：泛指宾、主彼此跪拜多次。行饮酒礼时，除了基本的献、酢、酬之外，还包含许多仪节，宾、主在各种仪节进行时，必须互行拜礼，所以称“宾、主百拜”。可参看《仪礼·乡饮酒礼》。

⑤缀：通“辍”，止。

⑥分：分寸，程度。

⑦移风易俗：王引之说，“移风易俗”一句应从《汉书·礼乐志》作“故其移风易俗易”，其说可从。

【译文】

养猪酿酒，不是为了制造祸患，而诉讼官司日益频繁，就是因为饮酒放纵无度而造成的祸患。因此先王制定了饮酒礼。饮酒行一献之礼，宾、主之间须行种种拜礼，所以喝酒喝上一整天也不会醉倒，这是先王用来预防喝酒酿祸的方法。所以酒食是用来聚会同欢的，乐是用来体现德行的，礼是用来防止淫逸的。因此先王遇死丧大事，一定用相应的礼来表示哀伤之情；遇吉庆大事，一定用相应的礼来表示喜乐之心。哀伤与喜乐的程度，最终都以合乎礼仪为终结。乐，是圣人所喜爱的，它可以使民心向善，它可以感人至深，它可以移风易俗，改变民情民俗，所以先王特别强调乐教。

夫民有血气心知之性，而无哀乐喜怒之常，应感起物而动，然后心术形焉[①]。是故志微、噍杀之音作[②]，而民思忧；啴谐、慢易、繁文、简节之音作[③]，而民康乐；粗厉、猛起、奋末、广贲之音作[④]，而民刚毅；廉直、劲正、庄诚之音作，而民肃敬；宽裕、肉好、顺成、和动之音作[⑤]，而民慈爱；流辟、邪散、狄成、涤滥之音作[⑥]，而民淫乱。

【注释】

①心术：心志，思想感情。郑注："术，所由也。"郭店楚墓竹简《性自命出》、上海博物馆藏战国楚竹书《性情论》云："凡道，心术为主。"

②志微：细微。噍杀：见本篇"乐者，音之所由生也"节注①。

③啴（chǎn）谐：宽舒和谐。慢易：平缓。易，平。繁文：指曲调曲折多变。简节：节奏徐缓。

④奋末：奋发，奋动。广贲：昂扬。贲，通"愤"。

⑤肉好：璧的周边叫"肉"，孔叫"好"。这里指音的圆润。

⑥狄成：指音乐疾速。涤滥：指音乐如水之泛滥，往而不返。

【译文】

人生来就有血气、有感知外物的天性，而哀乐喜怒的情思却不是恒常不变的,都是对外物有所感应必定产生活动,然后才产生哀乐喜怒之情。所以细微、急促的音乐产生,人们听了就会引起忧郁;宽舒、平和、调子曲折而徐缓的音乐产生,人们听了就会感到康乐;激烈、威猛、奋发、昂扬的音乐产生,人们听了就会变得刚毅;廉正、厚重、端庄、诚恳的音乐产生,人们听了就会肃然起敬;宽和、圆润、流畅、和顺的音乐产生,人们听了就会变得慈爱;邪僻、怪诞、疾速无度、放纵散漫的音乐产生,人们听了就会变得淫乱。

是故,先王本之情性,稽之度数①,制之礼义,合生气之和②,道五常之行③,使之阳而不散,阴而不密,刚气不怒,柔气不慑④。四畅交于中而发作于外⑤,皆安其位而不相夺也。然后立之学等,广其节奏,省其文采,以绳德厚。律小大之称⑥,比终始之序⑦,以象事行,使亲疏、贵贱、长幼、男女之理皆形见于乐⑧,故曰:"乐观其深矣。"

【注释】

①稽:考核。度数:即十二音律的度数。

②生气:天地所生的阴阳之气。

③道(dǎo):引导。五常:指金、木、水、火、土五行。

④慑(shè):畏惧。

⑤四畅:阴、阳、刚、柔四气畅通。

⑥律:规范。小大:指音律高低。称:使之适合,使之合宜。

⑦比:按一定规律排列组合。

⑧形见(xiàn):表现。见,同"现"。

【译文】

因此,先王作乐是根据人天生的情思心性,审核音律度数,制定礼仪制度，融合阴阳二气化生万物的和谐，遵循五行相生相克的运行规律，使得阳气不流散，阴气不密闭，刚气不暴怒，柔气不畏惧。阴、阳、刚、柔四种气质在内部交合通畅，在外部抒发表现，都各得其所而不互相干扰侵夺。然后订立学习的进度等级，逐步增加学习乐的节奏，审察乐章文采，用以考量德行的深厚。规范音律高低合度，排列乐章前后顺次，用以模拟人事等级伦理的关系，使得亲疏、贵贱、长幼、男女的区别，都经由乐表现出来，所以说："通过乐可以深刻地观察社会。"

土敝则草木不长，水烦则鱼鳖不大，气衰则生物不遂①，世乱则礼慝而乐淫②。是故其声哀而不庄，乐而不安，慢易以犯节，流湎以忘本③。广则容奸，狭则思欲④，感条畅之气⑤，而灭平和之德，是以君子贱之也。

【注释】

①遂：成。

②慝(tè)：郑注："秽也。"孔疏："恶也。"

③湎(miǎn)：沉。

④广：指声缓。狭：指声急。孔疏："广，谓节间疏缓，言音声宽缓，多有奸淫之声也"；"狭，谓声急，节间迫促，乐声急则动发人心，思其情欲而切急"。

⑤感：动。条畅之气：王念孙说："条畅，读为'涤荡'。涤荡之气，谓逆气也。"

【译文】

土地乏敝，草木就不生长；水中烦扰，鱼鳖就长不大；阴阳之气衰弱，生物就不能顺利长成；世道混乱，礼就会污秽而乐就会淫邪。所以，这种声音悲哀却不庄重，快乐却不安详，散漫简易却节奏紊乱，流连沉湎却忘记根本。声音宽缓而包含着淫邪，声音迫促而情欲急切，这种声音激发人们动乱逆反的情绪，泯灭人们平和善良的德性，所以君子鄙薄轻视它。

凡奸声感人而逆气应之，逆气成象而淫乐兴焉。正声感人而顺气应之，顺气成象而和乐兴焉[①]。倡和有应[②]，回邪曲直各归其分[③]，而万物之理各以类相动也。是故君子反情以和其志[④]，比类以成其行。奸声、乱色不留聪明[⑤]，淫乐、慝礼不接心术，惰慢、邪辟之气不设于身体，使耳、目、鼻、口、心知、百体皆由顺正[⑥]，以行其义[⑦]。

【注释】

①和乐：和谐的音乐。与上文“淫乐”相对。

②倡：唱。和(hè)：应答。

③回邪：孔疏：“回，谓乖违；邪，谓邪辟。”

④反情：孔疏：“谓反去淫溺之情理。”指去除人性中的淫逸之情，恢复天赋的善性。

⑤聪明：指耳与眼。

⑥知：同“智”。

⑦义：宜。

【译文】

凡是奸邪的声音感染人，人们内心就产生邪逆之气来应和；内心的邪逆之气显现出来的时候，放荡淫乱的音乐就产生了。中正的声音感染人，人们内心就产生和顺之气来应和；内心的和顺之气显现出来的时候，和谐中正的音乐就产生了。唱与和彼此响应，乖违邪辟、曲直善恶各自回归本分，而世上万事万物的道理，也一样是同类相互触动应答的。因此君子要去除人性淫溺之情，恢复善性以和谐心志，比照善类用以成就自身的德行。奸邪之声、迷乱之色不在耳朵、眼睛驻留，淫乱之乐、邪恶之礼不与心志相接，怠惰、轻慢、邪戾之气不让身体沾染，让耳朵、眼睛、鼻子、嘴巴、心智以及身体的各部分都能循着和顺中正之气而得到正常的发展。

然后发以声音，而文以琴瑟①，动以干戚，饰以羽旄，从以箫管。奋至德之光，动四气之和，以著万物之理。是故清明象天，广大象地，终始象四时，周还象风雨②。五色成文而不乱③，八风从律而不奸④，百度得数而有常⑤。小大相成，终始相生。倡和清浊，迭相为经。故乐行而伦清，耳目聪明，血气和平，移风易俗，天下皆宁。故曰："乐者，乐也⑥。"君子乐得其道，小人乐得其欲。以道制欲，则乐而不乱；以欲忘道，则惑而不乐。是故君子反情以和其志，广乐以成其教。乐行而民乡方⑦，可以观德矣。

【注释】

①文：文饰。

②还(xuán)：旋。

③五色：青、赤、白、黑、黄色。古人以五色、五音与五行相配，所以这里五色实代指宫、商、角、徵、羽五音与金、木、水、火、土五行。

④八风：八方之风，即条风(东北风)、明庶风(东风)、清明风(东南风)、景风(南风)、凉风(西南风)、昌盍风(西风)、不周风(西北风)、广莫风(北风)。《白虎通》卷七："……距冬至四十五日条风至。条者，正也。四十五日明庶风至。明庶者，迎众也。四十五日清明风至。清明者，青芒也。四十五日景风至。景者，大也。

言阳气长养也。四十五日凉风至。凉，寒也。阴气行也。四十五日昌盍风至。昌盍者，戒收藏也。四十五日不周风至。不周者，不交也。言阴阳未合化也。四十五日广莫风至。广莫者，大莫也。开阳气也。”这里以“八风”代指“八音”，即金、石、丝、竹、匏、土、革、木八类乐器。

⑤百度得数而有常：指音乐节奏像昼夜计时百刻那样有一定之规。百度，即百刻，古代计时分一昼夜为一百刻。

⑥乐（yuè）者，乐（lè）也：音乐，就是快乐。

⑦乡（xiàng）：通“向”。方：道。

【译文】

然后用声音来抒发，用琴瑟来演奏，用干戚来舞动，用羽旄来装饰，用箫管来伴奏。发扬最高之德的光辉，感应四时之气的和谐，彰显天地万物的道理。因此，这种音乐清清明明是天的征象，广袤宏大是地的征象，乐章终始交替是四季的征象，乐舞周旋往来是风雨的征象。五音构成音乐，像五色一样不紊乱；八种乐器和谐成律，像八风一样不侵夺；音乐的节奏变化，像一昼夜有一百刻一样有规律。音律的高低相辅相成，乐曲首末承转呼应。唱与和、清音与浊音，相互交错，彼此糅合。所以这种音乐一经推行，就能使人事伦理清明，人会变得耳聪目明，血气平和，进而移风易俗，天下安宁。所以说：“音乐，就是快乐。”君子乐在得到仁义之道，小人乐在满足欲望。用仁义之道来节制欲望，就能享受快乐而不迷乱；为了欲望而忘却仁义之道，就会迷乱而享受不到快乐。所以君子去除淫逸之情，恢复天赋善性，以和谐心志，推广正乐以成就教化。音乐推行了，人们就向着正道前行，这样就可以观察君子德行的高尚了。

德者，性之端也；乐者，德之华也；金石丝竹，乐之器也。诗，言其志也[①]；歌，咏其声也[②]；舞，动其容也[③]。三者本于心，然后乐器从之。是故情深而文明[④]，气盛而化神，和顺积中而英华发外,唯乐不可以为伪。

【注释】

①诗,言其志也:孔疏:“诗谓言词也,志在内,以言词言说其志也。”

②歌,咏其声也:孔疏:“歌谓音曲,所以歌咏其言词之声也。”

③舞,动其容也:孔疏:“哀乐在内,必形见于外,故以其舞振动其容也。”

④文:文采。

【译文】

德,是人性的顶端;乐,是道德的花朵;金、石、丝、竹,是演奏乐的器具。诗篇,用以表达人的志向;歌咏,用以传达人们的心声;舞蹈,用以展现人们的仪容。诗、歌、舞三者都是发自于人的内心,然后配以乐器演奏。所以乐的情意深刻而形象显明,气势旺盛而出神入化,和谐顺正的精神蕴积于心中,然后音乐的光彩才能展露出来,唯有乐是不可以作伪的。

乐者,心之动也;声者,乐之象也;文采节奏[①],声之饰也。君子动其本,乐其象,然后治其饰。是故先鼓以警戒[②],三步以见方;再始以著往[③],复乱以饬归[④]。奋疾而不拔,极幽而不隐。独乐其志,不厌其道,备举其道,不私其欲。是故情见而义立,乐终而德尊。君子以好善,小人以听过。故曰:“生民之道[⑤],乐为大焉。”

【注释】

①文采:郑注:“乐之威仪也。”指音乐的规模构架。

②先鼓以警戒:此句至“极幽而不隐”是以周乐《大武》的表演为例。

③再:第二段舞蹈。始:起始。据旧注,这是表现武王两次出征伐

纣的情景。

④乱：乐舞之终。饬(chì)归：整饬舞队，表现武王凯旋。

⑤生民之道：孔疏：“生养民人之道。”

【译文】

乐，是内心感动的反映；声，是乐的表现手法；文采节奏，是声的加工修饰。君子的本性受到感动，便以乐来表现，然后加工修饰文采节奏。所以，演出《大武》舞时要先击鼓以表示警戒，舞蹈开始时先举足踩脚三回，以表示舞队行进的方向；第二段舞蹈开始时，也一样要先举足踩脚三回，以表示舞队前往的方向，表现武王伐纣两次进兵，到舞蹈终结时，再整饬舞队表现武王凯旋。舞蹈动作迅疾而不紊乱，音乐意味深长而不隐晦。《大武》乐舞表现了武王实现灭商之志的欣喜，又不违背仁义之道，它充分地称扬仁义之道，不纵容个人的私欲。所以，《大武》乐舞既表达了情感又确立了义理，乐舞终了，而它所倡导的德行受到尊重。君子因此更加乐于行善，小人因此发现自己的过错。所以说：“养育人们的办法中，乐是最重要的。”

乐也者，施也；礼也者，报也。乐，乐其所自生，而礼反其所自始。乐章德，礼报情反始也。

【译文】

乐，是施予；礼，是报答。乐，是发自内心的快乐，而礼是追念起始的先祖。乐是彰显德行，礼则是报答恩情，追念本始。

所谓大辂者，天子之车也。龙旂九旒[①]，天子之旌也。青黑缘者[②]，天子之宝龟也。从之以牛羊之群，则所以赠诸侯也。

【注释】

①旒：旗上的飘带。

②缘：指龟甲的边缘。

【译文】

所谓大辂，是天子的车。有九条飘带并画有龙的旗，是天子的旌旗。有青黑色边缘的龟甲，是天子的宝龟。再加上成群的牛羊，这些都是天子用来赠给诸侯的。

乐也者，情之不可变者也；礼也者，理之不可易者也。乐统同，礼辨异，礼、乐之说，管乎人情矣①。穷本知变，乐之情也；著诚去伪，礼之经也。礼、乐偩天地之情②，达神明之德，降兴上下之神③，而凝是精粗之体④，领父子、君臣之节⑤。

【注释】

①管：郑注："犹包也。"指包含。

②偩（fù）：同"负"，倚仗，依循。

③降兴上下之神：孙希旦云："言礼乐用之祭祀，可以感格鬼神，若《周礼》言'天神皆降，地祇皆出'是也。"降，下。兴，出。

④凝是精粗之体：孔疏："言礼乐之能成就正其万物大小之形体也。"凝，郑注："成也。"精粗，指万物大小。

⑤领：治理。

【译文】

乐，所表达的是不可改变的感情；礼，所表达的是不可变易的道理。乐的功用在于统一和同人心，礼的功用在于区别尊卑贵贱，礼和乐的学说，包涵了人情。探究人们内心的本源，进而推知它的变化规律，这是乐的实质；显扬真诚，去除虚伪，这是礼的常规。礼和乐能顺依天地的情理，通达神明的恩德，上至天神下至地祇，成就万物大小不同之形体，统理引领父子、君臣的关系。

是故大人举礼乐，则天地将为昭焉。天地䜣合[①]，阴阳相得，煦妪覆育万物[②]，然后草木茂，区萌达[③]，羽翼奋，角觡生[④]，蛰虫昭苏[⑤]，羽者妪伏，毛者孕鬻[⑥]，胎生者不殰[⑦]，而卵生者不殈[⑧]，则乐之道归焉耳[⑨]。

【注释】

①天地䜣(xī)合：孔疏："言乐感动天地之气，是使二气蒸动，则天气下降，地气上腾。"䜣，郑注："䜣，读为'熹'。熹，犹蒸也。"

②煦妪(xù yǔ)：抚育，养育。妪，育。

③区(gōu)萌：植物出芽。蜷曲而出曰"区"，直出曰"萌"。区，通"勾"。

④角觡(gé)生：指走兽开始生养。觡，骨角，即动物的犄角外没有外皮包裹，如鹿角。《史记索隐》："牛羊有䚡(sāi)曰'角'，麋鹿无䚡曰'觡'。"此处"角觡"泛指走兽。

⑤昭：晓。苏：苏醒。

⑥鬻(yù)：通"育"。

⑦殰(dú)：郑注："内败曰'殰'。"指胎死腹中。

⑧殈(xù)：禽鸟之卵未得孵化而开裂。

⑨乐之道归焉耳：孔疏："谓归功于乐也。"

【译文】

所以圣人推行礼乐，天地之间的情理将会显明。天地之气交合，阴阳相互交感应和，抚育万物，然后草木茂盛，植物发芽生长，飞禽振翅高翔，走兽长出犄角，冬眠蛰伏的虫苏醒，鸟类孵卵育雏，兽类怀孕生育，胎生的不会胎死腹中，卵生的不会卵破蛋裂，这一切都归功于乐的效用。

乐者，非谓黄钟、大吕、弦歌、干扬也①，乐之末节也，故童者舞之。铺筵、席②，陈尊、俎，列笾、豆，以升降为礼者，礼之末节也，故有司掌之。乐师辨乎声诗，故北面而弦；宗、祝辨乎宗庙之礼③，故后尸；商祝辨乎丧礼④，故后主人。是故德成而上⑤，艺成而下⑥；行成而先，事成而后⑦。是故先王有上有下，有先有后，然后可以有制于天下也。

【注释】

①黄钟、大吕：黄钟是十二律中阳律之首，大吕是十二律中阴律之首。这里以黄钟、大吕代指十二律。关于十二律，见《月令》“孟春之月”节注⑩。弦：指琴瑟等弦乐器。干：盾。扬：郑注：“钺也。”即前文之“戚”，斧形器具。“干”、“戚”都是跳武舞时所执的舞具。

②筵：竹席。古人设席不止一层，紧靠地面的一层称“筵”，筵上面的就称“席”。

③宗：宗伯。祝：太祝。二者都是掌宗庙祭祀之礼的官。

④商祝：熟悉商礼的太祝。

⑤德成而上：孔疏：“则人君及主人之属是也，以道德成就，故在上也。”

⑥艺成而下：孔疏：“言乐师、商祝之等，艺术成就而在下也。”

⑦先：位在上。后：位在下。

【译文】

所谓乐，并非是指敲击黄钟、大吕、弹拨琴瑟而歌、执盾举钺而舞，这些只不过是乐的细枝末节，所以就让孩子们去舞去跳吧。铺设筵席，陈设酒樽、食俎，摆放笾、豆，以及登堂下阶等礼节，这些只不过是礼的细枝末节，所以就让相关的人员去操办吧。乐师会声律诗句，所以就让他们面朝北演奏；宗伯、太祝懂得宗庙中的礼节，所以就让他们跟在尸后主持祭祀仪式；商祝懂得丧葬之礼，所以就让他们跟在主人身后主持丧礼仪式。因此德行有成就的人在上位，技艺有成就的人在下位；有德行的人排在前，懂技艺的人排在后。所以先王确定了有上有下、有先有后的尊卑次序，然后才为天下制礼作乐。

魏文侯问于子夏曰①："吾端冕而听古乐②，则唯恐卧；听郑、卫之音③，则不知倦。敢问：古乐之如彼何也？新乐之如此何也？"子夏对曰："今夫古乐，进旅退旅④，和正以广。弦、匏、笙、簧⑤，会守拊、鼓⑥，始奏以文⑦，复乱以武⑧，治乱以相⑨，讯疾以雅⑩。君子于是语⑪，于是道古⑫，修身及家，平均天下。此古乐之发也。今夫新乐，进俯退俯⑬，奸声以滥，溺而不止⑭；及优、侏儒⑮，獶杂子女⑯，不知父子。乐终不可以语，不可以道古。此新乐之发也。今君之所问者乐也，所好者音也。夫乐者，与音相近而不同。"

【注释】

①魏文侯：战国时魏国国君，名斯。一说名都。曾拜子夏为师。子夏：姓卜，名商，字子夏。孔子的弟子。

②端冕：服玄端（缁衣黄裳）而戴冕冠。古乐：指先王之正乐。

③郑、卫之音：见本篇"郑、卫之音"节注①。

④旅：郑注："犹俱也。俱进俱退，言其齐一也。"与下文"进俯退俯"相对。

⑤簧(huáng):本指金属或其他材料制成的在乐器中发声的薄片。这里泛指簧管发声的乐器。

⑥会:郑注:“犹合也,皆也。”守:待。拊(fǔ):即拊搏。见《明堂位》“土鼓、蒉桴”节注③。堂上的乐器要待击拊后而奏,堂下的乐器要待击鼓后而奏。

⑦文:郑注:“谓鼓也。”

⑧乱:乐曲结束。武:郑注:“谓金也。”指铙(náo),一种青铜制作的打击乐器,形似铃而口朝上,柄在下。

⑨相:即拊。

⑩讯疾:即“迅疾”。雅:乐器名。形如漆桶,口小腹大,腹围两围,长五尺六寸,用羊皮蒙口,两侧有纽,系有带。

⑪语:乐终时的合语(众人一起讨论问题)。

⑫道古:合语时道古昔之事。

⑬俯:郑注:“犹曲也,言不齐一也。”

⑭溺:没,即沉溺。

⑮优:俳优,即以乐舞谐戏为业的艺人。

⑯獶(náo):同“猱”。郑注:“猕猴也。言舞者如猕猴戏也,乱男女之尊卑。”

【译文】

魏文侯问子夏:“我身穿玄端礼服、头戴玄冕聆听古乐,就唯恐打瞌睡;但是听郑、卫的音乐,就不知疲倦。请问听古乐会让人那样是为什么呢?听新乐会让人那样又是为什么呢?”子夏回答说:“现在演奏古乐,其舞队同进同退,动作齐一,曲调平和中正而宽广。琴、瑟、笙、簧等管弦乐器都等待拊、鼓的击奏调控,一击鼓就开始演奏,一击铙音乐就终了,用拊来调节收场之乐曲,用雅来控制快速的节奏。表演完毕,君子们就要在一起评议,道古论今,发表修身齐家、治国平天下的议论。这都是古乐能够引发的。现在演奏新乐,舞队进退动作参差不齐,曲调邪恶放浪，使人沉溺其中而无法自拔；再加上俳优和侏儒，舞者就像猕猴，男女尊卑混杂，不分父子。歌舞完毕，无法让人互相讨论，也不能说古论今。这就是新乐所引发的。现在国君您问的是乐，而您喜好的则是音。乐与音虽然相近却是不同的。”

文侯曰：“敢问何如？”子夏对曰：“夫古者，天地顺而四时当，民有德而五谷昌，疾疢不作而无妖祥[①]，此之谓大当[②]。然后圣人作为父子、君臣，以为纪纲。纪纲既正，天下大定。天下大定，然后正六律[③]，和五声，弦歌《诗·颂》[④]，此之谓‘德音’，德音之谓乐。《诗》云：‘莫其德音，其德克明。克明克类，克长克君。王此大邦，克顺克俾。俾于文王，其德靡悔。既受帝祉，施于孙子。’[⑤]此之谓也。今君之所好者，其溺音乎？”

【注释】

①疾疢(chèn)：病。疢，热病，泛指病。妖祥：怪异现象的先兆。

②大当(dàng)：指天地之间无不得当。

③六律：指黄钟、太蔟、姑洗、蕤宾、夷则、无射六阳律。

④弦歌《诗·颂》：孔疏：“谓以琴瑟之弦，歌此《诗·颂》也。”

⑤“《诗》云”以下十句：出自《诗经·大雅·皇矣》。所引内容是赞美王季之德的。郑注：“德正应和曰‘莫’，照临四方曰‘明’，勤施无私曰‘类’，教诲不倦曰‘长’，庆赏刑威曰‘君’，慈和遍服曰‘顺’。‘俾’当为‘比’，声之误也。择善从之曰‘比’。施，延也。”

【译文】

文侯说：“请问这是怎么回事？”子夏答道：“古时天地和顺，四时得当，百姓有德而五谷丰登，疾病不发作也没有怪异之事，这就叫大得当。

然后圣人兴起，制定了父子、君臣的纲常。纲常准确明了，天下就大定。天下大定，然后规正六律，调和五声，演奏琴瑟等乐器来歌《诗经》的《颂》，这就叫做‘德音’，德音才能称作乐。《诗经·大雅·皇矣》中说：‘王季的德音天下应和，他的德行照临四方。德行照临四方，勤劳施惠于民，为民师长，教诲不倦，为民君上，赏罚分明。他治理大国，慈和为善，择善而从，令四方顺服。等到其子文王继位，他的德行完美、无可怨悔。不但得到上帝赐予的福祉，还将传给子孙后代。’说的就是这个意思。如今国君您所喜好的，乃是让人沉溺的音吧？”

文侯曰：“敢问溺音何从出也？”子夏对曰：“郑音好滥淫志，宋音燕女溺志[①]，卫音趋数烦志[②]，齐音敖辟乔志[③]。此四者皆淫于色而害于德，是以祭祀弗用也。《诗》云：‘肃雍和鸣，先祖是听。’[④]夫肃肃，敬也；雍雍，和也。夫敬以和，何事不行？为人君者，谨其所好恶而已矣。君好之，则臣为之；上行之，则民从之。《诗》云：“‘诱民孔易’，此之谓也。”[⑤]然后，圣人作为鞉、鼓、椌、楬、埙、篪[⑥]，此六者，德音之音也。然后钟、磬、竽、瑟以和之[⑦]，干、戚、旄、狄以舞之[⑧]，此所以祭先王之庙也，所以献、酬、酳、酢也[⑨]，所以官序贵贱各得其宜也，所以示后世有尊卑长幼之序也。钟声铿，铿以立号[⑩]，号以立横[⑪]，横以立武。君子听钟声，则思武臣。石声磬[⑫]，磬以立辨，辨以致死。君子听磬声，则思死封疆之臣。丝声哀，哀以立廉，廉以立志。君子听琴瑟之声，则思志义之臣。竹声滥，滥以立会[⑬]，会以聚众。君子听竽、笙、箫、管之声，则思畜聚之臣。鼓鼙之声讙[⑭]，讙以立动，动以进众。君子听鼓鼙之声，则思将帅之臣。君子之听音，非听其铿枪而已也，彼亦有所合之也。”

【注释】

①燕：郑注：“安也。”

②趋数：郑注：“读为‘促速’，声之误也。”

③敖辟：即傲僻，傲慢邪僻之意。乔：通“骄”。

④“《诗》云”以下二句：出自《诗经·周颂·有瞽》。

⑤“《诗》云”以下二句：出自《诗经·大雅·板》。孔，很，甚。

⑥鞉（táo）：长柄小鼓，两旁有耳坠，状似今之拨浪鼓。椌（qiāng）、楬（qià）：即柷和敔，均为木制的打击乐器。见《月令》“是月也，命乐师修鞀、鞞、鼓”节注④。壎（xūn）：亦作“埙”，陶制的吹奏乐器。篪（chí）：用竹管制成类似笛子的一种吹奏乐器。

⑦磬（qìng）：石制的打击乐器。形状像曲尺，悬挂于簴架敲打演奏。竽：管乐器名。见《月令》“是月也，命乐师修鞀、鞞、鼓”节注④。

⑧狄：通“翟”，野鸡尾巴上的长毛，是跳文舞时所执的舞具。

⑨献、酬、酳（yìn）、酢：皆饮酒礼仪。献，敬酒。酬，主人向宾客敬酒，或客人之间互相敬酒。酳，食毕以酒漱口。酢，宾客向主人回敬酒。

⑩号：号令。

⑪号以立横：孔疏：“谓横气充满也，若号令威严，则军士勇敢而壮气充满。”横，郑注：“充也，谓气作充满也。”

⑫磬：郑注：“‘磬’当为‘罄’，字之误也。”

⑬滥：郑注：“犹揽聚也。”会：会聚人民。

⑭鼙（pí）：一种小鼓。讙（huān）：喧嚣。

【译文】

文侯又问：“请问溺音从何而来呢？”子夏答道：“郑国之音使男女相

偷而心志淫邪；宋国之音使人耽于女色而意志消沉；卫国之音节奏急促，使人意志烦劳；齐国之音傲慢邪僻，使人意志骄佚。这四国之音，都滥于色情而对德行有害，所以祭祀时都不用这四国之音。《诗经》说：‘肃穆雍和的乐曲奏鸣，祖先的神灵才会来听。’所谓‘肃’，就是恭敬的意思；所谓‘雍’，就是祥和的意思。既恭敬又祥和，什么事办不成？作为国君，对自己的好恶要谨慎就行了。国君喜好的，臣下就会去做；上级所做的，下级就会跟着做。《诗经》说：“诱导民众是很容易的”，说的就是这个道理。然后圣人制成鞉、鼓、椌、楬、壎、篪，这六种乐器发出的声音都是德音。然后再用钟、磬、竽、笙来伴奏，手执盾、斧、牛尾毛、野鸡翎毛来舞蹈，这样的乐才可以用于祭祀先王宗庙，才可以用于献酒、旅酬、食毕以酒漱口、回敬酒这些礼仪活动，才可以区分官位高低身份贵贱而各得其宜，才可以向后人展示尊卑长幼的次序。钟声铿锵，铿锵之声可以发号施令，有了号令就能令胆气充满、军士勇敢，胆气充满、军士勇敢就能建立武功。因此君子听到钟声，铿铿就会想到武臣。石声磬磬，磬磬之声使人明辨是非，明辨是非就能从容赴死。因此君子听到石声磬磬，就会想到为守卫疆土而死去的将士。琴瑟之声哀怨，哀怨的声音使人清正廉直，清正廉直就会立志向善。因此君子听到琴瑟之声，就会想到立志守义之臣。竹制乐器之声揽聚了众音，众音会聚了民众。因此君子听到竽、笙、箫、管的声音，就会想到容纳安抚百姓之臣。鼓鼙之声喧腾，喧腾的声音使人振奋心动，振奋心动就会率领民众前进。因此君子听到鼓鼙之声，就会想到能够统领军队的将帅之臣。君子听音乐，并不是听听铿锵之声而已，是要从音乐中听出与心相契合的东西来的。”

宾牟贾侍坐于孔子①，孔子与之言，及乐，曰：“夫《武》之备戒之已久②，何也？”对曰：“病不得其众也③。”“咏叹之④，淫液之⑤，何也？”对曰：“恐不逮事也⑥。”“发扬蹈厉之已蚤[⑦],何也?”对曰:“及时事也。”“《武》坐[⑧],致右宪左[⑨],何也?”对曰:“非《武》坐也[⑩]。”“声淫及商[⑪],何也?”对曰:“非《武》音也。”子曰:“若非《武》音,则何音也?”对曰:“有司失其传也[⑫]。若非有司失其传,则武王之志荒矣。”子曰:“唯。丘之闻诸苌弘[⑬],亦若吾子之言是也。”

【注释】

①宾牟贾:人名。姓宾牟,名贾。

②备戒:击鼓警众。

③病不得其众:郑注:“病,犹忧也。以不得众心为忧,忧其难也。”孔疏:“言武王伐纣之时,忧病不得士众之心,故先鸣鼓以戒士众,久乃出战。”

④咏叹:孔疏:“谓长声而叹。”

⑤淫液:孔疏:“谓音连延而流液不绝之意。”

⑥恐不逮事:孔疏:“象武王伐纣,恐诸侯不至,不逮及战事。”事,戎事。

⑦已蚤:太早。蚤,通“早”。实谓舞一开始。

⑧《武》坐:《武》舞之坐,即今之跪,要两膝跪地。

⑨致右宪左:指右膝跪至地而左膝抬起。致,指膝至地。宪,通“轩”,起。

⑩非《武》坐:不是《武》舞的坐法,《武》舞应当两膝皆致地,现在“致右宪左”,故曰“非《武》坐”。

⑪声淫及商:郑注:“言《武》歌在正其军,不贪商也。时人或说其义为贪商也。”孔疏:“淫,贪也。”

⑫有司:郑注:“典乐者也。”传:郑注:“犹说也”,“言典乐者失其说也”。孙希旦曰:“有司传授之误而失其本也。”

⑬苌(cháng)弘：春秋时周大夫，字长叔。

【译文】

宾牟贾在孔子身边陪坐，孔子和他谈话，说到乐时，孔子问他："《武》乐开始之前长时间的击鼓警众，这是为什么？"宾牟贾答："这表示武王出兵伐纣前担心得不到士众的支持。"孔子又问："《武》舞音乐曲调慢长，绵延不绝，这是为什么？"宾牟贾答："这表示武王担心诸侯不能及时到来参战，失去战机。"孔子又问："舞蹈一开始就猛厉迅疾地扬手踏脚，这是为什么？"宾牟贾答道："这表示及时发起军事行动。"孔子又问："跳《武》舞时舞者坐下，右膝跪地，左膝抬起，这是为什么？"宾牟贾答："舞者右膝跪地，左膝抬起，这并不是《武》舞的坐法。"孔子又问："人说《武》舞音乐中流出有贪占商的意思，这是为什么？"宾牟贾答道："《武》舞音乐是武王用于端正军风的，若有贪占商的意思，那不是《武》舞的音乐。"孔子又问："如果不是《武》舞的音乐，那该是什么音乐呢？"宾牟贾答道："这是乐官传授时说错而失去了《武》舞音乐的本来面貌。如果不是乐官传授有误，那就是武王心志迷乱了。"孔子说："是的。我曾听苌弘所说，和你所讲的一样。"

宾牟贾起，免席而请曰[①]："夫《武》之备戒之已久，则既闻命矣[②]。敢问迟之迟而又久[③]，何也？"子曰："居！吾语女[④]。夫乐者，象成者也。总干而山立[⑤]，武王之事也。发扬蹈厉，大公之志也[⑥]。《武》乱皆坐，周、召之治也[⑦]。且夫《武》，始而北出，再成而灭商[⑧]，三成而南，四成而南国是疆，五成而分[⑨]，周公左，召公右，六成复缀[⑩]，以崇天子。夹振之而驷伐[⑪]，盛威于中国也。分夹而进[⑫]，事蚤济也。久立于缀，以待诸侯之至也。且女独未闻牧野之语乎[⑬]？武王克殷反商[⑭]，未及下车而封黄帝之后于蓟[⑮]，封帝尧之后于祝[⑯]，封帝舜之后于陈[17]；下车而封夏后氏之后于杞[18]，投殷之后于宋[19]，封王子比干之墓[20]，释箕子之囚[21]，使之行商容而复其位[22]。庶民弛政，庶士倍禄。济河而西，马散之华山之阳而弗复乘[23]，牛散之桃林之野而弗复服[24]，车甲衅而藏之府库而弗复用[25]，倒载干戈，包之以虎皮，将帅之士使为诸侯，名之曰"建櫜"[26]。然后天下知武王之不复用兵也。散军而郊射，左射《狸首》[27]，右射《驺虞》[28]，而贯革之射息也[29]。裨冕搢笏[30]，而虎贲之士说剑也[31]。祀乎明堂而民知孝，朝觐然后诸侯知所以臣，耕藉然后诸侯知所以敬[32]。五者[33]，天下之大教也。食三老、五更于大学[34]，天子袒而割牲，执酱而馈，执爵而酳，冕而总干，所以教诸侯之弟也[35]。若此，则周道四达，礼乐交通，则夫《武》之迟久，不亦宜乎！"

【注释】

①免席：避席，即为表示尊敬而离开席位。

②闻命：指上文孔子对宾牟贾的提问，孔子已听到宾牟贾的回答了。举前节第一问"《武》之备戒之已久"来概括上述问答。

③迟之迟：郑注："谓久立于缀。"孔疏引贺氏云："备戒已久是迟，久立于缀亦是迟。"因此说"迟之迟"。孙希旦说，《武》舞六成，即六段，每段表演的时间都很长久，然后才能结束，"故重言以见其意也"。

④女：通"汝"。下同。

⑤总干：持盾。

⑥大公：姜太公吕尚。大，同"太"。见《檀弓上》"大公封于营丘"节注①。

⑦周、召(shào)：周公、召公。周公，见《檀弓上》"季武子成寝"节注

④。召公,召公奭(shì),姬氏。周文王之子,武王弟。与周公旦分陕(今河南陕县)而治。见《曾子问》“曾子问曰:下殇土周葬于园”节注④。

⑧成:舞蹈的一节。

⑨五成而分:旧注说“分”指分陕治之。《史记·乐书》、《孔子家语·辨乐解》等“分”下有“陕”字。据《公羊传·隐公五年》记:“自陕而东者,周公主之;自陕而西者,召公主之。”“东”即左,“西”即右。

⑩复缀:郑注:“反位止也。”缀,舞者的舞位。这里是说舞者所在舞位的移动,原来移至后面位置的舞者又回到前面了。

⑪夹振之:郑注:“王与大将夹舞者,振铎以为节也。”振,振铎。驷:通“四”。伐:一击一刺为一伐。按,以上三句或句读为:“六成复缀以崇,天子夹振之而驷伐”,亦通。

⑫分夹而进:郑注:“舞者各有部曲之列,又夹振之者,象用兵务于早成也。”

⑬牧野之语:指对《武》舞音乐意义的解释。此“语”,即上文“君子于是语”之‘语’。牧野,见《大传》“牧之野”节注①。

⑭反:“及”字之误。及商,郑注:“谓至纣都也。”

⑮蓟(jì):地名。今北京西南。

⑯祝:国名。今山东长清东北,一说山东禹城。

⑰陈:国名。今河南淮阳一带。

⑱杞:国名。今河南杞县一带。

⑲投:迁徙。宋:国名。今河南商丘一带。

⑳比干:商纣王的叔父。商纣王暴虐淫乱,比干向纣王进谏,却被纣王残忍地剖心杀害。

㉑箕子:商纣王的叔父。商纣王杀死比干后,又囚禁了箕子。

㉒行:视。商容:商代的贤臣,因进谏而被纣王罢黜。

㉓散:放。

㉔桃林:地名。在华山附近。

㉕衅:以牲血涂于器物的祭法。

㉖建櫜(gāo):将兵甲收藏起来。建,王引之说当读为"鞬",《说文》"鞬,所以戢弓矢也。""鞬"是藏弓矢之袋,"櫜"是收藏兵器之袋。

㉗左:设在东郊的学宫,也是举行射礼的场所。射:郊射。《狸首》:逸《诗》篇名。

㉘右:设在西郊的学宫。《驺虞》:《诗经·国风·召南》中的篇名。

㉙贯革:郑注:"射穿甲革也。"在军中悬挂甲铠而射,并以射穿多重为上,称为"军射"。此处演习礼仪,故停止要射穿甲革的射箭活动。

㉚裨冕:见《玉藻》"诸侯玄端以祭"节注②。搢笏:见《内则》"后王命冢宰降德于众兆民"节注⑦。

㉛虎贲(bēn)之士:勇猛武士。说:通"脱"。

㉜耕藉:即藉田。

㉝五者:指郊射、裨冕、祀乎明堂、朝觐、耕藉。

㉞三老、五更:皆为官名。见《文王世子》"天子视学"节注⑥。

㉟弟(tì):通"悌"。

【译文】

宾牟贾站起来,离开席位向孔子请教:"关于《武》乐开始前长时间击鼓警众等问题,承您提问,听了我的回答。我想请问《武》乐每节舞者都长久站立等待,是为什么?"孔子说:"坐!我来告诉你。以乐而言,象征着成功之事。舞者手持盾牌,正立如山,这象征着武王威武正立等待诸侯。舞者迅疾激烈地手舞足蹈,这象征着太公的志向。《武》乐结束时舞者全部跪下,这象征着周公、召公的天下大治。从《武》乐的每节来说,第一节象征武王北出孟津大会诸侯,第二节象征武王灭商,第三节象征武王领兵南下,第四节象征收复南国疆土,第五节象征周公和召公分陕左右而治天下，第六节舞者回到最初的位置，象征诸侯尊崇武王为天子。表演时天子夹在舞队中振动铎铃，舞者手持戈矛四击四刺，这象征威震中国。既而舞队又分别前进，这象征要早点儿渡河伐纣。舞者站在舞位上久立不动，这表示武王在等待诸侯到来。况且，你难道没有听说过牧野之事吗？武王打败了商纣王，进入纣都，还没下车，就把黄帝的后代分封在蓟，把帝尧的后代分封在祝，把帝舜的后代分封在陈；下车后，又把夏禹的后代分封在杞，把商汤的后代迁移到宋，修葺了王子比干的墓地，释放了牢中的箕子，让他去看望商容并且恢复商容的官位。对百姓施行宽松的政策，对官员成倍地增加俸禄。然后渡过黄河向西，把马放牧于华山的南面，表示不再用它们去驾车；把牛放牧于桃林的原野，表示不再用它们去服役；把兵车铠甲涂上牲血后收藏到府库，表示不再使用它们；把盾牌、戈倒放，用虎皮包扎起来，把带兵的将士封为诸侯，收藏起弓矢、兵器，称之为"建櫜"。这样，天下就知道武王不再打仗了。解散军队后，在郊外的学宫举行礼仪性的射箭活动，在东郊学宫举行的射礼演奏《狸首》，在西郊学宫举行的射礼演奏《驺虞》，射箭是演礼，那种要贯穿革甲的强力射箭终止了。大家身穿礼服，头戴冠，腰插笏板，勇猛的武士也脱下了佩剑。天子在明堂祭祀先祖，人们就懂得了如何行孝道；定期朝见天子，诸侯就懂得了如何为臣下；天子亲自耕种藉田，诸侯就懂得了如何敬奉天地鬼神了。这五件事，就是在普天之下所施行的大教化。在太学中宴请三老、五更，天子袒露左臂亲自切割牲肉，拿着酱请他们蘸着吃，吃完后端起酒杯请他们漱口饮酒，头戴冠冕，手执盾牌，为他们跳舞，这是教导诸侯懂得怎样尊敬兄长。像这样，周的教化就能通达四方，礼乐天下通行，所以，这表现武王功业教化的《武》舞音乐表演要很长的时间，不也是理所当然的吗！"

君子曰：礼乐不可斯须去身①。致乐以治心②，则易、直、子、谅之心油然生矣③。易、直、子、谅之心生则乐，乐则安，安则久，久则天，天则神。天则不言而信，神则不怒而威，致乐以治心者也。致礼以治躬则庄敬，庄敬则严威。心中斯须不和不乐，而鄙诈之心入之矣；外貌斯须不庄不敬，而易慢之心入之矣。故乐也者，动于内者也；礼也者，动于外者也。乐极和，礼极顺，内和而外顺，则民瞻其颜色而弗与争也，望其容貌，而民不生易慢焉。故德烨动于内[4]，而民莫不承听；理发诸外[5]，而民莫不承顺。故曰："致礼乐之道，举而错之[6]，天下无难矣。"

【注释】

①斯须：须臾，片刻。这里是说礼乐一刻都不能离身。

②致：郑注："犹深审也。"指深入体会研究。

③易、直、子、谅：孔疏："易，谓和易。直，谓正直。子，谓子爱。谅，谓诚信。"

④德烨(huī)：面部颜色润泽。指透过乐教，使厚德润泽内在。烨，光，光辉。

⑤理：行止符合礼制规定。

⑥错：通"措"。

【译文】

君子说：礼乐须臾也不能离身。致力于以乐来治理修养内心，那么平易、正直、慈爱、诚信之心就会油然而生。有了平易、正直、慈爱、诚信之心就会感到精神快乐，精神感到快乐就会心灵安宁，心灵安宁就会生命长久，生命长久就会通达上天，通达上天就能感应神明。天虽不言不语却最有信用，神虽不愠不怒但自有威严，这就是致力于以乐来治理修养内心。致力于以礼来治理身形外貌，就能显得端庄尊贵，端庄尊贵就有威严。如果心中有须臾的不和谐、不快乐，那么鄙陋狡诈的念头就会乘隙而入;如果外貌有须臾的不端庄、不恭敬,轻易怠慢的念头就会乘隙而入。所以说,乐是感动修治人的内在的精神,而礼则是感动修治人的外在的仪容。乐的极致是和,礼的极致是顺,内心和谐而外貌恭顺,那么百姓只要看到他的表情神色就不会与他相争,只要望见他的仪容外貌就不会产生轻慢之心。所以德性润泽于内心,而百姓没有不听从的;行为符合规定表现于外,而百姓没有不顺从的。所以说:"致力于礼乐之道,以礼乐之道来治理天下,治理好天下是没有什么困难的。"

乐也者,动于内者也;礼也者,动于外者也。故礼主其减,乐主其盈①。礼减而进②,以进为文③;乐盈而反④,以反为文。礼减而不进则销,乐盈而不反则放,故礼有报而乐有反⑤。礼得其报则乐,乐得其反则安。礼之报,乐之反,其义一也。

【注释】

①"礼主"二句:郑注:"礼主于减,人所倦也。乐主其盈,人所欢也。"这是说,礼仪繁复,易生倦心,所以要适当减省,做到简单易行。而乐令人欢乐,人们都喜闻乐见,所以要丰满充盈。

②进:郑注:"谓自勉强也。"即自我勉励。

③文:郑注:"犹美也,善也。"

④反:郑注:"谓自抑止也。"这是说,乐丰满充盈,反而需要自我抑制,并以自我抑制为美为善。

⑤报:郑注:"读曰'褒',犹进也。"

【译文】

乐,是感动于人的内心的;礼,是感动于人的外在的。所以礼要减省繁琐,做到简单易行;乐要丰满充盈,做到令人欢欣。礼虽减省但也要自我勉励，礼以自我勉励为善为美；乐虽丰满充盈但也要自我抑制，乐以自我抑制为善为美。礼，如果减省了却不自我勉励，就会销蚀消亡，乐，如果充盈了而不自我抑制，就会放任放纵，所以礼要自我勉励而乐要自我抑制。礼做到自我勉励就会快乐，乐做到自我抑制就会安宁。礼的自我勉励，乐的自我抑制，二者的意义是一样的。

夫乐者，乐也，人情之所不能免也。乐必发于声音，形于动静，人之道也。声音动静，性术之变尽于此矣①。故人不耐无乐②，乐不耐无形。形而不为道③，不耐无乱。先王耻其乱，故制《雅》、《颂》之声以道之④，使其声足乐而不流⑤，使其文足论而不息⑥，使其曲直、繁瘠、廉肉、节奏足以感动人之善心而已矣⑦，不使放心、邪气得接焉⑧。是先王立乐之方也⑨。

【注释】

①性术：人性之道。术，孔疏："谓道路。"

②耐：郑注："古书'能'字也。"下同。

③道(dǎo)：引导。下同。

④《雅》、《颂》：《诗经》中的《雅》诗和《颂》诗。《雅》、《颂》也是乐曲分类的名称。《雅》是朝廷的乐曲，《颂》是宗庙祭祀的乐曲。

⑤流：淫放。

⑥使其文足论而不息：孔疏："言乐德深远，论量义理而不可销尽。"文，指篇辞。

⑦曲直、繁瘠、廉肉、节奏：孔疏："曲，谓声音回曲。直，谓声音放直。繁，谓繁多。瘠，谓省约。廉，谓廉棱。肉，谓肥满。节奏，谓或作或止，作则奏之，止则节之。"王念孙据《荀子·乐论》与

《史记·乐书》,认为“繁瘠”当作“繁省”。

⑧放心:孔疏:“谓放恣之心。”邪气:孔疏:“谓淫邪之气。”

⑨方:道。

【译文】

乐,是让人快乐的,这是人之常情所不能避免的。人快乐了,就一定要发出声音来表现,通过动作来表达,这是人的自然之道。声音和动作,人的情性之道的变化表达尽在于此。所以人不能没有乐,而乐不能没有表现的形式。乐的表现形式如果不加以引导,就不能不发生错乱。先王以乱为耻,所以制定了《雅》、《颂》之诗乐加以引导,使其乐声足以使人快乐而不淫逸放荡,使其文辞足以讨论义理而不会无话可说,使其声调或曲折、或平直,或繁复、或省约,或有棱有角、或丰满柔和、或节奏明快,足以感动人的善心,不让放荡之心与邪恶的念头玷污人。这就是先王所确立的关于乐的道理。

是故乐在宗庙之中,君臣上下同听之则莫不和敬;在族长乡里之中①,长幼同听之则莫不和顺;在闺门之内,父子兄弟同听之则莫不和亲。故乐者,审一以定和②,比物以饰节③,节奏合以成文。所以合和父子、君臣,附亲万民也。是先王立乐之方也。

【注释】

①族长乡里:指基层的几种行政单位。《训纂》引王引之说:“是百家为族,二百五十家为长也。”又,一万二千五百家为乡,二十五家为里。

②审一:指细审各人的喜怒哀乐差异来调和乐曲。孔疏:“人声虽一,其感有殊。或有哀乐之感,或有喜怒之感,当须详审其声,以

定调和之曲矣。”孙希旦认为，“一”指中声，即“五声”中的宫声，应审定中声以调和五声。

③比物：指金、革、土、匏等乐器。

【译文】

所以乐在宗庙之中演奏，君臣上下一起听就无不和谐肃敬；在族长乡里演奏，长幼老少一起听就无不和气顺从；在家门之内演奏，父子兄弟一起听就无不和睦亲爱。因此，乐，要仔细地审定一个声再加以调和，配上各种乐器来装饰节奏，使节奏合成为乐章。所以用它来使父子、君臣协调和谐，使万民顺从亲附。这就是先王所确立的关于乐的道理。

故听其《雅》、《颂》之声，志意得广焉。执其干戚，习其俯仰诎伸[①]，容貌得庄焉。行其缀兆[②]，要其节奏[③]，行列得正焉，进退得齐焉。故乐者，天地之命[④]，中和之纪，人情之所不能免也。

【注释】

①诎(qū)：屈。

②缀兆：孔疏：“缀，表也。兆，域也。”指舞者站立行列的位置及进退的范围。

③要(yāo)：会。

④命：王念孙校作“齐”，教化之义。

【译文】

所以听《雅》、《颂》之声，思想意志就得以拓展广大。手执盾与斧，练习俯仰屈伸的姿态，容貌就变得庄重严肃。按照所站立的行列中的舞位和区域进退舞动，配合乐曲的节奏，行列就能规规正正，进退就能整整齐齐。所以乐是天地的教化，是统领与协和社会的纲纪，是人情不可或缺的。

夫乐者，先王之所以饰喜也。军旅、𫓧钺者①，先王之所以饰怒也。故先王之喜怒皆得其侪焉②。喜则天下和之，怒则暴乱者畏之。先王之道，礼乐可谓盛矣。

【注释】

①𫓧（fǔ）：通“斧”。斧钺（yuè），都是刑杀的器具。

②侪（chái）：同辈，同类。

【译文】

乐，是先王用来表达喜悦的。军队和斧钺，是先王用来表达愤怒的。所以先王的喜悦和愤怒都找到了相应的表达形式。先王如果喜悦，天下就和美；先王如果愤怒，暴乱之徒就畏惧。先王的治国之道，可以说礼乐隆盛，发挥了巨大的作用。

子赣见师乙而问焉①，曰：“赐闻声歌各有宜也。如赐者，宜何歌也？”师乙曰：“乙，贱工也，何足以问所宜！请诵其所闻，而吾子自执焉。宽而静，柔而正者，宜歌《颂》；广大而静，疏达而信者，宜歌《大雅》；恭俭而好礼者，宜歌《小雅》；正直而静，廉而谦者，宜歌《风》；肆直而慈爱者，宜歌《商》②；温良而能断者，宜歌《齐》。夫歌者，直己而陈德也，动己而天地应焉，四时和焉，星辰理焉，万物育焉。故《商》者，五帝之遗声也，商人识之③，故谓之《商》；《齐》者，三代之遗声也，齐人识之，故谓之《齐》。明乎《商》之音者，临事而屡断；明乎《齐》之音者，见利而让。临事而屡断，勇也；见利而让，义也。有勇有义，非歌孰能保此？故歌者，上如抗，下如队[4]，曲如折，止如槁木，倨中矩[5]，句中钩[6]，累累乎端如贯珠[7]。故歌之为言也，长言之也。说之，故言之；言之不足，故长言之；长言之不足，故嗟叹之；嗟叹之不足，故不知手之舞之，足之蹈之也。”

《子贡问乐》[8]

【注释】

①子赣：即子贡，姓端木，名赐，字子贡。师乙：乐官，名乙。

②《商》：与下文《齐》皆为古逸诗名。

③识（zhì）：记。

④队：同“坠”。

⑤倨（jù）中（zhòng）矩：孔疏：“言其音声雅曲，感动人心，如中当于矩也。”倨，指直而折曲。矩，画直角或方形的曲尺。

⑥句中钩：孔疏：“谓大屈也，言其音声大屈曲，感动人心，如中当于钩也。”句，同“勾”。钩，圆规。

⑦累累乎：指声音连续不断。

⑧《子贡问乐》：此篇题之名。古书篇题在篇末。

【译文】

子贡拜见师乙并问他说：“我听说，唱歌每个人有各自适宜的歌。像我这样的人适合唱什么样的歌呢！”师乙说：“我只是一个卑贱的乐工，哪里配得上您垂问适宜唱什么样的歌呢！请让我讲讲我所听说过的，然后由您自己判断吧。宽厚而文静、温柔而正直的人，适宜唱《颂》；心志广大而安静，顺达而诚信的人，适宜唱《大雅》；恭敬俭朴而讲究礼仪的人，适宜唱《小雅》；正直而沉静、清廉而谦和的人，适宜唱《国风》；

直率而慈爱的人，适宜唱《商》；温良而善于决断的人，适宜唱《齐》。唱歌，就是直抒胸臆进而展示自己的品德，感动自己进而感觉到天地也受到感应，四时和谐轮替，星辰正常运行，万物抚育成长。《商》乐，是五帝遗留下来的歌，商人将它记录下来，所以叫做《商》；《齐》乐，是三代遗留下来的歌，齐人将其记录下来，所以叫做《齐》。通晓《商》乐的人，遇事能够决断；通晓《齐》乐的人，见利能够推让。遇事能够决断，这就是勇；见利能够推让，这就是义。又有勇又有义，如果不是歌曲还有什么能长久地保存这些呢？所以歌者唱歌时，歌声上仰如高腾入云，下降如坠落深渊，曲折如弯拐回转，静止如枯槁之树，声调平直时可合矩尺测量，歌声圜转时可合圆规测度，声音连绵不断仿佛一串珍珠。所以唱歌也和说话一样，不过是拉长了声音的说话。因为高兴，所以想说话；说话不足以尽兴，就拖长了声调来说；拖长了声调还不足以尽兴，就吁嗟咏叹了；吁嗟咏叹还不足以尽兴，就不知不觉地手也舞起来了、足也跳起来了。”

《子贡问乐》

杂记上第二十

【题解】

郑玄《礼记目录》云："名曰'杂记'者，以其杂记诸侯以下至士之丧事。"

本篇所记，包括招魂、讣告、柩车装饰、祔祭、丧服、含、襚、赗等与丧事有关的事宜及礼节，可与《檀弓》、《曾子问》、《丧服小记》、《丧大记》互相参看，也可对《仪礼·士丧礼》、《仪礼·丧服》二篇进行补充说明。孙希旦指出："《丧服小记》者，以其所记之琐碎而名之也。《丧大记》者，以其所记之繁重而名之也。此篇所记，有与《小记》相似者，有与《大记》相似者，又有非丧事而亦记之者。以其所记者杂，故曰《杂记》。"由于篇幅较长，本篇分上、下两部分。

诸侯行而死于馆①，则其复如于其国②；如于道，则升其乘车之左毂③，以其绥复。其輤有裧④，缁布裳帷⑤，素锦以为屋而行⑥。至于庙门，不毁墙⑦，遂入，适所殡⑧，唯輤为说于庙门外⑨。

【注释】

①馆：他国的馆舍。

②复：郑注："招魂复魄也。"如于其国：按照诸侯死在本国的办法招魂，即拿着死者的衣服，登梯从正屋东檐上屋脊（"升屋东荣"），在西边面朝北大声呼喊死者的名字。

③升其乘车之左毂（gǔ）：象征死于家时的"升屋东荣"。毂，车轮中心部位，外接车辐内受车轴。

④輤（qiàn）：柩车的顶盖。孙希旦曰："輤者，载尸车饰之总名。若分而言之，则盖于上者为輤，属于輤而四垂者为裧，周于四旁者为裳帷，在輤之内而周于尸者为屋。"裧（chān）：指连着輤而四周下垂的缘边。

⑤裳帷：柩车四周的帷布。郑注："裳帷用缁，则輤用赤。"

⑥屋：在輤之下，裳帷之内，覆盖棺材的小帐子。

⑦墙：指裳帷。

⑧适所殡：到达停殡之处，停殡在堂上两楹柱之间。

⑨说：通"脱"。指去除。

【译文】

诸侯出行而死在他国的宾馆里，那么为他招魂的仪式就如同他死在本国一样；如果他死在路上，那么为他招魂时就登上他生前所乘之车左轮轮毂上，挥动登车时拉手的绳子来招魂。柩车上有顶盖，顶盖的四周有下垂的缘边，柩车的四周是用黑布围成的帷幕，用素锦做的帐子覆盖在棺椁上，这样装饰后柩车才出行。到达本国的殡宫，不用撤掉柩车四周的帷布就可进入，把灵柩停放在堂上两楹柱之间，进入殡宫前只把柩车上的顶盖撤掉，放在殡宫门外。

大夫、士死于道，则升其乘车之左毂，以其绥复；如于馆死，则其复如于家。大夫以布为輤而行，至于家而说輤，载以輲车①，入自门至于阼阶下而说车，举自阼阶，升适所殡。

士輤，苇席以为屋，蒲席以为裳帷。

【注释】

①辁(chuán)车：无辐条，以圆木为四轮的载尸或载柩之车。

【译文】

大夫、士出行，死在路上，那么招魂时就登上他们生前所乘之车左轮轮毂上，挥动登车时拉手的绳子来招魂；如果死在他国的宾馆里，那么为他招魂的仪式就如同他死在家里一样。大夫去世，柩车用白布为顶盖出行，到达自家门口，撤下顶盖，把棺木放到辁车上，从大门进到东阶下，把棺木从车上搬下，从东阶抬上堂，抬到堂上两楹柱之间。士去世，柩车也有顶盖，用苇席覆棺，用蒲席遮围充当柩车四周的裳帷。

凡讣于其君[①]，曰："君之臣某死。"父、母、妻、长子，曰："君之臣某之某死[②]。"君讣于他国之君，曰："寡君不禄[③]，敢告于执事。"夫人，曰："寡小君不禄。"大子之丧[④]，曰："寡君之適子某死。"大夫讣于同国适者[⑤]，曰："某不禄。"讣于士，亦曰："某不禄。"讣于他国之君，曰："君之外臣寡大夫某死"[⑥]。讣于适者，曰："吾子之外私寡大夫某不禄[⑦]，使某实[⑧]。"讣于士，亦曰："吾子之外私寡大夫某不禄，使某实。"士讣于同国大夫，曰："某死。"讣于士，亦曰："某死。"讣于他国之君，曰："君之外臣某死。"讣于大夫，曰："吾子之外私某死。"讣于士，亦曰："吾子之外私某死。"

【注释】

①讣(fù)：讣告，即报丧。

②君之臣某之某死：上“某”指臣名，下“某”指去世的亲属。

③寡君：向他国国君称本国国君时的谦辞。不禄：据《曲礼下》：“天子死曰‘崩’，诸侯死曰‘薨’，大夫死曰‘卒’，士曰‘不禄’。”这里称国君死为“不禄”，是向他国之君报丧的谦词。下同。

④大：同“太”。

⑤适：郑注：“读为‘匹敌’之‘敌’，谓爵同者也。”齐等。

⑥外臣：无直接统属关系的臣子。寡：寡德。

⑦外私：外国的私交、朋友。

⑧某：为使者之名。实（zhì）：通“至”，告。

【译文】

凡臣子去世，向本国国君报丧，报丧者要说：“国君的臣子某死了。”如果是臣子的父亲、母亲、妻子、长子去世，报丧者要说：“君的臣子某的某位亲属死了。”国君去世，派使臣向他国国君报丧，要说：“寡君不禄了，敢向您的官员通告。”夫人去世，向他国国君报丧，要说：“寡小君不禄了。”太子去世，向他国国君报丧，要说：“寡君的嫡子某死了。”大夫去世，向本国爵位相等的人报丧，要说：“某不禄了。”如果向士报丧，也要说：“某不禄了。”如果向他国国君报丧，要说：“国君的外臣、寡大夫某死了。”如果向他国爵位相当的人报丧，要说：“您外国的私交、寡大夫某不禄了，丧家派我前来报告。”如果向他国的士报丧，也要说：“您的外国私交、寡大夫某不禄，丧家派我前来通告。”士去世，向本国大夫报丧，要说：“某死了。”如果向本国的士报丧，也要说：“某死了。”如果向他国国君报丧，要说：“君的外臣某死了。”如果向他国的大夫报丧，要说：“您外国的私交某死了。”如果向他国的士报丧，也要说：“您外国的私交某死了。”

大夫次于公馆以终丧[①]，士练而归[②]。士次于公馆，大夫居庐[③]，士居垩室[④]。

【注释】

①大夫次于公馆以终丧：孔疏："君之舍也，大夫恩深禄重，故为君丧居庐。终丧毕，乃还家也。"次，舍。

②练：练祭。小祥以后，孝子除去首绖，改戴练冠，故称"练祭"。孔疏："士卑恩轻，故至小祥，而反其所治邑也。"

③庐：即"倚庐"，居丧时的临时草棚，地点在中门外东墙下。

④垩(è)室：居丧时用砖垒成的小草屋，地点也在中门外东墙下，屋草不涂泥，只用白垩涂墙。按礼，"垩室"是孝子在练祭以后的住处。垩，涂饰的白土。

【译文】

国君去世，大夫要在国君的馆舍中居丧三年才能回家，士可以在练祭后回家。士也要在国君的馆舍中居丧，在国君馆舍中居丧时，大夫住在倚庐中，士住在垩室中。

大夫为其父母、兄弟之未为大夫者之丧，服如士服。士为其父、母兄弟之为大夫者之丧，服如士服。大夫之適子，服大夫之服。大夫之庶子为大夫，则为其父母服大夫服；其位，与未为大夫者齿。士之子为大夫，则其父母弗能主也，使其子主之；无子，则为之置后。

【译文】

身为大夫，为去世的父母、兄弟没有做到大夫者服丧，就按士礼为之服丧。身为士，为去世的父母、兄弟已做到大夫者服丧，也按士礼为之服丧。大夫的嫡子，为去世的大夫也按大夫之礼服丧。大夫的庶子若已身为大夫，为去世的父母也按大夫之礼服丧；但举行丧礼排位时，与不是大夫的家人只能按年龄排位。士之子做了大夫去世了，他的父母因身份低就不能作为丧主主持丧事，要由他的儿子来主丧；如果他没有儿子，就要为他立一个后嗣主丧。

大夫卜宅与葬日[1]，有司麻衣、布衰、布带[2]，因丧屦，缁布冠不蕤[3]。占者皮弁[4]。如筮[5]，则史练冠、长衣以筮[6]。占者朝服[7]。

【注释】

①卜宅与葬日：用龟卜选定墓地与下葬日期。在墓地卜宅，在殡宫门外卜葬日。宅，葬地。

②有司：郑注："卜人也。"麻衣、布衰、布带：郑注："此服非纯吉，亦非纯凶也。"孙希旦说，此有司系大夫之臣，其本应服斩衰，即纯凶之服，但因参与卜筮不敢以凶服临鬼神，故服此既非纯吉亦非纯凶之服。麻衣，白布深衣，属于吉服。布衰，指缀于胸前和背后的两块粗麻布。缀于胸前的长六寸，宽四寸；缀于后背的长一尺六寸，宽四寸，又称"负版"。"布衰"、"布带"都属于凶服。

③蕤(ruí)：通"緌"，冠缨在下巴处打结后垂下的部分。缁布冠本就无緌，这里特别言之，是怕人误以为因事变服。

④占者：郑注："占者尊于有司。"孙希旦说，"占者乃公有司"，即"莅卜者"，"命龟、作龟，于接鬼神尤亲，宜使无服者，故以公有司莅卜"。"公有司"是国君派去的官员，地位高于大夫的家臣。"莅卜"是观看卜龟后龟甲裂纹判断吉凶宜忌。皮弁：即皮弁服，是纯吉之服。见《郊特牲》"天子适四方"节注⑬。

⑤筮：指用蓍草来占卜。

⑥史：郑注："筮史，筮人也。"练冠：用练过的白绢所制之冠。长衣：即深衣。

⑦朝服：玄冠、缁衣、素裳、冕弁，是纯吉之服。

【译文】

大夫去世，龟卜墓地和下葬日期，卜人要身穿白麻布衣，前胸缀着一块粗麻布，腰系布带，脚穿麻绳编的丧鞋，头戴缁布冠，没有下垂的冠缨的饰带。占验贞卜吉凶者穿皮弁服。如果用蓍草来占卜墓地和葬期，筮占的史官就头戴练冠、身穿长衣。占验贞卜者身穿朝服。

大夫之丧，既荐马①。荐马者，哭踊②，出乃包奠而读书③。

【注释】

①荐马：指将牵引柩车之马牵进庙门的礼仪。孔疏引《士丧礼》谓："荐马之节，凡有三时，一者柩初出至祖庙，设奠为迁祖之奠讫，乃荐马，是其一也。至日侧祖奠之时又荐马，是其二也。明日将行，设遣奠之时又荐马，是其三也。"此处所说"荐马"，指的是第三次。荐，孔疏："进也。"

②荐马者，哭踊：孔疏："谓主人见荐马"，"进马至乃哭踊"。孙希旦认为，指圉人与御者，"丧无人不致其哀，故荐马者虽贱亦哭，成踊乃出也"。

③包奠：将祭奠所用的牺牲的下体用苇席包裹起来，用以随柩入葬。读书：即读赗。见《檀弓上》"读赗"节注①。

【译文】

大夫的丧礼，等到下葬那天要出发时行"荐马"礼，即把拉柩车的马牵进祖庙。御者将马拉进去的时候，大家一起哭泣跳脚，马牵出庙门后，将祭奠所用的牺牲的牲体包裹好，主人之史开始宣读亲属朋友们赠送的助丧物品的清单。

大夫之丧，大宗人相①，小宗人命龟②，卜人作龟③。

【注释】

①大宗人：与下文“小宗人”均为大夫的相礼者。因尊卑而分为大、小。相：佐助主人举行礼仪活动。

②命龟：告诉龟甲所要占问的事项。

③卜人：卜师，掌管卜事的官员。作龟：郑注：“扬火灼之以出兆。”指用加热的金属物烧灼龟甲，使其出现裂纹，即兆象，再根据兆象占验吉凶。

【译文】

大夫的丧事，大宗人辅佐丧主行礼，小宗人将所要占问之事告诉龟甲，卜人灼龟获取兆象。

复：诸侯以褒衣、冕服、爵弁服①。夫人税衣、揄狄②，狄、税素沙③。内子以鞠衣、褒衣④，素沙。下大夫以襢衣⑤。其余如士。复西上⑥。

【注释】

①褒衣：天子所褒赐之衣。冕服：五等诸侯之上服。上公的冕服叫“衮服”，侯、伯的冕服叫“鷩(bì)服”，子、男的冕服叫“毳(cuì)服”。冕服均为玄衣纁裳，衣裳上的图案各不相同。详见《礼器》“礼有以文为贵者”节注①。爵弁：指赤而微黑的一种冠。爵弁服是配合爵弁所穿的礼服，即缁衣、缁带、纁裳、赤黄色的蔽膝。爵，通“雀”。从本句开始至“狄、税素沙”本在“其余如士”之后，现按郑注移正。

②税(tuàn)衣：即褖衣。与“揄(yáo)狄”皆见《玉藻》“王后祎衣”节

注②④。这里是说诸侯夫人招魂时可用褖衣至揄狄五种礼服。

③素沙：指以素纱为里。

④内子：卿之正妻。鞠（jū）衣：见《玉藻》“王后袆衣”节注④。

⑤襢（zhàn）衣：见《玉藻》“王后袆衣”节注④。

⑥西上：孙希旦说，“凡位以西为尊”，“衣之尊者在西也”。

【译文】

招魂礼，不同等级的人要用不同的衣服：为诸侯招魂，要用褒衣、冕服和爵弁服。为诸侯夫人招魂，要用褖衣、揄狄、阙狄、鞠衣、襢衣等五种衣服，这五种衣服都用素纱作里子。为卿的正妻招魂，要用鞠衣和褒衣，也都以素纱作里子。为下大夫之妻招魂，要用襢衣。为其他的人招魂都和士妻一样，用褖衣。招魂时以西边为尊位。

大夫不揄绞属于池下[①]。

【注释】

①揄绞（yáo xiáo）：指画有雉形图案的青黄色缯带。“揄绞”是一种葬时车饰。诸侯的柩车池下缀有绘有雉鸡图案的缯带，大夫以下的柩车则不许有。揄，揄狄，即画雉鸡于绞。绞，青黄色的采。池：柩车上竹制的装饰，位于荒（柩车装饰性的篷顶）下，象征着屋子的承霤。详《檀弓上》“池视重霤”节注①。据郑注，此处只说大夫而无君与士，因竹简“烂脱”。

【译文】

大夫的柩车池下不可以缀揄绞。

大夫附于士[①]。士不附于大夫，附于大夫之昆弟，无昆弟则从其昭穆[②]。虽王父母在亦然。妇附于其夫之所附之妃[3]。无妃,则亦从其昭穆之妃[4]。妾附于妾祖姑,无妾祖姑则亦从其昭穆之妾。男子附于王父则配[5],女子附于王母[6],则不配。公子附于公子[7]。

【注释】

①附:郑注:"读皆为'祔'","祔于先死者",即将死者的神主按昭穆顺序移入祖庙与先祖一道祭祀。"祔"不仅要求按照昭穆顺序,也要求讲究身份和嫡庶。可与《丧服小记》"祔葬者不筮宅"节互相参看。

②无昆弟则从其昭穆:孔疏:"谓祖为大夫,无昆弟为士,则从其昭穆,谓祔于高祖为士者。若高祖为大夫,则祔于高祖昆弟为士者。"

③其夫之所附之妃:指祖父的配偶,即祖姑。

④"无妃"二句:孙希旦说:"无妃,谓夫所祔之妃尚在也。从其昭穆之妃中一而祔于高祖姑也。"

⑤配:郑注:"谓并祭。"指并祭所祔祖先之配偶。

⑥女子:指未出嫁或出嫁未满三月而死的女子。

⑦公子:国君的庶子。

【译文】

大夫的神主可祔于生前为士的祖父的神主一道祭祀。士的神主却不能祔于生前为大夫的祖父的神主一道祭祀,只能祔于生前为士的祖父的兄弟的神主一道祭祀,如果没有身份为士的叔伯祖父,就按昭穆顺序祔于身份为士的高祖神主一道祭祀。即使祖父母尚健在,也是这样。妇人的神主应祔于其丈夫所祔的祖父配偶的神主一道祭祀。如果没有祖父配偶的神主,祖父配偶尚健在,就按昭穆顺序祔于高祖配偶的神主一道祭祀。妾的神主应祔于妾的祖姑的神主一道祭祀,如果没有妾祖父配偶的神主，妾祖姑尚健在，就按昭穆顺序祔于高祖之妾的神主一道祭祀。男子的神主祔于祖父神主祭祀，要并祭祖母，但未出嫁或出嫁未满三月而死的女子的神主祔于祖母神主祭祀时，就不用并祭祖父。国君庶子的神主只能祔于同样身为庶子的祖辈的神主一道祭祀。

君薨①，大子号称“子”②，待犹君也。

【注释】

①君薨：郑注：“谓未逾年也。”孔疏：“若逾年则称君。”

②大：同“太”。

【译文】

国君去世未满一年，即位的世子只称“子”，不能称“君”，但大臣们待之和国君一样。

有三年之练冠，则以大功之麻易之①，唯杖、屦不易②。

【注释】

①“有三年”二句：郑注：“谓既练而遭大功之丧者也。”即刚为父母服完三年之丧，小祥祭后改戴练冠，除去了首绖，此时又遭遇要为亲人服大功之丧，就要改戴大功之丧的丧冠、麻绖。

②唯杖、屦不易：大功之丧本无丧杖，丧鞋又与大功相同，因而不用改换。

【译文】

为父母服完三年之丧小祥祭后改戴练冠，又遇到亲属去世应服大功之丧，就要把头上的练冠、腰上的葛带改为大功的丧冠和麻绖，只有丧杖和丧鞋不用更换。

有父母之丧，尚功衰[①]，而附兄弟之殇，则练冠，附于殇，称“阳童某甫”[②]，不名神也。

【注释】

①功衰(cuī)：斩衰、齐衰之丧在小祥之后所穿的丧服。孔疏：“衰为三年练后之衰”，“今已有父母之丧，犹尚身着功衰”。功，大功。此丧服与大功初丧的丧服相同，故称“功衰”。

②阳童：郑注：“谓庶殇也。宗子则曰阴童。”孙希旦说，男子为殇称为“阳童”，女子为殇称为“阴童”。殇，指未成年而夭折。某甫：郑注：“尊神不名，为之造字。”殇者本无字，为表示对神灵的尊敬，特地为之起一个字。“某”即指给殇者起的字，“甫”是男子的美称。

【译文】

为父母服丧三年，已过小祥祭，换上了功衰，此时又遇到举行未成年而夭折的兄弟的祔祭，则仍戴着练冠参加祔祭；未成年而夭折的亲人的祭文中，要给死者起一个字，叫“阳童某甫”，不能直呼其名，这是表示对神灵的尊重。

凡异居，始闻兄弟之丧，唯以哭对可也[①]。其始麻，散带绖[②]。未服麻而奔丧，及主人之未成绖也[③]，疏者与主人皆成之[④]，亲者终其麻带绖之日数[⑤]。

【注释】

①唯以哭对可也：孔疏：“初闻其丧，恻怛情重，不暇闻其余事，唯哭对使者，则于礼可也。”

②其始麻，散带绖：据孔疏，这是指要服大功丧以上的兄弟，初闻丧

事始服麻绖，散垂其腰绖。如果是服小功以下的丧，就将腰绖垂散的部分缠于腰间，以示哀痛。

③成绖：即成服而系好腰绖。成服，即将丧服穿戴齐备。死者死后第一天小殓，亲人加绖，第二天大殓，第三天亲人成服。

④疏者：郑注："为小功以下也。"疏者与主人同日成服。

⑤亲者：郑注："大功以上也。"终其麻带绖之日数：亲者从到家加麻散带之日算起，无论主人是否成服，都要到第三天才成服。

【译文】

凡是异地而居的兄弟，初听到兄弟死讯时，对着报丧者哭泣就可以了。然后开始加麻制丧服，腰绖束腰后多余的部分任其散开下垂。如果回家奔丧时没有备好丧服戴首绖、腰绖，而主人也还没有成服，这种情况下，小功以下的亲属就可以和主人一道成服，大功以上的亲属按礼仪服满麻绖的日数再成服。

主妾之丧[①]，则自祔[②]，至于练、祥，皆使其子主之。其殡、祭不于正室。

【注释】

①主：主持，主办。妾：嫡妻死后代理其职的妾。

②则自祔：郑注："祔自为之者，以其祭于祖庙。"孔疏："以其祔祭于祖姑，尊祖，故自祔也。"《训纂》引江永说，认为"自祔"应与下文"至于练、祥"连读，即从祔祭到练、祥之祭，皆由妾子主持。

【译文】

君为妾主持丧事，亲自主持将妾之神主移入祖庙祔祭，其他的到练祭、祥祭，都由她的儿子主持。停殡和各种祭祀都在侧室，而不在正室举行。

君不抚仆、妾[①]。

【注释】

①抚:抚尸而哭踊。

【译文】

臣仆、妾去世,国君不抚尸而哭踊。

女君死[①],则妾为女君之党服[②]。摄女君,则不为先女君之党服[③]。

【注释】

①女君:指嫡妻。

②妾为女君之党服:郑注:"妾于女君之亲,若其亲然。"

③"摄女君"二句:《训纂》引虞喜说:"此摄当为相代摄,是谓继室则妾之,后女君也。有后女君,则不复服先女君之党者,以当服后女君之党故也。"摄女君,代摄女君,即继室。

【译文】

嫡妻已去世,嫡妻娘家的亲属死了,众妾要为之服丧。但有了代摄嫡妻的继室,就不再为嫡妻的亲属服丧。

闻兄弟之丧,大功以上,见丧者之乡而哭。适兄弟之送葬者弗及,遇主人于道,则遂之于墓。凡主兄弟之丧,虽疏亦虞之[①]。

【注释】

①虽疏亦虞之:孔疏:"此疏谓小功、缌麻,丧事虞、祔乃毕,虽服缌、

小功之疏，彼既无主，故疏缌、小功者亦为之主虞、祔之祭。”虞，祭名。见《檀弓上》“孔子在卫”节注③。

【译文】

听到兄弟的死讯回乡奔丧，服大功以上的亲属，远望见死者的家乡就要痛哭。为兄弟送葬而没有赶上，在路上遇到葬毕回家的丧主，不能与丧主一道回家，要独自前往墓地哭送。凡为兄弟主持丧事，即使是小功以下的亲属，也要举办虞祭、祔祭完毕才算结束。

凡丧服未毕[①]，有吊者，则为位而哭，拜，踊。

【注释】

①凡丧服未毕：孔疏，服丧即将终了，丧礼程式会稍减，此时有宾客来吊唁，不得对新来的宾客减少礼仪程式。

【译文】

凡服丧期没有结束，若有宾客前来吊唁，丧主都应安排好在规定的哭丧位置上哭，向吊唁宾客行拜礼，跳脚致哀。

大夫之哭大夫，弁绖[①]。大夫与殡，亦弁绖。大夫有私丧之葛[②]，则于其兄弟之轻丧[③]，则弁绖。

【注释】

①弁绖：皮弁上加一环形麻绖。

②私丧：郑注：“妻子之丧也。”妻子之丧，卒哭祭后，丈夫要以葛绖代替麻绖。

③轻丧：缌麻之丧。

【译文】

大夫去哭吊大夫，要头戴皮弁，皮弁上加一环形麻绖。大夫参加大夫的殡葬礼，也头戴皮弁，皮弁上加麻绖。大夫有妻子之丧，卒哭祭后已由麻绖改戴葛绖，如果这时遇到要为之服缌麻的兄弟去世，大夫就要去除妻子之丧的葛绖而改戴皮弁，皮弁上也要加一环形麻绖。

为长子杖，则其子不以杖即位①。为妻，父母在②，不杖，不稽颡③。母在，不稽颡。稽颡者，其赠也拜④。

【注释】

①“为长子杖”二句：郑注：“辟（避）尊者。”丧无二主，祖、孙不可同位执杖。

②父母在：因下文有“母在”，故此“母”是衍字。

③不稽颡：郑注：“尊者在，不敢尽礼于私丧也。”稽颡，是向前来吊唁的客人跪拜磕头的拜宾礼。

④其赠也拜：孔疏：“他人以物来赠已，其恩既重，其谢此赠之人时为拜得稽颡。”

【译文】

长子去世，其父为长子执丧杖，那么长子之子就不能再执丧杖即孝子之位。为妻服丧，如果父亲健在，那就不能手持丧杖，拜宾行礼也不能额头触地。如果父亲去世而母亲健在，可以手持丧杖，但拜宾行礼仍不能额头触地。如果来吊唁的客人赠送了助丧的财物，拜宾行礼时就要额头触地拜谢。

违诸侯，之大夫，不反服；违大夫，之诸侯，不反服。①

【注释】

①孙希旦《集解》云:“二者之不服,皆为尊诸侯也。一则尊其旧君而不敢自援,一则尊其新君而不敢自贬。”

【译文】

本是诸侯之臣,后来离开诸侯到大夫那里为臣,如果诸侯去世,不再反过来为他服丧;本是大夫家的臣,后来离开大夫家到诸侯那里为臣,如果大夫去世,也不再反过来为他服丧。

丧冠条属[①],以别吉凶。三年之练冠,亦条属,右缝[②]。小功以下左,缌冠缫缨[③]。

【注释】

①丧冠条属(zhǔ):郑注:“别吉凶者,吉冠不条属也。”讲吉冠、凶冠之别。冠之形制,有一冠圈套在发髻上,叫做“武”。武上有一道冠梁,从前到后,覆于头顶。武的两侧各有一根系冠的丝绳结于颔下以固冠,即帽带,叫做“缨”。帽带绾好以后余下部分下垂,叫做“緌”(ruí)。丧冠的“武”是一条麻绳圈,绕成冠圈后多余的部分垂在右边就是缨;吉冠的“武”和“缨”的材质不同,由两根丝组做成,分别缝在冠圈左、右两侧,戴冠后,将两组冠缨在颔下系住,垂穗为饰。条属,孔疏:“属,犹着也。谓取一条绳屈之为武,垂下为缨,以着冠。”丧冠要将垂下的冠缨绕颔下而上结于冠圈左侧,这就是“条属”。属,连接。

②右缝:冠梁上的冠布由左向右打皱褶缝起来。

③缫:郑注当为“澡”。澡,指经过漂洗处理过的麻布。

【译文】

丧冠是用一条麻绳缠绕来连接武与缨,这是为了和吉冠相区别。

三年之丧，小祥祭后改戴练冠，此练冠的武与缨也是用一条麻绳缠绕来连接的，但冠梁上的皱褶要由左向右侧缝。服小功丧以下的亲属，所戴丧冠冠梁上的皱褶就由右向左侧缝，服缌麻丧的亲属，所戴丧冠用漂洗过的麻布做冠缨。

大功以上散带[①]。

【注释】

①大功以上散带：见本篇“凡异居”节注②。

【译文】

服大功丧以上的亲属，在小殓之后到成服之前，扎好腰绖后多余的部分散开下垂。

朝服十五升[①]，去其半而缌[②]，加灰锡也[③]。

【注释】

①升：计算布粗细的单位。经线八十缕为一升。升数越多，布越细密。

②去其半而缌：十五升的布为一千二百缕经线，抽去一半经线为六百缕，用六百缕经线织成的布就是缌麻布。

③加灰锡也：即锡衰，指用加灰治过的、较细较平滑的布制成的丧服。

【译文】

朝服是用十五升的细布制成的，十五升的布抽掉一半经线，就是缌麻丧服所用的布，把这种布加灰捶洗，就是锡衰之服所用之布。

诸侯相襚[①]，以后路与冕服[②]。先路与褒衣不以襚[③]。

【注释】

①襚（suì）：向死者赠送衣服。

②后路：即副车。因副车随行在正车之后，故称。冕服：见《玉藻》“诸侯玄端以祭”节注②。

③先路：诸侯所乘之正车。褒衣：见本篇“复，诸侯以褒衣、冕服、爵弁服”节注①。

【译文】

诸侯赠送入殓下葬的衣服，可以用副车和冕服。自己所乘之车和天子所赐之衣不能赠送给死者。

遣车视牢具[①]，疏布輤，四面有章[②]，置于四隅。载粻[③]，有子曰：“非礼也。丧奠脯、醢而已。”

【注释】

①遣车：孔疏：“送葬载牲体之车也。”下葬时，遣车与牲体一同埋入墓圹。牢具：即上文所言“包奠”的个数。据《檀弓下》载：“国君七个，遣车七乘。大夫五个，遣车五乘。”

②章：通“障”。

③粻（zhāng）：郑注：“米粮也。”

【译文】

遣车的个数要根据包奠的个数决定，遣车用粗布作顶盖，四面有屏障，祭奠的牲肉与遣车一起入葬，放在外椁的四角。有的人家在遣车里载着粮食，有子说：“这不合乎礼制。丧礼规定祭奠所用食品，就肉脯、肉酱而已。”

祭称“孝子”、“孝孙”[1]，丧称“哀子”、“哀孙”。

【注释】

①祭：谓吉祭。丧礼至卒哭祭后为吉祭，此前为丧祭。

【译文】

卒哭祭后的吉祭时，要自称“孝子”、“孝孙”，卒哭祭之前的丧祭时，则自称“哀子”、“哀孙”。

端衰、丧车[1]，皆无等。

【注释】

①端衰：指丧服上衣。丧服的上衣与吉服的玄端式样相同，只是丧服上衣胸前缀有一根长六寸、宽四寸的衰布，故称。

【译文】

孝子穿的丧服、乘的丧车，没有贵贱等级的差别。

大白冠、缁布之冠[1]，皆不蕤[2]。委武玄、缟而后蕤[3]。

【注释】

①大（tài）白冠：上古的白布冠。缁布之冠：黑布冠。

②蕤（ruí）：通“緌”。见本篇“大夫卜宅与葬日”节注③。

③委武：郑注：“冠卷也。秦人曰‘委’，齐东曰‘武’。”即冠之武。玄：玄冠。缟：缟冠。《训纂》引江永说，玄冠用黑缯制作，缟冠用绢制作，因此冠缨打结下垂为饰。

【译文】

上古的白布冠和黑布冠，都是没有缨饰的。有冠圈的玄冠和缟冠才有下垂的缨饰。

大夫冕而祭于公[1],弁而祭于己[2]。士弁而祭于公,冠而祭于己[3]。士弁而亲迎,然则士弁而祭于己可也[4]。

【注释】

①祭于公:郑注:“助君祭也。”孔疏:“助祭为尊,故服絺冕。”

②弁:爵弁。孔疏:“自祭为卑,故服爵弁。”

③冠:指玄冠。

④“士弁”二句:士可以戴着爵弁迎亲,因为这属于己事。因此,同样作为己事,士也可以戴着爵弁参加家祭。亲迎,迎亲,婚礼中新郎要亲自到新娘家迎娶新娘。

【译文】

大夫参加国君举行的祭祀要穿戴冕服,而参加自家举行的家祭可以穿戴爵弁服。士参加国君举行的祭祀要穿戴爵弁服,而参加自家举行的家祭可以穿戴玄冠服。士结婚时迎娶新娘可以穿戴爵弁服,由此看来,士参加自己的家祭也是可以穿戴爵弁服的。

畅[1],臼以椈[2],杵以梧[3]。枇以桑[4],长三尺,或曰五尺。毕用桑[5],长三尺,刊其柄与末[6]。

【注释】

①畅:通“鬯”,即郁鬯,一种用捣碎的郁金香草调制的酒。

②臼(jiù):捣物的盛器。椈(jú):柏木。

③杵(chǔ):捣物的木棍。梧:梧桐木。

④枇(bǐ):是从烹煮牲体的鼎镬中捞取牲肉的木勺。丧祭用桑枇,

吉祭用棘枇。

⑤毕：也是从烹煮牲体的鼎镬中捞取牲体的器具，形制如木叉。

⑥刊：削。

【译文】

制作祭祀用酒的郁金香草，捣碎它的臼用柏木制作，杵用梧桐木制作。从烹煮牲体的鼎镬中捞取牲肉的木勺用桑木制成，长三尺，也有人说长五尺。捞取牲肉的木叉也用桑木制作，长三尺，木柄与顶端要加工刮削。

率带[①]，诸侯、大夫皆五采，士二采。

【注释】

①率（lǜ）带：郑注："此谓袭尸之大带也。"指死者生前外衣所系的大带，死后入殓毕用于袭尸，即将穿着多重衣服的尸体捆束起来。率，通"綷"，缉边。

【译文】

袭尸用的綷带，诸侯、大夫五色具备，士只有红、绿二色。

醴者[①]，稻醴也。瓮、甒、筲、衡[②]，实见间[③]，而后折入[④]。

【注释】

①醴：甜酒。

②瓮（wèng）：盛醋、酱的陶器。甒（wǔ）：盛酒之器。筲（shāo）：盛黍稷的竹器。衡：即"桁"（héng），木架子。这些都是盛放随葬物品的器具。郑注："此谓葬时藏物也。"

③实见间：孔疏："藏于见外、椁内。""见"为荒、帷等棺外之饰，这是

说将盛放随葬品的器具装好后，放置在椁内与棺饰之间。

④折：放置在棺椁上的长方形盖板，折上再加席后填土。

【译文】

随葬用的醴酒，是用稻米酿制的。盛放醋酱的瓮，盛放酒的甒，盛放黍稷的筲，盛放各种容器的木架，这些盛放随葬物品的器具装好后，都放置到椁内与棺饰之间，然后将折拿进墓穴放在棺椁之上。

重[①]，既虞而埋之。

【注释】

①重（chóng）：虞祭前还没有制作神主，“重”作为死者灵魂的凭依先替代神主，死者出殡后次日将到祖庙祭祀，重即在祖庙东门外就地掩埋。见《檀弓下》“丧礼，哀戚之至也”节注⑦。

【译文】

作为暂时替代神主的重，虞祭以后就要埋葬。

凡妇人，从其夫之爵位。

【译文】

凡是妇人的丧礼，都根据其夫的爵位高下尊卑来办。

小敛、大敛、启，皆辩拜[①]。

【注释】

①辩：通“遍”。

【译文】

小殓、大殓和启殡，每件事结束，丧主都要在东阶前的丧位遍拜前来的宾客。

朝夕哭不帷[1]，无柩者不帷[2]。

【注释】

①朝夕哭：既停殡至出葬之间，每天早、晚，亲人都要入殡宫哭灵，就叫“朝夕哭”。传说鬼神尚幽暗，因此停放灵柩处要用帷幕遮挡。

②无柩者：郑注：“谓既葬也。”

【译文】

朝夕哭时，要拉开殡宫堂上遮挡灵柩的帷幕，如果灵柩已出葬，殡宫堂上就不用再悬挂帷幕了。

君若载而后吊之[1]，则主人东面而拜，门右北面而踊。出待[2]，反而后奠[3]。

【注释】

①君若载而后吊之：孔疏：“谓君来吊臣之葬，臣丧朝庙，柩已下堂，载在柩车，而君吊之。”

②出待：出庙门等待国君离去，这是不敢让国君久留的意思。

③奠：设祖奠，向灵柩报告国君来吊丧事。见《檀弓上》“曾子吊于负夏”节注②。

【译文】

国君到臣子家吊丧，如果灵柩已载到柩车上，国君来吊问，国君站在柩车的东面，面朝西，丧主就要面朝东跪拜，再到门内右边面朝北痛哭、跳脚。然后到庙门外等待国君离去，然后再返回庙内设置祖奠。

子羔之袭也①，茧衣裳与税衣、纁袡为一②，素端一，皮弁一，爵弁一，玄冕一③。曾子曰："不袭妇服④。"

【注释】

①子羔：孔子的弟子高柴。袭：小殓所穿之衣。

②茧衣裳：上衣下裳相连之袍。此指新丝绵长袍。税(tuàn)衣：即褖衣。衣裳相连、镶有绛色边缘的黑衣，罩在茧衣裳之外。纁：绛色。袡(rán)：下裳的衣缘。郑注："纩为茧，缊为袍，表之以税衣，乃为一称尔。"此为一套。

③"素端一"四句：素端，白布衣、素裳。皮弁，即皮弁服，素衣素裳。爵弁，即爵弁服，缁衣纁裳。玄冕，即玄冕服，玄衣纁裳，上衣无文饰，下裳有黻形图案。孔疏，袭衣共五称(套)。

④不袭妇服：这是曾子批评子羔袭衣不合乎礼制的话。曾子认为，"纁袡"是妇人之衣，子羔不应穿用。

【译文】

子羔小殓时穿的袭衣有五套，一套是絮有丝绵的长袍，外面罩上一件镶有绛红色下缘的黑衣；一套是素端，布衣素裳；一套是皮弁服，素衣素裳；一套是爵弁服，缁衣纁裳；一套是玄冕服，玄衣纁裳。曾子说："镶有绛红色下缘的黑衣是妇人的袭衣，子羔不应该穿用。"

为君使而死，公馆复，私馆不复。公馆者，公宫与公所为也；私馆者，自卿大夫以下之家也。①

【注释】

①此节文字见《曾子问》"曾子问曰：为君使而卒于舍"节。

【译文】

为国君出使国外而去世，如果死在公馆中就可以举行招魂祭，如果死在私馆里就不能举行。所谓公馆，就是他国国君的宫室或国君所建造的馆舍；所谓私馆，就是卿大夫以下的私宅。

公七踊[①]，大夫五踊[②]，妇人居间[③]；士三踊[④]，妇人皆居间。

【注释】

①公：国君。七踊：诸侯死五日而殡，每天一踊，加上小殓、大殓时各一踊，共七踊。

②大夫五踊：大夫死三日而殡，每天一踊，加上小殓、大殓时各一踊，共五踊。

③妇人居间：踊时男子在先，妇女居中，宾客最后。

④士三踊：士死三日而殡，始死日一踊，小殓、大殓各一踊，共三踊。

【译文】

从始死之日到停殡期间，要为国君痛哭跳脚七次，为大夫痛哭跳脚五次，为士痛哭跳脚三次。每一次跳脚，都是男子在先，妇人居中，宾客在最后。

公袭：卷衣一，玄端一，朝服一，素积一，纁裳一，爵弁二，玄冕一，褒衣一[①]，朱绿带[②]，申加大带于上[③]。

【注释】

①“卷(gǔn)衣一”八句:卷衣,衮服。玄端,缁衣黄裳。朝服,缁衣素裳。素积,即皮弁服。纁裳,绛色的裳。爵弁、玄冕、褒衣,见本篇“子羔之袭”节注③。褒衣,见本篇“复:诸侯以褒衣、冕服、爵弁服”节注①。

②朱绿带:郑注:“袭衣之带。”纹饰杂以朱、绿两色,与生前之带不同。

③申:郑注:“重也,重于革带也。”大带:即上文“率带”。

【译文】

国君小殓所穿的衣服有九套:一套是绣有龙纹的衮服,一套是缁衣黄裳的玄端服,一套是缁衣素裳的朝服,一套是素衣素裳的皮弁服,一套是纁裳,两套缁衣纁裳的爵弁服,一套玄衣纁裳的玄冕服,一套褒衣,再用朱、绿两色的带子系腰,外面再束一条大带。

小敛环绖[①],公、大夫、士一也。

【注释】

①环绖:用麻绳绕成环形,系在头上。见《檀弓下》“叔仲皮学子柳”节注⑤。

【译文】

小殓时丧主要头戴环绖,无论国君、大夫还是士,都一样。

公视大敛,公升,商祝铺席[①],乃敛。

【注释】

①商祝:孔疏:“主敛事者也。”指熟悉主持丧殓礼仪的太祝。

【译文】

臣丧大殓，国君亲自到临视察，即使臣已经入殓，国君升堂后，商祝也要重新铺设殓席，再开始大殓。

鲁人之赠也①，三玄二纁，广尺，长终幅②。

【注释】

①鲁人之赠：孔疏："记鲁失也。赠谓以物送亡人于椁中也。"这是批评鲁人给死者赠送的布帛随葬品太少，不合礼制。

②"三玄二纁"三句：据《仪礼·士丧礼》："赠用制币玄纁束。"即要用十块长一丈八尺、宽二尺四寸的玄色纁色之帛。现在鲁国只用宽一尺、长二尺四寸的，不合于礼制。幅，宽。

【译文】

鲁国人赠送死者入墓圹的布帛，三块是玄色，两块是绛色，每块只一尺宽，二尺四寸长。

吊者即位于门西①，东面。其介在其东南②，北面，西上，西于门。主孤西面③。相者受命曰④："孤某使某请事⑤。"客曰："寡君使某⑥，如何不淑⑦！"相者入告，出曰："孤某须矣⑧。"吊者入，主人升堂，西面。吊者升自西阶，东面，致命曰："寡君闻君之丧，寡君使某，如何不淑！"子拜稽颡，吊者降，反位。

【注释】

①吊者：指诸侯派遣到别国吊唁亡君的使者。此节记述诸侯派使

者参加他国亡故诸侯吊丧活动的礼仪。

②介:指使者的随从人员。

③主孤:丧主,即已故诸侯的嗣子。西面:郑注:“立于阼阶下。”

④相者:孔疏:“相主人传命者也。”即丧礼中辅助丧主帮忙传话的人。

⑤孤某使某:上“某”是嗣子之名,下“某”是相者之名。

⑥使某:此“某”为使者名。

⑦如何不淑:郑注:“如何不善,言君痛之甚。”这是表示哀悼之辞。淑,善。

⑧须:等待。

【译文】

诸侯去世,他国诸侯派使者吊丧,使者就站在殡宫门外以西,面朝东。使者的随从人员介,站在使者的东南,面朝北,以西边为上位,使者及其随员都要站在大门西,不能挡住大门。门内,嗣子面朝西站在东阶下。辅助嗣子传话的相者接受嗣君的命令,走出门来对使者说:“嗣子某命某来请问有何事。”使者答:“敝国国君派某前来,对贵国遭遇极大的不幸表示沉痛的哀悼!”相者进去报告,然后又走出来说:“嗣子某已在恭候了。”吊丧的使者进门,嗣子从阼阶登堂,面朝西。使者从西阼阶升堂,面朝东,致告君命说:“敝国国君惊悉贵国国君去世,派某前来,对贵国遭遇极大的不幸表示沉痛的哀悼!”嗣子磕头拜谢,于是吊丧的使者从西阶下堂,返回门外原位。

含者执璧将命[①],曰:“寡君使某含。”相者入告,出曰:“孤某须矣。”含者入,升堂致命。子拜稽颡。含者坐委于殡东南,有苇席,既葬蒲席。降,出反位。宰夫朝服[②],即丧屦,升自西阶,西面坐取璧,降自西阶,以东。

【注释】

①含者：诸侯派往别国吊唁亡君的使者的随员副介，负责进献给死者口中含的玉璧。孔疏："含者、襚者当是副介、末介。"含，放在死者口中的玉。

②宰夫："夫"字为衍文。此指小宰，为太宰助手。

【译文】

负责赠送含玉的副介含者，手持玉璧致告君命，说："敝国国君派某前来进献含玉。"辅助嗣子传话的相者进门禀告，然后又走出来，说："嗣子某已在恭候。"含者于是进门，从西阶登堂致告君命。嗣子听后磕头拜谢。含者跪坐，将玉璧放在灵柩东南的苇席上，如果死者已下葬使者才来到，就在行礼之后将玉璧放在准备好的蒲席上。然后含者从西阶下堂，出门，返回原位。诸侯的小宰身穿朝服，脚穿丧鞋，从西阶升堂，面朝西，跪坐拿起所赠之璧，从西阶下堂向东走出，将玉璧收藏起来。

襚者曰[①]："寡君使某襚。"相者入告，出曰："孤某须矣。"襚者执冕服，左执领，右执要[②]，入，升堂致命曰："寡君使某襚。"子拜稽颡。委衣于殡东[③]。襚者降，受爵弁服于门内霤[④]，将命，子拜稽颡如初。受皮弁服于中庭，自西阶受朝服，自堂受玄端，将命，子拜稽颡，皆如初。襚者降，出，反位。宰夫五人举以东[⑤]，降自西阶。其举亦西面。

【注释】

①襚者：诸侯派往别国吊唁亡君的使者之副手(末介)，负责向死者赠送衣服。

②要：同"腰"。

③委衣于殡东：放置在灵柩东侧的苇席上，在放玉璧的位置的

北边。

④霤（liù）：屋檐。

⑤宰夫：也是太宰的属官。

【译文】

负责赠送衣服的末介襚者说："敝国国君派某来赠送衣服。"辅助嗣子传话的相者就进门禀告嗣子，然后又走出来，说："嗣子某已在恭候。"襚者就拿起冕服，左手执衣领，右手执衣服的腰部，进门，从西阶升堂，致告君命说："敝国国君特派某来赠送衣服。"嗣子跪拜磕头。于是襚者就将冕服放在灵柩东侧的席子上。然后自西阶下堂，走到门内屋檐下，再接过爵弁服，升堂，致告君命，嗣子磕头拜谢，行礼如前。襚者再在庭院中接受皮弁服，在西阶下接受朝服，在堂上接受玄端，都一一致告君命，嗣子跪拜磕头也都和最初一样。最后，襚者从西阶下堂，出门，返回原位。五个宰夫每人从席上拿起一套襚服，自西下阶向东走出，存放起来。下堂要从西阶下，宰夫拿衣服时也面朝西。

上介赗[①]，执圭将命，曰："寡君使某赗。"相者入告，反命曰："孤某须矣。"陈乘黄、大路于中庭[②]，北辀[③]，执圭将命。客使自下由路西[④]。子拜稽颡，坐委于殡东南隅。宰举以东。

【注释】

①上介：诸侯派往别国吊唁亡君的使者的第一副手。赗（fèng）：赠送丧家助葬的车马。

②乘黄：四匹黄马。大路：即上文所说的"后路"，也就是副车。

③辀（zhōu）：车辕。

④客使：使者副手上介的手下。自下由路西：郑注："下，谓马也。

马在路之下。”这是说马在车的西侧。

【译文】

吊唁亡君的使者的第一副手上介担任赗者，负责向丧家赠送助葬的车马，手执玉圭致告君命说：“敝国国君派某前来赠送助葬的车马。”辅助嗣子传话的相者入内禀告，然后出来传达，说：“嗣子某已在恭候。”上介就将四匹黄马和一辆副车陈设在院子中间，车辕朝北，手执玉圭登堂致告君命。手下人陈设车马，牵着马站在副车西面。嗣子跪拜磕头，上介跪坐，把圭放在灵柩东南角的席上。小宰跪下将圭取走，下阶向东走出。

凡将命，乡殡将命①，子拜稽颡。西面而坐委之。宰举璧与圭，宰夫举襚，升自西阶，西面坐取之，降自西阶。赗者出，反位于门外。

【注释】

①乡：通“向”。

【译文】

凡致告君命，都要面朝灵柩报告国君的命令，嗣子听后都要跪拜磕头。凡赠送物品都要面向西跪坐，把物品放在席子上。主国的宰将圭和璧从席上取走，宰夫将来客送上的衣服从席上取走，都由西阶升堂，面朝西跪坐取走物品，然后从西阶下堂。赗者上介赠送助葬的车马后，从西阶走下出门，返回原位。

上客临①，曰：“寡君有宗庙之事，不得承事，使一介老某相执绋②。”相者反命，曰：“孤某须矣。”临者入门右③，介者皆从之，立于其左，东上。宗人纳宾④，升，受命于君。降曰：

“孤敢辞吾子之辱,请吾子之复位。”客对曰:“寡君命,某毋敢视宾客,敢辞。”宗人反命曰:“孤敢固辞吾子之辱,请吾子之复位。”客对曰:“寡君命,某毋敢视宾客,敢固辞。”宗人反命曰:“孤敢固辞吾子之辱,请吾子之复位。”客对曰:“寡君命,使臣某毋敢视宾客,是以敢固辞。固辞不获命,敢不敬从。”客立于门西,介立于其左,东上。孤降自阼阶,拜之,升,哭,与客拾踊三⑤。客出,送于门外,拜稽颡。

【注释】

①上客:郑注:“吊者也。”即诸侯派往别国吊唁亡君的正使。临:入哭。孙希旦据孔疏说,吊所以慰主人,临则使者自致其哀。上四事皆奉君命而行,临则使者之私礼也。

②一介:孙希旦说:“犹一个也。”綍(fú):同“绋”,牵引棺柩车往墓穴的绳索。

③入门右:郑注:“不自同于宾客。”门右之位是臣位,吊者不以使者身份来“临”,因此立于门右。而下文中嗣子则三次劝吊者“复位”,就是仍然要以客礼优待使者。

④宗人:诸侯的礼官。

⑤拾(jié):轮流,交替。踊三:跳脚三次为一节。

【译文】

正使要入门吊唁行礼哭丧,对辅助嗣子传话的相者说:“敝国国君因有宗庙之事,不能亲自前来承当助丧之事,派一个老臣某前来帮助牵拉柩车。”相者入门禀告后,走出来,说:“嗣子某已在恭候。”正使入门,站在门内右侧,其随行人员都跟随着,站在使者的左边,以东边为上位。宗人迎进宾客,升堂,接受嗣君的命令。然后宗子下堂对宾客说:“嗣子某请求您不要受辱屈尊处于臣位,请求您恢复尊位回到原来的位置。”

正使回答说:“敝国国君命令我,不得自视为宾客,您的命令就辞谢了。”宗人禀报后再次返回说:“嗣子某再次请求您不要受辱屈尊处于臣位,请求您恢复尊位回到原来的位置。”正使也再次回答说:“敝国国君命令我,不得自视为宾客,您的命令坚决辞谢了。”宗人又一次禀报后返回说:“嗣子某再次坚决请求您不要受辱屈尊处于臣位,请求您恢复尊位回到原来的位置。”正使回答说:“敝国国君命令我,不得自视为宾客,您的命令坚决辞谢了。如此坚决辞谢都不肯允准,只好恭敬从命。”于是,正使站在门内西侧,随从人员站在他的左边,以东边为上位。嗣子从阼阶下堂,向宾客拜谢,后再升堂,客人从西阶升堂,行哭礼,嗣子与客人轮流哀哭,跳脚三次。宾客出门,嗣子送于门外,跪拜磕头。

其国有君丧,不敢受吊[1]。

【注释】

①“其国”二句:孔疏:“此谓国有君丧,而臣又有亲丧,则不敢受他国宾来吊也。以义断恩,哀痛主于君,不私于亲也。”

【译文】

本国国君死了,臣子恰巧也有亲人去世,臣子要以国君之丧为重,不敢接受别国来宾的吊唁。

外宗房中南面[1],小臣铺席,商祝铺绞、紟、衾[2],士盥于盘北[3],举迁尸于敛上。卒敛,宰告,子冯之踊[4],夫人东面坐冯之,兴踊。

【注释】

①外宗:指国君家之女性亲属,包括姑、姊妹之女,舅之女,及从母

等。郑注:“此《丧大记》脱字,重著于是。”此节与《丧大记》一节文字基本相同。

②商祝:见本篇“公视大敛”节注①。绞:包束尸体殓衣的布带。紟(jìn):单被,大殓时用。衾(qīn):被子。三者皆为人死后殓尸所用的物品。

③士:也是丧祝的成员。盘:承水之器。

④冯(píng):抚尸。

【译文】

外宗的女性亲属站在西房中,面朝南,小臣在阼阶上铺好殓席,商祝依次铺好包束尸体殓衣的布带、单被、被子,丧祝开始在盘子上洗手,抬起尸体放到铺好的衣被上,包裹扎束。大殓结束,太宰向嗣子报告,嗣子抚着尸体痛哭并跳脚,夫人面朝东而坐,也抚着尸体痛哭,起身跳脚。

士丧有与天子同者三:其终夜燎①,及乘人②,专道而行。

【注释】

①终夜燎(liào):孔疏:“谓柩迁之夜须光明,故竟夜燎也。”燎,点燃火炬照明。

②乘(shèng)人:指用人力拉车。

【译文】

士的丧礼有三件事和天子的丧礼相同:一是灵柩迁到祖庙的当夜要彻夜点燃火炬照明,二是由人来拉柩车,三是柩车有专道而行,行人要避让。

杂记下第二十一

有父之丧，如未没丧而母死[①]，其除父之丧也[②]，服其除服[③]，卒事，反丧服。虽诸父、昆弟之丧，如当父母之丧，其除诸父、昆弟之丧也，皆服其除丧之服，卒事，反丧服。如三年之丧，则既颎[④]，其练、祥皆行。王父死，未练、祥而孙又死，犹是附于王父也。

【注释】

①未没丧：孔疏："谓父丧小祥后，在大祥之前，未竟之时也。"指为父服丧未完（未到大祥除服），又逢母丧。没，郑注："犹竟也。"

②除父之丧也：指大祥之祭时，孝子可以除去为父所服的丧服，穿平日之吉服。

③除服：郑注："谓祥祭之服也。"祥祭要除去丧服穿吉服，即朝服缟冠。

④颎（jiǒng）：枲麻类的植物，相当于葛。卒哭之后，孝子就要将麻绖换为葛绖。如果当地不产葛，可以用颎来代替。

【译文】

正在为父亲服丧，丧期未满母亲又去世，那么在为亡父举行大祥祭时，除去丧服改穿吉服，祭祀完毕，再换上为母服丧的丧服。即使正在为伯父、叔父、兄弟服丧，如果又遇到父母之丧，那么在为伯父、叔父、兄弟举行除服祭时，也要先改穿吉服，祭祀完毕，再更换为父母穿的丧服。如果先后遇到两个三年之丧的丧事，为后丧者举行卒哭祭后，要将麻绖换为葛绖或颍绖，如果为前丧者举行小祥和大祥之祭，也要先除去丧服换上吉服，祭祀后再为后丧者换上丧重服。祖父先去世，还没有举行小祥、大祥祭而孙子又去世，那么孙子的神主依然附于祖父进行祔祭。

有殡，闻外丧①，哭之他室。入奠②，卒奠出，改服即位，如始即位之礼。

【注释】

①外丧：孔疏："谓兄弟丧在远者也。"即远在外地的兄弟之丧。

②奠：指朝夕哭时的祭品。

【译文】

父母去世，停殡在堂，这时又听说远方兄弟的死讯，为了区别为父母朝夕之哭，要到别的房间去哭他。第二天早晨到殡宫为父母设奠，奠毕出来，换下为父母所服丧服，换上为新死者应服的丧服在别的房间即位而哭，礼仪与前一天即位而哭时一样。

大夫、士将与祭于公，既视濯而父母死①，则犹是与祭也。次于异宫②，既祭，释服，出公门外，哭而归。其他如奔丧之礼。如未视濯，则使人告，告者反而后哭。如诸父、昆弟、姑、姊妹之丧，则既宿则与祭③。卒事，出公门，释服而后归。其他如奔丧之礼。如同宫，则次于异宫。

【注释】

①视濯：祭祀的前一日由主人察看祭器是否洗涤干净。视濯是祭祀的开端，已视濯就不能中途辍止，所以后文说即使父母这时去世也要参加祭祀。

②次于异宫：祭祀属于吉事，而父母去世则是丧事，吉、丧不能同处，所以不能和别人同住一室。

③宿：祭前的三日斋戒。

【译文】

大夫、士将参加国君的祭祀，已经察看了洗涤祭器的情况，如果此时父母去世，则也还是要继续参加祭祀。但自己另住一居室，祭祀结束后，就脱掉祭服，走出公门，哭着回家。其他礼仪和奔丧礼一样。如果还没有察看洗涤祭器的情况，这时父母去世，就要派人向国君报告，报告人返回而后哭。大夫、士将要参加国君的祭祀，此时有伯父、叔父、兄弟、姑姑、姊妹的丧事，如果已经开始了祭祀前三天的斋戒，就要继续斋戒参加祭祀。祭祀结束后，走出公门，脱掉祭服回家。其他礼仪和奔丧礼一样。如果和去世的亲属是同住在一室，那么此时要另住一居室。因为刚参加了国君的祭祀，吉、凶不可同处的缘故。

曾子问曰："卿大夫将为尸于公，受宿矣，而有齐衰内丧，则如之何？"孔子曰："出舍乎公宫以待事，礼也。"孔子曰："尸弁、冕而出，卿、大夫、士皆下之，尸必式；必有前驱。"①

【注释】

①此节见《曾子问》相同之节，个别文字稍有不同。

【译文】

曾子问："卿大夫将在国君祭祀中充当尸，已经接受邀请并开始去国君处独宿了，这时有齐衰之丧，要怎么办呢？”孔子答：“从家中出来入住公馆，等待祭祀的进行，这是礼制规定。”孔子又说：“尸戴着弁、冕出门，卿、大夫、士看到尸都要下车致敬，尸也一定要凭轼行礼；尸出行，一定要有前驱为他开道。”

父母之丧，将祭而昆弟死[①]，既殡而祭[②]。如同宫，则虽臣妾，葬而后祭。祭，主人之升降散等[③]，执事者亦散等。虽虞、附亦然。

【注释】

①将祭：郑注：“谓练、祥也。”即小祥、大祥之祭，此祭为吉祭。

②既殡而祭：先将死去的兄弟停殡，再祭父母。

③散等：一脚跨一级台阶，又称“栗阶”。这是丧祭的升降走法。如果是吉祭，就要前脚登一阶，后脚跟上与前脚并立，然后再升，叫做“拾级”。小祥、大祥之祭本为吉祭，但因有新死者所以要“散等”。

【译文】

父母去世，将要举行小祥或大祥祭时，分居的兄弟去世了，那么就要等兄弟停殡后，再举行父母的小祥或大祥之祭。如果去世的亲人和自己曾同住一室，那么即使是臣妾，也要将死者埋葬后再为父母举行祭祀。祭祀父母时，因又有新死者，主人升堂下堂都要按“散等”的走法，即一脚跨一级台阶地走，执事人员也要一脚跨一级台阶。如果是为父母举行虞祭、祔祭时出现上述情况，也是这样做。

自诸侯达诸士，小祥之祭，主人之酢也哜之[①]，众宾、兄弟则皆啐之。大祥，主人啐之，众宾、兄弟皆饮之可也。

【注释】

①主人之酢也哜(jì)之:孔疏:“谓正祭之后,主人献宾长,宾长酢主人,主人受宾长酢,则哜之也。”宾长是宾客中的长者。此指主人第一次向宾长献酒,宾长回敬主人,主人哜一下。哜,与下文的“啐”(cuì)都是尝的意思,“哜”是用嘴抿一下,“啐”是喝一小口。

【译文】

从诸侯至士,举行小祥祭时,正祭之后,主人对于宾长回敬之酒,只用嘴抿一下,而宾客、兄弟对于主人所献之酒,都要喝一小口。举行大祥祭时,正祭之后,主人对于宾长回敬之酒可以喝一小口,而宾客、兄弟对于主人所献之酒,可以全都喝完。

凡侍祭丧者[①],告宾祭荐而不食[②]。

【注释】

①侍祭丧者:陪侍丧家举行祭祀的赞礼者。

②荐:对鬼神的祭献。此指脯醢。吉祭后,祭品可以吃,但丧祭的祭品不能吃。

【译文】

凡是陪侍丧家举行祭祀的人,要告诉宾客用干肉和肉酱为祭品行祭礼,但祭献后宾客不能吃祭品。

子贡问丧。子曰:“敬为上,哀次之,瘠为下[①]。颜色称其情,戚容称其服。”请问兄弟之丧。子曰:“兄弟之丧,则存乎书策矣。”

【注释】

①瘠：消瘦而枯槁变形。

【译文】

子贡问应当如何为父母居丧。孔子回答说："居丧，充满敬意为最上，哀痛为其次，消瘦枯槁为最下。面容憔悴要和哀情相称，悲伤的神态要和丧服相称。"子贡又问如何为兄弟居丧。孔子回答说："如何为兄弟居丧，简册书里已经有记载了。"

君子不夺人之丧，亦不可夺丧也[①]。

【注释】

①"君子"二句：见《曾子问》末节，只是"丧"作"亲"。孔疏："谓不夺他人居丧之礼，谓他人居丧，任其行礼，不可抑夺"；"不可自夺己丧，谓己之居丧当须依礼"。孙希旦认为，此上有阙文。

【译文】

君子不剥夺他人按规定行居丧之礼，也不容自己按规定行居丧之礼被剥夺。

孔子曰："少连、大连善居丧[①]，三日不怠，三月不解[②]，期悲哀，三年忧。东夷之子也。"

【注释】

①少连、大连：均为人名，事迹不详。《论语·微子》："逸民：伯夷、叔齐、虞仲、夷逸、朱张、柳下惠、少连。"郑注："言其生于夷狄而知礼也。"

②解：通"懈"。

【译文】

孔子说："少连、大连二人很懂得如何为父母居丧，父母去世后的头三天，哭丧不怠慢；父母去世三个月，守丧不松懈；父母去世一年，仍哀痛悲戚；父母去世三年，还忧郁愁苦。他们是东夷之子呢。"

三年之丧，言而不语①，对而不问②。庐、垩室之中③，不与人坐焉。在垩室之中，非时见乎母也不入门。疏衰皆居垩室④，不庐。庐，严者也⑤。

【注释】

①言而不语：孔疏："故得言己事，不得为人语说也。"

②对而不问：孔疏："谓有问者得对，而不得自问于人。"

③庐：倚庐，见《杂记上》"大夫次于公馆以终丧"节注③。垩(è)室：见《杂记上》："大夫次于公馆以终丧"节注④。

④疏衰：即齐衰。疏，粗。

⑤庐，严者也：郑注："言庐哀敬之处，非有其实则不居。""倚庐"是关系最密切、哀痛最严重的人才住的。

【译文】

孝子为父居丧三年期间，只说己事而不议论他事，只回答别人提出的问题而不主动提问。住在倚庐或垩室之中，不和别人坐在一起。周年祭后，搬到垩室居住，如果不是按时向母亲问安，就不进寝门。穿齐衰丧服的人都住在垩室中，不住倚庐。倚庐，是与死者关系最密切、哀痛最严重的人才能居住的。

妻视叔父母①，姑、姊妹视兄弟，长、中、下殇视成人②。

【注释】

①视：郑注："犹比也。所比者，哀容居处也。"

②长、中、下殇：见《檀弓上》"周人以殷人之棺椁"节注①②。

【译文】

妻的丧事，哀容居处比照叔父、叔母的丧事；姑姑、姊妹的丧事，哀容居处比照兄弟的丧事；亲属中长、中、下殇者的丧事，哀容居处比照成人的丧事。

亲丧外除，兄弟之丧内除。

【译文】

为双亲服丧，丧期已满，虽然除掉了外边的丧服，但内心的哀痛仍然不能消除；为兄弟服丧，丧期已满，除掉了外边的丧服，内心的哀痛也同时消除。

视君之母与妻，比之兄弟，发诸颜色者亦不饮食也①。

【注释】

①发诸颜色：郑注："谓醆美酒食，使人醉饱。"是指美酒等饮食会使面色改变，令人误解。

【译文】

为国君的母亲和夫人服丧，哀容居处比照兄弟的丧事，凡是使面色改变的酒饮饭食，服丧期间也是不能饮食的。

免丧之外，行于道路，见似目瞿①，闻名心瞿，吊死而问疾，颜色戚容必有以异于人也。如此而后，可以服三年之丧，其余则直道而行之是也[②]。

【注释】

①瞿(jù)：惊惧的样子。

②则直道而行之是也：孔疏："则直依丧之道理而行之，于义是也。"

【译文】

除丧以后，走在道路上，见到面容和去世亲人相似的，目光就十分惊骇；听到和去世亲人相同的名字，内心就十分惊骇；前往别人家吊唁或探视病情，面色哀伤的表情一定有别于他人。只有像这样，才可算为父母服了三年之丧了，对于要服齐衰丧服以下的亲人，依丧礼规定去做就可以了。

祥，主人之除也。于夕为期，朝服[①]。祥因其故服。

【注释】

①朝服：见《丧服小记》"除殇之丧者"节注①。

【译文】

大祥祭，是丧主除去丧服之祭。在大祥祭的前夕宣布祭祀的日期，换上缁衣、素裳、缟冠的朝服。举行大祥祭时，就穿着前夕所穿之朝服。

子游曰："既祥，虽不当缟者必缟，然后反服。"[①]

【注释】

①据孙希旦《集解》说，此节之意是，亲人的大祥祭已过，这时又有要服大功以上丧服的亲属去世，于是就要先戴上缟冠，与本篇首节的"有父之丧，如未没丧而母死，其除父之丧也，服其除服；卒

事，反丧服”意味相似。缟，缟冠、朝服，即换上吉服。

【译文】

子游说：“已经为去世的亲人举行了大祥祭，这时又有亲人去世，那么即使不应戴缟冠、穿朝服，也要先戴缟冠、穿朝服，然后等大祥祭全结束，再换上丧服。”

当袒[①]，大夫至，虽当踊，绝踊而拜之，反，改成踊[②]，乃袭[③]。于士，既事成踊，袭而后拜之，不改成踊。

【注释】

①当袒：指小殓、大殓完毕后，主人要袒露左臂哭踊，即号哭跳脚。

②成踊：见《丧服小记》“奔父之丧”节注③。

③袭：见《玉藻》“以帛里布”节注⑨。

【译文】

小殓、大殓完毕后，孝子正袒露左臂哭踊，这时有大夫前来吊丧，那么即使孝子正在哭踊，也要立刻停止而去拜谢大夫，然后再返回原位，完成哭踊，然后穿好上衣。如果是士前来吊丧，那么就等孝子完成哭踊之礼后，穿好上衣再去拜谢，拜谢后，自不必再返回原位哭踊。

上大夫之虞也少牢[①]。卒哭成事、附皆大牢[②]。下大夫之虞也犆牲[③]。卒哭成事、附，皆少牢。

【注释】

①虞：虞祭。下葬后当天中午在殡宫举行的祭祀，之后隔日举行一次。士三虞而止，大夫五虞，诸侯七虞，天子九虞。虞祭结束后的次日举行卒哭祭，卒哭祭的次日举行祔祭。

②成事：卒哭祭后为吉祭，即成吉事。

③犆：同“特”。“特牲”为一牲。

【译文】

上大夫死后的虞祭，用少牢，即羊、豕二牲。卒哭祭、祔祭，都用太牢，即牛、羊、豕三牲。下大夫死后的虞祭，用特牲，即一牲。卒哭祭、祔祭，都用少牢，即羊、豕二牲。

祝称卜葬、虞[①]，子孙曰“哀”，夫曰“乃”，兄弟曰“某”[②]，卜葬其兄弟曰“伯子某”[③]。

【注释】

①祝：主持丧礼祭祀的神职人员。

②某：指兄弟之名。

③伯子某：这是根据死者在兄弟中的排行而言。老大称“伯子某”，老二称“仲子某”。

【译文】

祝在卜葬日和虞祭致辞时对丧主的称谓不同，如果丧主是儿子，就称“哀子某”，是孙子就称“哀孙某”，是丈夫就称“乃某”，是兄弟就直接称丧主之名“某”，如果是弟为排行老大之兄卜葬，就说“弟某卜葬其兄伯子某”。

古者贵贱皆杖。叔孙武叔朝[①]，见轮人以其杖关毂而輠轮者[②]，于是有爵而后杖也。

【注释】

①叔孙武叔：春秋时期鲁国大夫。“叔孙”是氏，名“州仇”，谥号曰

“武”。

②轮人：制造车轮之吏员。关(guàn)：通“贯”。毂(gǔ)：车轮中心安装辐条的圆木。䂓(huà)：孔疏：“回也。”使车轮转动。以杖关毂，实际上是将杖当作车轴上别住轮毂的“辖”，使毂转动时不致脱出。是失礼的行为。

【译文】

古时不论贵贱都可以拄杖。后来叔孙武叔上朝，看见轮人用手杖别住轮毂转动车轮，于是规定只有有爵位的人才能拄杖。

凿巾以饭[①]，公羊贾为之也[②]。

【注释】

①巾：指将米、贝等放入死者口中时覆盖死者面部的方巾。大夫以上不亲自饭含，由宾客代劳，因担心宾客见死者面孔而厌烦，所以不掀开方巾，而在方巾上当口处凿一小孔，以便饭含。但士要亲自饭含，饭含时要掀起面巾。厌烦死者是失礼的行为。

②公羊贾：其人事迹不详。公羊贾身份是士而违礼用大夫之礼。

【译文】

在遮盖尸面的方巾上凿个小孔为死者饭含，这种做法从公羊贾开始。

冒者何也[①]？所以揜形也[②]。自袭以至小敛[③]，不设冒则形，是以袭而后设冒也。

【注释】

①冒：包裹尸体的布套，由上、下两部分组成，其形制、颜色、大小都

不相同。大的，从头上往下套，叫“质”；小的，从脚下往上套，叫“杀”。两布套在腰处上下打结，总称为“冒”。

②揜(yǎn)：同“掩”。

③袭：小殓所穿之衣。

【译文】

冒是什么？冒是用来遮掩尸的形体的布套。从为死者穿衣到小殓，如果不用冒包住尸，尸的形体还是要显露出来。所以为尸体穿衣后还要加冒套起来。

或问于曾子曰：“夫既遣而包其余①，犹既食而裹其余与？君子既食则裹其余乎？”曾子曰：“吾子不见大飨乎？夫大飨，既飨，卷三牲之俎，归于宾馆。父母而宾客之，所以为哀也。子不见大飨乎？”

【注释】

①遣：遣奠，即灵柩出葬前所设的祭品。包其余：遣奠所剩下的牺牲的下体用苇席包裹起来，用以随柩入葬，即“包奠”。见《杂记上》“大夫之丧”节注③。

【译文】

有人问曾子说：“遣奠之后将剩余的牲体包裹起来随柩入葬，就像去别人家吃饭后还要把剩余的食物带走吧？君子去别人家吃饭后还要把剩余的食物带走吗？”曾子回答说：“你难道没看到过诸侯大飨宾客吗？大飨宾客，宾客们吃饱后，诸侯还要把俎上没有吃完的牛、羊、猪三牲的肉用苇包卷起来送到宾馆。孝子在父母下葬时将牲体随葬，是自己的父母却要当作宾客那样来对待，所以感到悲哀。你没有见过诸侯大飨宾客吗？”

非为人丧，问与？赐与[1]？三年之丧，以其丧拜[2]；非三年之丧，以吉拜。三年之丧，如或遗之酒肉[3]，则受之，必三辞。主人衰绖而受之[4]。如君命，则不敢辞，受而荐之[5]。丧者不遗人，人遗之，虽酒肉，受也。从父、昆弟以下，既卒哭，遗人可也。

【注释】

①"非为人丧"三句：郑注："此上灭脱，未闻其首云何。"问，郑注："遗也。""遗"（wèi）与"赐"，都是赠的意思。与身份平等者曰"遗"，对卑下者曰"赐"。

②丧拜：郑注："稽颡而后拜曰丧拜，拜而后稽颡曰吉拜。"见《檀弓上》"孔子曰：拜而后稽颡"节注①。

③遗：馈赠。下同。

④衰绖：身穿丧服，戴首绖、束腰绖。

⑤荐：献。这里是说献给去世的亲人。

【译文】

不是因为人家有了丧事，所以才馈赠吗？所以才赏赐吗？守三年之丧的孝子，对于吊唁、馈赠或赏赐要丧拜行礼表示感谢；不是服三年之丧的居丧者，对于吊唁、馈赠或赏赐要吉拜行礼表示感谢。守三年之丧的孝子，如果别人赠送的是酒肉，虽可以接受，但一定要再三推辞。接受时丧主要穿着丧服，戴首绖、束腰绖。如果是国君命人赏赐的，就不敢推辞，接受后用以祭献去世的亲人。居丧的人不给别人馈赠物品，是别人给居丧的人馈赠物品，即使是酒肉，居丧的人也可接受。为叔伯、兄弟这一类服大功以下丧服的亲属居丧，在卒哭祭后，可以给别人赠送物品了。

县子曰[①]:"三年之丧如斩。期之丧如剡[②]。"

【注释】

①县(xuán)子:鲁国大夫,名琐。

②剡(yǎn):削。郑注:"言其痛之恻怛有浅深也。"则认为斩比剡之痛更深。

【译文】

县子说:"为父母守丧三年,服丧之痛像刀斩。为亲人守丧一年,服丧之痛像刀削。"

三年之丧,虽功衰[①],不吊,自诸侯达诸士。如有服而将往哭之,则服其服而往。期之丧,十一月而练,十三月而祥,十五月禫[②]。练则吊。既葬,大功吊,哭而退,不听事焉[③]。期之丧未葬[④],吊于乡人,哭而退,不听事焉。功衰吊,待事,不执事[⑤]。小功、缌,执事,不与于礼[⑥]。

【注释】

①功衰:小祥祭后所穿的丧服。见《杂记上》"有父母之丧"节注①。

②"期之丧"四句:指父在,为母服齐衰周年。原在"三年之丧"之前,据郑注移正于此。禫(dàn),大祥祭之后再过一个月就是禫祭。见《檀弓上》"孟献子禫"节注①。

③听:郑注:"犹待也。"事:袭、殓、拉柩车绳等事。

④期之丧:郑注:"谓为姑、姊妹无主,殡不在己族者。"指为无丧主的姑姑、姊妹服齐衰周年。

⑤执事:孔疏:"摈相也。"

⑥礼:郑注:"馈奠也。"

【译文】

居三年之丧的人，即使已经过了小祥祭，也不去别人家吊丧，这一点，从诸侯往下一直到士，都是如此。如果这时又有五服之内的亲属去世，可去哭吊，哭吊时要穿上应为死者所穿的丧服前往。为服齐衰的亲人服丧，满十一个月举行练祭，满十三个月举行大祥祭，满十五个月举行禫祭。练祭后就可以出外吊丧。入葬以后，为服大功的亲人服丧，可以到别人家哭吊，但哭吊后就退出，不为参与其他的丧事活动而等待。为无丧主的姑姑或姊妹服齐衰周年，若有去世的亲人还没有入葬，可以到同乡的人家去哭吊，但哭吊后就退出，不为参与其他的丧事活动而等待。如果是在练祭之后前去哭吊，可以等到袭、殓等丧事活动完成后再走，但不担任傧相，不亲自执事。服小功、缌麻之丧的人，出外到别人家哭吊，可以担任傧相，但不能参加馈奠礼。

相趋也①，出宫而退。相揖也②，哀次而退③。相问也④，既封而退。相见也⑤，反哭而退。朋友，虞、附而退⑥。

【注释】

①相趋：相互听说过姓名。此节记吊者与死者关系由浅而深，恩情由薄而厚。“相趋”恩最浅，后文“相揖”、“相问”、“相见”，恩情逐渐加深。

②相揖：曾在他处与死者有一面之缘。

③哀次：见《檀弓下》“君于大夫”节注④。

④相问：曾与死者互相馈赠过。

⑤相见：曾拿着见面礼与死者拜会过。

⑥虞、附：《训纂》引王引之说，“附”为衍字。

【译文】

前来吊丧的宾客，如果和死者本不相识，只听说过姓名，棺柩抬出庙门后就可以离开了。如果和死者有一面之缘，灵柩经过大门外孝子的居丧之处时就可以离开了。如果和死者曾经互相馈赠过东西，那就等到棺柩放入墓穴封土后再离开。如果曾经拿着见面礼拜见过死者，那就要等主人埋葬死者回家返哭后才能离开。如果和死者是朋友，那就等到虞祭后才能离开。

吊非从主人也[①]。四十者执绋[②]。乡人五十者从反哭，四十者待盈坎[③]。

【注释】

①吊非从主人也：孔疏："言吊丧者本是来助事，非为空随从主人而已。"

②绋(fú)：同"绋"，牵引棺柩车往墓穴的绳索。见《杂记上》"上客临"节注②。

③坎：墓圹。

【译文】

吊丧是要帮助丧主做事的，并不光是跟从着主人。四十岁以下的人参加葬礼，要帮助牵拉柩车。同乡五十岁以上的人，棺柩下葬后要跟随丧主一起回庙返哭，四十岁以下的人，要等到棺柩放入墓穴后墓坑填满封实才能离去。

丧食虽恶，必充饥。饥而废事，非礼也；饱而忘哀，亦非礼也。视不明，听不聪，行不正，不知哀，君子病之。故有疾饮酒食肉，五十不致毁，六十不毁，七十饮酒食肉[①]，皆为疑死[②]。

【注释】

①"故有疾"四句：见《曲礼上》"居丧之礼，毁瘠不形"节。

②疑：郑注："犹恐也。"

【译文】

居丧时的食物虽然粗恶，也一定要拿来充饥。如果因为饥饿而荒废了丧事，那是不合乎礼制的；如果因为饱食而忘记了悲哀，那也是不合乎礼制的。如果因为悲伤过度而造成看也看不清，听也听不见，走也走不正，精神恍惚不知哀伤，这是君子所担忧的。所以礼制规定，居丧者如果有病可以饮酒吃肉，五十岁居丧不要伤害健康，六十岁居丧不能伤害身体，七十岁居丧可照常饮酒吃肉，这都是害怕因居丧悲伤过度而引发死亡。

有服，人召之食，不往。大功以下，既葬适人，人食之，其党也食之[1]，非其党弗食也。

【注释】

①党：郑注："犹亲也。"

【译文】

居丧身着丧服，有人邀请去吃饭，不能去。服大功以下之丧，死者下葬后就可以到别人家去，人家请吃饭，如果是自己的亲戚就可以吃，不是自己的亲戚就不能吃。

功衰，食菜果，饮水浆，无盐、酪[1]。不能食食，盐、酪可也。

【注释】

①酪(lào):郑注:"酢截(zài)。"即醋。

【译文】

练祭过后,可以吃蔬菜水果,喝水浆,但没有盐和醋。如果没有盐、醋就吃不下饭,也可以稍微吃点儿盐、醋。

孔子曰:"身有疡则浴,首有创则沐,病则饮酒食肉。毁瘠为病,君子弗为也。毁而死,君子谓之无子。"

【译文】

孔子说:"居丧时身上有疮就要洗澡,头上有疮就要洗头,孱弱有病就可以饮酒吃肉。哀痛过度伤身生病,君子是不会这样的。因为哀伤过度而致死亡,君子说,这是令父母无子啊。"

非从柩与反哭,无免于堩[①]。

【注释】

①免(wèn):同"绕",居丧时一种束发的方式。具体形制见《檀弓上》"公仪仲子之丧"节注②。堩(gèng):道路。

【译文】

如果不是跟从着灵柩送葬或葬毕随丧主回家返哭,就不能结绕在路上行走。

凡丧,小功以上,非虞、附、练、祥无沐浴。

【译文】

凡居丧期间，服小功以上之丧，不是虞祭、祔祭、练祭和大祥祭，通常都不洗头洗澡。

疏衰之丧①，既葬，人请见之则见，不请见人。小功，请见人可也。大功不以执挚。唯父母之丧，不辟涕泣而见人②。

【注释】

①疏衰：齐衰。

②辟（bì）：躲避。郑注："不辟涕泣，言至哀无饰也。"

【译文】

服齐衰之丧，亲人下葬后，如果别人来请见则见，但不主动去请见别人。如果是服小功之丧，亲人下葬后，可以请见他人。如果是服大功之丧，请见别人时不能拿见面礼物。只有为父母服丧，才能不掩饰哀痛，哭泣着流着眼泪见人。

三年之丧，祥而从政①。期之丧，卒哭而从政。九月之丧，既葬而从政。小功、缌之丧，既殡而从政。

【注释】

①政（zhēng）：通"征"。郑注："谓给徭役。"孙希旦说："从政，谓出而从国家之政也。"亦可通。

【译文】

为父母服三年之丧的人，大祥祭后就可以去服徭役了。服齐衰期年的人，卒哭祭后就可以去服徭役了。服大功九月之丧的人，亲人下葬后就可以去服徭役了。服小功五月、缌麻三月之丧的人，亲人停殡后就可以去服徭役了。

曾申问于曾子曰[①]："哭父母有常声乎？"曰："中路婴儿失其母焉，何常声之有？"。

【注释】

①曾申：曾子之子。

【译文】

曾申向曾子问道："父母去世，孝子哭的声音有规定吗？"曾子答："就像婴孩在半路上找不到母亲时大哭一样，哪有什么声音的规定？"

卒哭而讳[①]。王父母、兄弟、世父、叔父、姑、姊妹[②]，子与父同讳。母之讳，宫中讳[③]。妻之讳，不举诸其侧。与从祖昆弟同名，则讳。

【注释】

①卒哭而讳：郑注："自此而鬼神事之，尊而讳其名。"见《曲礼上》"卒哭乃讳"节注①。

②王父母：祖父母。

③母之讳，宫中讳：孔疏："谓母所为其亲讳，其子于一宫之中，为讳而不言也。"

【译文】

举行卒哭祭时，就要避讳说死者之名。对去世的祖父母、兄弟、伯父、叔父、姑姑、姊妹之名都要避讳，儿子要跟着父亲一同避讳。母亲避讳娘家去世的亲属之名，在家室中孩子们也同样要避讳。妻避讳娘家去世的亲属之名，丈夫在她身边就讳而不要提起。如果母亲、妻子娘家去世的亲属与自己的从祖兄弟同名，那么就处处都要注意避讳。

以丧冠者，虽三年之丧可也[①]。既冠于次[②]，入哭踊三者三[③]，乃出。

【注释】

①“以丧冠者”二句：可参看《曾子问》“曾子问曰：将冠子，冠者至”节。

②次：庐次，为守丧搭建的住处。

③踊三者三：跳脚以三次为一节，三节礼成。

【译文】

遇到丧事仍可举行冠礼，即使为父母服三年之丧也可以。在倚庐中加冠，然后进入殡宫行礼，每哭一次跳脚三次，共哭三次跳脚九次，然后走出殡宫。

大功之末[①]，可以冠子，可以嫁子。父小功之末，可以冠子，可以嫁子，可以取妇。己虽小功，既卒哭，可以冠、取妻，下殇之小功[②]，则不可。

【注释】

①大功之末：指卒哭祭后。

②下殇之小功：这是说本为齐衰之亲，应服丧一年，因死者为下殇，故降二等，服小功。虽然丧服降等，但亲情仍在，故不可为子行冠礼及行嫁女娶妻等吉礼。

【译文】

父服大功之丧，过了卒哭祭，就可以为儿子行冠礼，可以嫁女。父服小功之丧，过了卒哭祭，就可以为儿子行冠礼，可以嫁女，可以为儿子娶妇。自己服小功之丧，过了卒哭祭后，也可以行冠礼、娶妻，但如果是为下殇者服小功之丧，卒哭祭后就不能做为子行冠礼及行嫁女娶妻等吉礼的事项。

凡弁绖①，其衰侈袂②。

【注释】

①弁绖：见《杂记上》"大夫之哭大夫"节注①。

②侈袂(mèi)：郑注："袂之小者二尺二寸，大者半而益之，则侈袂三尺三寸。"指大袖口，大夫以上侈之。侈，大。

【译文】

凡穿戴弁绖，其丧服的袖口都特宽大。

父有服，宫中子不与于乐①。母有服，声闻焉②，不举乐。妻有服，不举乐于其侧。大功将至，辟琴瑟③。小功至，不绝乐。

【注释】

①宫中子：与父亲同住的儿子。不与于乐：孔疏："谓出行见之，不得观也。"

②声闻焉：能够听到音乐之声。

③辟(bì)：避，除去。

【译文】

父亲正在服丧，同住一屋的儿子出行见到奏乐也不能围观。母亲正在服丧，在可以听到音乐之声的地方，不得演奏音乐。妻正在服丧，丈夫不能在她身旁奏乐。如果是服大功之丧的人来访，就要收起琴瑟之类的乐器。如果是服小功之丧的人来访，就可以不必停止演奏音乐。

姑、姊妹，其夫死，而夫党无兄弟，使夫之族人主丧。妻之党，虽亲弗主。夫若无族矣，则前后家，东西家；无有，则里尹主之①。或曰：主之，而附于夫之党。

【注释】

①里尹：指里长之类的官。

【译文】

出嫁的姑姑、姊妹无子而去世，她的丈夫如果已死，且丈夫家里又无出五服的兄弟，那就要让夫家的族人来主丧。姑姑、姊妹的娘家，即使有亲近的亲人也不能主丧。夫家如果连族人也没有，那就请前后或东西两侧的邻居来主丧；如果连合适的邻居也没有，那就由里尹来主丧。有人说：姑姑、姊妹娘家的人也可以主丧，但她的神主要附于夫家的庙里。

麻者不绅①，执玉不麻，麻不加于采②。

【注释】

①麻：指首绖和腰绖。绅：大带。这是说吉凶之服不能同穿，如果已穿丧服，就不能系吉服所用的大带。后两句意思也是如此。

②采：郑注："玄纁之衣。"也是吉服。

【译文】

如果已戴首绖、束腰绖，就不能再系大带；手里拿着玉的人，就不能戴首绖、束腰绖；如果已穿着玄衣纁裳，就不能再戴首绖、束腰绖。

国禁哭则止[①]，朝夕之奠，即位[②]，自因也[③]。

【注释】

①国禁哭则止：孔疏："谓有大祭祀，禁哭之时则止而不哭。"

②即位：指朝夕哭祭奠时，站立在阼阶下位。

③自因：仍因循旧章。

【译文】

国家有大的祭祀，禁止哭泣，有丧事的人家就要停止哭泣，但每天的朝夕哭祭奠在阼阶下即位，仍然因循旧的规定办。

童子哭不偯[①]，不踊不杖，不菲不庐[②]。

【注释】

①童子哭：郑注："未成人者，不能备礼也。"偯（yǐ）：指哭声长长，曲折逶迤。

②菲：草编的丧鞋。

【译文】

如果是小孩子服丧，哭的时候就不必强求哭声拖得长长的，曲折逶迤，不用跳脚，不执丧杖，不穿丧鞋，不住倚庐。

孔子曰："伯母、叔母疏衰，踊不绝地[①]。姑、姊妹之大功，踊绝于地。如知此者，由文矣哉[②]！由文矣哉！"

【注释】

①“伯母、叔母”二句：与伯母、叔母哀情轻，虽然服重，但踊不绝地。这与后文的“姑、姊妹”正相反。

②由文矣哉：郑注：“能用礼文哉。”指懂得了礼仪的内涵。

【译文】

孔子说：“为去世的伯母、叔母服齐衰，哀情较轻，哭踊时脚不离地。为去世的姑姑、姊妹服大功，哀情较轻，哭踊时脚却要离开地面。如果能明白其中的道理，就是懂得了礼仪的内涵啊！就是懂得了礼仪的内涵啊！”

世柳之母死①，相者由左；世柳死，其徒由右相。由右相，世柳之徒为之也。

【注释】

①世柳：鲁穆公时的贤人。世，或作“泄”。

【译文】

世柳的母亲去世的时候，相礼者在主人的左边引导行礼；世柳去世的时候，他的学生相礼，却在主人的右边引导行礼。在主人的右边引导主人行礼，这种错误的做法是世柳的学生造成的。

天子饭九贝①，诸侯七，大夫五，士三。

【注释】

①饭：饭含。丧礼中为死者口中衔贝、玉、米。

【译文】

丧礼中为死者口中饭含，天子用九贝，诸侯用七贝，大夫用五贝，士用三贝。

士三月而葬，是月也卒哭。大夫三月而葬，五月而卒哭。诸侯五月而葬，七月而卒哭。士三虞①，大夫五，诸侯七。

【注释】

①虞：《训纂》引《释名》："既葬还祭于殡宫曰'虞'，谓虞乐安神，使还此也。"

【译文】

士死后满三个月下葬，下葬当月举行卒哭祭。大夫死后满三个月下葬，满五个月举行卒哭祭。诸侯死后满五个月下葬，满七个月举行卒哭祭。葬后的虞祭，士举行三次，大夫五次，诸侯七次。

诸侯使人吊，其次含、襚、赗、临①，皆同日而毕事者也。其次如此也。

【注释】

①"其次"句：《训纂》引王引之说，"其次"二字盖衍。

【译文】

诸侯派使者吊丧，赠送用以饭含的玉璧、赠送供死者入殓的衣服、赠送助丧的车马、使者亲自临哭，这些礼仪都是在一天内完成的。先后次序就是如此的。

卿大夫疾，君问之无算①；士壹问之。君于卿大夫，比葬不食肉[2],比卒哭不举乐;为士,比殡不举乐。

【注释】

①无算:没有定数。

②比(bì):至。

【译文】

卿大夫生病,国君派人探望慰问没有规定次数;士生病,国君派人探问一次。卿大夫去世,一直到下葬,国君都不吃肉,一直到卒哭祭,国君都不奏乐;士去世,到停殡,国君都不奏乐。

升正柩[1],诸侯执绋五百人,四绋皆衔枚[2],司马执铎[3],左八人,右八人,匠人执羽葆御柩[4]。大夫之丧,其升正柩也,执引者三百人,执铎者左、右各四人,御柩以茅[5]。

【注释】

①升正柩:郑注:"谓将葬朝于祖,正棺于庙也。"死者安葬前到祖庙祭奠,将棺柩抬到庙中堂上,安置在两楹柱中间。

②衔枚:牵引棺柩之人全部口衔形如筷子的枚,目的在于保持肃静,防止喧嚣。

③司马:主管军事、徒役之官。

④羽葆:用鸟的羽毛缀于木柄头如盖。葆,盖。

⑤茅:孙希旦说:"编缉白茅为之,亦所以指麾也。"

【译文】

诸侯的丧事,葬前要朝于祖庙,将灵柩抬到堂上,放置在两楹柱中间,出葬,牵拉柩车绳索的有五百人,系柩车用四条大绳,所有拉车的人嘴里都要衔枚,司马手执铃铎,柩车左侧八人,右侧八人,匠人手执羽葆指挥调度，牵拉柩车。大夫的丧事，葬前也要朝庙，将灵柩抬到堂上，放置在两楹柱中间，牵拉柩车绳索的有三百人，在灵车左、右各有四个手执铃铎的人，匠人手执白茅草指挥调度，牵拉柩车。

孔子曰："管仲镂簋而朱纮，旅树而反坫，山节而藻棁。贤大夫也，而难为上也。晏平仲祀其先人，豚肩不揜豆。贤大夫也，而难为下也。君子上不僭上，下不偪下。"①

【注释】

①本节内容见《礼器》"是故君子大牢而祭谓之礼"节。"旅树而反坫"见于《郊特牲》"诸侯之宫县"节注⑥⑦。

【译文】

孔子说："管仲，身为卿大夫，却使用刻镂纹饰的簋，帽子系着红色的丝带，在大门内设置门屏，在堂侧建起用以放置空酒杯的土台，住室斗拱上绘着山形图案，梁上的短柱画着水藻花纹。管仲是位贤大夫，但他的僭越令他的君上感到很为难。晏平仲，祭祀祖先时用的猪蹄髈小到连豆也装不满。晏平仲是位贤大夫，但他的俭省令他的下属感到很为难。君子的行为要与身份相称，对上级不能僭越，对下属也不能让人感到窘迫。"

妇人非三年之丧，不逾封而吊①；如三年之丧，则君夫人归。夫人，其归也以诸侯之吊礼，其待之也若待诸侯然。夫人至，入自闱门②，升自侧阶，君在阼。其他如奔丧礼然③。

【注释】

①封：国境，分界。

②闱(wéi)门:宫旁小门。夫人从闱门入,表示不以宾客自居,所以后文主国国君在阼阶上,没有降阶而迎。

③其他:郑注:"谓哭、踊、髽、麻。"

【译文】

不是父母去世,妇人就不能越境到他国为死者吊丧;如果是父母去世,就是国君夫人也要回国奔丧。国君夫人回国吊丧,与诸侯吊丧的礼制一样,接待国君夫人,要像接待诸侯一样。夫人来到主国,从旁侧的小门进入殡宫,从侧阶登堂,主国国君站在阼阶上等候,并不下阶相迎。其他丧事礼仪都和奔丧礼一样。

嫂不抚叔[①],叔不抚嫂。

【注释】

①抚:抚尸,是向死者表示告别的礼仪。

【译文】

嫂子不可以抚尸小叔子,小叔子也不能抚尸嫂子。

君子有三患:未之闻,患弗得闻也。既闻之,患弗得学也。既学之,患弗能行也。君子有五耻:居其位,无其言,君子耻之。有其言,无其行,君子耻之。既得之而又失之,君子耻之。地有余而民不足,君子耻之。众寡均而倍焉[①],君子耻之。

【注释】

①众寡均而倍焉:孔疏:"言役用民众,彼之与己民众寡均等,而他人功绩倍多于己。"

【译文】

君子有三件忧虑事：没有听过的知识，忧虑不能够听到。已经听到的知识，忧虑学不到手。学到手的东西，忧虑不能践行。君子以五件事为耻辱：身居其位，不能有所建言，君子以此为耻辱。有所建言，但不能付诸实行，君子以此为耻辱。实行有成效却又遭失败，君子以此为耻辱。土地多而有富余，民众却穷困不足，君子以此为耻辱。国民人数力量与别国均等，但他国的绩效比自己高出一倍，君子以此为耻辱。

孔子曰："凶年则乘驽马①，祀以下牲②。"

【注释】

①驽马：据郑注，马按能力高下分为六等，驽马是第六等，即最下等的马。

②下牲：比平常祭祀使用的牺牲的规格降一等。平常用太牢，凶年就用少牢，平常用少牢，凶年就用特牲。

【译文】

孔子说："灾荒之年，乘车要用驽马，祭祀用牲规格要降低一等。"

恤由之丧①，哀公使孺悲之孔子学士丧礼，《士丧礼》于是乎书。

【注释】

①恤由：与下文的"孺悲"皆为鲁人。

【译文】

恤由去世办丧事，鲁哀公派孺悲到孔子那里去学习士丧礼的礼仪，于是《士丧礼》被记录成书。

子贡观于蜡[①]，孔子曰："赐也，乐乎？"对曰："一国之人皆若狂[②]，赐未知其乐也。"子曰："百日之蜡[③]，一日之泽，非尔所知也。张而不弛，文武弗能也。弛而不张，文武弗为也。一张一弛，文武之道也。"

【注释】

①蜡(zhà)：每年年末举行的合祭百神的祭祀。见《郊特牲》"天子大蜡八"节注①。

②一国之人皆若狂：蜡祭时百姓皆喝酒狂欢，无不醉者。

③百日之蜡：郑注："言民皆勤稼穑，有百日之劳，喻久也。"

【译文】

子贡观看蜡祭，孔子问他："赐，你看到人们的欢乐了吗？"子贡答说："全国的人都好像疯了一样，我不知道有什么可欢乐的。"孔子说："人们辛辛苦苦劳作一年，才在蜡祭这一天享受赐下的恩泽，这种欢乐不是你所能理解的。只让人们紧张劳作而不让人们松弛休息，周文王、周武王也不能做到。只让人们松弛休息而不让人们紧张劳作，周文王、周武王也不会这么做。有紧张劳作的时候，也有松弛休息的时候，这才是文王、武王治理天下的方法。"

孟献子曰："正月日至[①]，可以有事于上帝；七月日至[②]，可以有事于祖。"七月而禘[③]，献子为之也。

【注释】

①正月日至：指冬至。正月，是周历正月，即夏历十一月。

②七月日至：指夏至。七月，是周历七月，即夏历五月。

③禘(dì)：天子每五年在宗庙中举行祭祀祖先的大祭。

【译文】

孟献子说："正月冬至，可以祭祀上帝；七月夏至，可以祭祀祖先。"在七月举行禘祭，是从孟献子开始的。

夫人之不命于天子，自鲁昭公始也①。

【注释】

①"夫人"二句：按周代礼制，娶妻不娶同姓。鲁国和吴国皆为姬姓之国，但鲁昭公却娶吴女孟子为妻。鲁昭公未敢向天子报告，天子也就未赐封夫人之号。郑注："自此后取者遂不告于天子，天子亦不命之。"孙希旦说："夫人本无受命之法也。"

【译文】

国君的夫人不接受天子的赐命，是从鲁昭公开始的。

外宗为君、夫人①，犹内宗也②。

【注释】

①外宗：指国君的姑姑、姊妹之女，舅之女等。

②内宗：未出五服的国君同姓之女。

【译文】

国君的姑姑、姊妹之女以及舅之女等为国君、夫人服丧，其礼制规格和国君同姓之女是一样的。

厩焚，孔子拜乡人为火来者。拜之，士壹，大夫再。亦相吊之道也。

【译文】

马厩失火,孔子向前来慰问火灾的乡人拜谢。拜谢的时候,对士拜一次,对大夫拜两次。这也是相互吊问的礼节。

孔子曰:“管仲遇盗,取二人焉,上以为公臣,曰:‘其所与游,辟也①。可人也!’管仲死,桓公使为之服。宦于大夫者之为之服也,自管仲始也,有君命焉尔也。”

【注释】

①辟(pì):邪恶不正。

【译文】

孔子说:“管仲遭遇过盗贼,后来从中挑选出二人,推荐给齐桓公为臣,说:‘这两个人是由于交游了邪恶不正之人,才变成盗贼。其实他们是可以任用的人!’管仲去世,齐桓公让这两个人为管仲服丧。曾为大夫之臣而后受到大夫的推荐成为国君之臣,要为大夫服丧的成例,是从管仲开始的,这是因为有国君的命令才这样做的。”

过而举君之讳①,则起。与君之讳同则称字②。

【注释】

①过:孔疏:“谓过误也。”

②与君之讳同则称字:郑注:“谓诸臣之名也。”

【译文】

如果误称了国君的名讳,要立即从坐席上起立,表示不安和自责。如果臣子之名有与国君的名讳相同的,就要称呼他的字。

内乱不与焉，外患弗辟也[1]。

【注释】

①“内乱”二句：内乱，国内的叛乱。外患，他国的讨伐围攻。郑注：“同僚将为乱，己力不能讨，不与而已。至于邻国为寇，则当死之也。”

【译文】

国内发生叛乱，无力阻止也不要参与；外国侵犯本国，必须抵抗而不能躲避。

《赞大行》曰[1]：“圭，公九寸，侯、伯七寸，子、男五寸。博三寸，厚半寸，剡上[2]，左右各寸半，玉也。藻[3]，三采六等[4]。”

【注释】

①《赞大行》：《周礼》有《大行人》篇，《赞大行》即为解释《大行人》之礼的书名。赞，明。

②剡（yǎn）：削。

③藻：郑注：“荐玉者也。”即放置圭的衬垫。用与圭大小相同的一块木板，再用皮革包裹，绘以彩色图案。

④三采六等：圭垫上画的纹饰。三采，朱、白、苍三色。六等，即六圈。三种颜色绕着圭垫各画两圈，总共六圈。

【译文】

《赞大行》说：“圭，公的长九寸，侯、伯的长七寸，子、男的长五寸。宽都是三寸，厚都是半寸，上端尖形，左右各削去一寸半，圭是用玉制成的。承圭的衬垫藻，用朱、白、苍三色绕着画六圈。”

哀公问子羔曰[①]："子之食奚当[②]？"对曰："文公之下执事也[③]。"

【注释】

①子羔：即季子皋（gāo），孔子弟子高柴。

②子之食奚当：郑注："问其先人始仕食禄，以何君时。"

③下执事：《训纂》说，"谓士也"。

【译文】

鲁哀公问子羔说："你的先人开始做官食禄是何时？"子羔答："是从卫文公时开始任小吏的。"

成庙则衅之[①]，其礼：祝、宗人、宰夫、雍人皆爵弁、纯衣[②]。雍人拭羊[③]，宗人视之，宰夫北面于碑南[④]，东上。雍人举羊升屋，自中，中屋南面刲羊[⑤]，血流于前，乃降。门、夹室皆用鸡[⑥]，先门而后夹室，其衈皆于屋下[⑦]。割鸡：门当门，夹室中室。有司皆乡室而立[⑧]，门则有司当门，北面。既事，宗人告事毕，乃皆退，反命于君曰："衅某庙事毕。"反命于寝，君南乡于门内[⑨]，朝服。既反命，乃退。路寝成，则考之而不衅[⑩]。衅屋者，交神明之道也。凡宗庙之器，其名者成[⑪]，则衅之以豭豚[⑫]。

【注释】

①衅（xìn）：祭名。郑注："庙新成必衅之，尊而神之也。"即于宗庙落成或宗庙器物制成时，杀牲取血加以祭祀，或以牲血涂宗器，使宗庙或宗庙器物神圣化。

②祝：掌祭告的神职人员。宗人：掌管礼仪及宗庙事务之官。宰夫：太宰的属官。雍人：掌宰杀牺牲的官员。爵弁：赤而微黑的皮帽。纯（zī）衣：丝制的玄衣纁裳。

③拭：擦拭干净。

④碑：庙内庭中的石碑，树立在庭东、西之中，将庭三分用来观测日影。

⑤刲（kuī）：割。

⑥门：庙门。夹室：见《内则》"大夫七十而有阁"节注②。

⑦衈（èr）：郑注："谓将刲割牲以衅，先灭耳旁毛荐之。"即宰牲前取牲耳之毛祭祀门与夹室。

⑧有司：指祝、宗人、宰夫。

⑨门内：路寝门内。

⑩"路寝成"二句：因为路寝是生人所居，所以只举行落成典礼而不血祭。考之，设盛宴招待宾客，以酒食庆贺其落成。

⑪名：大。

⑫豭（jiā）豚：小公猪。

【译文】

新庙建成要举行衅祭，衅祭的礼仪是：祝、宗人、宰夫、雍人都头戴爵弁，身穿丝质的玄衣纁裳。雍人将羊擦拭干净，宗人负责检视，然后宰夫面向北站在碑的南侧，居于祝、宗人、雍人以东的尊位。雍人举起羊登梯上房，从前檐正中登上屋顶，在屋顶的中间面朝南宰割活羊，让羊血流到前檐，然后宰夫从屋顶下来。庙门和夹室，衅祭都用鸡，衅前要衈祭，即拔取鸡耳旁之毛以祭，先衈庙门，后衈夹室，杀牲取血时都在庑下室下进行。杀鸡的礼节是：如果是祭门，就对着门杀鸡；如果是祭夹室，就在夹室内杀鸡。祭夹室时，祝、宗人、宰夫都面向夹室而立；祭庙门时，祝、宗人、宰夫都对着门，面朝北。祭祀完毕，宗人就告诉宰夫说祭事结束了，于是全部退出，向国君报告说："某庙的衅祭已完毕。"在国君的路寝报告，国君面朝南，站在路寝门内，身穿朝服。向国君报告后就可以退下。如果是国君的路寝落成，那就设宴举行落成典礼，不举行衅祭。衅祭屋宇，是与神明交接联系的方式。凡是宗庙所用的器物大些的，制成后，都要用一只小公猪行衅祭。

诸侯出夫人①，夫人比至于其国，以夫人之礼行②。至，以夫人入。使者将命曰："寡君不敏，不能从而事社稷、宗庙，使使臣某敢告于执事。"主人对曰："寡君固前辞'不教'矣③，寡君敢不敬须以俟命。"有司官陈器皿④，主人有司亦官受之。

【注释】

①出：因犯有"七出"("七去")之罪而被休掉的妻。七出，见《丧服小记》"为父后者"节注①。

②以夫人之礼行：郑注："行道以夫人之礼者，弃妻致命其家乃义绝，不用此为始。"

③前辞"不教"：指男方向女方纳采求婚时，女方父亲说："某之子蠢愚，又弗能教。"

④官：按照礼典规定陈列和接受。

【译文】

诸侯休出夫人，派使者将她送回本国，回国的路上仍以夫人之礼相待。到达本国，以夫人的身份入境。使者传达国君的命令说："敝国国君不才，不能和夫人一道事奉社稷、祭祀宗庙，特派使臣某将此事报告给您的执事。"傧者传达主国国君的回答："敝国国君早就说过女儿没有教育好，敝国国君怎敢不恭敬地听从命令。"随使者前来的相关官员就按礼典规定把夫人的陪嫁器物陈列出来奉还，主国的相关官员也按规定接收。

妻出，夫使人致之，曰：“某不敏①，不能从而共粢盛②，使某也敢告于侍者③。”主人对曰：“某之子不肖，不敢辟诛④，敢不敬须以俟命。”使者退，主人拜送之。如舅在则称舅⑤，舅没则称兄，无兄则称夫。主人之辞曰：“某之子不肖。”如姑、姊妹，亦皆称之。

【注释】

①某：指夫名。

②粢盛(zī chéng)：供祭祀用的黍稷。

③某：使者名。

④辟(bì)诛：逃避责罚。辟，逃避，躲避。诛，责罚，惩罚。

⑤舅：夫之父，对妻而言就是公公。

【译文】

妻被休出，丈夫派人把妻送回娘家，使者致辞说：“某不才，不能让她一起去供奉祭祖的黍稷，派某来禀告您的侍者。”主人回答说：“某的孩子不好，不敢逃避责罚，怎敢不恭敬从命。”使者退出，主人拜送。使者传话时，如果妻的公公尚健在，就称奉公公之命致辞；如果妻的公公已去世，就称奉丈夫兄长之命致辞；如果没有兄长，就称奉丈夫之命致辞。主人的答辞说：“是某的孩子不好。”如果被休出的是主人的姑姑或姊妹，答辞的称呼就作相应的改变。

孔子曰：“吾食于少施氏而饱①，少施氏食我以礼。吾祭，作而辞曰：‘疏食不足祭也。’吾飧②，作而辞曰：‘疏食也，不敢以伤吾子。’”

【注释】

①少施氏：鲁惠公的儿子施父的后代。

②飧（sūn）：吃饱以后又多吃几口，称赞主人所设食物之美。

【译文】

孔子说："我在少施氏家中吃饭吃饱了，少施氏请我吃饭，按照礼仪招待我。我食前行祭时，他起身辞谢说：'粗疏的食物，不足以祭。'吃完后，我赞美主人的饭菜可口时，他又起身辞谢说：'粗疏的饭食，不敢让它伤了您。'"

纳币一束[①]，束五两[②]，两五寻[③]。

【注释】

①纳币：古代婚制的"六礼"之一，又叫"纳征"。见《曾子问》"曾子问曰：昏礼既纳币"节注①。一束：币帛二丈为一端，将二端叠合为一，头对卷为一两。一两就是一匹，将五两扎捆一起为一束，即十端，为二十丈。

②五两：郑注："十个为束，贵成数，两两者合其卷，是为五两。"指帛卷相合，十卷帛合为五两。

③寻：一寻为八尺。

【译文】

订婚纳征礼赠币帛一束，一束十束，合为五两，每两五寻，长四丈。

妇见舅姑，兄弟、姑、姊妹，皆立于堂下，西面，北上，是见已。见诸父各就其寝。

【译文】

新婚第二天清早新妇去拜见公婆，丈夫的兄弟、姑姑、姊妹都要站在堂下，面朝西，以北方为尊位，新妇从南门进来，经过他们，就算见过丈夫的亲属。拜见丈夫的伯父、叔父，就要到他们的住处去拜见。

女虽未许嫁，年二十而笄①，礼之妇人执其礼。燕则鬈首②。

【注释】

①年二十而笄：郑注："虽未许嫁，年二十亦为成人矣。"笄礼是女子的成人礼，一般年十五许嫁而笄，如未许嫁，则年二十行笄礼，以成人对待。

②鬈(quán)首：中分头发梳两个髻，这是未许嫁的发型。

【译文】

女子即使未许嫁，到了二十岁时也要行笄礼，行笄礼时由妇人主持。行过笄礼之后，平时还是梳两个发髻的发型。

韠长三尺①，下广二尺，上广一尺，会去上五寸②，纰以爵韦六寸③，不至下五寸。纯以素④。紃以五采⑤。

【注释】

①韠(bì)：古代系于裳外的蔽膝。见《玉藻》"韠"节注①。

②会(kuài)：郑注："谓领上缝也。"是距韠的上缘五寸处的一道上、下广五寸的"缝"。

③纰(pí)：蔽膝的两旁镶边。爵(què)韦：赤而微黑色。爵，通"雀"。

④纯(zhǔn)：蔽膝的下部镶边。

⑤纠(xún):细丝带。缝在上、下两侧的镶边接缝中,起装饰作用。

【译文】

蔽膝长三尺,下端宽二尺,上端宽一尺,“会”是蔽膝的领缝,距上端五寸,“纰”是蔽膝两边用赤而微黑的皮子做的镶边,每边六寸,到下端五寸长时就不镶边。“纯”是蔽膝的下边的白绫镶边。蔽膝的所有镶边的接缝处都嵌有五彩的丝带。

丧大记第二十二

【题解】

郑玄说："名曰'丧大记'者，以其记人君以下始死、小敛、大敛、殡葬之事。"孔疏："《丧大记》者，刘元云：'《记》谓之大者，言其委曲，详备，繁多，故云大。'"

本篇所记，涵盖了诸侯、大夫和士从病危、始死迁尸到招魂、洗浴、小殓、大殓再到下棺等一系列礼节，同时包括亲人居丧时的饮食、丧服、处所以及吊问等礼仪。

疾病，外内皆扫。君、大夫彻县[①]，士去琴瑟。寝东首于北牖下[②]。废床[③]，彻亵衣[④]，加新衣，体一人[⑤]。男女改服[⑥]。属纩以俟绝气[⑦]。男子不死于妇人之手，妇人不死于男子之手。君、夫人卒于路寝[⑧]，大夫、世妇卒于适寝[⑨]，内子未命则死于下室[⑩]，迁尸于寝[⑪]，士、士之妻皆死于寝[⑫]。

【注释】

①县(xuán)：同"悬"。指乐悬，悬挂钟、磬等乐器。

②北牖(yǒu)下：郑注："或为'北墉下。"孙希旦说："室北无牖，作

‘墉’为是。”墉，墙。

③废床：郑注：“人始生在地，去床，庶其生气反。”去掉病危者的床，是希望得到大地的生气。废，去。

④亵衣：与“新衣”对言，指已穿脏、穿旧之衣。

⑤体一人：郑注：“体，手足也，四人持之，为其不能自屈伸也。”即病人的四肢各由一人扶持。

⑥男女改服：男女都更换衣服。郑注，这是因为有宾客要来探问病人。

⑦属（zhǔ）纩（kuàng）：郑注：“纩，今之新绵，易摇动，置口鼻之上以为候。”属，放置。纩，新丝绵絮。

⑧路寝：正寝。正寝既是处理政事的地方，也是生病时的住所。诸侯的正寝叫“路寝”，大夫的正寝叫“適寝”，士的正寝叫“適室”。

⑨世妇：大夫的正妻。適（dí）：同“嫡”。

⑩内子：卿之妻。下室：郑注：“其燕处也。”即夫人之卧室。

⑪迁尸于寝：孔疏：“若未为夫人所命，则初死在下室，至小敛后迁尸，乃复还其正寝也。”夫人初死时在自己的卧室，然后再迁尸至正寝。

⑫士、士之妻：“士之妻”前的“士”字，是根据阮元所校，依唐石经本补上的。

【译文】

病人病危将死时，要把寝室内外都打扫干净。病人如果是国君、大夫，就要撤去钟、磬等悬挂的乐器；如果是士，就要撤去琴、瑟等乐器。病人头朝东，躺在寝室的北墙下。去掉床，脱下病人的旧衣脏衣，换上新衣，更衣过程中病人的四肢各由一人扶持协助。家中男女亲属都要改换衣服。在病人的口鼻上放一绺新的丝绵絮检测病人的呼吸，以等候病人断气。男人不能死在妇人的手里，妇人也不能死在男人的手里。国君及夫人要死在正寝，大夫及正妻也要死在正寝，卿的妻如果未得到诸侯的赐命而去世，那就要死在她的卧室，然后再迁尸于正寝。士和士的妻都要死在正寝。

复，有林麓则虞人设阶[①]，无林麓则狄人设阶[②]。小臣复[③]，复者朝服。君以卷，夫人以屈狄；大夫以玄赪，世妇以襢衣；士以爵弁，士妻以税衣[④]。皆升自东荣[⑤]，中屋履危[⑥]，北面三号[⑦]，卷衣投于前，司服受之[⑧]，降自西北荣。其为宾，则公馆复，私馆不复。其在野，则升其乘车之左毂而复[⑨]。复衣不以衣尸，不以敛。妇人复，不以袡[⑩]。凡复，男子称名，妇人称字。唯哭先复，复而后行死事。

【注释】

①虞人：郑注："主林麓之官也。"即掌管山林川泽的官吏。阶：木梯。

②狄人：郑注："乐吏之贱者。"即低级乐官。

③小臣：近臣。

④"君以卷(gǔn)"六句：郑注："君以卷，谓上公也。夫人以屈狄，互言耳。上公以衮，则夫人用袆衣；而侯、伯以鷩，其夫人用揄(yáo)狄；子、男以毳，其夫人乃用屈狄矣。"即五等诸侯及夫人用于招魂的衣服是不同的。玄赪(chēng)，玄衣赤裳。赪，赤色。有关其他礼服的注解，详见《礼器》"礼有以文为贵者"节及《玉藻》"王后袆衣"节。

⑤荣：屋檐两端向上翘起的角，又叫"屋翼"。

⑥危：屋脊。

⑦三号(háo)：三次大声呼号死者的名。

⑧司服：掌管天子、诸侯衣服的官。郑注："司服以箧待衣于堂前。"

⑨“其为宾”五句：可参见《杂记上》“诸侯行而死于馆”节。

⑩袡(rán)：这里指女子出嫁时所穿的下缘镶有纁边的黑色丝衣。

【译文】

为国君招魂，如果境内有山林就由虞人设置登屋的梯子，如果没有山林就由狄人设置登屋的梯子。小臣负责招魂，招魂者要身穿朝服。为国君招魂要用衮服，为国君夫人招魂要用屈狄；为大夫招魂要用玄衣赤裳，为大夫之妻世妇招魂要用襢衣；为士招魂要用爵弁服，为士之妻招魂要用税衣。招魂者都是从房檐东边登梯升屋，走到屋脊的正中间，面朝北，挥动死者的衣服，呼号三声死者的名字，然后把招魂的衣服卷起来从前檐投下，司服在堂前承接装入衣箱，然后招魂者从房檐西北边下屋。如果死者是出国时作为宾而去世的，就在公馆为他招魂，如果是死在卿大夫的私宅中，就不招魂。如果是死在野外道路上，招魂时就登上死者所乘之车的左轮的轮毂上进行招魂。招魂用过的衣服，就不能再穿到死者身上，也不能用做殓衣。为妇人招魂，不用其嫁时所穿的下缘镶有纁边的黑丝袡衣。凡是招魂，死者是男子就呼喊其名，是妇人就呼喊其字。只有哭泣是在招魂之前，招魂以后再进行其他丧事。

始卒，主人啼[①]，兄弟哭，妇人哭踊。既正尸[②]，子坐于东方；卿、大夫、父、兄、子姓立于东方[③]，有司、庶士哭于堂下，北面；夫人坐于西方，内命妇、姑、姊妹、子姓立于西方[④]；外命妇率外宗哭于堂上[⑤]，北面。

【注释】

①主人：丧主，即死者的儿子及其子女。孔疏：“孝子、男子、女子也。”

②正尸：始死时尸在北墙下(参见本篇首节注②)，将尸迁至南墙窗

下，头朝南。

③子姓：指男性子孙。

④内命妇：诸侯的世妇，其地位低于正妻但高于诸妾。子姓：指女性子孙。

⑤外命妇：卿大夫之妻。外宗：见《杂记下》“外宗为君”节注①。

【译文】

国君刚去世，丧主及其子女们一起啼哭，兄弟们放声痛哭，妇女们边哭边跳脚。把尸体迁至南墙窗下，头朝南放正后，孝子即嫡长子坐在尸的东边；卿、大夫、父辈、兄弟、男性子孙也站在尸的东边，孝子的身后，官员和众士站在堂下，面朝北而哭；夫人坐在尸的西边，诸侯的世妇、国君的姑姑、姊妹、女性子孙也站在尸的西边，夫人的身后；卿大夫之妻和国君姑姑、姊妹的女儿面朝北在堂上哭泣。

大夫之丧，主人坐于东方，主妇坐于西方。其有命夫、命妇则坐[①]，无则皆立。士之丧，主人、父、兄、子姓皆坐于东方，主妇、姑、姊妹、子姓皆坐于西方。凡哭尸于室者，主人二手承衾而哭[②]。

【注释】

①命夫、命妇：郑注：“同宗的父、兄、子姓，姑、姊妹、子姓也。”指上述亲属中的有爵者。

②衾：覆盖尸的被子。

【译文】

大夫去世，丧主嫡长子坐在尸的东边，主妇坐在尸的西边。亲属中有爵的命夫、命妇就坐下，没有的话都站着。士去世，丧主嫡长子、父辈、兄辈、男性子孙都坐在尸的东边，主妇、姑姑、姊妹、女性子孙都坐在尸的西边。凡是在室内哭尸时，丧主要双手抓着覆盖尸的被子而哭。

君之丧未小敛，为寄公、国宾出[①]；大夫之丧未小敛，为君命出；士之丧于大夫，不当敛则出。凡主人之出也，徒跣[②]，扱衽[③]，拊心[④]，降自西阶。君拜寄公、国宾于位[⑤]；大夫于君命，迎于寝门外，使者升堂致命，主人拜于下；士于大夫亲吊，则与之哭，不逆于门外[⑥]。夫人为寄公夫人出，命妇为夫人之命出，士妻不当敛则为命妇出。

【注释】

①寄公：指寄居在本国的他国诸侯。国宾：其他诸侯国来访的卿大夫。

②徒跣(xiǎn)：光着脚。

③扱衽(chā rèn)：上衣前襟插入腰带中。

④拊(fǔ)：抚，抚摸。

⑤君拜寄公、国宾于位：郑注："于庭，乡(向)其位而拜之。"此时寄公在门西，国宾在门东，皆面朝北，国君在庭中向着寄公、国宾的位置遥拜。

⑥逆：迎。

【译文】

国君去世还未小殓，如果寄居在本国的他国诸侯或诸侯国来访的卿大夫前来吊唁，世子要出迎；大夫去世还未小殓，此时国君派人前来吊唁，嫡长子要出迎；士去世，如果大夫前来吊唁，此时只要不是正在进行小殓，嫡长子就要出迎。凡是丧主出迎的时候，都要光着脚，上衣的前襟扎在腰带中，手抚着心口，从西阶下堂行至庭中。世子朝着寄公、国宾的位置遥拜致谢；大夫的嗣子对于国君派来吊唁的使者，要到寝门之外迎接，使者升堂致告国君之命，丧主在堂下拜谢；士的嗣子，对于亲自前来吊唁的大夫，则与大夫一起面朝东而哭，不须到门外迎接。国君的丧事，未小殓时，寄居在本国的他国诸侯的夫人前来吊唁，国君夫人要出迎；大夫的丧事，未小殓时，国君夫人派使者前来吊唁，大夫的妻要出迎拜于堂上；士的丧事，大夫之妻前来吊唁，士之妻只要不是正在进行小殓就要出迎拜于堂上。

小敛，主人即位于户内，主妇东面，乃敛。卒敛，主人冯之踊[①]，主妇亦如之。主人袒，说髦[②]，括发以麻[③]，妇人髽[④]，带麻于房中[⑤]。彻帷[⑥]，男女奉尸夷于堂[⑦]，降拜。君拜寄公、国宾，大夫、士拜卿大夫于位，于士旁三拜。夫人亦拜寄公夫人于堂上，大夫内子、士妻特拜命妇、氾拜众宾于堂上[⑧]。主人即位，袭、带、绖、踊。母之丧，即位而免，乃奠。吊者袭裘[⑨]，加武、带、绖[⑩]，与主人拾踊[⑪]。

【注释】

①冯：同“凭”，凭尸。

②说：通“脱”。髦(máo)：一种发饰。

③括发：去掉束发的布帛，即缅(xǐ)和笄，仅用麻绳束发髻。

④髽(zhuā)：露出发髻。

⑤房：指西房。古代的房在室的两旁。天子、诸侯有东、西房。

⑥彻帷：撤下堂上的帷幕。参见《檀弓上》“曾子曰：尸未设饰”节。

⑦夷：陈放。

⑧大夫内子：大夫的嫡妻。特拜：逐一而拜，与下文“氾拜”相对。氾拜：又叫“旅拜”。不管人数多少，只行拜一次。氾，同“泛”。众宾：指士之妻。

⑨袭裘：见《檀弓上》“曾子袭裘而吊”节注①。

⑩加武、带、绖：郑注：“始死，吊者朝服裼裘，如吉时也。小敛则改袭而加武与带绖矣。武，吉冠之卷也。”“武”即冠圈。有关冠的形制，参见《王制》“有虞氏皇而祭”节。此指小殓后吊者在朝服上加袭衣，并冠有冠圈，并加腰带和首绖。

⑪拾(jié)：轮流，交替。

【译文】

小殓时，丧主在门内稍东即位，面朝西，主妇在门内稍西即位，面朝东，然后进行小殓。小殓完毕，丧主凭尸哭踊，主妇也是如此。然后，主人袒露左臂，摘去头上戴的头饰髦，用麻束住头发，妇人到西房中露出发髻，用麻束发，腰系麻绖。撤去堂上的帷幕，男女亲属将尸体从室内陈放到堂上的两楹之间，丧主下堂拜谢宾客。国君的小殓后，丧主拜谢前来吊丧的寄居在本国的他国诸侯和诸侯国来访问的卿大夫；大夫、士小殓后，丧主对前来吊丧的卿大夫各近其位逐一拜谢，对前来吊丧的众多的士，就朝着每个方向拜三拜。国君的夫人，也在堂上拜谢前来吊丧的寄居在本国的他国诸侯夫人。大夫的正妻、士的正妻，在堂上逐一拜谢前来吊丧的命妇，而对前来吊丧的众多的士妻只能一次地统行拜礼。拜谢宾客后，主人在阼阶下就位，左臂伸进袖内，腰系麻带，头缠麻绳，哭泣跳脚。如果是母亲的丧事，拜宾之后在阼阶下就位时，就不用麻绳束发，而用白布条缠头即可，然后设小殓的奠品。吊丧的宾客都要掩好皮裘前衣襟，在冠圈上加上麻绖，并加腰绖，与丧主交替哭泣跳脚。

君丧，虞人出木、角①，狄人出壶②，雍人出鼎③，司马县之④，乃官代哭⑤。大夫官代哭，不县壶。士代哭不以官。

【注释】

①木：木柴。角：舀水的勺。

②壶：漏壶。带有刻度的漏水之器，通过滴漏用以计时。

③鼎：用以烧水。冬季水易结冰，所以要把水烧热后再加入漏壶中。虞人提供的木就是供烧火用的，角则是供舀水用的。

④县：同“悬”。

⑤代：轮流。未殡以前，丧家当哭不绝声，为防止孝子哀哭过度而生病，故有代哭之礼，即由他人代为哭泣。殡后，则无代哭之礼。

【译文】

国君的丧事，虞人提供烧火的木柴、舀水的勺子，狄人提供计时用的漏壶，雍人提供烧热水的鼎，司马负责悬挂起漏壶，然后官员轮流哭泣。大夫的丧事，只安排官员轮流哭泣，不设置漏壶计时。士的丧事，由亲属轮流哭泣而不用官员。

君堂上二烛[①]，下二烛。大夫堂上一烛，下二烛。士堂上一烛，下一烛。宾出，彻帷[②]。

【注释】

①烛：火炬，火把。

②宾出，彻帷：郑玄说这是国君与大夫之礼。士是小殓毕即撤帷。

【译文】

国君的丧事，殡宫的堂上点两支火把，堂下也点两支火把。大夫的丧事，堂上点一支火把，堂下点两支火把。士的丧事，堂上点一支火把，堂下也点一支火把。国君与大夫之丧礼，小殓后主人下堂拜谢宾客，宾客走后，撤除堂上的帷幕。

哭尸于堂上，主人在东方，由外来者在西方[①]，诸妇南乡。妇人迎客、送客不下堂，下堂不哭[②]。男子出寝门外见人,不哭。

【注释】

①由外来者:指奔丧者。奔丧者哭死者,丧主仍在东方,而主妇本来在西方,这时则要移向北方。

②下堂:哭丧时,妇人一般不下堂,但如果是国君夫人前来吊丧,就要下堂稽颡行礼。

【译文】

堂上哭死者,丧主在尸的东边,面朝西,有奔丧者,就站在尸的西边,妇人本在尸的西边,面朝东,现在就要站在北边,面朝南。妇人迎客、送客都不下堂,如果下堂迎送,就磕头触地但不哭。男子出寝门迎宾,也不哭。

其无女主,则男主拜女宾于寝门内;其无男主,则女主拜男宾于阼阶下。子幼,则以衰抱之,人为之拜。为后者不在,则有爵者辞,无爵者人为之拜。在竟内则俟之,在竟外则殡、葬可也。丧有无后,无无主。

【译文】

丧家如果没有主妇,就由丧主在寝门内向前来吊丧的女宾拜谢;如果没有丧主,就由主妇在阼阶下向前来吊丧的男宾拜谢。如果丧主嫡子尚年幼,就用丧服裹着由别人抱着他,别人替他拜谢吊丧的宾客。如果丧主不在家,有爵位的人前来吊丧,就要说明缘故,无爵位的人前来吊丧,就由别人代为拜谢。如果丧主在国境内,就要等他回来主持丧事,如果丧主在国外,就由别人主持殡、葬。总之,丧家或许有没有后人的情况,但是没有无主丧者的情况。

君之丧，三日，子、夫人杖；五日既殡，授大夫、世妇杖。子、大夫寝门之外杖[①]，寝门之内辑之[②]；夫人、世妇在其次则杖，即位则使人执之。子有王命则去杖，国君之命则辑杖，听卜、有事于尸则去杖[③]。大夫于君所则辑杖[④]，于大夫所则杖。

【注释】

①寝门：殡宫门。

②辑：郑注："敛也。敛者，谓举之不以拄地也。"

③有事于尸：指虞祭、卒哭祭、祔祭等祭祀。在这些祭祀中要侍奉象征死者的尸。

④大夫于君所则辑杖：孔疏："若大夫与世子俱来在门外位，大夫则辑杖，敬嗣君也。"君，指去世国君的嫡长子，即世子。

【译文】

国君的丧事，死后第三天，世子和夫人就要拄丧杖；死后五日入殡后，世子给大夫、世妇授丧杖。众子、大夫在殡宫门外执丧杖拄地，进入殡宫门内就提起丧杖不让它着地；夫人、世妇在居丧的丧次拄着丧杖，在哭丧位子上哭时就把丧杖交给别人拿着。世子在接受天子的使者致告王命时不要拿丧杖，接受诸侯的使者致告君命时要提起丧杖不拄地，在占卜墓地、下葬日，虞祭、卒哭祭等祭祀中，也不要拿着丧杖。大夫与嗣君在一起时要提起丧杖不拄地，与诸大夫在一起时就拄杖着地。

大夫之丧，三日之朝既殡，主人、主妇、室老皆杖[①]。大夫有君命则去杖，大夫之命则辑杖。内子为夫人之命去杖，为世妇之命授人杖。

【注释】

①室老:大夫的家臣。

【译文】

大夫的丧事,死后第三天的早晨入棺停殡,丧主、主妇、室老都开始拄丧杖。丧主接受国君的使者致告君命时不要拿着丧杖,在接受大夫的使者致告哀辞时要提起丧杖不拄地。卿大夫之妻在接受国君夫人的使者致告哀辞时不要拿着丧杖,接受世妇的使者致告哀辞时要把丧杖交给别人拿着。

士之丧,二日而殡,三日之朝,主人杖,妇人皆杖。于君命、夫人之命如大夫。于大夫、世妇之命如大夫。

【译文】

士的丧事,死后第二天就入棺停殡,第三天的早晨,主人开始拄丧杖,妇人也都拄丧杖。在接受国君、国君夫人的使者致告君命时,礼仪和大夫一样,不要拿丧杖。接受大夫、国君的世妇的使者致告哀辞时,礼数也和大夫一样,要把丧杖交给别人拿着。

子皆杖①,不以即位。大夫、士哭殡则杖②,哭柩则辑杖③。弃杖者,断而弃之于隐者④。

【注释】

①子:指死者的众庶子。

②哭殡:在殡宫停柩期间的哭泣。

③哭柩:将葬启殡时的哭泣。

④“弃杖者”二句:孔疏:“杖是丧至尊之服,虽大祥弃之,犹恐人亵

慢，断之不堪他用，弃于幽隐之处，使不秽污。”

【译文】

凡是庶子都要拄丧杖，但在就哭丧之位时不要拿着丧杖。大夫和士停柩期间哭泣时丧杖可以拄地，将葬启殡哭泣时就要提起丧杖不能拄地。大祥祭后，要弃掉丧杖，但要把丧杖折断后放置到隐蔽之处，这是为了不受到亵渎污损。

始死，迁尸于床①，幠用敛衾②，去死衣③，小臣楔齿用角柶④，缀足用燕几⑤。君、大夫、士一也。

【注释】

①迁尸于床：指将尸从北墙下迁至南墙窗下的床上，见本篇“始卒，主人啼”节注②。

②幠(hū)：覆盖。敛衾：大殓时所用的被子。

③去死衣：指脱掉病危时所换上的新衣，即上文的“加新衣”。

④小臣：内侍近臣。楔(xiē)齿用角柶(sì)：这是在为死者饭含时，恐死者口闭，而用角柶撑住死者的牙齿。柶，以角为之，长六寸，类似勺子。

⑤缀足：指在为尸穿鞋时，恐其僵冷，所以要将其脚用东西固定。可参见《檀弓上》“掘中霤而浴，毁灶以缀足”节注②。燕几：平时闲居时所用的几案。

【译文】

人刚死，就将尸体从北墙下迁至南墙窗下的床上，用大殓所用的被子覆盖尸体，脱掉病危时所换的新衣，由小臣用角柶撑着死者的牙齿，用燕几固定死者的双脚。这些仪式对国君、大夫、士都是一样的。

管人汲[①]，不说繘[②]，屈之，尽阶不升堂，授御者[③]。御者入浴，小臣四人抗衾[④]。御者二人浴，浴水用盆，沃水用枓[⑤]。浴用絺巾[⑥]，挋用浴衣[⑦]，如他日。小臣爪足[⑧]。浴余水弃于坎[⑨]。其母之丧，则内御者抗衾而浴。

【注释】

①管人：主管馆舍的官员。管，通“馆”。汲：汲水。此节所讲的是为尸洗浴之事。

②说：通“脱”。繘(yù)：井上汲水的绳索。

③御者：侍者。有内、外之别，下文“内御者”即指女性侍者。

④抗：举。因为浴尸时是裸体，故举被遮蔽遗体。

⑤沃：浇。枓(zhǔ)：舀水的木勺子。

⑥絺(chī)：细葛布。

⑦挋(zhèn)：擦拭。

⑧爪足：指剪脚趾甲。

⑨坎：坑。在寝室中间掘坑，将床架在坑上，尸放置在床上沐浴，沐浴后的水就倒入坎中。即《檀弓上》“掘中霤而浴”。

【译文】

馆人从井中打水，不解下系在水桶上的绳子，而是把绳子盘绕着拿在手中，提着水桶登上西阶，但不上堂，把水交给侍者。侍者于是入堂内为死者洗浴身体，洗身时由四个小臣各持一角举起盖尸的被子遮挡尸体。两名侍者为死者擦洗身子，用浴盆盛水，用勺舀水冲淋尸身。擦洗时用细葛巾，擦拭尸身用浴衣，和平日洗澡一样。由小臣修剪尸的脚趾甲。洗浴后的水倒入床下的坑里。如果是母亲去世，那么举起盖尸的被子和擦洗尸身的事就由女性侍者来做。

管人汲，授御者，御者差沐于堂上[①]。君沐粱，大夫沐稷，士沐粱。甸人为垼于西墙下[②]，陶人出重鬲[③]。管人受沐，乃煮之；甸人取所彻庙之西北厞薪[④]，用爨之。管人授御者沐，乃沐。沐用瓦盘，挋用巾，如他日。小臣爪手翦须。濡濯弃于坎[⑤]。

【注释】

①差（cuō）沐：即用淘米水为死者洗头。差，郑注："淅也，淅饭米，取其潘以为沐也。"

②甸人：掌管公田之官。垼（yì）：用土块垒成的炉灶。

③陶人：制作陶器之官。重鬲（chóng lì）：悬挂于木架上的瓦鬲。鬲，口圆似鼎，三足中空。因为瓦鬲悬于重木（见《檀弓下》"丧礼，哀戚之至也"节注⑦）之上，故称"重鬲"。

④彻：撤除，拆除。庙：死者正寝，即殡宫。厞（fěi）：隐蔽之处。

⑤濡（nuán）濯：洗头后剩下的水。《士丧礼》中作"渜"。

【译文】

馆人从井中打水，交给侍者，侍者在堂上用此水淘米，然后用淘米水为死者洗头。国君用淘洗黄粱米的水洗头，大夫用淘洗稷米的水洗头，士也用淘洗黄粱米的水洗头。甸人在庭中的西墙下用土块垒灶，烧水，陶人拿出放置在重木上的瓦鬲。馆人从侍者手里接过淘米水，倒到瓦鬲里，放到灶上煮；甸人从正寝西北角的隐蔽之处拆下一些木料，作为烧水的木柴。水烧好后，馆人将水交给侍者，侍者就用它为死者洗头。洗头水用瓦盆盛放，擦干头发用麻布巾，和平日洗头一样。小臣为死者修剪指甲和胡须。洗头用过的水倒入堂下的坑里。

君设大盘[①]，造冰焉[②]。大夫设夷盘，造冰焉。士并瓦盘[3]，无冰。设床，襢笫[4]，有枕。含一床，袭一床，迁尸于堂又一床，皆有枕席。君、大夫、士一也。[5]

【注释】

①大盘：与下文的“夷盘”，都是盛放冰块的带有漆饰的盘，大盘比夷盘要大。

②造冰：即在盘中盛放冰块。自仲春至秋凉期间，由于天气较热，为了防止尸体腐化，要在尸床下放置冰盘。造，郑注：“犹内（纳）也。”

③士并瓦盘：士地位低下，使用瓦盘，瓦盘小，所以要拼在一起使用。

④襢（tǎn）：同“袒”，露。笫（zǐ）：竹席。袒露竹席，也就是不在席上再铺垫他物，以便寒气上透。

⑤此节原在“始死，迁尸于床”节之前，今据郑注移正。

【译文】

国君去世，在其床下放置大盘，盛放冰块。大夫去世，在其床下放置夷盘，盛放冰块。士去世，在其床下合并着放两只盛水的瓦盘，不放冰。停尸的床，袒露竹席，利于透气，床上有枕。为死者饭含时用一张床，为死者小殓穿衣时另换一张床，把尸体由室内迁移到堂上再换一张床，每张床上都有枕头和席子。这些礼节，国君、大夫、士都是一样的。

君之丧，子、大夫、公子、众士皆三日不食。子、大夫、公子、众士食粥，纳财[1]，朝一溢米[2]，莫一溢米[3]，食之无算[4]。士疏食水饮[5]，食之无算。夫人、世妇、诸妻皆疏食水饮，食之无算。大夫之丧，主人、室老、子姓皆食粥，众士疏食水饮，妻妾疏食水饮。士亦如之。

【注释】

①纳财：郑注："谓食谷也。"

②溢：郑注："二十两曰'溢'。于粟米之法，一溢为米一升二十四分升之一。"

③莫：同"暮"。

④无算：孔疏："言居丧困病，不能顿食，随须则食。"即不定时定量。

⑤疏食：粗食。粗食较粥要好一些。

【译文】

国君去世，世子、大夫、庶子、众士头三天不能吃东西。三天后，世子、大夫、庶子、众士可以喝稀粥，吃些谷米，早上一溢米，晚上一溢米，进食则不定时定量。众士可以吃些粗食、喝水，进食也不定时定量。国君的夫人、世妇、诸妻都吃粗食、喝水，进食也不定时定量。大夫去世，丧主、室老、子孙都只喝稀粥，众士吃粗食、喝水，妻妾也吃粗食、喝水。士去世，其亲属的饮食也是如此。

既葬，主人疏食水饮，不食菜果，妇人亦如之。君、大夫、士一也。练而食菜果，祥而食肉。食粥于盛[①]，不盥，食于篹者盥[②]。食菜以醯、酱。始食肉者先食干肉，始饮酒者先饮醴酒[③]。

【注释】

①盛(chéng)：郑注："谓今时杯杅也。"此处指盛粥的容器。

②篹(suǎn)：类似篮的食器。古人吃饭用手抓，故须洗手。

③醴酒：甜酒。

【译文】

下葬后，丧主可以吃粗食、喝水，但不能吃蔬菜瓜果，妇人也是如此。丧礼的这一规定，国君、大夫、士都是一样的。练祭后可以吃蔬菜瓜果，大祥祭后可以吃肉。用盛粥的器皿喝粥，食时不用洗手，用竹编的食器箸盛饭吃，食时要洗手。吃菜的时候可以用醋、酱调味。开始吃肉时，要先吃干肉；开始饮酒时，要先饮醴酒。

期之丧，三不食，食疏食，水饮，不食菜果。三月既葬，食肉饮酒。期，终丧不食肉，不饮酒。父在，为母为妻。

【译文】

死者刚死时，服齐衰一年之丧者，开头三顿不吃饭，然后吃饭了，只吃粗食、喝水，不吃蔬菜瓜果。三个月后亲人下葬，可以吃肉饮酒。服齐衰一年之丧者，一直到服丧期满，不吃肉，不饮酒。这一礼制，适用于父亲健在为母服丧，丈夫为妻服丧。

九月之丧，食饮犹期之丧也。食肉饮酒，不与人乐之。五月、三月之丧，壹不食，再不食可也。比葬，食肉饮酒，不与人乐之。

【译文】

服九月大功之丧，饮食的规定和齐衰一年之丧相同。死者下葬后可以吃肉饮酒，但不能和他人一起聚众作乐。服五月小功、三月缌麻之丧，开头一顿、或开头两顿不吃就可以了。从死者入棺停殡到出殡入葬，都可以吃肉饮酒，只是不能和他人一起聚众作乐。

叔母、世母、故主、宗子，食肉饮酒。①

【注释】

①此句郑注:“义服恩轻也。”这是说与死者恩情较疏,虽然服重,但也可以饮酒吃肉。

【译文】

为叔母、伯母、往日的君主、宗子服丧,可吃肉,可饮酒。

不能食粥,羹之以菜可也。有疾,食肉饮酒可也。

【译文】

服丧规定应喝粥时,如因故不能喝粥,可以吃菜羹。如果生病,可吃肉可饮酒。

五十不成丧①,七十唯衰麻在身。

【注释】

①成:郑注:“犹备也。”指丧事可从简,不必样样齐备。

【译文】

到了五十岁,服丧的礼仪酌情从简,不必事事严守成规;到了七十岁服丧,只要穿着丧服就可以了。

既葬,若君食之则食之,大夫、父之友食之则食之矣,不辟粱肉①,若有酒醴则辞。

【注释】

①辟(bì):回避。粱:粱米,指精米。

【译文】

亲人下葬后，若是国君赐予食物就可以吃，若是大夫、父亲的朋友赐食，也可以吃，精米和肉也不必回避，但如果馈赠的是酒醴就推辞不饮。

小敛于户内，大敛于阼。君以簟席①，大夫以蒲席，士以苇席。小敛，布绞②，缩者一③，横者三。君锦衾，大夫缟衾，士缁衾，皆一。衣十有九称④。君陈衣于序东⑤，大夫、士陈衣于房中⑥，皆西领，北上，绞、紟不在列⑦。

【注释】

①簟(diàn)席：郑注："细苇席也。三者下皆有莞。"簟席是细竹席，君、大夫、士进行小殓、大殓时，竹席下都垫有莞席。

②布绞(xiáo)：孔疏："舒衾于此绞上，……衣布于衾上，然后举尸于衣上，屈衣裹，又屈衾裹之，然后以绞束之。"绞，捆束小殓衣被的布带。宽一幅，根据需要定长短。布的两端均撕为三条，以便打结。

③缩：纵。

④称(chèn)：套。上衣与下裳各一为一套。

⑤序东：堂上的东墙。序，堂上之墙。

⑥房：东房。

⑦紟(jìn)：单被。

【译文】

小殓在室门内进行，大殓在阼阶上方的堂上进行。小殓、大殓时所用的席子，国君用簟席，大夫用蒲席，士用苇席。小殓时的衣物，先铺好捆束衣被的麻布带，纵向铺一条，横向铺三条。然后再铺被子。国君用丝织锦被，大夫用白色生绢被，士用黑色麻布被，都用一条。小殓用衣服共十九套。小殓前，国君的衣物陈放在堂上东墙之东，大夫、士的衣物都陈放在东房中，陈放时都衣领朝西，以北方为尊位依次排列，束带、单被不在陈列的衣物中。

大敛，布绞，缩者三，横者五，布紟，二衾，君、大夫、士一也。君陈衣于庭，百称，北领，西上。大夫陈衣于序东，五十称，西领，南上。士陈衣于序东，三十称，西领，南上。绞、紟如朝服。绞一幅为三①，不辟②。紟五幅，无紞③。

【注释】

①一幅为三：一幅布撕为三条布带，每条大概宽七寸。

②辟(bò)：通“擘”，撕开。

③紞(dǎn)：缝在被端的边缘的装饰丝带，用以识别前后。无紞，是表示和生前不同。

【译文】

大殓所用衣物，先铺好捆束衣被的麻布带，竖着铺三条，横着铺五条，然后铺一条单被、两条夹被，这些国君、大夫、士都一样。国君大殓的衣服陈列在庭中，共一百套，衣领朝北，以西侧为尊位依次排列。大夫大殓的衣服陈列在堂上的东墙之东，共五十套，衣领朝西，以南侧为尊位依次排列。士大殓的衣服也陈列在堂上的东墙之东，共三十套，衣领朝西，以南侧为尊位依次排列。捆束衣被的布带、单被，其布料和朝服所用布料一样。大殓用的布带，要把一幅布撕成三条，这三条布带的两端不用撕开。单被用五幅布拼缝而成，但不在被头缝上装饰用的丝带。

小敛之衣，祭服不倒[①]。

【注释】

①祭服不倒：小殓所用的十九套衣服，并不全部给死者穿上，不穿的衣服铺放在尸体上。铺放要按规定，放置平整有序，祭服尊贵的最后放，要放端正，不可倒放或侧放。

【译文】

小殓所用的衣服中，如果有祭服，就不可倒放或侧放。

君无襚[①]。大夫、士毕主人之祭服[②]，亲戚之衣受之，不以即陈。小敛，君、大夫、士皆用复衣、复衾[③]。大敛，君、大夫、士祭服无算。君褶衣、褶衾[④]，大夫、士犹小敛也。

【注释】

①襚（suì）：向死者赠送的衣服。

②大夫、士毕主人之祭服：这是说大夫、士兼用襚衣，但要先尽用主人的祭服。

③复衣、复衾：絮有丝绵的衣和被。

④褶（dié）：不填充丝绵的夹衣。国君大殓用衣多，故不絮丝绵。

【译文】

国君的殓衣，不用别人赠送。大夫和士的殓衣，要先尽用自己的祭服，然后再用别人赠送的，亲属赠送衣服可以接受，但不用以陈列。小殓时，国君、大夫、士都用絮有丝绵的复衣、复被。大殓时，国君、大夫、士所用的祭服没有定数。国君用不絮丝绵的夹衣、夹被，大夫、士用的衣被则与小殓时相同。

袍必有表，不禅[①]，衣必有裳，谓之一称。凡陈衣者实之箧[②]，取衣者亦以箧，升降者自西阶。凡陈衣不诎[③]，非列采不入[④]，絺、绤、纻不入[⑤]。

【注释】

①禅(dān)：单，单层。

②箧(qiè)：小箱子。

③诎(qū)：卷曲。指陈放的衣服应舒展而不得卷曲。

④非列采：指杂色的衣服。列采，孔疏："谓五方正色之采。"即青、赤、白、黑、黄五色。

⑤纻(zhù)：与"絺"、"绤"均为暑天穿的麻织品。

【译文】

内衣的袍一定要有外罩，不能是单层的，有上衣就一定有下裳，这叫做一套。凡是要陈放的殓衣，都装在衣箱里，取衣入殓，也要用衣箱盛放，陈放或取走殓衣，都从西阶上堂下堂。凡是陈放的殓衣，都展开摊平而不折叠，不是正色的衣服就不要放入，盛暑时穿的细葛布衣、粗葛布衣、纻麻布衣也不放入。

凡敛者袒[①]，迁尸者袭。

【注释】

①袒：郑注："于事便也。"即方便做事。

【译文】

大、小殓时，参加者都要袒露左臂，这便于做事；搬动尸体时，参加者就要套好袖子，这表示恭敬。

君之丧，大胥是敛[①]，众胥佐之。大夫之丧，大胥侍之，众胥是敛。士之丧，胥为侍[②]，士是敛[③]。

【注释】

①胥：郑注："乐官也，不掌丧事。'胥'当为'祝'，字之误也。"大，同"太"。

②侍：临。

③士是敛：孔疏："士之朋友来助敛也。"据下文，亦为死者生前之同事。

【译文】

国君的丧事，小殓、大殓都由太祝完成，众祝佐助。大夫的丧事，太祝亲临指导，众祝完成小殓、大殓。士的丧事，由祝亲临指导，由死者的朋友完成小殓、大殓。

小敛、大敛，祭服不倒，皆左衽[①]，结绞不纽[②]。

【注释】

①左衽：生前右衽，死后左衽。衽，上衣前襟。

②结绞不纽：这也指和生前不同，生前系带打活纽，便于解开。

【译文】

小殓、大殓所用的殓衣，如果是祭服就不能倒放，上衣的前襟都向左系，捆束殓衣被的布带打成死结、不打成活结。

敛者既敛必哭，士与其执事则敛[①]。敛焉则为之壹不食。凡敛者六人。

【注释】

①士与其执事:孔疏:"谓平生曾与亡者共执事。"

【译文】

入殓完毕,参加者一定要哭泣,士的生前同事参加死者的入殓。参与了小殓、大殓,要为死者停食一顿。为死者入殓共需六人。

君锦冒[①],黼杀[②],缀旁七。大夫玄冒,黼杀,缀旁五。士缁冒,赪杀,缀旁三。凡冒,质长与手齐,杀三尺。自小敛以往用夷衾[③],夷衾质、杀之裁犹冒也。

【注释】

①冒:包裹尸体的布套。见《杂记下》"冒者何也"节注①。孔疏:"冒有质、杀者,作两囊,每辄横缝合一头,又缝连一边,余一边不缝,两囊皆然也。……上曰'质',下曰'杀'。"

②黼(fǔ):黑、白相间的斧纹。

③夷衾:覆尸的被子。其裁制,长短、材料、颜色、花纹等都与冒相同。

【译文】

包裹国君尸体的袋子,上半截叫"质",是彩色丝帛;下半截叫"杀",有黑、白相间的斧形纹饰;上、下两截一边留有口子,打七个结。包裹大夫尸体的袋子,上半截质,是玄色的帛;下半截杀,有黑、白相间的斧形纹饰;上、下两截一边留有口子,打五个结。包裹士尸体的袋子,上半截质,是黑色的帛;下半截杀,是赤色的帛;上、下两截一边留有口子,打三个结。凡是包裹尸体的袋子,上半截质的长度要与死者两手相齐,下半截杀长三尺。从小殓后用夷衾覆盖尸体,夷衾也分上、下两截质与杀,裁制的规格和包裹尸体的袋子相同。

君将大敛，子弁绖[①]，即位于序端[②]；卿大夫即位于堂廉[③]，楹西[④]，北面，东上；父兄堂下北面；夫人、命妇尸西，东面；外宗房中南面。小臣铺席，商祝铺绞、紟、衾、衣[⑤]，士盥于盘上，士举迁尸于敛上。卒敛，宰告，子冯之踊，夫人东面亦如之。

【注释】

①弁绖：见《杂记上》"大夫之哭大夫"节注①。

②序端：堂上东序的南端。

③堂廉：堂侧。指堂的南侧。

④楹：堂上的柱子，东、西各一。此指东楹。

⑤商祝：孔疏："亦是《周礼》丧祝也。"即熟悉丧礼仪式的祝。

【译文】

国君去世，即将举行大殓，世子头戴加有环形麻绖的皮弁，在堂上东序南端就位；卿大夫在堂的南侧东楹柱的西边就位，面朝北，以东面为尊位；父辈兄辈族人站在堂下，面朝北；国君夫人和命妇站在尸床的西边，面朝东；国君的姑姑、姊妹之女及姨舅之女站在西房之中，面朝南。由小臣在阼阶上方的堂上铺好殓席，商祝铺上束带、单被、夹被、衣裳，然后，士在盘中洗手，众士抬起尸体，搬移到铺好的衣衾上。大殓结束，太宰向世子报告，世子凭尸痛哭跳踊，国君夫人面朝东，也像世子一样凭尸痛哭跳踊。

大夫之丧，将大敛，既铺绞、紟、衾、衣，君至，主人迎。先入门右，巫止于门外[①]。君释菜[②]，祝先入，升堂。君即位于序端，卿大夫即位于堂廉，楹西，北面，东上；主人房外南面；主妇尸西，东面。迁尸。卒敛，宰告，主人降，北面于堂下。君抚之，主人拜稽颡。君降，升主人冯之，命主妇冯之。

【注释】

①巫止于门外：国君亲临臣下的丧事，巫要拿着桃枝，祝要拿着笤帚，这是为了扫除不祥。见《檀弓下》“君临臣丧”节。

②释菜：郑注：“礼门神也。必礼门神者，礼：君非问疾、吊丧，不入诸臣之家也。”

【译文】

大夫去世，将要大殓，已经铺好束带、单被、夹被、衣裳，这时国君前来吊丧，主人要到大门外迎接。主人先进门，立于门东，跟随国君来的巫留在门外。国君进门前，先释菜祭门神，然后，祝走在前，国君走在后，进门，登堂。国君在堂上东序的南端就位，卿大夫在堂上南侧东楹的西边就位，面朝北，以东边为尊位；主人站在东房之外，面朝南；主妇站在尸床的西边，面朝东。丧祝们将尸抬起，搬移到已铺好的大殓的衣衾上。大殓结束，家宰向主人报告，主人下堂，面朝北而立，在堂下等待国君。国君抚尸告别，主人磕头触地拜谢。国君下堂，让主人升堂凭尸痛哭跳踊，命主妇升堂凭尸痛哭跳踊。

士之丧，将大敛，君不在，其余礼犹大夫也。

【译文】

士去世，即将大殓，如果没有国君来吊丧，那么各项丧礼仪式都和大夫一样。

铺绞、紟踊，铺衾踊，铺衣踊，迁尸踊。敛衣踊，敛衾踊，敛绞、紟踊。

【译文】

小殓、大殓中，铺捆束衣衾的带子、单被时，孝子要哭泣跳脚；铺夹被时，孝子要哭泣跳脚；铺衣服时，孝子要哭泣跳脚；搬移尸体时，孝子要哭泣跳脚。用殓衣包裹尸体时，孝子要哭泣跳脚；用夹被包裹尸体时，孝子要哭泣跳脚；捆扎束带、包裹单被时，孝子也要哭泣跳脚。

君抚大夫①，抚内命妇②。大夫抚室老，抚侄、娣③。君、大夫冯父、母、妻、长子④，不冯庶子。士冯父、母、妻、长子、庶子。庶子有子，则父母不冯其尸。凡冯尸者，父、母先，妻、子后。君于臣抚之，父母于子执之。子于父母冯之，妇于舅姑奉之，舅姑于妇抚之。妻于夫拘之，夫于妻、于昆弟执之⑤。冯尸不当君所。凡冯尸，兴必踊。

【注释】

①抚：用手抚按尸的心口处。

②内命妇：指国君的世妇。

③侄、娣：即指媵妾。侄，妻之兄女。娣，妻之妹。侄、娣从妻陪嫁为妾。见《曲礼下》“国君不名卿老、世妇”节注②。

④冯(píng)：同“凭”，即手抱尸体而伏在尸体的心胸处痛哭。

⑤“君于臣抚之”七句：这是说根据恩情亲疏的不同，凭尸的礼仪也不同。孔疏：“冯者为重，奉次之，拘次之，执次之。尊者则冯、奉，卑者则抚、执。”执，执其心口处的衣服。奉，通“捧”。双手捧当心的衣服。拘，微牵引尸之衣。

【译文】

小殓、大殓后，有凭尸、抚尸礼。国君抚大夫尸，抚内命妇尸。大夫抚室老尸，抚侄、娣尸。国君、大夫凭父亲、母亲、妻、长子之尸哭，但不凭庶子之尸哭。士凭父亲、母亲、妻、长子、庶子之尸哭。如果庶子有子，那么庶子的父母就不凭他的尸哭。凡凭尸，要由死者的父、母先凭尸，妻和子后凭尸。凭尸的方式因尊卑亲疏而异。国君对臣下是用手抚按尸的心口处哭，父母对儿子是抓住尸心口处的衣服哭。儿子对父母是伏在尸的心口上哭，媳妇对公婆是双手捧着尸心口处的衣服哭，公婆对媳妇是用手抚按尸的心口处哭。妻对丈夫是微微扯着尸心口处的衣服哭，丈夫对妻和兄弟，是抓住尸心口处的衣服哭。凭尸时不能在国君已抚尸的地方。凡凭尸都是跪坐着，起身后一定要哭踊。

父母之丧，居倚庐①，不涂，寝苫枕凷②，非丧事不言。君为庐，宫之③，大夫、士襢之④。既葬，柱楣⑤，涂庐，不于显者⑥。君、大夫、士皆宫之。

【注释】

①倚庐：殡宫门外东墙下用椽木搭成的草棚。倚庐的形制：在东墙下先斜倚几根椽木，再以一木横于墙下，此木谓之"楣"。将椽木与横木系牢，顶部和南北都遮盖上草苫，在北面开门。

②寝苫(shān)：睡在草垫上。凷：同"块"，土块。

③宫：孔疏："谓庐外以帷障之，如宫墙。"

④襢：同"袒"，即不宫，不设帷帐。

⑤柱楣：父母下葬后，倚庐的形制有所变化，将横于地的木两端用柱子支起，这就叫"柱楣"，门改为西面开。

⑥不于显：孔疏："言涂庐不涂庐外显处。"

【译文】

父母去世，孝子要居住在倚庐里守丧，倚庐不涂泥，孝子睡在草苫上，用土块当枕头，不是关于丧事的话就不说。嗣君的倚庐，其外用帷幕围起来就像宫墙，大夫和士的倚庐，没有帷帐而袒露着。父母下葬后，就可以把楣柱支起来，倚庐内壁可以涂泥，但不涂外边显露之处。国君、大夫和士的倚庐外，都可以围起帷幕。

凡非適子者，自未葬，以于隐者为庐[1]。

【注释】

①以于隐者为庐：孔疏："既非丧主，不欲人所瞩目，故于东南角隐映处为庐。"

【译文】

凡不是嫡子的庶子居丧，从死者去世未葬时，就在殡宫门外东南隐蔽的地方筑倚庐守丧。

既葬，与人立[1]。君言王事，不言国事。大夫、士言公事，不言家事。

【注释】

①与人立：孔疏："未葬，不与人并立；既葬后可与人并立也，犹不群耳。"

【译文】

下葬后，孝子可以和别人站在一起，但不能站在人群中。国君只谈天子之事，不说本国之事。大夫和士只说国家之事，不说自家之事。

君既葬，王政入于国，既卒哭而服王事。大夫、士既葬，公政入于家，既卒哭，弁、绖、带，金革之事无辟也[1]。

【注释】

①金革之事：指战争、兵役之事。辟(bì)：躲避。

【译文】

国君下葬后，天子的政令就可以下达其国，卒哭祭后，嗣君就可以执行天子的政令了。大夫和士下葬父母后，国君的政令就可以进入其家，卒哭祭后，虽然仍戴着皮弁、头缠葛绖，腰系葛带，但如果遇到要打仗参战的事也不能躲避。

既练，居垩室①，不与人居。君谋国政，大夫、士谋家事。既祥，黝垩②。祥而外无哭者，禫而内无哭者③，乐作矣故也。禫而从御④，吉祭而复寝⑤。

【注释】

①垩(è)室：居丧时用土坯垒成的小草屋，设在殡宫门外东墙下，屋草不涂泥，只用白垩涂墙。按丧礼，垩室是孝子在练祭以后的住处。垩，用于涂饰的白土。

②黝(yǒu)：将地面涂成黑色。孙希旦说："既祥之后，入居殡宫，……殡宫乃死者所居，故涂其壁令白，又平治其地令黑，若欲新之然也。"

③禫(dàn)：祭名。在大祥后的一个月举行。自初丧至禫祭，共二十七月。

④从御：郑注："御妇人也。"

⑤吉祭：指禫祭后的四时常祭。吉祭与禫祭同月，或在禫祭后的下个月。

【译文】

练祭后，孝子要迁居垩室，不和人同住。国君已经可以谋划国政，大夫和士可以谋划家政。大祥祭后，孝子迁至殡宫居住，将地面涂成黑色、墙壁涂成白色。这样大祥祭后，殡宫外就听不到哭声了，禫祭后可以除去孝服，殡宫内也听不到哭声了，因为已经可以演奏音乐了。禫祭后可以与妇人同房，吉祭后孝子就可以搬回自己的寝室居住了。

期，居庐，终丧不御于内者，父在为母、为妻。齐衰期者，大功布衰九月者，皆三月不御于内。

【译文】

服齐衰一年之丧，初丧就居住在倚庐，并且在服丧期内始终不能与妇人同房的有两种情况，即父在为母服丧和丈夫为妻服丧。服齐衰一年之丧，服大功布衰九月之丧的，头三个月都不能与妇人同房。

妇人不居庐，不寝苫。丧父母，既练而归；期、九月者，既葬而归。

【译文】

居丧期间，妇人不住在倚庐，不睡在草垫上。妇人的父母去世，就在娘家住到练祭后再回婆家；如果妇人服齐衰一年或大功九个月之丧，下葬后就要回婆家。

公之丧，大夫俟练，士卒哭而归①。

【注释】

①“公之丧”三句：孙希旦说：“此谓异姓之卿、大夫、士与君无服者。”若与君同姓之大夫、士，则《杂记上》云：“大夫次于公馆以终

丧，士练而归。”

【译文】

为国君服丧，异姓大夫要等到练祭后才能回家，异姓的士要等到卒哭祭后才能回家。

大夫、士，父母之丧既练而归，朔月、忌日则归哭于宗室①；诸父、兄弟之丧，既卒哭而归。

【注释】

①朔月：每月初一。忌日：郑注：“死日也。”宗室：嫡长子之家。

【译文】

身为庶子的大夫、士，在殡宫外的丧次为父母守丧，练祭后可以回家，每逢初一和父母的忌日时，要回到嫡长子家去哭祭；为伯父、叔父、兄弟居丧，卒哭祭后可以回家。

父不次于子①，兄不次于弟。

【注释】

①不次：郑注：“谓不就其殡宫为次而居。”

【译文】

父亲不为去世的儿子住在殡宫外的丧次，哥哥不为去世的弟弟住在殡宫外的丧次。

君于大夫、世妇①，大敛焉，为之赐，则小敛焉。于外命妇②，既加盖而君至，于士，既殡而往，为之赐，大敛焉。夫人于世妇，大敛焉，为之赐，小敛焉。于诸妻[3]，为之赐，大敛焉。于大夫、外命妇，既殡而往。

【注释】

①世妇：孔疏："此世妇谓内命妇。"即国君之妻。

②外命妇：卿大夫之妻。

③诸妻：地位低于世妇的妻。

【译文】

国君对去世的大夫和自己的妻子，参加他们的大殓，若特加恩赐，就连小殓也去参加。对去世的卿大夫之妻，大殓时棺加盖后国君到达参加吊丧；对去世的士，停殡后国君到达参加吊丧，若特加恩赐，大殓也参加。国君夫人对去世的世妇，参加她们的大殓，若特加恩赐，小殓也参加。国君夫人对诸妻，若特加恩赐，就参加她的大殓。国君夫人对去世的大夫和外命妇，都在停殡后前去吊丧。

大夫、士既殡而君往焉，使人戒之[1]。主人具殷奠之礼[2]，俟于门外，见马首，先入门右。巫止于门外，祝代之先。君释菜于门内[3]。祝先升自阼阶，负墉南面[4]。君即位于阼。小臣二人执戈立于前，二人立于后。摈者进，主人拜稽颡。君称言[5]，视祝而踊，主人踊。大夫则奠可也，士则出俟于门外，命之反奠乃反奠。卒奠，主人先俟于门外。君退，主人送于门外，拜稽颡。

【注释】

①使人戒之：孔疏："使人豫戒告主人，使知之。"

②殷奠：郑注：“君将来，则具大奠之礼以待之，荣君之来也。”大奠，即祭品丰盛的奠礼。大殓后的朝夕小奠，供品仅有脯醢，而殷奠有牲体。

③释菜：见本篇“大夫之丧，将大敛”节注②。

④墉：墙。

⑤称言：即致吊丧之辞。

【译文】

大夫、士去世，已停殡，国君前去吊丧，要预先派人告知丧家。主人就要为死者准备带有牲体的丰盛的奠礼，然后在门外候驾，见到国君所乘之车的马头时，就要先进入门内，站在门右。与国君随行的巫停留在门外，祝代替巫在前引导。国君在门内放置菜蔬祭祀门神。祝先进门，从东阶升堂，背靠北墙，面朝南而立。然后国君在阼阶升堂就位。两小臣执戈站在国君前边两侧，另外两个小臣执戈站在国君后边两侧。赞礼者进前，让主人行礼，主人于是磕头触地拜谢。国君致哀悼之辞，祝哭踊，国君看到祝哭踊也随即哭踊，主人也跟着哭踊于堂下。如果丧家是大夫，就可以举行殷奠祭告死者；如果丧家是士，主人就要先等在门外拜送国君，国君命他返回举行殷奠，主人才返回举行殷奠。奠祭结束，主人要先到门外等候。国君离开，主人送到门外，磕头触地拜谢。

君于大夫疾，三问之；在殡，三往焉。士疾，壹问之；在殡，壹往焉。

【译文】

大夫病重，国君要去探望三次；大夫去世，停殡期间，国君要去吊丧三次。士病重，国君要去探望一次；士去世，停殡期间，国君要去吊丧一次。

君吊,则复殡服[①]。

【注释】

①复:郑注:“反也。反其未殡、未成服之服。”指恢复未殡、未成服时所穿之服,即头戴绕,身穿深衣,腰系麻带而不散垂。

【译文】

国君在死者停殡后才去吊丧,主人就要脱去丧服,重新穿戴上未殡前、未成服时的衣裳。

夫人吊于大夫、士,主人出迎于门外,见马首,先入门右。夫人入,升堂即位,主妇降自西阶,拜稽颡于下。夫人视世子而踊[①]。奠如君至之礼。夫人退,主妇送于门内,拜稽颡,主人送于大门之外,不拜。

【注释】

①世子:孙希旦说:“世子非所以相夫人之礼事者。”据《周礼·春官·女巫》:“王后吊,则与祝前。”此“祝”指天官女祝,“世子”盖“女祝”之误。

【译文】

国君夫人到大夫、士家里吊丧,主人要到门外迎接,见到夫人所乘之车的马头时,就先进门,站在门右恭候。夫人入门,升堂就位,主妇从西阶下堂,在堂下向夫人磕头触地拜谢。夫人看见女祝哭泣跳脚,也随即哭泣跳脚。设奠的礼仪和国君来吊唁时一样。夫人离开,主妇送到门内,磕头触地拜谢,主人则要送到大门之外,不再拜谢。

大夫君[①],不迎于门外,入即位于堂下。主人北面[②],众主人南面，妇人即位于房中。若有君命，命夫、命妇之命[3]，四邻宾客[4]，其君后主人而拜。

【注释】

①大夫君：孔疏："谓大夫下臣称大夫为君。"

②主人：死者的众庶子。

③命夫、命妇：见本篇"大夫之丧，主人坐于东方"节注①。

④四邻宾客：指四邻之国卿大夫遣使者来吊丧。

【译文】

大夫到去世的家臣家去吊丧，主人不必到门外迎接，大夫在堂下阼阶前就位，面朝西。主人站在大夫的南边，面朝北，众庶子面朝南而立，妇人在东房中就位。如果此时国君派使者前来吊丧，或者是大夫、大夫之妻派使者前来吊丧，或是四邻各国卿大夫遣使者前来吊丧，那么大夫就让主人站在自己身后，自己代主人向吊宾拜谢。

君吊，见尸柩而后踊。

【译文】

国君到臣子家吊丧，要见到停尸灵柩后再哭踊。

大夫、士若君不戒而往，不具殷奠，君退必奠。

【译文】

大夫、士去世，国君前往家中吊丧，但事前却没有告知，主人没有准备带牲体祭品的丰盛奠礼，那么国君离开后，要补设大奠祭告死者。

君大棺八寸，属六寸，椑四寸①。上大夫大棺八寸，属六寸。下大夫大棺六寸，属四寸。士棺六寸。君里棺用朱绿②，用杂金鐕③。大夫里棺用玄绿，用牛骨鐕。士不绿。

【注释】

①“君大棺八寸”三句：国君的棺三层，外棺叫“大棺”，中间一层叫“属”(zhǔ)，内棺叫“椑”(bì)。天子之棺四重，可参见《檀弓上》“天子之棺四重”。

②绿：朱彬《训纂》引段玉裁注《说文解字注》：“祁，棺中缣里也。”认为此节三“绿”字皆当作“祁”(diāo)，即用缯作为内棺壁的衬里。下同。

③鐕(zān)：钉子。

【译文】

国君的棺材有三层，最外边的大棺厚八寸，中间的属厚六寸，最里层的椑厚四寸。上大夫的棺有两层，大棺厚八寸，属厚六寸。下大夫的棺也是两层，大棺厚六寸，属厚四寸。士的棺一层，厚六寸。国君的内棺壁用朱色的缯作衬里，用各种金属钉钉牢。大夫的里棺用玄色的缯作衬里，用牛骨钉钉牢。士的棺不用衬里。

君盖用漆，三衽三束①。大夫盖用漆，二衽二束。士盖不用漆，二衽二束。

【注释】

①衽：连接棺盖和棺身的木榫。两头宽，中央窄，形似深衣之衽，故名。束：系棺盖与棺身的革带。

【译文】

国君的棺盖与棺身要用漆涂合，左、右两侧各有三处木榫，再用三条牛皮带束紧。大夫的棺盖与棺身也要用漆涂合，左、右两侧各有两处木榫，再用两条牛皮带束紧。士的棺盖与棺身不用漆涂合，左、右两侧也各有两处木榫，再用两条牛皮带束紧。

君、大夫鬊、爪实于绿中①，士埋之。

【注释】

①鬊（shùn）：乱发。绿：郑注："'绿'当为'角'，声之误也。"即棺内的角落。

【译文】

从国君、大夫遗体上梳下来的乱发和剪下的指甲，要放在棺内的角落里，士的乱发和指甲，就埋在堂下两阶间的坑里。

君殡用輴①，欑至于上，毕涂屋②。大夫殡以帱③，欑置于西序，涂不暨于棺。士殡见衽④，涂上。帷之。

【注释】

①輴（chūn）：天子和诸侯的载柩车。停殡时棺柩要放在柩车上，迁柩朝祖庙时也用此车，但出葬时则另换他车。见《檀弓上》"天子之殡也"节注①。

②"欑（cuán）至于上"二句：将木材堆积在棺的四周，用泥巴涂抹，使其严密没有空隙。欑，聚。参见《檀弓上》"天子之殡也"节注①。

③帱（dào）：覆盖。

④士殡见衽：士在停殡时没有车，只在堂屋西壁下挖掘浅坑，将灵柩放进坑中，棺盖与棺身的接榫的“衽”处要露出。见，同“现”。

【译文】

国君的殡是在辅车上放灵柩，辅车的四周堆积木材，上面垒成屋顶形状，最后通体尽涂泥巴。大夫的殡是用布巾覆盖在棺上，放在堂屋西壁下，一面靠着西壁，其余三面堆积木材，但涂泥时不及于棺只涂外面堆积的木材。士的殡是在堂屋西壁下挖掘浅坑，将棺掩埋，但要露出棺盖与棺身接榫以上的部分，露出的部分涂抹泥巴。因为鬼神喜爱幽暗，停殡期间要用帷帐围起来。

熬[①]，君四种八筐[②]，大夫三种六筐，士二种四筐。加鱼腊焉[③]。

【注释】

①熬：孔疏：“谓火熬其谷使香，欲使蚍蜉闻其香气食谷，不侵尸也。”指烘焙。

②四种：指黍、稷、稻、粱四种谷物。三种则是黍、稷、粱，两种即黍、稷。

③鱼腊：孔疏：“谓干腊。”即干鱼。

【译文】

炒熟的谷物放在棺柩的旁边，国君的棺柩用黍、稷、稻、粱四种谷物，装八个筐；大夫的用黍、稷、粱三种谷物，装六个筐；士的用黍、稷两种俗物，装四个筐。每筐还要加上干鱼。

饰棺：君龙帷[①]，三池[②]，振容[③]。黼荒[④]，火三列[⑤]，黻三列[⑥]。素锦褚[⑦]，加伪荒[⑧]。纁纽六[⑨]，齐五采[⑩]，五贝。黼翣二[11],黻翣二,画翣二,皆戴圭。鱼跃拂池[12]。君纁戴六[13],纁披六[14]。大夫画帷,二池,不振容。画荒,火三列,黻三列。素锦褚,纁纽二,玄纽二,齐三采,三贝。黻翣二,画翣二,皆戴绥[15]。鱼跃拂池。大夫戴前纁后玄,披亦如之。士布帷,布荒,一池,揄绞[16]。纁纽二,缁纽二,齐三采,一贝。画翣二,皆戴绥。士戴前纁后缁,二披,用纁。

【注释】

①龙帷:柩车棺饰。在柩车棺椁上设置木框架,外面盖上布,就是"柳衣",突起的顶端叫做"荒",四周叫做"帷"。国君之帷绘有龙,故称。

②三池:柩车棺饰。竹制,半筒状,包裹青布,悬挂在柳衣的荒与帷交界处,象征着死者生前房屋的承霤。天子之棺柩四面都设池,象宫室四面皆有承霤。诸侯棺柩三面设池,后面不设,故称"三池"。大夫棺柩只设前、后两面,士之棺柩仅设前面。

③振容:柩车棺饰。即悬挂在池下的青黄色的缯带,长丈余,如幡,绘有五彩山雉图案,柩车行走时随之飘拂,如水草摇动。君、大夫棺柩池下还有铜制小鱼,柩车行走则小鱼上拂。振,动。容,饰。

④黼(fǔ)荒:郑注:"缘边为黼文。"即荒下的边缘饰以黑、白相间的斧形花纹。

⑤火:如火的半环形花纹。

⑥黻(fú):黑、青相间的如两个"巳"字相背的花纹。

⑦褚:屋。在荒下以白锦为屋,象征宫室。

⑧伪荒:当作"帷荒",音近而误。

⑨纽:连系荒与帷之间的缯带。

⑩齐：荒中央用五彩缯缝合的球形装饰物。国君的齐由五色彩缯缝合，为朱、白、苍、黄、黑五色；大夫、士的齐由三色彩缯缝合，为朱、白、苍三色。齐上还挂有贝壳串作装饰，诸侯五串，大夫三串，士一串。

⑪翣(shà)：孔疏："翣形似扇，以木为之，在路则障车，入椁则障柩也。凡有六枚，二画为黼，二画为黻，二画云气。"实为木制框架，中蒙白布。"画翣"即在白布上画有云气图案的翣。

⑫鱼跃拂池：柩车棺饰。池下有小铜鱼悬挂，柩车行走时会上跃碰池。

⑬纁戴：将纁帛拴系到柳衣所覆盖的棺柩木架子上的带子。

⑭披(bì)：用绛色的帛制成带子，一头系在纁戴上，另一头伸出帷外，因此有六根。柩车行进时，利用披的牵引作前后、左右的调节，防止柩车倾覆。

⑮绥：当为"緌"，五彩羽毛系于翣尾。

⑯揄绞(yáo xiáo)：孔疏："亦画揄雉于绞，在于池上，而池下无振容。"即画有雉形图案的青黄色缯带。揄，揄翟，山雉，青质五色。绞，青黄色缯帛。

【译文】

棺柩的装饰：国君棺柩的柳衣，下摆是画着龙图案的帷，在荒下前、左、右三面悬挂着池，池下挂着青黄色缯帛制作的绘有山雉图案的振容。荒的缘边画有斧形纹饰，中央有三行火形的图案，三行如两个"巳"字形相背的图案。荒下用素锦制作一个小屋罩在棺上，四周有帷幔，上方加上荒。帷和荒用六条浅红色缯带与柳衣覆盖的木框架系牢，荒顶有圆球形的齐，由朱、白、苍、黄、黑五色彩缯缝制，上着五串贝壳。画有斧形花纹的翣有两面，画有两个"巳"字相背的花纹的翣有两面，画有云气纹的翣有两面，翣的两角都挂着珪玉为饰。池下悬挂着小铜鱼，柩车行进时就会在池上拂动跳跃。国君的柩车，用六条浅红色的帛带将木框架柳与棺椁捆束固定，又用六根浅红色的帛制成的披带连系。大夫的柩车，柳衣下方是画有云气的帷幔，荒下前、后有二池，池下不设振容。荒的缘边画有云气花纹，中央还画着三行火形花纹，三行有两个“巳”字相背的花纹。荒下用素锦制作一个小屋罩在棺上，帷和荒用两条浅红色的帛带、两条玄色的纽带与柳衣覆盖的木框架系牢，荒顶的齐，由朱、白、苍三色彩缯缝制，上面挂着三串贝壳。画有两个“巳”字相背花纹的翣有两面，画有云气花纹的翣有两面，翣的两角用五彩羽毛作装饰。池下悬挂着小铜鱼，柩车行进时就会在池上拂动跳跃。大夫柩车上将木框架柳与棺椁捆束固定的带子，前边两条浅红色，后边两条玄色，与它连系的披带的数目与颜色也是这样的。士的柩车，帷是白布的，荒也是白布的，荒前方的帷下设一池，池下挂着画有山雉图案的青黄色缯带。帷和荒用两条浅红色的帛带、两条黑色的纽带与柳衣覆盖的木框架系牢，荒顶的齐，由朱、白、苍三色彩缯制作，上面挂着一串贝壳。画有云气花纹的翣有两面，翣的两角用五彩羽毛作装饰。士的柩车的带子将木框架柳与棺椁捆束固定，前边两条浅红色，后边两条黑色，每边的两条披带都是浅红色的。

君葬用輴①，四綍②，二碑③，御棺用羽葆④。大夫葬用輴，二綍，二碑，御棺用茅⑤。士葬用国车，二綍，无碑，比出宫，御棺用功布。

【注释】

①輴：郑注当作“辁”，即辁(chuán)车，一种载尸或载柩之车，无辐条，以圆木为四轮。下文的“国车”，也指辁车。

②綍(fú)：同“绋”，牵引柩车去往墓穴的绳索。

③碑：下棺所用的工具。用大木制成，形似石碑，立于圹中椁的前、

后、左、右四角，上面穿洞，安上辘轳，下棺时用绳绕着辘轳慢慢放下。或称“丰碑”。可参见《檀弓下》“季康子之母死，公输若方小”节注⑤。

④羽葆：用羽毛缀于木柄头如盖。葆，盖。

⑤茅：通“旄”（máo），旗帜。

【译文】

国君出葬用辁车载棺柩，牵引柩车用四条大绳，棺柩安放到墓穴用两座碑，指挥柩车前行使用羽葆。大夫出葬用辁车载棺柩，牵引柩车用两条大绳，棺柩安放到墓穴用两座碑，指挥柩车前行使用旗帜。士出葬用辁车载棺柩，牵引柩车用两条大绳，棺柩安放到墓穴不用碑，等柩车出殡宫后，指挥柩车前行用大功丧布。

凡封[①]，用綍去碑负引。君封以衡[②]，大夫、士以咸[③]。君，命毋哗，以鼓封；大夫，命毋哭；士，哭者相止也。

【注释】

①封：郑注：“《周礼》作‘窆’（biǎn）。窆，下棺也。”

②衡：用一根大木从棺束即咸（缄）下贯穿通过，将下棺的绳索系到大木的两端，可保证棺柩的平衡，不会倾覆。

③咸（jiān）：通“缄”，束棺的革带。

【译文】

凡下棺入圹，大绳系棺椁向墓穴放下，人们背朝碑牵引绳索，让棺椁慢慢下落。国君下葬时，先用一根大木从束棺的革带之下贯穿通过，将下棺的绳索系在大木两端以保持平衡，大夫、士下葬时，直接将绳子系在束棺的革带上。国君下棺时，命令众人不得喧哗，击鼓为号指挥众人下棺入圹；大夫下棺时，命令众人不得哭泣；士下棺时，哭泣的人要相互劝阻停止哭泣。

君松椁，大夫柏椁，士杂木椁。棺、椁之间，君容柷[1]，大夫容壶[2]，士容甒。君里椁、虞筐[3]，大夫不里椁，士不虞筐。

【注释】

①柷(zhù)：一种木制的打击乐器。形制详见《王制》"天子无事与诸侯相见曰朝"节注②。

②壶：与后文的"甒"(wǔ)都是盛酒之器。壶的体积、容量较甒大。

③虞筐：郑注："里椁之物，虞筐之文未闻也。"各家之说不一。王夫之云："虞，治也。筐，椁外也。虞筐，谓沐治其外使平滑美泽也。"

【译文】

国君用松木椁，大夫用柏木椁，士用杂木椁。棺、椁之间的空隙，国君的要容下柷，大夫的要容下壶，士的要容下甒。国君的椁有里衬，其外壁也经过精心加工，大夫的椁没有里衬但外壁打磨光滑，士的椁既没有里衬，外壁也没打磨光滑。

祭法第二十三

【题解】

郑玄《礼记目录》云:“名曰‘祭法’者,以其记有虞氏至周天子以下所祭祀群神之数。”

郑玄认为本篇因记载有虞氏至周朝制定祭祀天地群神的法度,故以“祭法”为题;任铭善《礼记目录后案》认为是以篇首之字命名。两说皆可成立。

本篇首节谈四代禘、郊、祖、宗四祭之法,末节论圣王制祀之原则,与《国语·鲁语》“展禽论祭爰居非政之宜”之辞大同小异,学者多主张应是《祭法》录自《鲁语》,只是文字略异。此外,其他内容较为驳杂,不过皆与祭祀有关:或记祭祀百神之场所;或记天地万物生死之名及五代改变祭祀对象之祭;或记天子至庶人设庙祭祖之法度;或记天子以至庶人立社(土地神)的制度;或记天子以至庶人所祭小神之名称与数量,章太炎《大夫五祀三祀辨》据“司命”、“泰厉”之小神名推论此乃采楚俗而成;或记天子以至庶人下祭未成年子孙之制。

祭法:有虞氏禘黄帝而郊喾①,祖颛顼而宗尧②。夏后氏亦禘黄帝而郊鲧③,祖颛顼而宗禹。殷人禘喾而郊冥④,祖契而宗汤⑤。周人禘喾而郊稷,祖文王而宗武王。

【注释】

①禘：祭名。郊：祭名。郊某，指祭天时以某先祖配祭。喾（kù）：传说的上古“五帝”之一。有关“五帝”，见《礼运》“昔者仲尼与于蜡宾、事毕”节注④。本节写在古帝先王之前的禘、郊、祖、宗都是祭名。

②颛顼（zhuān xū）：也是传说中的“五帝”之一。见《月令》“孟冬之月”节注①。

③鲧（gǔn）：颛顼的玄孙，夏禹的父亲。曾治水失败而被尧流放。

④冥：契的六世孙，汤的八世祖，担任水官。

⑤契（xiè）：帝喾之子，商的祖先。曾为尧的司徒，助禹治水有功而被封在商。汤：商朝的开国君主。

【译文】

上古时祭祀的方法是：有虞氏以禘祭祭祀黄帝，在南郊祭天时以帝喾配祭，以祖祭祭祀颛顼而以宗祭祭祀尧。夏后氏也以禘祭祭祀黄帝，在南郊祭天时以鲧配祭，以祖祭祭祀颛顼而以宗祭祭祀禹。殷人以禘祭祭祀帝喾，在南郊祭天时以冥配祭，以祖祭祭祀契而以宗祭祭祀汤。周人以禘祭祭祀帝喾，在南郊祭天时以后稷配祭，以祖祭祭祀文王而以宗祭祭祀武王。

燔柴于泰坛[①]，祭天也。瘗埋于泰折[②]，祭地也。用骍犊[③]。埋少牢于泰昭[④]，祭时也。相近于坎、坛[⑤]，祭寒暑也。王宫[⑥]，祭日也；夜明，祭月也；幽宗，祭星也；雩宗，祭水旱也；四坎、坛[⑦]，祭四方也。山林、川谷、丘陵，能出云，为风雨，见怪物[⑧]，皆曰神。有天下者祭百神。诸侯在其地则祭之，亡其地则不祭。

【注释】

①燔柴：祭仪名。见《郊特牲》“天子适四方”节注①。泰坛：为祭天而设的坛，大而圆，在都城南郊。坛，堆土而成的高台。

②瘗(yì)埋于泰折：古时祭地，将缯帛牺牲埋于祭祀的地方，使祭祀的心意下通于地祇。瘗埋，是祭仪之一。瘗，埋。泰折，为祭地而设的土台，大而方，在都城北郊。

③骍(xīng)犊：赤色的小牛。

④埋少牢：也是祭仪之一。少牢，以羊、豕为牺牲。泰昭：祭四时的坛名。

⑤相近：郑注认为是“禳祈”二字的声误，“禳”即禳却灾患之祭，“祈”是祈求福报之祭，寒于坎，暑于坛。

⑥王宫：与下列“夜明”、“幽宗”、“雩(yú)宗”，都是祭坛之名。

⑦四坎、坛：祭四方东、南、西、北各有一坎一坛，孔疏：“坛以祭山林、丘陵，坎以祭川谷、泉泽。”

⑧见(xiàn)：同“现”。

【译文】

在泰坛上堆积木柴焚烧玉帛、牺牲，使气味上达天神，这是祭天。在泰折坛上掘坑掩埋缯帛、牺牲，以下通地祇，这是祭地。两种祭祀都用赤色的小牛。在泰昭上掘坑掩埋羊、豕，这是祭四时。在坎穴、祭坛上进行禳除灾患和祈福的仪式，这是祭寒暑。王宫坛，是祭日神；夜明坛，是祭月神；幽宗坛，是祭星辰之神；雩宗坛，是祭水旱之神；在四方各设一坎一坛，是祭四方之神。山林、川谷、丘陵能够生成云气，呼风唤雨，出现怪物的，都是神。统治天下的人，得祭祀天地之间的各种神祇。诸侯只能在其领地祭祀那些神祇，如果失去分封的领地就不能再祭祀那些神祇了。

大凡生于天地之间者皆曰“命”，其万物死皆曰“折”，人死曰“鬼”,此五代之所不变也[①]。七代之所更立者[②],禘、郊、宗、祖,其余不变也。

【注释】

①五代:据郑注,指黄帝、尧、舜、禹、汤。

②七代:五代及其前之颛顼、帝喾。

【译文】

大体上,生于天地之间的都叫作“命”,万物死亡都叫作“折”,人死了叫作“鬼”,这些名称是五代以来不曾改变的。七代以来所更动确立的,只有禘祭、郊祭、宗祭、祖祭四种祭祀的对象,其余的都相沿没有改变。

天下有王,分地建国,置都立邑[①],设庙、祧、坛、墠而祭之[②],乃为亲疏多少之数。是故王立七庙、一坛、一墠[③]:曰考庙,曰王考庙,曰皇考庙,曰显考庙,曰祖考庙[④],皆月祭之;远庙为祧,有二祧[⑤],享尝乃止[⑥]。去祧为坛[⑦],去坛为墠[⑧]。坛、墠,有祷焉祭之,无祷乃止。去墠曰鬼。诸侯立五庙、一坛、一墠:曰考庙,曰王考庙,曰皇考庙,皆月祭之;显考庙、祖考庙,享尝乃止。去祖为坛,去坛为墠。坛、墠,有祷焉祭之,无祷乃止。去墠为鬼。大夫立三庙、二坛:曰考庙,曰王考庙,曰皇考庙,享尝乃止。显考、祖考无庙,有祷焉为坛祭之。去坛为鬼。適士二庙、一坛[⑨]:曰考庙,曰王考庙,享尝乃止。显考无庙,有祷焉,为坛祭之。去坛为鬼。官师一庙[⑩]:曰考庙。王考无庙而祭之。去王考为鬼。庶士、庶人无庙[⑪],死曰鬼。

【注释】

①置都立邑：封给卿大夫采地及赏赐有功之士土地。

②庙：宗庙。祧(tiāo)：远祖庙。坛、墠(shàn)：郑注："封土曰'坛'，除地曰'墠'。"坛，指祭坛。墠，指经扫除整洁可供祭祀的地面。

③七庙：指下列"考庙"至"祖考庙"五庙，加上二祧庙，共七庙。

④考庙：父庙。王考庙：祖父庙。皇考庙：曾祖父庙。显考庙：高祖父庙。祖考庙：始祖庙。

⑤二祧：孙希旦说，应指高祖之父、高祖之祖之庙。

⑥享尝：享祀与尝祀。春季为享，秋季为尝，此处泛指四时祭祀。

⑦去祧为坛：指从祧庙往上数一代的祖先，就设坛祭祀。

⑧去坛为墠：承上注，再往上数一代的祖先，就设墠祭祀。

⑨適(dí)士：郑注："上士也。"

⑩官师：郑注："中士、下士。"

⑪庶士：郑注："府史之属。"指低级官员。

【译文】

天下有天子统治，天子分封土地建立诸侯国，又为卿大夫及有功之士建置都邑，设立庙、祧、坛、墠四种祭祀制度，依地位尊卑确定所祭先祖的亲疏关系以及庙数与祭祀的多少。所以天子设有七庙、一坛、一墠：一是考庙，二是王考庙，三是皇考庙，四是显考庙，五是祖考庙，这五庙都按月祭祀；另外两庙是远祖庙，远祖庙就是祧庙，祧庙有二，按四时祭祀即可。祧庙往上数一代的祖先就设坛祭祀，从设坛所祭的祖先再往上数一代就设墠祭祀。设坛、墠祭祀的祖先，如果有所祈祷才祭祀，没有祈祷就不必祭祀。设墠祭祀的祖先再往上称为"鬼"。诸侯设有五庙、一坛、一墠：一是考庙，二是王考庙，三是皇考庙，这三庙都按月祭祀；另外两庙——显考庙、祖考庙，按四时祭祀即可。祖考庙往上数一代的祖先设坛祭祀，从设坛所祭的祖先再往上数一代就设墠祭祀。设坛、墠祭祀的祖先，如果有所祈祷才祭祀，没有祈祷就不必祭祀。设墠祭祀的祖先再往上称为"鬼"。大夫设有三庙、二坛:一是考庙,二是王考庙,三是皇考庙,按四时祭祀即可。显考、祖考没有庙,如果有所祈祷才设坛祭祀。显考、祖考以上的祖先称为鬼。上士设有二庙、一坛:一是考庙,二是王考庙,按四时祭祀即可。显考没有庙,如果有所祈祷,才设坛祭祀。显考以上的祖先称为鬼。中士、下士设有一庙:考庙。王考没有庙,可在考庙祭祀他。王考以上的祖先称为鬼。庶士、庶人没有庙,死后称为鬼。

王为群姓立社①,曰"大社";王自为立社,曰"王社"。诸侯为百姓立社,曰"国社";诸侯自为立社,曰"侯社"。大夫以下,成群立社②,曰"置社"。

【注释】

①群姓:百官以下至人民。社:土地神。此处指祭祀土地神的地方。

②成群立社:大夫以下不可独自立社,大夫与民群居,满一百家以上可共立一社。

【译文】

天子为百官众民立社,称为"大社";天子也为自己立社,称为"王社"。诸侯为百姓立社,称为"国社";诸侯也为自己立社,称为"侯社"。大夫以下包括士、庶人,聚居满百家就可以立社,称为"置社"。

王为群姓立七祀①:曰司命②,曰中霤③,曰国门④,曰国行⑤,曰泰厉⑥,曰户,曰灶;王自为立七祀。诸侯为国立五祀:曰司命,曰中霤,曰国门,曰国行,曰公厉⑦;诸侯自为立五祀。大夫立三祀:曰族厉⑧,曰门,曰行。適士立二祀:曰门，曰行。庶士、庶人，立一祀：或立户，或立灶。

【注释】

①七祀：郑注："小神居人之间，司察小过，作谴告者尔。"即祭祀下列七种在人间司察小过并发出警告的小神。

②司命：郑注："主督察三命。"据孔疏引《援神契》云："命有三科，有受命以保庆，有遭命以谪暴，有随命以督行。受命谓年寿也，遭命谓行善而遇凶也，随命谓随其善恶而报之。"

③中霤(liù)：掌管堂室居处的小神。

④国门：掌管城门的小神。

⑤国行(háng)：掌管道路交通的小神。

⑥泰厉：古代没有后嗣的帝王，死后之鬼无所归依，喜欢作祟，因此必须祭祀。

⑦公厉：特指诸侯之鬼。由于诸侯称公，所以称"公厉"。

⑧族厉：特指大夫之鬼。由于大夫众多，死后之鬼也多，所以称"族厉"。族，众。

【译文】

天子为百官众民设立祭祀七种神的典礼：一是司命神，二是中霤神，三是国门神，四是国行神，五是泰厉，六是户神，七是灶神；天子也为自己设立祭祀七种神的典礼。诸侯为国民设立祭祀五种神的典礼：一是司命神，二是中霤神，三是国门神，四是国行神，五是公厉神；诸侯也为自己设立祭祀五种神的典礼。大夫设立祭祀三种神的典礼：一是族厉神，二是门神，三是行神。上士设立祭祀两种神的典礼：一是门神，二是行神。庶士、庶人设立祭祀一种神的典礼：或是祭户神，或是祭灶神。

王下祭殇五①：適子、適孙、適曾孙、適玄孙、適来孙②。

诸侯下祭三，大夫下祭二，適士及庶人祭子而止。

【注释】

①殇：未成年而死者。见《檀弓上》“周人以殷人之棺椁葬长殇”节。

②適(dí)：同“嫡”。下同。

【译文】

天子下祭其五代未成年而死的嫡系子孙：有嫡子、嫡孙、嫡曾孙、嫡玄孙、嫡来孙。诸侯下祭其三代未成年而死的嫡系子孙：嫡子、嫡孙、嫡曾孙；大夫下祭其两代未成年而死的嫡系子孙：嫡子、嫡孙；上士与庶人，只祭到其夭亡的嫡子而已。

夫圣王之制祭祀也，法施于民则祀之，以死勤事则祀之，以劳定国则祀之，能御大菑则祀之[①]，能捍大患则祀之。是故厉山氏之有天下也[②]，其子曰农，能殖百谷。夏之衰也，周弃继之[③]，故祀以为稷。共工氏之霸九州也[④]，其子曰后土，能平九州，故祀以为社。帝喾能序星辰以著众，尧能赏均、刑法以义终，舜勤众事而野死，鲧障洪水而殛死[⑤]，禹能修鲧之功，黄帝正名百物以明民共财，颛顼能修之，契为司徒而民成[⑥]，冥勤其官而水死，汤以宽治民而除其虐，文王以文治，武王以武功去民之菑。此皆有功烈于民者也。及夫日、月、星辰，民所瞻仰也，山林、川谷、丘陵，民所取财用也，非此族也，不在祀典。

【注释】

①菑(zāi)：同“灾”。

②厉山氏:传说中的古帝王炎帝,起于厉山,故名“厉山氏”,或“烈山氏”。

③弃:周先祖后稷的名字。

④共工氏:传说中的古帝王,据孔疏,共工氏生活在太昊(伏羲氏)之后,炎帝之前。

⑤鲧障洪水而殛(jí)死:传说鲧因治水不成,被流放到羽山而死。孔疏:“鲧塞水而无功,而被尧殛死于羽山,亦是有微功于人,故得祀之。”殛,流放。或说为诛杀。

⑥司徒:掌管教化的官员。孔疏:“司徒掌五教,故民之五教得成。”

【译文】

圣王的祭祀制度规定,能实行法制于人们的就祭祀他,因勤劳国事而死的就祭祀他,因建立功劳平定国家的就祭祀他,能抵御重大灾害的就祭祀他,能抗御特大祸患的就祭祀他。所以厉山氏统治天下时,他的儿子名农,能播种百谷。到夏朝衰微时,周族的弃继承了农,因此就把弃与农作为谷物之神——稷神来祭祀。共工氏称霸九州时,他的儿子名后土,能平治九州,因此就把后土作为土地之神——社神来祭祀。帝喾能观测天空星辰运行次序而公布于天下,尧能赏赐公平、依法行刑,并最终禅让于舜,舜因勤于众人之事而死于苍梧之野,鲧围堵洪水不成,遭到流放而死,禹能修正父亲鲧的办法而治服洪水,黄帝为百物确定了名称并教给人们,与人们共享天下财利,颛顼能修订黄帝之法,契担任司徒之官而成功地对人们施行了教化,冥担任水官勤劳而死,汤用宽容之道治理人们而除去夏桀的暴政,文王以文韬治国,武王以武功为人们剪除商纣为虐之灾。以上这些都是对人们有功劳的人,所以要祭祀他们。至于日、月、星辰,是人们所瞻仰的,山林、川谷、丘陵,是人们获取财用的地方,这些与上述祭祀类别不同,所以不包括在此类祭祀中。

祭义第二十四

【题解】

郑玄《礼记目录》云:"名曰'祭义'者,以其记祭祀、斋戒、荐羞之义也。"

本篇主要阐释祭祀主敬的意义,同时述及孝悌祭先之道、养老尊长之义,可与《祭法》互相发明。其中"君子曰:礼、乐不可斯须去身"一节,谈礼乐能修身养性并治理天下的意义,与《乐记》大同小异,孔颖达认为重出的原因是由于作记者不同;但为何以祭祀为主的本篇亦见礼乐之道,任铭善《礼记目录后案》以为是取礼乐亦主庄敬之义。另,"曾子论孝"、"乐正子春下堂伤其足"两节,与《大戴礼记·曾子大孝》文字大体相同,内容虽未及祭祀,但皆与孝亲有关,作记者可能因此抄附于本篇,以足其义。

祭不欲数,数则烦,烦则不敬。祭不欲疏,疏则怠,怠则忘。是故君子合诸天道,春禘、秋尝①。霜露既降②,君子履之,必有凄怆之心,非其寒之谓也。春雨露既濡③,君子履之,必有怵惕之心④,如将见之。乐以迎来,哀以送往,故禘有乐而尝无乐。

【注释】

①禘：孙希旦说，当作“禴（礿）”，“诸侯春祭之名也”。据《王制》：“天子、诸侯宗庙之祭，春曰‘礿’，夏曰‘禘’，秋曰‘尝’，冬曰‘烝’。”郑注“春禘”是“夏、殷之礼”，亦通。

②霜露既降：郑注，“霜露”前脱“秋”字。下文有“春雨露既濡”。

③濡（rú）：湿润。

④怵惕（chù tì）：警惕戒惧。

【译文】

祭祀的次数不要太多，太多了就会感到厌烦，感到厌烦就是对神的不敬。祭祀的次数也不要太少，太少了就令人怠惰，怠惰就会忘记神灵。所以君子配合天的运行规律举行祭祀，春天举行礿祭，秋天举行尝祭。秋天霜露降落，君子脚踏霜露，一定会产生凄怆酸楚之心，这不是因为天气寒冷，而是想到了死去的亲人。春天雨露湿润大地，君子脚踏雨露，一定会产生警惕戒惧之心，好像马上要见到死去的亲人。人们以快乐的心情迎亲人归来，以悲哀的心情送亲人离去，所以礿祭能奏乐而尝祭不能奏乐。

致齐于内[①]，散齐于外[②]。齐之日，思其居处，思其笑语，思其志意，思其所乐，思其所嗜。齐三日，乃见其所为齐者[③]。

【注释】

①致齐（zhāi）：即致斋，指祭祀前三天的严格斋戒。又称“三日宿”，见《礼器》“君子曰：礼之近人情者”节注⑯。齐，同“斋”。下同。内：内宅。

②散齐：祭祀前十日开始的连续七天的斋戒。据郑注：“散齐七日，

不御(妇人),不乐,不吊。”又称“七日戒”,见《礼器》“君子曰:礼之近人情者”节注⑮。

③乃见其所为齐者:孔疏:“目想之若见其所为齐(斋)之亲也。”

【译文】

祭祀前三日,在内宅举行致斋;祭祀前十天,在外舍举行连续七天的散斋。举行致斋的日子里,要思念死者生前的起居,思念死者生前的谈笑,思念死者生前的志意,思念死者生前的喜乐,思念死者生前的爱好。致斋三天,就好像真正见到了为此举行斋戒的亲人。

祭之日,入室,僾然必有见乎其位①;周还出户②,肃然必有闻乎其容声;出户而听,忾然必有闻乎其叹息之声③。是故先王之孝也,色不忘乎目,声不绝乎耳,心志嗜欲不忘乎心。致爱则存,致悫则著④。著、存不忘乎心,夫安得不敬乎!

【注释】

①僾(ài)然:郑注:“微见貌。”即隐隐约约的样子。《说文》:“僾,仿佛也。”

②周还(xuán):旋转。

③忾(xì)然:叹息貌。朱彬《训纂》引赵良澍(雨头)说:“僾然者,爱也。肃然者,敬也。忾然者,哀也。”

④悫(què):诚挚朴实。

【译文】

到了祭祀那天,进入庙室就仿佛看到了去世的亲人在神位上;祭祀结束转身出门,肃然起敬地听到了亲人的动静;出门倾听,又哀愁地听到了亲人的叹息之声。所以先王对先祖的孝是,先祖的容貌总在眼前不会忘记，先祖的声音总在耳边不会断绝，先祖的志意爱好总在心中不会忘记。先王对先祖有着至上的热爱，先祖的容貌形象就永远在心间存在；先王对先祖有着至诚的忠心，先祖的容貌形象就总在面前显现。先祖的容貌形象永在心间存在、总在面前显现，又怎么会对他们不恭敬呢！

君子生则敬养，死则敬享，思终身弗辱也。君子有终身之丧，忌日之谓也。忌日不用，非不祥也，言夫日，志有所至，而不敢尽其私也。

【译文】

君子在父母健在时要恭敬地奉养，父母去世后要恭敬地祭享，总想着终身都不能做有辱父母的事。君子有终生的丧事，这是指父母的忌日。忌日这一天不做别的事情，并不是说这一天不吉利，而是说这一天的君子的心思都在惦记着悼念父母，而不敢再分心去做自己的私事。

唯圣人为能飨帝，孝子为能飨亲。飨者，乡也①。乡之然后能飨焉，是故孝子临尸而不怍②。君牵牲，夫人奠盎③；君献尸，夫人荐豆④。卿大夫相君，命妇相夫人。齐齐乎其敬也⑤！愉愉乎其忠也⑥！勿勿诸其欲其飨之也⑦！

【注释】

①乡(xiàng)：通“向”。

②怍(zuò)：孔疏：“谓颜色不和悦。”

③奠盎：即设置盎齐之酒。盎齐，可见《礼运》“言偃复问曰：夫子之极言礼也”节注⑰。从“君牵牲”至结尾，与《礼器》“大庙之内敬

矣”节基本一致,可参看。

④荐豆:进献盛放在豆中的醢(肉酱)。

⑤齐齐:孔疏:“整齐之貌。”

⑥愉愉:孔疏:“和悦之貌。”

⑦勿勿:孔疏:“犹勉勉也。”

【译文】

只有圣人才能真诚地祭飨上帝,只有孝子才能真诚地祭飨双亲。飨,是向的意思。诚心向往,才能使神接受祭飨,所以孝子在尸面前不会有不和悦的容色。举行祭祀时,国君亲自把牺牲牵入太庙,国君夫人摆设盎齐之酒;国君亲自向尸献酒,夫人进献上盛放于豆的肉酱。卿大夫们协助国君行礼,卿大夫之妻协助夫人行礼。祭祀时,整整齐齐多么诚恳恭敬啊!和和悦悦多么忠心耿耿啊!勤勤勉勉多么期待神灵来享用祭品啊!

文王之祭也,事死者如事生,思死者如不欲生,忌日必哀,称讳如见亲①,祀之忠也。如见亲之所爱,如欲色然②,其文王与?《诗》云:“明发不寐,有怀二人。”③文王之诗也④。祭之明日,明发不寐,飨而致之,又从而思之。祭之日,乐与哀半:飨之必乐,已至必哀。

【注释】

①讳:死者的名。

②“如见”二句:孔疏:“言齐时思念亲之平生嗜欲,如似真见亲所爱在于目前,又思念亲之所爱之甚,如似凡人贪欲女色然也。”

③“《诗》云”以下二句:见《诗经·小雅·小宛》。二人,指去世的父母。

④文王之诗也：朱彬《训纂》引王念孙说，“诗”当作“谓”。《孔子家语·哀公问政》：“《诗》云：‘明发不寐，有怀二人。’则文王之谓与！”

【译文】

文王在祭祀时，事奉死去的父母的神灵就像他们活着时一样，思念死去的亲人好像也不想再活下去了，每逢父母的忌日必定哀伤，说到父母的名讳就像见到了死去的双亲，祭祀时表现出忠心耿耿。像面对双亲生前所喜爱的东西，像世人见到美色时的渴求欲望，能做到这样的，只有文王了吧？《诗经·小雅·小宛》说：“天已发亮还睡不着，这是因为怀念死去的双亲。”说的就是文王啊。祭祀的第二天，直到天亮还睡不着，准备祭飨迎接双亲的神灵，又因此而更加思念他们。祭祀的日子里，快乐和哀伤参半：想到双亲的神灵来接受祭飨，心中必定很快乐；想到双亲的神灵祭飨后又要离开，心中必定很哀伤。

仲尼尝[①]，奉荐而进，其亲也悫，其行也趋趋以数[②]。已祭，子赣问曰[③]：“子之言祭，济济漆漆然[④]。今子之祭，无济济漆漆，何也？”子曰：“济济者，容也，远也。漆漆者，容也，自反也。容以远，若容以自反也[⑤]，夫何神明之及交？夫何济济漆漆之有乎？反馈乐成[⑥]，荐其荐、俎[⑦]，序其礼乐，备其百官[⑧]，君子致其济济漆漆，夫何慌惚之有乎[⑨]？夫言岂一端而已，夫各有所当也。”

【注释】

①尝：秋祭。

②悫、趋趋(cù)：郑注：“悫与趋趋，言少威仪也。”悫，指质实，本色。趋，急促。数：通“速”。

③子赣:即子贡。

④济济(jǐ)漆漆(qiè):威仪端庄整齐貌。

⑤若容以自反也:郑注:"犹言自修整也。"若,和。

⑥反馈:天子、诸侯祭祀,先荐血腥,即牲血和牲肉,然后向尸献酒,尸出在堂,主人再在庙堂内设祭品,迎尸馈食。乐成:合舞而成。合舞是馈食的礼节。

⑦荐其荐、俎:孔疏:"谓荐孰之时,荐其馈食之豆并牲体之俎。"前"荐"指进献,后"荐"指放置肉酱的豆等食器。俎,放置牲体的食器。

⑧百官:庙中的助祭者。后文的"君子"也是此意。

⑨慌惚:孙希旦说:"仿佛若有见闻之意。"指仿佛看见了、听见了神明,与神明有了交互的感应。

【译文】

孔子在秋天举行尝祭,捧着祭品进献,他亲自执事,举止质实,行走往来步履急促。祭毕,子贡问道:"老师曾说过祭祀,要神态端庄,容貌威仪。但今天看老师您的祭祀,神态也不端庄,容貌也不威仪,这是为什么?"孔子回答说:"讲究威仪,讲的是容貌,那说明是关系疏远。神态端庄,也讲的是容貌,是自我的修饰整饬。如果容貌威仪造成关系疏远,如果自我修饰整饬影响到与神明的交接,那么为什么还要讲究神态端庄、容貌威仪呢?天子、诸侯的宗庙祭祀,举行馈食之礼,乐舞合成演出,为尸进献祭品俎豆,按礼乐顺序行事,助祭的百官各司其职,助祭者神态端庄,容貌威仪,但他们看见了、听见了神明,有和神明的交互感应吗?我是说过关于祭祀要神态端庄,容貌威仪的话,但是岂可执此一端,一概而论?孝子与宾客,应当各自有各自的神态和容貌。"

孝子将祭,虑事不可以不豫,比时[①],具物不可以不备,虚中以治之[②]。宫室既修,墙屋既设,百物既备,夫妇齐戒、沐浴、盛服，奉承而进之。洞洞乎③！属属乎④！如弗胜，如将失之，其孝敬之心至也与！荐其荐、俎，序其礼乐，备其百官，奉承而进之。于是谕其志意⑤，以其恍惚以与神明交，庶或飨之⑥。庶或飨之，孝子之志也。

【注释】

①比时：孙希旦说，及祭时也。比，至。

②虚中：郑注："言不兼念余事。"即心无杂念、专心致志。

③洞洞乎：孔疏："严敬之貌。"

④属属（zhǔ）乎：专一的样子。参见《礼器》"大庙之内敬矣"节注⑦。

⑤于是谕其志意：孔疏："于是使其祝官启告鬼神，晓谕鬼神以志意。"

⑥庶：希望，但愿。或：郑注："犹有也，言想见其仿佛来。"

【译文】

孝子将举行祭祀，相关的事情不可不提前考虑，到祭祀时，应具备的物品不可不齐备，要心无旁骛、专心致志地去置办。宫室修整完毕，墙屋布置妥当，各种物品都已齐备，孝子夫妇就要进行斋戒，要洗头洗澡，换上庄重的祭祀礼服，手捧祭品向神明进献。进献时神情多么恭敬，多么专注！手拿祭品谨慎小心，仿佛像是拿不动似的，又像是怕失手掉落的样子，这是孝敬之心至高无上的表现吧！祭祀时向神灵进献祭品俎豆，按礼乐顺序行事，助祭的百官到齐了各司其职，捧着祭品向神灵进献。于是，通过祝官禀告鬼神，将孝子的心意晓谕鬼神，孝子便仿佛看见了神明，听见了神明，与神明交相感应了，热切地希望神明来享用祭品。希望神明来享用祭品，这就是孝子的心愿。

孝子之祭也，尽其悫而悫焉，尽其信而信焉，尽其敬而敬焉，尽其礼而不过失焉。进退必敬，如亲听命，则或使之也。孝子之祭可知也：其立之也敬以诎，其进之也敬以愉，其荐之也敬以欲。退而立，如将受命，已彻而退，敬齐之色不绝于面，孝子之祭也。立而不诎，固也；进而不愉，疏也；荐而不欲，不爱也；退立而不如受命，敖也；已彻而退，无敬齐之色，而忘本也[①]。如是而祭，失之矣。

【注释】

①而忘本也：郑玄说“而”是衍字。

【译文】

孝子的祭祀，尽其忠诚之心而表现出忠诚，尽其诚信之心而表现出诚信，尽其恭敬之心而表现出恭敬，尽循礼仪而没有过失。祭祀之时进退必定恭恭敬敬，就像听到亲人的命令，就像按照亲人的指使。孝子对祭祀的态度是可以通过他的表现知道的：他站立时恭敬地弯曲着身躯，他前行时恭敬地神态愉悦，他进献祭品时恭敬地期待神明的品尝。他后退站立时，仿佛即将接受神明的命令，祭祀完毕撤下祭品而退出时，他庄敬肃穆的神色始终挂在脸上，这就是孝子祭祀时的表现。如果站立时不弯曲身躯，就显得固陋无礼；如果前行时神态不愉悦，就显得疏远神明；如果进献祭品时没有期待神明的品尝，就显得不爱神明；如果退回原位站立时没有像在接受神明的命令，就显得倨傲怠慢；撤下祭品退出时没有庄敬肃穆的神色，就显得忘本。这样的祭祀，就失去了意义。

孝子之有深爱者必有和气，有和气者必有愉色，有愉色者必有婉容。孝子如执玉，如奉盈，洞洞属属然如弗胜，如将失之。严威俨恪[①]，非所以事亲也，成人之道也[②]。

【注释】

①严威俨（yǎn）恪：孔疏："严，谓严肃；威，谓威重；俨，谓俨正；恪，谓恭敬。言四者容貌非事亲之体，事亲当和顺卑柔也。"

②成人之道：郑注："成人，既冠者，然则孝子不失其孺子之心也。"指孝子在祭祀亲人时不应用成人之道，而要保持孺子之心。

【译文】

孝子对父母有深厚的爱，心中就一定充满和顺之气；心中充满和顺之气，脸上就一定有愉悦的神色；脸上有愉悦的神色，就一定会有温婉的容貌。孝子祭祀时手捧祭品就像捧着美玉一样谨慎，又像端着盛满水的器皿一样小心，那恭敬专一的样子，好像拿着重得拿不动的东西的样子，又好像是生怕失手掉落的样子。严肃威重，俨正恭敬，并不是孝子用来事奉双亲的态度，孝子事奉双亲不需用成人之道而应该有孺子之心。

先王之所以治天下者五：贵有德，贵贵，贵老，敬长，慈幼。此五者，先王之所以定天下也。贵有德何为也？为其近于道也；贵贵，为其近于君也；贵老，为其近于亲也；敬长，为其近于兄也；慈幼，为其近于子也。是故至孝近乎王，至弟近乎霸[①]。至孝近乎王，虽天子必有父；至弟近乎霸，虽诸侯必有兄。先王之教，因而弗改，所以领天下国家也。

【注释】

①弟（tì）：通"悌"。

【译文】

先王用来治理天下的原则有五项：尊重有德之人，尊重高贵之人，尊重老人,尊敬长者,慈爱孩童。这五项,是先王用来安定天下的。为什么要尊重有德之人呢?是因为他们接近圣贤之道;尊重高贵之人,是因为他们接近国君;尊敬老人,是因为他们近似于自己的双亲;尊敬长者,是因为他们近似于自己的兄长;慈爱孩童,是因为他们近似于自己的子女。所以,能做到极致的孝,就近似于天下之王,能做到极致的悌,就近似于天下之霸。能做到极致的孝,就近似于天下之王,是因为即使是天子也一定有父亲;能做到极致的悌,就近似于天下之霸,是因为即使是诸侯也一定有兄弟。对于先王的教导,如果能遵循不改,就可以领导天下国家。

子曰:"立爱自亲始,教民睦也①;立敬自长始,教民顺也。教以慈睦,而民贵有亲;教以敬长,而民贵用命。孝以事亲,顺以听命,错诸天下②,无所不行。"

【注释】

①睦:郑注:"和厚也。"

②错:通"措"。

【译文】

孔子说:"国君倡导爱心,要从爱自己的父母开始,这就是教导人们和睦敦厚;国君倡导尊敬,要从敬自己的兄长开始,这就是教导人们顺应服从。教导人们慈爱和睦,人们就会以尊敬父母为贵;教导人们尊敬兄长,人们就会以顺从命令为贵。孝敬地事奉双亲,顺从地听从命令,能将这两条实施于天下,就没有行不通的事了。"

郊之祭也,丧者不敢哭,凶服者不敢入国门,敬之至也。祭之日①,君牵牲,穆答君②,卿大夫序从。既入庙门,丽于碑[3]，卿大夫袒而毛牛，尚耳，鸾刀以刲取膟膋[4]，乃退。焫祭祭腥而退[5]，敬之至也。

【注释】

①祭之日：此句以下开始说宗庙之祭。

②穆：指国君的嗣子。宗庙之祭，父辈为昭，子辈为穆。孔疏："言祭庙，君牵牲之时，子姓对君共牵牲。"孙希旦说："君牵上牲，嗣子牵其次，与君相对而牵之也。"

③丽：系。碑：树立在庙内庭中的石碑，用来观测日影。

④鸾刀：古人所用的钝刀，祭祀时用其分割牲体。见《礼器》"礼也者，反本、修古"节注①。刲（kuī）：割。膟膋（lǜ liáo）：指肠间的脂肪。

⑤焫（xún）：郑注："汤肉曰焫。"即在热汤中煮至半熟的肉。焫祭是用在热汤中煮得半熟的肉行祭。

【译文】

天子举行南郊祭天典礼，有丧事的人家不敢哭泣，穿丧服的人不敢进入国门，这是对天恭敬至极的表现。举行宗庙之祭的当天，国君亲自牵着上等的牺牲，嗣子与国君相对牵着次一等的牺牲，卿大夫按次序紧随其后。进入庙门后，把牺牲拴系在庭中的石碑上，卿大夫袒露左臂割取牛毛进献给神灵，以牛耳之毛为尊，然后宰杀牺牲，用鸾刀分割牲体，取出肠间的脂肪进献给神灵，才退下。接着用在热汤中煮得半生不熟的肉献祭，还要用生肉献祭，然后退下，这就是对神灵恭敬至极的表现了。

郊之祭，大报天而主日[1]，配以月。夏后氏祭其闇[2]，殷人祭其阳[3]，周人祭日以朝及闇。祭日于坛，祭月于坎，以别幽明，以制上下。祭日于东，祭月于西，以别外内，以端其位。日出于东，月生于西，阴阳长短[④]，终始相巡[⑤]，以致天下之和。

【注释】

①大报天：一年中有九次祭天，冬至郊祭最为隆重，所以称"大报天"。

②闇(àn)：郑注："昏时也。"按，朱彬《训纂》引赵良澍（雨头）曰："刘原父谓'日欲出之初'，是也"，"则闇在日出前，不在日入后可知"。此处用赵说，即指凌晨天明日将出之时。

③阳：日中之时。

④阴：夜。阳：日。夏天阳长阴短，冬天阴长阳短。

⑤巡：巡行周遍。

【译文】

南郊祭天，祭典隆重为大大地报答上天众神，而以祭日神为主，以月神为配享。夏人在凌晨天明日将出之时祭天，殷人在中午时分祭天，周人祭天从早上一直祭到黄昏。祭日在高坛，祭月在凹坑，这是为了区别幽暗和光明，以此确定上与下。祭日于东方，祭月于西方，这是为了区别外和内，以此端正方位。因为日出于东方，月生于西方，黑夜与白天长长短短，日月始终循环往来、周而复始，而使天下万物和谐共生。

天下之礼，致反始也[①]，致鬼神也，致和用也[②]，致义也，致让也。致反始，以厚其本也；致鬼神，以尊上也；致物用，以立民纪也；致义，则上、下不悖逆矣；致让，以去争也。合此五者以治天下之礼也，虽有奇邪，而不治者则微矣。

【注释】

①致:至。反始:郑注:“谓报天之属也。”即报答上天,古人认为一切都是上天所赐。

②和用:下文作“物用”,互文。物,事。郑注:“至于和用,谓治民之事以足用也。”

【译文】

天下的礼,是让人们返归初始,报答上天;是让人们敬事鬼神,报答祖先;是让人们和谐,财用丰足;是让人们去恶讨暴,懂得道义;是让人们谦恭不争,平和礼让。人们返归初始,就培厚了人性根基;人们敬事鬼神,就使人尊敬长上;人们财用丰足,就为人们树立了纲纪;人们懂得道义,就上、下理顺关系而无悖逆;人们谦恭平和,就让人们去除了纷争。把这五项合起来,用以作为治理天下的礼,虽然还有怪异邪恶的现象,然而不能加以整治的情况,那也极其微少了。

宰我曰[①]:“吾闻鬼神之名,而不知其所谓。”子曰:“气也者,神之盛也;魄也者,鬼之盛也[②]。合鬼与神,教之至也[③]。

【注释】

①宰我:姓宰,名予,字子我。孔子的弟子。

②“气也者”四句:孙希旦引朱熹说,《淮南子》高诱注:“魂,人阳神也。魄,人阴神也。”二者既合,然后有物;及其散也,魂升而为神,魄降而为鬼。

③教之至:孔疏:“言人死,神上于天,鬼降于地,圣王合此鬼之与神以祭之,至教之致也,是圣王设教致合如此。”

【译文】

宰我说:“我听说过鬼神这个名称,但不知究竟是什么意思。”孔子回答说："气，是人体中神充盈旺盛的表现；魄，是人体中鬼充盈旺盛的表现。人死后合祭鬼与神，是圣王礼仪教化的顶峰。

"众生必死，死必归土，此之谓'鬼'。骨肉毙于下，阴为野土[①]。其气发扬于上，为昭明，焄蒿凄怆[②]，此百物之精也，神之著也。因物之精，制为之极，明命鬼、神，以为黔首则[③]，百众以畏，万民以服。圣人以是为未足也，筑为宫室，设为宗、祧[④]，以别亲疏远迩，教民反古复始，不忘其所由生也。

"众之服自此，故听且速也。二端既立[⑤]，报以二礼[⑥]：建设朝事[⑦]，燔燎膻、芗[⑧]，见以萧光[⑨]，以报气也，此教众反始也。荐黍稷，羞肝、肺、首、心，见间以侠甒[⑩]，加以郁鬯[⑪]，以报魄也，教民相爱，上下用情[⑫]，礼之至也。

【注释】

①阴：郑注："读为'依荫'之'荫'，言人之骨肉荫于地中，为土壤。"

②"为昭明"二句：孙希旦说："昭明，谓其光景之著见也。焄蒿，谓其香臭之发越也。凄怆，谓其感动乎人，而使人为之凄怆也。"焄(xūn)，指气味。蒿，气蒸出之貌。

③黔首：民众。则：法。

④宗、祧(tiāo)：宗庙和祧庙。见《祭法》"天下有王"节。

⑤二端：郑注："谓气也，魄也，更有尊名云鬼、神也。"

⑥二礼：即下文的"朝事"和"荐黍稷"二礼。

⑦朝事：朝践之礼，即在祭日早晨向尸进献血腥。

⑧膻：郑注："当为'馨'，声之误也。"芗：通"香"。

⑨见：与下文"见间"，郑注皆读为"覸"(jiàn)，间杂，错杂。萧光：指香蒿燃烧时发出的气味。郑注："光，犹气也。"

⑩侠：通“夹”，双。甒（wǔ）：盛酒器。此处指醴酒。

⑪郁鬯（chàng）：古代的一种用香草制作的酒。见《礼器》“有以少为贵者”节注④。

⑫“教民”二句：孔疏：“言此馈熟之时，皆以饮食实味，遍于燕饮，是教民相爱。上以恩赐逮下，下爱上恩赐，故上下用情。”

【译文】

“所有生物必定都会死去，死后必定归于泥土中，这就叫做‘鬼’。骨肉腐烂于地下，被野土掩埋。而精气则发扬于上，闪烁着神灵光明，散发着升腾的香气，使人感到凄楚悲怆，这就是百物的精气，是神的显现。依凭生物的精气，圣人为它制定了名称，明确地命名为鬼、神，用以作为民众尊崇的标志，让百姓都畏惧，让众人都服从。圣人认为仅仅这样做还是不够，于是又建造宫室，设立宗庙和祧庙，以区别民众与鬼神的亲疏远近，教导人们缅怀先祖，追念本初，不要忘记诞生自己生命的初始。

“民众对尊长的服从就自此发端，因此能够很好地听从而且迅速地接受。圣人既已确认了气与魄，并设立鬼、神两个名称，就相应地设立两种报祭的礼仪：一是朝事之礼，即在祭日的早晨进献血腥，将肠间脂肪放在香蒿上焚烧，油脂和蒿的香气一道上腾，这是用气味来报答气，即报答神，以此教导民众追怀始祖，报答本初。二是馈熟进献黍稷之礼，献上牺牲的肝、肺、头、心，加上两甒醴酒，另加郁鬯香酒，这是来报答魄，即报答鬼，祭祀时并赐食民众，饮食燕饮，以此教导民众互亲互爱，上有恩赐于下，下乃感恩于上，上下情感交融，这就是礼仪的极致。

“君子反古复始，不忘其所由生也。是以致其敬，发其情，竭力从事①，以报其亲，不敢弗尽也。是故昔者天子为藉千亩②，冕而朱纮③，躬秉耒④；诸侯为藉百亩，冕而青纮，躬秉耒。以事天地、山川、社稷、先古，以为醴、酪、齐盛[⑤]，于是乎取之，敬之至也。

【注释】

①竭力从事：孔疏："谓竭尽气力，随从其事。"

②藉：指藉田。见《月令》"是月也，天子乃以元日祈谷于上帝"节注⑤。

③纮（hóng）：帽带。

④耒（lěi）：即耒耜，耕地翻土的农具。

⑤酪：孙希旦说："酢胾也。"齐盛（zī chéng）：即"粢盛"，祭祀用的黍稷。

【译文】

"君子们返怀远祖，追念本始，不要忘记诞生自己生命的由来。所以对先祖致以敬意，抒发感情，竭尽全力从事祭祀之事来报答亲人，不敢不尽心尽力。所以从前天子藉田千亩，春天里戴上系有红色帽带的礼帽，亲自手执耒耜耕作；诸侯藉田百亩，春天里戴上系有青色帽带的礼帽，亲自手执耒耜耕作。藉田的收获用以祭祀天地、山川、社稷和先祖，用于祭祀的醴酒、酢醋、黍稷等祭品，也从藉田的收获中制作，这是向鬼神致敬的最高表现。

"古者天子、诸侯必有养兽之官，及岁时，齐戒沐浴而躬朝之，牺、牷祭牲必于是取之[①]，敬之至也。君召牛，纳而视之，择其毛而卜之，吉然后养之。君皮弁、素积[②]，朔月、月半[③]，君巡牲。所以致力，孝之至也。

【注释】

①牺：孔疏："纯色，谓天子牲也。"牷(quán)：孔疏："完也，谓诸侯牲也。"

②皮弁、素积：即头戴皮弁，身穿素衣、素积。素积，一种腰间有皱褶的白布裙。皮弁服是诸侯视朔之服。

③朔月：每月的初一。月半：每月的十五。

【译文】

"古时的天子、诸侯一定设有专门饲养牲畜的官员，每年要祭祀时，天子和诸侯斋戒沐浴后亲自前往视察，祭祀所用的纯色的牺牲和身体完好的牺牲，一定要在这里挑选，这是向鬼神表达最高的敬意。祭祀前三个月，国君派人把准备用于祭祀的牛牵来，亲自察看，选择毛色和身体，然后加以占卜，如果是吉兆，就交由官家圈养起来。圈养期间，每月的初一和十五，国君要穿上皮弁礼服，亲自巡视察看此牛。这样的尽心尽力，这是对鬼神的孝心的最高表现。

"古者天子、诸侯必有公桑、蚕室[①]，近川而为之。筑宫，仞有三尺[②]，棘墙而外闭之[③]。及大昕之朝[④]，君皮弁、素积，卜三宫之夫人、世妇之吉者，使入蚕于蚕室。奉种浴于川，桑于公桑，风戾以食之[⑤]。岁既单矣[⑥]，世妇卒蚕，奉茧以示于君，遂献茧于夫人。夫人曰："此所以为君服与？"遂副、袆而受之[⑦]，因少牢以礼之。古之献茧者，其率用此与？及良日，夫人缫，三盆手[⑧]，遂布于三宫夫人、世妇之吉者，使缫，遂朱、绿之，玄、黄之，以为黼黻、文章。服既成，君服以祀先王、先公，敬之至也。"

【注释】

①公桑、蚕室:孔疏:“谓官家之桑于处,而筑养蚕之室。”

②仞(rèn)有三尺:即十尺,也就是一丈。仞,计量单位。七尺或八尺为一仞。

③棘墙:孔疏:“谓墙上置棘。”外闭:孔疏:“谓扇在户外闭也。”指门扇朝内开。

④大昕(xīn):季春三月初一的早上。

⑤风戾:用风吹干。戾,干。

⑥岁单:孔疏:“三月之末,四月之初。”单,通“殚”,尽。

⑦副:带有首饰的假头。袆(huī):即袆衣,王后的礼服。见《玉藻》“王后袆衣”节注①。

⑧三盆手:将蚕茧置于盆中,用手在盆中浸泡三次,每次抽出一根丝头。这是象征性的亲自缫丝,如天子、诸侯之亲耕藉田。

【译文】

“古时候天子、诸侯都有公家的桑园和蚕室,在临近河边的地方建造。建的蚕室高一丈,围墙上插着荆棘,门扇在外向内开。季春三月初一的早上,国君身穿皮弁礼服,通过占卜挑选后宫中得吉兆的夫人和世妇,让她们到蚕室去养蚕。夫人和世妇捧着蚕种到河里浸泡一下,再到公家的桑园里采摘桑叶,让风吹干桑叶用来喂蚕。等到三月末四月初,世妇们结束养蚕之事,于是捧着蚕茧请国君验看,然后将蚕茧献给夫人。夫人说:“这是给国君做祭服用的吧?”然后头戴发饰,身穿袆衣接收下来,并用少牢之礼慰劳献茧的世妇。古代献茧之礼,大概都是这样的吧?等到吉日,国君夫人就开始缫丝,将蚕茧放入盆中,用手将蚕茧浸泡在盆中反复三次,每次抽出一根丝头,然后把蚕茧分给占卜选出的有吉兆的后宫夫人和世妇,让她们缫丝,缫丝完毕后把丝染成红色、绿色、黑色、黄色,制成带有斧形的黼纹或是两个“弓”字相背的黻纹图案的祭服。祭服做成后,国君穿上它去祭祀先王、先公,这是向先王、先公致敬的最高表现。”

君子曰：“礼、乐不可斯须去身。致乐以治心，则易、直、子、谅之心油然生矣。易、直、子、谅之心生则乐，乐则安，安则久，久则天，天则神。天则不言而信，神则不怒而威，致乐以治心者也。致礼以治躬则庄敬，庄敬则严威。心中斯须不和不乐，而鄙诈之心入之矣；外貌斯须不庄不敬，而慢易之心入之矣。故乐也者，动于内者也；礼也者，动于外者也。乐极和，礼极顺，内和而外顺，则民瞻其颜色而不与争也，望其容貌而众不生慢易焉。故德辉动乎内，而民莫不承听；理发乎外，而众莫不承顺。故曰：‘致礼乐之道，而天下塞焉，举而错之无难矣。’

“乐也者，动于内者也；礼也者，动于外者也。故礼主其减，乐主其盈。礼减而进，以进为文；乐盈而反，以反为文。礼减而不进则销，乐盈而不反则放，故礼有报而乐有反。礼得其报则乐，乐得其反则安。礼之报，乐之反，其义一也。”①

【注释】

①此节已见《乐记》，可参看。

【译文】

君子说：“礼乐须臾也不能离身。致力于以乐来修养心性，那么平易、正直、慈爱、诚信之心就会油然而产生。产生了平易、正直、慈爱、诚信之心就会感到精神快乐，精神感到快乐就会心灵安宁，心灵安宁就会生命长久，生命长久就会通达于天，通达于天就能感应神明。天虽不言不语却最有信用，神虽不愠不怒但自有威严，这就是致力于以乐来治理修养内心。致力于以礼来修治身形外貌,就能显得端庄尊贵,端庄尊贵就有威严。如果心中有须臾的不和谐、不快乐,那么鄙陋狡诈的念头就会乘隙而入;如果外貌有须臾的不端庄、不恭敬,轻易怠慢的念头就会乘隙而入。所以说,乐是感动修治人的内在的精神,而礼则是感动修治人的外在的仪容。乐的极致是和,礼的极致是顺,内心和谐而外貌恭顺,那么百姓只要看到他的表情神色就不会与他相争,只要望见他的仪容外貌就不会产生轻慢之心。所以德性润泽于内心,而百姓没有不听从的;行为符合规定表现于外,而百姓没有不顺从的。所以说:'致力于礼乐之道,以礼乐之道来治理天下,治理好天下是没有什么困难的。'

"乐,是感动、影响人的内心的;礼,是感动、影响人的外貌的。所以礼承担退减的功能,乐承担增盈的功能。礼承担退减的功能而令人自勉精进,通过自勉精进表现善与美;乐承担增盈的功能而令人返归本性,通过归返本性表现善与美。礼,承担退减的功能而不自勉精进就会销蚀志意;乐,承担增盈的功能而不返归本性就会放任放纵。所以礼讲求往来报答而乐讲求返回本真。礼能做到往来报答就令人喜乐,乐能做到返回本真就令人心安理得。礼的往来报答,乐的返回本真,二者的意义是一样的。"

曾子曰:"孝有三:大孝尊亲,其次弗辱,其下能养。"公明仪问于曾子曰①:"夫子可以为孝乎?"曾子曰:"是何言与!是何言与!君子之所谓孝者,先意承志,谕父母于道。参,直养者也,安能为孝乎?"

【注释】

①公明仪:春秋鲁国人。曾子的弟子。

【译文】

曾子说:"孝有三等:大孝是使父母受到他人的敬重,其次是不令父母蒙羞受辱,最下等是只能养活父母。”公明仪问曾子说:“老师您可以称得上是孝了吧?”曾子说:“这是什么话呀!这是什么话呀!君子所说的孝,是在父母未张嘴说话之前就预先体察他们的心意,就按照他们的意愿去做,并让父母知晓事物的道理。曾参我只不过是能养活父母而已,怎么能称得上孝了呢?”

曾子曰:“身也者,父母之遗体也。行父母之遗体,敢不敬乎?居处不庄,非孝也;事君不忠,非孝也;莅官不敬①,非孝也;朋友不信,非孝也;战陈无勇②,非孝也。五者不遂,烖及于亲③,敢不敬乎?亨、孰、羶、芗④,尝而荐之,非孝也,养也。君子之所谓孝也者,国人称愿然曰:‘幸哉有子如此!’所谓孝也已。众之本教曰孝,其行曰养。养可能也,敬为难;敬可能也,安为难;安可能也,卒为难。父母既没,慎行其身,不遗父母恶名,可谓能终矣。仁者,仁此者也;礼者,履此者也;义者,宜此者也;信者,信此者也;强者,强此者也。乐自顺此生,刑自反此作。”

【注释】

①莅官:居官。莅,临。

②陈(zhèn):同“阵”。

③烖(zāi):通“灾”。

④亨(pēng):同“烹”。羶:郑注,应是“馨”字之误。芗(xiāng):通“香”。

【译文】

曾子说:“身体,是父母留给我们的。用父母给予我们的身体去行事,怎么敢不敬慎呢?日常生活举止不庄重,是不孝;事奉君主不忠心,是不孝；身居官位不恭谨，是不孝；与朋友交往不讲信用，是不孝；临阵作战不勇敢，是不孝。这五件事做不到的话，灾祸就会延及父母，怎么敢不敬慎呢？烹熟食物，馨香芬芳，自己尝试过，然后才进献给父母享用，这并不是孝，只是奉养而已。君子所谓的孝，是做到让全国人都羡慕地称赞说：'真幸运呀，有这样的儿子！'这才是孝。教化众人的根本是孝，孝行最基本的就是奉养父母。奉养还是可能做得到的，一直保持敬慎之心去奉养就难了；以敬慎之心去奉养父母还是可能做得到的，要让父母感到安乐舒心就难了；让父母感到安乐舒心还是可能做得到的，要父母在世一直如此就难了。父母去世后，自身谨慎行事，不让坏名声玷污了父母，这才称得上是终身行孝。所谓仁，就是以孝行仁；所谓礼，就是以礼践履孝行；所谓义，就是行孝合宜，外施义行；所谓信，就是诚信行孝；所谓强，就是以行孝道为强盛。喜乐由于顺从孝道而生，刑罚由于违反孝道而成。"

曾子曰："夫孝，置之而塞乎天地，溥之而横乎四海①，施诸后世而无朝夕，推而放诸东海而准②，推而放诸西海而准，推而放诸南海而准，推而放诸北海而准。《诗》云：'自西自东，自南自北，无思不服。'③此之谓也。"

【注释】

①溥（fū）：通"敷"，传布，流布。孔疏："布也。"

②放（fǎng）：至。准：准则。

③"《诗》云"以下三句：出自《诗经·大雅·文王有声》。思，助词，无义。

【译文】

曾子说："孝，树立它而充塞于天地之间，传播它而横溢于四海之内,施行于后世而没有一朝一夕片刻的停止,推行至东海而成为准则,推行到西海而成为准则,推行至南海而成为准则,推行至北海而成为准则。《诗经·大雅·文王有声》说:'从西从东,从南从北,没有不服从的。'说的就是这个意思。"

曾子曰:"树木以时伐焉,禽兽以时杀焉。夫子曰:'断一树,杀一兽,不以其时,非孝也。'孝有三:小孝用力,中孝用劳,大孝不匮。思慈爱忘劳,可谓用力矣;尊仁、安义,可谓用劳矣;博施、备物,可谓不匮矣。父母爱之,喜而弗忘;父母恶之,惧而无怨。父母有过,谏而不逆;父母既没,必求仁者之粟以祀之。此之谓礼终。"

【译文】

曾子说:"树木要在适当的时节砍伐,禽兽要在适当的时节猎杀。孔子说:'砍断一株树,猎杀一头兽,若不在适当的时节,就是不孝。'孝有三等:小孝用体力,中孝用功劳,大孝不匮乏。想着父母的慈爱,努力耕作而忘记了劳苦,可称为用体力的孝了;能尊重仁德、安行道义,可称为用功劳的孝了;在天下广施德政,国家繁荣而物品齐备,父母去世后天下都来助祭,可称为不匮乏的孝了。父母疼爱自己,就喜乐而不敢忘怀;父母厌恶自己,就戒惧而没有怨恨。父母有过错,委婉劝谏而不违逆;父母去世后,一定要用从仁者那里获得的粟米来祭祀父母。这就是所谓依礼行孝,善始善终。"

乐正子春下堂而伤其足[①],数月不出,犹有忧色。门弟子曰:"夫子之足瘳矣[②],数月不出,犹有忧色,何也?"乐正子春曰:"善如尔之问也!善如尔之问也!吾闻诸曾子,曾子闻诸夫子,曰:‘天之所生,地之所养,无人为大。父母全而生之,子全而归之,可谓孝矣。不亏其体,不辱其身,可谓全矣。故君子顷步而弗敢忘孝也[3]。’今予忘孝之道,予是以有忧色也。壹举足而不敢忘父母,壹出言而不敢忘父母。壹举足而不敢忘父母,是故道而不径,舟而不游,不敢以先父母之遗体行殆。壹出言而不敢忘父母,是故恶言不出于口,忿言不反于身。不辱其身,不羞其亲,可谓孝矣。”

【注释】

①乐正子春:姓乐正,名子春,春秋鲁国人。曾子的弟子。

②瘳(chōu):痊愈。

③顷(kuǐ)步:半步。顷,通“跬”。古人迈步行走,迈出一脚为跬,再交替迈出一脚为一步,所以跬为半步。

【译文】

乐正子春下堂时伤了脚,几个月没出门,脸上还有忧虑的神色。他的学生问:“老师您的脚伤已经痊愈,几个月养伤不出门,脸上还有忧虑的神色,这是为什么?”乐正子春说:“你问得真好呀!你问得真好呀!我听我的老师曾子说,我的老师曾子听孔子说:‘上天所生的,大地所养的,没有比人更大、更高贵的了。父母完完整整地生下儿子的身体,做儿子的死后也要完完整整地归还父母,这才可称得上孝。不亏损自己的形体,不使自己蒙受恶名,这才可称为完完整整归还父母。所以君子半步也不敢忘记孝道。’现在我忘记了孝的道理,我因此有忧虑的神色。每迈出一步都不敢忘记父母,每说一句话都不敢忘记父母。由于每迈出一步都不敢忘记父母,所以走路时要走大道而不抄小路,过河时要乘坐舟船而不敢游水,这都是因为不敢用父母给我们的身体去冒险行事。由于每说一句话都不敢忘记父母,所以坏话不出于自己的口中,怨恨的话也就不会反过来报复自己。不使自身受辱，是不让父母蒙羞，就可以称得上孝了。”

昔者，有虞氏贵德而尚齿，夏后氏贵爵而尚齿，殷人贵富而尚齿，周人贵亲而尚齿。虞、夏、殷、周，天下之盛王也，未有遗年者。年之贵乎天下久矣，次乎事亲也。是故朝廷同爵则尚齿。七十杖于朝[①]，君问则席，八十不俟朝[②]，君问则就之，而弟达乎朝廷矣[③]。行，肩而不并，不错则随[④]，见老者则车、徒辟[⑤]。斑白者不以其任行乎道路，而弟达乎道路矣。居乡以齿，而老、穷不遗，强不犯弱，众不暴寡，而弟达乎州、巷矣[⑥]。古之道，五十不为甸徒[⑦]，颁禽隆诸长者，而弟达乎狻狩矣[⑧]。军旅什伍，同爵则尚齿，而弟达乎军旅矣。孝弟发诸朝廷，行乎道路，至乎州、巷，放乎狻狩，修乎军旅，众以义死之而弗敢犯也。

【注释】

①杖：拄杖。见《王制》“八十拜君命”节注⑧。

②不俟朝：指向君王作揖行礼后即可退朝，不必等朝毕。《王制》作“七十不俟朝”。

③弟：通“悌”。谓敬长，尚齿。下同。

④不错则随：郑注：“错，雁行也。父党随行，兄党雁行。”按，《王制》有“父之齿随行，兄之齿雁行”，见其“道路，男子由右、妇人由左”节。

⑤辟(bì)：避开。

⑥州、巷：郑注：“一乡者五州。巷，犹閭也。”泛指乡里民众所居处。

⑦甸(tián)徒：田猎时负责驱兽的徒役。甸，通“田”、“畋”，打猎。

⑧狝狩:指田猎。郑注:“春猎为狝,冬猎为狩。”狝,通“蒐”。

【译文】

从前,有虞氏崇尚有德行之人而尊重年长之人,夏代崇尚有爵位之人而尊重年长之人,殷代崇尚富贵之人而尊重年长之人,周代重视亲属关系而尊重年长之人。虞、夏、殷、周四代,是天下的盛世,他们都没有忽视年长之人。年长之人受到天下人的尊重是由来已久的事了,仅次于侍奉双亲。所以朝廷上如果爵位相同,那么按年齿排序,年长者居于上位。七十岁的长者,可以拄着拐杖上朝,国君如果有所咨询,就要为他铺设坐席,八十岁的长者,行过朝见礼后就可以直接退朝,国君如果有所咨询,就要亲自到家里求教,这样,敬重兄长的悌道就通达于朝廷了。行路时,不能和年长者并肩而行,长者是兄辈,就微微斜错在他身后走,是父辈,就跟随在他身后走,在路上遇到老者,无论是乘车还是步行,都要避让。头发斑白的老人总有人扶持帮助,不会自己负重行走在路上,这样,敬重兄长的悌道就通达于道路了。居住在乡里也重视长幼之序、年齿尊卑,老而贫穷的人不会被遗弃,不会以强凌弱,不会以众欺寡,这样,敬重兄长的悌道就通达于乡里了。按照古代规定,到了五十岁就不在田猎时担任驱逐野兽的工作了,而分配猎物时要给年长者多分一些,这样,敬重兄长的悌道就通达于田猎之中了。在军旅队伍中,如果爵级相同那么年长者就居上位,这样,敬重兄长的悌道就通达于军旅之中了。尊老敬长的孝悌之道,发端于朝廷,通行于道路,延伸至乡里,推行于田猎,整修于军旅,民众宁可为孝悌道义而死也不敢违背它。

祀乎明堂①,所以教诸侯之孝也。食三老、五更于大学②,所以教诸侯之弟也。祀先贤于西学③,所以教诸侯之德也。耕藉,所以教诸侯之养也。朝觐,所以教诸侯之臣也。五者,天下之大教也。

【注释】

①明堂：周代的太庙。详见《明堂位》篇。

②食（sì）：供给食物，即奉养。三老、五更：皆为官名。详见《文王世子》“天子视学”节注⑥。

③西学：周代的小学校，又叫“虞庠”，即《王制》“虞庠在国之西郊”。

【译文】

周天子在明堂祭祀文王，是为了教导诸侯行孝道、尊祖敬父。在太学里宴请供养三老、五更，是为了教导诸侯行悌道、敬重兄长。在西学里祭祀先代贤人，是为了教导诸侯尊重有德之人。天子亲耕藉田，是为了教导诸侯奉养神灵先祖。诸侯朝觐天子行礼，是为了教导诸侯为臣之道。以上五项，是天下最重大的政教。

食三老、五更于大学，天子袒而割牲，执酱而馈，执爵而酳，冕而总干，所以教诸侯之弟也[①]。是故乡里有齿，而老穷不遗，强不犯弱，众不暴寡，此由大学来者也。

【注释】

①“食三老、五更于大学”六句：见《乐记》“宾牟贾起”节。

【译文】

在太学中宴请三老、五更，天子袒露左臂亲自切割牲肉，拿着酱请他们蘸着吃，吃完后端起酒杯请他们漱口饮酒，头戴冠冕，手执盾牌，为他们跳舞，这是教导诸侯懂得怎样行悌道、尊敬兄长。所以乡里按年齿排序、尊重老人，贫穷的老人也不被遗弃，强不凌弱，众不欺寡，这都是由太学教育出来的。

天子设四学[①]，当入学而大子齿。

【注释】

①四学:指设立在国都东、南、西、北四郊的学校。

【译文】

天子在四郊设立学校,到了该入学的年龄,太子也要和同学们一道按年龄大小排尊卑顺序。

天子巡守,诸侯待于竟[1],天子先见百年者。

【注释】

①竟:通“境”。

【译文】

天子巡守各国,各国诸侯要在国境上恭候,天子到诸侯国中要先去见百岁的老人。

八十、九十者东行,西行者弗敢过;西行,东行者弗敢过[1]。欲言政者,君就之可也。

【注释】

①“八十、九十者东行”四句:孙希旦《集解》说:“其行乎道路之中,若东行,则西行之人皆驻立以待之,而不敢过;若西行,则东行之人皆驻立以待之,而不敢过也。”

【译文】

八十、九十岁的老人向东走,往西去的人就要驻足,等老人先过去后再走;如果老人向西走,往东去的人就要驻足,等老人先过去后再走。老人如果想要说政事,国君就到老人家里去听取。

壹命齿于乡里[①]，再命齿于族，三命不齿。族有七十者弗敢先。

【注释】

①命：指官阶。周代官阶从一命到九命，一命为最低一级官阶。详见《王制》“制：三公一命卷”节。

【译文】

一命之官在乡里要按年龄大小和乡人排尊卑位次顺序，二命之官在本族和族人中要按年龄大小排尊卑位次顺序，三命之官就不用与他人按年龄大小排尊卑位次顺序了，可以直接居上位。如果族人有七十岁以上的，虽然是三命之官，也不敢位居其上。

七十者，不有大故不入朝。若有大故而入，君必与之揖让，而后及爵者。

【译文】

年届七十的官员，没有重大的事情不入朝。如果有重大事情入朝，国君一定要先与他作揖行礼，然后再和卿大夫施礼。

天子有善，让德于天。诸侯有善，归诸天子。卿大夫有善，荐于诸侯。士、庶人有善，本诸父母，存诸长老[①]。禄爵庆赏，成诸宗庙，所以示顺也[②]。

【注释】

①存：朱彬《训纂》引王念孙说，“‘存’亦为‘荐’”，形近而讹。

②示顺：孔疏："示以敬顺之道，不敢专也。"

【译文】

天子有了善政，要将功德归于上天。诸侯有了善政，要将功德归于天子。卿大夫有了善政，要将功德归于诸侯。士和庶人有了善行，要说是本于父母的教导，而归功于长辈。颁赐俸禄、爵位以及受赏庆功等事，要在祖庙中完成相应的仪式，这是为了表示对先祖长辈的敬顺尊重。

昔者圣人建阴阳天地之情①，立以为《易》②。易抱龟南面③，天子卷冕北面④，虽有明知之心，必进断其志焉，示不敢专，以尊天也。善则称人，过则称己。教不伐，以尊贤也。

【注释】

①情：孙希旦说："谓吉凶之著见也。"即显而易见的吉凶之兆。

②《易》：旧说有三《易》，夏曰《连山》，商曰《归藏》，周曰《周易》。此处是泛指。

③易：即占《易》之官，负责卜、筮之官。南面：孔疏："尊其神明，故南面。"

④卷(gǔn)：通"衮"。

【译文】

从前，圣人根据天地阴阳变化所显示的吉凶之兆，创作了《易》书。卜筮的官员抱着龟甲面朝南站立，天子头戴冠冕，身穿龙图案的礼服，面朝北站立，即使天子十分明智，也必定要用龟甲判断自己的意图是否正确，不敢独断专行，这是对上天的尊重。做了好事要归功他人，有了过失要检讨自己。要教导人们不要矜持自大，要尊重贤能。

孝子将祭祀，必有齐庄之心以虑事[①]，以具服物，以修宫室，以治百事。及祭之日，颜色必温，行必恐，如惧不及爱然[②]。其奠之也，容貌必温，身必诎[③]，如语焉而未之然。宿者皆出[④]，其立卑静以正，如将弗见然。及祭之后，陶陶遂遂[⑤]，如将复入然。是故，悫善不违身，耳目不违心，思虑不违亲。结诸心，形诸色，而术省之[⑥]，孝子之志也。

【注释】

①齐（zhāi）：读为“斋”。斋庄，指庄重谦恭。

②如惧不及爱然：郑注：“如惧不及见其所爱者。”

③诎（qū）：屈。

④宿（sù）者：助祭的宾客。

⑤陶陶（yáo）遂遂：孙希旦说：“陶陶，思之结于中也。遂遂，思之达于外也。”指想过来想过去，神情恍惚、意犹未尽的样子。

⑥术省之：孔疏：“言思念其亲，但遍循述而省视之，反复不忘也。”术，同“述”，循环往复。

【译文】

孝子将要举行祭祀，一定要以恭敬的心来考虑祭事，准备祭服和祭品，修饰宫室，治理各项事务。等到祭祀那天，脸色必定温和谦恭，行为举止必定诚惶诚恐，好像害怕见不到所爱的亲人的样子。孝子在献上祭品的时候，容貌一定要温顺谦和，身体一定要稍向前屈，好像要和亲人说话还没说的样子。助祭的宾客都退出时，孝子还要谦卑而静默地正立着，好像就再见不到亲人的样子。祭祀完毕，孝子想里想外，神情恍惚，好像亲人还要再回来的样子。所以，祭祀时诚挚善良的心情始终不离孝子之身，所闻所见都铭记于心，思念始终不离开亲人。集结在心中，表现在外貌上，反复地回忆着祭祀的亲人，这就是孝子的心志。

建国之神位：右社稷而左宗庙①。

【注释】

①“建国之神位”二句：按《周礼·春官·小宗伯》：“小宗伯之职，掌建国之神位，右社稷，左宗庙。”右，路门外的右侧。左，路门外的左侧。社稷属阴，故居右；宗庙属阳，故居左。

【译文】

建立国都中祭祀典礼的神位：社稷之神的神位在路门外的右边，宗庙在路门外的左边。

祭统第二十五

【题解】

郑玄说："名曰'祭统'者，以其记祭祀之本也。统，犹本也。"

所谓祭祀之本，本篇首节云："夫祭者，非物自外至者也，自中出，生于心也。"祭祀的根本就是"祭之心"，即孙希旦《集解》所说"其本则统于一心"。他又概括说："篇中凡五段：首言祭礼之重，……皆归本于心之自尽，以明《祭统》之义。次言祭有十伦，又次言祭有四时，皆以申首段未尽之义也。又次言鼎铭，又次言鲁赐重祭，又因祭祀致敬而广其义也。"

凡治人之道，莫急于礼；礼有五经[①]，莫重于祭[②]。夫祭者，非物自外至者也，自中出，生于心也。心怵而奉之以礼[③]。是故唯贤者能尽祭之义。

【注释】

①礼有五经：郑注："谓吉、凶、宾、军、嘉也。"

②莫重于祭：祭属吉礼，"五礼"以吉礼为首。

③心怵(chù)：心中感念祭祀的亲人的相貌。即《祭义》所说的"怵

惕之心”。

【译文】

凡治理百姓的方法中，没有比礼更重要的了；礼包括吉、凶、宾、军、嘉五种，其中没有比祭礼最重要的了。祭礼，不是借外物以外力致使的，而是由衷地出自人的内心。人们心中感念着亲人，就通过祭礼的进献加以表达。所以只有贤者才能完全理解对亲人的感念追怀而必须表达崇敬加以祭祀的意义。

贤者之祭也，必受其福，非世所谓福也。福者，备也，备者，百顺之名也。无所不顺者之谓“备”，言内尽于己而外顺于道也。忠臣以事其君，孝子以事其亲，其本一也。上则顺于鬼神，外则顺于君长，内则以孝于亲，如此之谓“备”。唯贤者能备，能备然后能祭。是故贤者之祭也，致其诚信与其忠敬，奉之以物，道之以礼，安之以乐，参之以时，明荐之而已矣①，不求其为②。此孝子之心也。

【注释】

①明：郑注：“犹洁也。”指清洁的祭品。

②为：郑注：“谓福佑为己之报。”只追求对自己的庇佑。

【译文】

贤者举行祭祀，必定受到神明的赐福，但此福并非世俗所说的福。这个福，是备的意思，备，是百事顺利的意思。凡事无所不顺就称之为“备”，也就是说，在内能尽到自己的责任，在外能顺从道义行事。忠臣事奉自己的国君，孝子事奉自己的双亲，二者在根本上是一致的。对上要顺从鬼神，对外要顺从君长，对内要顺从双亲，这样做就称之为“备”。只有贤者才能做到备，能做到备，然后才能举行祭祀。所以贤者举行祭祀，能竭尽诚信与忠敬，向神灵进献祭品，按礼仪进行祭事，用音乐安抚神灵，照季节选择祭品，将清洁的祭品献上，而不是为追求神灵对自己的庇佑。这才是孝子祭祀时的心意。

祭者，所以追养继孝也①。孝者，畜也②。顺于道，不逆于伦，是之谓"畜"。是故孝子之事亲也，有三道焉：生则养，没则丧，丧毕则祭。养则观其顺也，丧则观其哀也，祭则观其敬而时也。尽此三道者，孝子之行也。

【注释】

①追养继孝：孔疏："养者是生时养亲，孝者生时事亲。亲今既没，设礼祭之，追生时之养，继生时之孝。"

②畜：指畜养、喂养。

【译文】

祭祀，是孝子对去世的父母延续生时的奉养，延续生时的孝敬。所谓孝，就是畜，就是喂养的意思。顺从道义，不悖逆人伦，这样的养就可以叫做"畜"。所以孝子事奉双亲有三项原则：一是双亲在世时供养，二是去世后依礼服丧，三是服丧完毕按时祭祀。从供养双亲可以看出是否恭顺，从服丧可以看出是否哀伤，从祭祀可以看出是否恭敬且是否守时。尽心做好这三项，才是孝子的行为。

既内自尽，又外求助，昏礼是也。故国君取夫人之辞曰①："请君之玉女与寡人共有敝邑②，事宗庙、社稷。"此求助之本也。

夫祭也者，必夫妇亲之，所以备外内之官也③。官备则具备：水草之菹④，陆产之醢⑤，小物备矣。三牲之俎⑥，八簋之实[7]，美物备矣。昆虫之异，草木之实，阴阳之物备矣。凡天之所生，地之所长，苟可荐者，莫不咸在，示尽物也。外则尽物，内则尽志，此祭之心也。

是故天子亲耕于南郊以共齐盛[8]，王后蚕于北郊以共纯服[9]；诸侯耕于东郊亦以共齐盛，夫人蚕于北郊以共冕服。天子、诸侯非莫耕也，王后、夫人非莫蚕也[10]，身致其诚信。诚信之谓尽，尽之谓敬，敬尽然后可以事神明，此祭之道也。

【注释】

①取夫人之辞：指纳采时男方向女方父亲所致之辞。取，同“娶”。

②玉女：郑注：“言玉女者，美言之也。君子于玉比德焉。”

③外内之官：孙希旦说：“官，犹职也。”即外、内事务。

④水草之菹（zū）：郑注：“芹、茆之属。”用水产的芹、茆等物制作的腌菜。

⑤陆产之醢（hǎi）：郑注：“蚳、蝝之属。”用陆产的蚳、蝝等物制作的肉酱。

⑥俎：古代祭祀、宴飨时陈设牲体的礼器。

⑦簋（guǐ）：盛放黍、稷、麦、稻等谷物的礼器，圆形。

⑧共：通“供”。下同。齐盛：即粢盛。见《祭义》“君子反古复始”节注⑤。

⑨纯（zī）服：纯，字本应写作从糸从才之“纣”，即古之“缁”，“才”讹作“屯”，误为“纯”。今《郭店楚简·缁衣》《上海博物馆藏战国楚竹书·缁衣》之“缁”，正写作从糸从才之“纣”。“缁”为丝制的玄衣祭服。与后文的“冕服”义同。见《杂记下》“成庙则衅之”节注②。

⑩“天子、诸侯”二句：孔疏：“王侯岂贫无谷帛，而夫妇自耕蚕乎，其

有以也。”天子、诸侯不是因为没有粮吃而不得不去耕种,王后、夫人不是没有衣穿而不得不去养蚕,他们耕田、养蚕自有他们的道理。

【译文】

祭祀不但要自己尽心尽力,还要有求于外,婚礼就是这样。所以国君在娶夫人时对岳父致辞说:“请您的美丽的女儿,与我共有国家,祭祀宗庙、社神、稷神。”这就是求助的本旨。

祭祀这件事,一定要夫妇一道亲自参与,这才能齐备内外的相关职能。内外职能齐备则万事都具备了:水产的芹、茆等物制作的腌菜,陆产的蚳、蝝等物制作的肉酱,这些祭祀用的小食物就齐备了。牛、羊、猪三牲盛在俎上,黍、稷等谷物装在八簋中,这些美味的食物就齐备了。还有各种不同的昆虫,各种草木的果实,这样阴阳两类的食物也就齐备了。凡是天上生的,地下长的,只要是可以进献的,没有不包括在祭品中的,这是表示极尽了所有的物品来祭祀。从外而言是极尽了所有的物品,从内而言是极尽了全部的诚意,这就是孝子进行祭祀的心意。

所以,天子在南郊亲自耕耘种田,以供给祭祀所用的粮食,王后在北郊亲自养蚕缫丝,以供给制作祭服;诸侯在东郊亲自耕耘种田,也用来供给祭祀所用的粮食,诸侯夫人在北郊亲自养蚕缫丝,也用以供给制作祭服。天子、诸侯不是因为没有粮吃而不得不去耕种,王后、夫人不是没有衣穿而不得不去养蚕,他们这样做是为了表达自己的诚信。表达了诚信才算尽心尽力,尽心尽力才叫恭敬,恭敬而且尽心尽力,然后就可以事奉神灵了,这就是祭祀的原则。

及时将祭,君子乃齐[①]。齐之为言齐也[②],齐不齐以致齐者也[③]。是以君子非有大事也,非有恭敬也,则不齐。不齐则于物无防也,耆欲无止也[④]。及其将齐也,防其邪物,讫其耆欲[5]，耳不听乐。故《记》曰："齐者不乐。"言不敢散其志也。心不苟虑，必依于道；手足不苟动，必依于礼。是故君子之齐也，专致其精明之德也。故散齐七日以定之，致齐三日以齐之[6]。定之之谓"齐"，齐者，精明之至也，然后可以交于神明也。

【注释】

①齐：同"斋"。

②齐之为言齐也：前"齐"读 zhāi，即斋；后"齐"读 qí，齐一。

③齐不齐以致齐者也：前两个"齐"音 qí，后"齐"读 zhāi。

④耆：同"嗜"。

⑤讫：防止。

⑥散齐、致齐：见《祭义》"致齐于内，散齐于外"节注①②。

【译文】

到了将要举行祭祀的时候，君子就提前进行斋戒。斋戒，是齐的意思，就是要去除身心不齐的杂念，使之整齐划一。所以君子如果不是有祭祀大事，不是必须表现恭敬的时候，就不斋戒。不斋戒，对于外界的事物的影响就无须防范，个人的嗜好欲望也不用禁止。到了将要进行斋戒的时候，就要防范外界奇邪之事的影响，个人的嗜好欲望也要加以禁止，耳不听音乐。所以《记》说："斋戒的人不听演奏音乐。"就是说斋戒时不敢分散心志。心中不胡思乱想，思考一定合乎正道；手脚不乱搁乱动，举止一定合乎礼仪。所以君子进行斋戒，要专心致志地表现出德行的明洁精诚。为此，要先散斋七天安定心志，再致斋三天使心志整齐划一。心志安定、整齐划一就叫"斋戒"，斋戒，就是专心致志地表现出德行的明洁精诚，然后才可以和神灵交接。

是故先期旬有一日，宫宰宿夫人[①]，夫人亦散齐七日，致齐三日。君致齐于外[②]，夫人致齐于内，然后会于大庙[③]。

君纯冕立于阼[④]，夫人副、袆立于东房[⑤]。君执圭瓒祼尸[⑥]，大宗执璋瓒亚祼[⑦]。及迎牲，君执纼[⑧]，卿大夫从，士执刍[⑨]，宗妇执盎从[⑩]，夫人荐涚水[⑪]。君执鸾刀，羞哜[⑫]，夫人荐豆。此之谓"夫妇亲之"。

【注释】

①宫宰：内宰，掌内宫之事。宿：郑注："读为'肃'。肃，犹戒也，戒轻肃重也。"即郑重告诫。

②外：国君的正寝，即路寝。下文"内"指夫人的正寝。

③大庙：即太庙，始祖庙。

④纯冕：纯衣冕服。

⑤副、袆(huī)：见《祭义》"古者天子、诸侯必有公桑、蚕室"节注⑦。

⑥圭瓒(zàn)：舀郁鬯香酒的勺子。此勺的专名叫"瓒"，以圭为柄称"圭瓒"。祼(guàn)尸：主人向尸献酒，尸接过酒不饮，灌地降神。祼，祭名。以香酒灌地而求神。

⑦大宗：孔疏："主宗庙礼者。"璋瓒：舀郁鬯酒之勺，以璋为柄称"璋瓒"。亚：第二次。

⑧纼(zhèn)：穿过牛鼻的牵牛绳。

⑨刍(chú)：刍稿，庄稼的秸秆，杀牲时用来垫在地下。

⑩盎：盎齐。见《礼运》"言偃复问曰：夫子之极言礼也"节注⑰。

⑪涚(shuì)：过滤。水：明水，即露水。

⑫哜(jì)：尝。

【译文】

所以在祭祀前的十一天，宫宰要郑重告诫夫人进行斋戒，夫人也要先散斋七天，再致斋三天。致斋时国君在自己的正寝，夫人也在自己的正寝，祭祀当天才会合于太庙。

国君身穿丝质礼服头戴冠冕站在阼阶，夫人头戴首饰身穿画有雉鸡图案的礼服站在东房。国君手执圭瓒舀郁鬯酒给尸行祼礼，主持祭礼的大宗手执璋瓒舀郁鬯酒给尸第二次行祼礼。到了迎牲入庙时，国君拉绳牵着牛，卿大夫跟从在后，士抱着秸秆，同宗的妇人们捧着盎齐酒跟从在夫人身后，夫人将过滤过的明水兑入盎齐酒献给尸。国君亲执鸾刀割取牲肉献给尸品尝，夫人手执盛酱的豆献给尸。这就叫“夫妇一起亲自举行祭祀”。

及入舞，君执干戚就舞位[①]。君为东上，冕而总干[②]，率其群臣以乐皇尸[③]。是故天子之祭也，与天下乐之；诸侯之祭也，与竟内乐之[④]。冕而总干，率其群臣以乐皇尸。此与竟内乐之之义也。

【注释】

①干戚：武舞所执的舞具。干，盾牌。戚，斧。

②总(zǒng)：持，执。

③皇尸：充当先君的尸。这是尊称。

④竟：通“境”。下同。

【译文】

等到进入宗庙跳舞时，国君手执盾牌和斧站到舞位上。国君站在东边的上位，头戴冠冕，手执盾牌，率领群臣跳舞，让充当先王的尸快乐开心。因此天子的祭祀，与天下的百姓同乐；诸侯的祭祀，与境内的百姓同乐。诸侯头戴冠冕，手执盾牌，率领群臣跳舞，让充当先王的尸快乐开心。这就是与境内百姓同乐的意思。

夫祭有三重焉：献之属莫重于祼[①]，声莫重于升歌[②]，舞莫重于《武宿夜》[③]。此周道也。凡三道者，所以假于外而以增君子之志也，故与志进退：志轻则亦轻，志重则亦重。轻其志而求外之重也，虽圣人弗能得也。是故君子之祭也，必身自尽也，所以明重也。道之以礼，以奉三重而荐诸皇尸，此圣人之道也。

【注释】

①献之属莫重于祼(guàn)：祼礼是献酒之礼以祼为起始，以祼为最重要。祼，见本篇“是故先期旬有一日”节注⑥。

②声莫重于升歌：升歌，指歌者登堂歌唱《清庙》，这是祭祀中音乐演奏与歌唱的起始，是祭礼中最重要的音乐演奏与歌唱。

③《武宿夜》：孔疏引皇氏云：“武王伐纣，至于商郊，停止宿夜，士卒皆欢乐歌舞以待旦，因名。”《武宿夜》，是祭祀《武》舞的起始，《武》舞共六段，此段最为重要。

【译文】

祭祀中有三项礼仪最为重要：献酒之礼以祼为起始，没有比祼礼更重要的了；声乐中以登堂歌唱《清庙》为起始，没有比歌唱《清庙》更重要的了；舞蹈中以跳《武宿夜》为起始，没有比跳《武宿夜》更重要的了。这是周代的祭祀之道。这三项礼仪，都是借助外力以增强君子敬仰神灵的心志，所以敬仰神灵的心志与祭祀典礼是同进同退的：如果敬仰神灵的心志轻，则祭典也就会轻忽，如果敬仰神灵的心志重，则祭典也会庄重。如果敬仰神灵的心志轻忽却希望外部的祭典庄重，那即使是圣人也是做不到的。所以君子举行祭祀，一定要亲自尽心尽力去做，这样就表明了敬仰神灵的心志很重。按照礼的教导，将最为重要的三项礼仪进献给皇尸，这就是圣人的祭祀之道。

夫祭有馂[①]，馂者，祭之末也，不可不知也。是故古之人有言曰“善终者如始”，馂其是已。是故古之君子曰“尸亦馂鬼神之余”也[②]，惠术也[③]，可以观政矣。是故尸谡[④]，君与卿四人馂。君起，大夫六人馂，臣馂君之余也。大夫起，士八人馂，贱馂贵之余也。士起，各执其具以出，陈于堂下，百官进[⑤]，彻之[⑥]，下馂上之余也。凡馂之道，每变以众，所以别贵贱之等，而兴施惠之象也。是故以四簋黍，见其修于庙中也[⑦]。庙中者，竟内之象也。祭者，泽之大者也。是故上有大泽，则惠必及下，顾上先下后耳，非上积重而下有冻馁之民也[⑧]。是故上有大泽，则民夫人待于下流，知惠之必将至也，由馂见之矣。故曰：“可以观政矣。”

【注释】

①馂（jùn）：吃剩余的食物。

②尸亦馂鬼神之余：孙希旦说：“鬼神享气，朝践时先荐腥、焖（xún），至馈食，尸乃食之，故曰。”即祭祀时要先向鬼神献血腥、献焖肉，燔燎以由鬼神享用，到馈食时再向尸进献祭品，尸是在吃鬼神享用过的食物。

③术：孔疏：“犹法也。”

④谡（sù）：起身。

⑤百官：指参与祭事之百官。进：郑注：“当为‘馂’，声之误也。”

⑥彻：撤去，撤除。此句孔疏：“谓有祭事之百官馂讫，各彻其器而乃去之。”

⑦修：《释文》一本作“偏（遍）”，朱彬《训纂》引王念孙云：“作‘遍’者是也。遍于庙中，谓神惠遍及于庙中也。”

⑧冻馁（něi）：寒冷与饥饿。

【译文】

祭祀中有吃祭品的剩余食物的礼仪,吃祭品的剩余食物在祭礼的最后进行,不可不知其义。因此古人有这样的话"好的结束如同开始一样重要",吃祭品的剩余食物就是这样的。所以古代的君子说"尸也要吃鬼神受祭后吃剩的食物",这是一种施予恩惠的方法,可以从中观察国家的政教。所以受祭后尸吃完祭品食物起身,国君和卿四人吃尸剩下的祭品食物。国君吃完起身,大夫六人吃国君剩下的祭品食物,就是臣下吃国君吃剩的祭品食物。大夫吃完起身,士八人吃大夫剩下的祭品食物,就是贱者吃贵者剩下的祭品食物。士吃完起身,各自拿着豆、笾等食具出来,陈列在堂下,参与祭事的百官入内吃剩下的祭品食物,吃完就撤掉,这就是下级吃上级剩下的祭品食物。吃剩余祭品食物的方法,每变换一次吃祭品剩余食物的人数就增加一次,这是用以区别贵贱等级,同时表示施予恩惠的对象越来越多。所以,用四个盛着黍米的簋,请大家吃祭品的剩余食物,就表现出在宗庙祭祀中遍施恩惠。庙中,就是整个国境之内的象征。祭祀,是神灵所布施的恩泽中最为重大的。所以在上位的人获得了神灵所布施的大恩泽,就必定施惠于下,只不过是上层者先得到而下层者后得到,并不是上层在积聚财富奢靡而下层却有冻饿之民。所以上层者获得了神灵所布施的大恩泽,身处下游的民众就会人人都在等待,知道神灵所布施的恩惠也一定会来到,这一点通过吃祭品剩余的食物这件事就能看出来。所以说:"可以从中观察出国家的政教。"

夫祭之为物大矣[①],其兴物备矣[②]。顺以备者也,其教之本与?是故君子之教也,外则教之以尊其君长,内则教之以孝于其亲。是故明君在上,则诸臣服从;崇祀宗庙、社稷,则子孙顺孝。尽其道,端其义[③],而教生焉。是故君子之事君也，必身行之。所不安于上，则不以使下；所恶于下，则不以事上。非诸人，行诸己，非教之道也。是故君子之教也，必由其本，顺之至也，祭其是与？故曰："祭者，教之本也已。"

【注释】

①为物：郑注："犹为礼也。"

②兴物：即进献种种祭品。

③尽其道，端其义：孔疏："尽其事上之道，又端正君臣上下之义。"

【译文】

祭祀作为礼是非常重要的，祭祀进献的祭品要完备。顺应礼仪而备办祭品，这就是教化的根本吧？所以君子施行教化，在外要教导民众尊敬君长，在内要教导民众孝顺双亲。所以圣明的国君在上，所有臣子就会服从；以崇敬的心情祭祀宗庙、社稷，那么子孙就会孝顺。尽心竭力事奉尊上，端正君臣上下等级之义，这样教化就产生了。所以君子事奉国君，一定要亲身实行。上级所做的事自己感到不够安妥，就不能以此施行于下；下级所为不好的事，让自己感到可憎可恶，就不能以此对待上级。非难别人的行为不对，自己还去做那样的行为，这不是正确的教导人的方法。所以君子的教化，一定要从根本出发，做到最为顺乎情理，这就是祭祀的方法吧？所以说："祭祀，是教化的根本。"

夫祭有十伦焉[①]：见事鬼神之道焉[②]，见君臣之义焉，见父子之伦焉，见贵贱之等焉，见亲疏之杀焉[③]，见爵赏之施焉，见夫妇之别焉，见政事之均焉，见长幼之序焉，见上下之际焉。此之谓十伦。

【注释】

①伦：郑注："犹义也。"孙希旦说："谓义理之次序也。"这是对祭祀意义的排序。

②见：同"现"。下同。

③杀(shài)：等差，差别。

【译文】

祭祀有十种意义：一是体现与鬼神交接并事奉鬼神的方法，二是体现君臣关系的义理，三是体现父子关系的意义，四是体现贵贱尊卑的等级，五是体现亲属关系远近的差异，六是体现爵级赏赐的施行，七是体现夫妇的区别，八是体现政事的均平原则，九是体现年长年幼次第有序，十是体现上下之间有分有联的关系。这就是祭祀的十种意义。

铺筵，设同几[①]，为依神也。诏祝于室[②]，而出于祊[③]。此交神明之道也。

【注释】

①几：几案。从此句至结尾，是对上文"十伦"的具体说明。

②诏祝：由祝官通过尸向神灵报告。

③祊(bēng)：郑注："谓索祭。"指因为不能确定神灵所在，所以在庙门外举行祭祀，且不只在一处设祭。

【译文】

祭祀时为父母的神灵铺设同一张席子，设置同一几案，这是为了使神灵有所凭依。先由祝官在室内向神灵致辞报告，又在庙门外向神灵致辞祝告。这是和神灵交接的方法。

君迎牲而不迎尸，别嫌也。尸在庙门外则疑于臣[①]，在庙中则全于君；君在庙门外则疑于君，入庙门则全于臣，全于子。是故不出者，明君臣之义也。

【注释】

①尸在庙门外则疑于臣：充当先君之尸者，本为国君之臣，只有进入庙门后才能被看作是先君的象征，否则仍比拟为臣。疑，通"拟"。下同。

【译文】

祭祀时，国君走出庙门迎接牺牲，但不出庙门去迎接尸，这是为了避嫌。因为尸在庙门外仍然要被看作是臣，在庙中就完全是先君了；国君在庙门外仍然是国君，进入庙内就完全是臣、完全是子了。所以国君不出庙门去迎接尸，这是为了体现君臣身份的义理。

夫祭之道，孙为王父尸，所使为尸者，于祭者子行也[①]。父北面而事之，所以明子事父之道也。此父子之伦也。

【注释】

①子行（háng）：充当尸的人为死者之孙，对主祭者而言就是儿子辈。祭祖时要用孙子辈为尸，因为二者昭穆相同。

【译文】

祭祀的方法，由孙辈充当祖父的尸，充当尸的人，对于祭祀者而言就是子辈。祭祀者要面朝北去事奉尸，是为了体现儿子事奉父亲的道理。这就是父子关系的意义。

尸饮五[①]，君洗玉爵献卿[②]；尸饮七，以瑶爵献大夫；尸饮九，以散爵献士及群有司。皆以齿，明尊卑之等也。

【注释】

①尸饮五：向尸献酒，最初两献为向尸行裸礼，尸奠祭而不饮；再次两献为朝践之礼（向尸进献血腥）时献酒，为尸馈食时主人再献酒，此为“尸饮五”。然后主妇酳（yìn）尸，即献酒让尸漱口，宾长献尸，此即“尸饮七”。“尸饮九”指七献后长宾、长兄弟再向尸献酒。

②玉爵：以玉为饰之爵。后文的“瑶爵”是以瑶（美玉）为饰之爵，“散爵”是以璧为饰之爵。

【译文】

尸接受饮酒五次后，国君要用洗净的玉爵向卿献酒；尸接受饮酒七次后，国君要用瑶爵向大夫献酒；尸接受饮酒九次后，国君要用散爵向士和执事人员献酒。献酒时都按年龄大小排序，这体现了贵贱尊卑等级的意义。

夫祭有昭穆，昭穆者，所以别父子、远近、长幼、亲疏之序而无乱也。是故有事于大庙，则群昭群穆咸在而不失其伦①。此之谓亲疏之杀也。

【注释】

①群昭群穆咸在：郑注：“同宗父子皆来。”

【译文】

祭祀要按昭穆制度排位，昭穆，就是用来区别父子、远近、长幼、亲疏的关系而不会发生混乱。所以在太庙中举行祭祀时，同宗中所有的昭辈和穆辈都在，但不会发生排位次序的紊乱。这就是体现亲属关系远近的差异。

古者明君爵有德而禄有功，必赐爵禄于大庙，示不敢专也。故祭之日，一献[①]，君降立于阼阶之南，南乡，所命北面，史由君右执策命之，再拜稽首，受书以归，而舍奠于其庙[②]。此爵赏之施也。

【注释】

①一献：指第一次酳尸之后，即前文“尸饮五”后的酳尸。

②舍奠：即“释奠”。“奠”是非时之祭。

【译文】

古时贤明的国君对有德之人颁授爵位、对有功之人加给俸禄，赐爵加禄一定要在太庙举行，表示国君禀告先祖而不敢独断专行。所以在祭祀的那天，第一次酳尸后，国君就从堂上下来，站在阼阶的南边，面朝南，接受册命封赏者面朝北，史官站在国君的右边，手执册封文书宣读君命，接受册命封赏者两拜磕头，接受册命文书，回家后在家庙中进行祭奠禀告祖宗。这就是爵级赏赐的施行。

君卷冕立于阼[①]，夫人副、袆立于东房。夫人荐豆执校[②]，执醴授之执镫[③]；尸酢夫人执柄[④]，夫人受尸执足[⑤]。夫妇相授受，不相袭处，酢必易爵。明夫妇之别也。

【注释】

①卷(gǔn)冕：即衮冕，穿衮衣、带冠冕。

②校：指豆下中央的高脚，可用手握住。

③镫(dēng)：豆足，豆的圆形底座。

④尸酢夫人：尸回敬夫人酒。柄：爵为雀形，以其尾部为柄。

⑤受：或本作“授”，阮元《十三经注疏》本已据多本及孔疏改为

"受"。

【译文】

国君身穿衮服、头戴冕站在阼阶上，夫人头戴首饰、身穿画有雉鸡图案的礼服站在东房。夫人向尸进献豆时，手握豆的高脚，执醴酒者把豆交给夫人时，手捧着豆的底座；尸向夫人回敬酒时，手执爵的柄，夫人接受尸的敬酒时，手执爵的足。夫妇之间授受祭器，不能执同一部位，夫妇互相敬酒，回敬对方时一定要另换一爵。这体现夫妇之间是有别的。

凡为俎者，以骨为主。骨有贵贱，殷人贵髀[①]，周人贵肩，凡前贵于后。俎者，所以明祭之必有惠也。是故贵者取贵骨，贱者取贱骨，贵者不重，贱者不虚，示均也。惠均则政行，政行则事成，事成则功立。功之所以立者，不可不知也。俎者，所以明惠之必均也。善为政者如此。故曰："见政事之均焉。"

【注释】

①髀(bì)：大腿骨。

【译文】

凡是祭祀时盛放于俎中的牺牲之肉，以牲骨为主。骨有贵贱之分，殷人以大腿骨为贵，周人以前部的肩骨为贵，牲体前面部位的骨都贵于后面部位的骨。以俎盛放牲肉，是为了表明参与祭祀就一定会予以恩惠。所以祭祀后高贵者取贵骨，低贱者取贱骨；高贵者不拿双份，低贱者也不空着手，这是表示平均。施予恩惠能平均，政令就能推行；政令能够推行，事情就能办成；事情可以办成，功业就能建立。功业之所以得以建立，其原因不可不知。以俎盛放牲肉，就是要表明施予恩惠一定是公平公正的。善于治国为政者就是这样做的,所以说:"祭祀可以体现政事的均平原则。"

凡赐爵[①],昭为一,穆为一。昭与昭齿,穆与穆齿。凡群有司皆以齿[②]。此之谓长幼有序。

【注释】

①赐爵:孔疏:"爵,酒爵也。谓祭祀旅酬时,赐助祭者酒爵。"

②群有司:指来宾及执事者。

【译文】

祭祀至旅酬行礼时向众人敬酒,参加祭礼的亲属昭辈排为一列,穆辈排为一列。昭辈之间按年龄大小排序,穆辈之间按年龄大小排序。凡是参加祭祀的来宾及执事者也都按年龄大小排序。这就叫做年长年幼次第有序。

夫祭有畀煇、胞、翟、阍者[①],惠下之道也,唯有德之君为能行此。明足以见之,仁足以与之。畀之为言与也,能以其余畀其下者也。煇者,甲吏之贱者也;胞者,肉吏之贱者也;翟者,乐吏之贱者也;阍者,守门之贱者也。古者不使刑人守门。此四守者,吏之至贱者也。尸又至尊,以至尊既祭之末而不忘至贱,而以其余畀之,是故明君在上,则竟内之民无冻馁者矣。此之谓上下之际。

【注释】

①畀(bì):赐给。煇:郑注即《周礼》之"韗"(yùn),"谓韗磔皮革之

官”。胞：通“庖”，掌切割牲肉的人。翟（dí）：管乐舞的人。阍（hūn）：守门人。

【译文】

祭祀结束时，要把祭品中剩余的食物分给辉、庖、翟、阍，这是给下人施予恩惠的办法，只有有德的国君才能这么做。他的明智使他足以注意到这一点，他的仁慈使他足以做到这一点。畀，是赐予的意思，就是能把多余的东西赐予下人。辉，是掌管制作皮甲事务的贱者；庖，是职掌屠宰事务的贱者；翟，是掌管乐舞事务的贱者；阍，是掌管守门事务的贱者。古时候是不让受过刑的人守门的。这四种职务，都是小吏中最低贱的。而尸又是祭祀中最为尊贵的，在为最为尊贵者举行祭礼后，末了能不忘记最低贱的人，并将祭品中剩余的食物赐给他们，所以就表明了国君身居上位，而境内的百姓没有受冻挨饿的。这是体现上下之间有分有联的关系。

凡祭有四时：春祭曰“礿”，夏祭曰“禘”，秋祭曰“尝”，冬祭曰“烝”。礿、禘，阳义也；尝、烝，阴义也。禘者，阳之盛也，尝者，阴之盛也，故曰：“莫重于禘、尝。”古者于禘也，发爵赐服，顺阳义也；于尝也，出田邑，发秋政①，顺阴义也。故《记》曰：“尝之日，发公室②，示赏也。”草艾则墨③，未发秋政，则民弗敢草也④。故曰：“禘、尝之义大矣，治国之本也，不可不知也。”明其义者，君也；能其事者，臣也。不明其义，君人不全；不能其事，为臣不全。

【注释】

①秋政：孙希旦说：“谓刑杀之政也。”

②发公室：分发公室的财货来赏赐。

③艾(yì):通“刈”,割。墨:墨刑,即在脸部刺字。是“五刑”中最轻之刑。

④弗敢草也:《训纂》引王引之说,“弗敢”下脱“艾”字。

【译文】

凡宗庙祭祀分四时进行:春祭叫“礿”,夏祭叫“禘”,秋祭叫“尝”,冬祭叫“烝”。礿祭和禘祭,都依顺阳气之义;尝祭和烝祭,都依顺阴气之义。禘祭在阳气最盛之时举行,尝祭在阴气最盛之时举行,所以说:“没有比禘祭、尝祭更重要的。”古时候举行禘祭时,要颁授爵位赏赐车服,这就是顺应阳气的意义;举行尝祭时要分出田土乡邑,颁布秋季刑杀之政,这就是顺应阴气的意义。所以《记》说:“尝祭之日,要拿出公家的财货分发,以示赏赐。”到了可以割草的时候,就可以施行小刑,比如墨刑,尚未颁布秋季刑杀之政时,老百姓就不敢割草。所以说:“禘祭、尝祭意义重大,乃是治国的根本,不可不知。”能够了解禘祭、尝祭的意义的,是君主;能办好禘祭、尝祭事务的,是臣子。不能了解禘祭、尝祭的意义,是为君的不足;不能办好禘祭、尝祭事务,是为臣的不足。

夫义者,所以济志也[①],诸德之发也。是故其德盛者其志厚,其志厚者其义章,其义章者其祭也敬,祭敬则竟内之子孙莫敢不敬矣。是故君子之祭也,必身亲莅之,有故,则使人可也。虽使人也,君不失其义者[②],君明其义故也。其德薄者其志轻,疑于其义而求祭,使之必敬也弗可得已。祭而不敬,何以为民父母矣!

【注释】

①济志:孔疏:“言禘、尝之义,若人君明之,所以成就其志。”

②君不失其义者:郑注:“君虽不自亲祭,祭礼无阙,于君德不

损也。”

【译文】

这里所说的意义，是说国君如果了解了禘祭、尝祭的意义，就能够成就他的心志，这也是国君各种德行的发端。所以德行盛大的人，他的心志便一定深厚；心志深厚，就能彰显祭祀的意义；能够彰显祭祀的意义，祭祀时就会满怀虔敬；祭祀时满怀虔敬，那么境内的百姓就没有人敢不敬顺服从。所以君子对于祭祀，一定要亲自参加，如果有特殊情况让他人代替也是可以的。虽然是由他人代替，但由于君子的虔敬、祭礼的举行而对他的德行并无损失，这就是因为君子明了祭祀的意义的缘故。德行浅薄的人，心志就轻浮，怀疑祭祀的意义，却又有求于祭祀，这种情况下让他必须满怀虔敬地进行祭祀，那是做不到的。祭祀都做不到满怀虔敬，如何能做民众的父母呢！

夫鼎有铭，铭者，自名也，自名以称扬其先祖之美，而明著之后世者也。为先祖者，莫不有美焉，莫不有恶焉，铭之义，称美而不称恶。此孝子孝孙之心也，唯贤者能之。铭者，论课其先祖之有德善、功烈、勋劳、庆赏、声名[①]，列于天下，而酌之祭器，自成其名焉，以祀其先祖者也。显扬先祖，所以崇孝也。身比焉，顺也。明示后世，教也。夫铭者，壹称而上下皆得焉耳矣。是故君子之观于铭也，既美其所称，又美其所为。为之者，明足以见之[②]，仁足以与之[③]，知足以利之[④]，可谓贤矣。贤而勿伐[⑤]，可谓恭矣。

【注释】

①课(zhuàn)：同“撰”，撰述。

②明足以见之：孔疏：“谓己有显明之德，足以见先祖之美。”

③仁足以与之：孔疏："谓己有仁恩，故君上足以著先祖之铭与之。"

④知足以利之：孔疏："谓己有智谋，足以利益于己，得上比先祖也。"

⑤伐：居功夸耀。

【译文】

鼎上铸刻有铭文，铭文，就是自我标记名字，通过自我标记名字而颂扬他的先祖的美名，使先祖的名声彰明显著于后世。作为先祖，没有没美德的，也没有没恶评的，铭文的要义，是赞扬先祖的美德而不称述恶评。这就是孝子孝孙的心意，只有贤者才能做得到。铭文，记述先祖所有的美德、功业、勋劳、奖赏和所获声名荣誉，公布于天下，斟酌挑选后铸刻在祭器上，同时也刻上自己的名字，用铭文祭祀纪念先祖。显扬先祖的美名，就是崇尚弘扬孝道。将自己的名字附刻于其后，是表示对先祖的孝顺。将先祖的美德明白地展示给后世，这是对后人的教导。那么铭文，一次对先祖的称颂而上上下下都有收获。所以君子观看铭文时，既赞美铭文所称颂的内容，又赞美铸刻铭文者的行为。铸刻铭文的人，他的聪明足以看到先祖的美德加以称颂，他的仁爱足以使君上赐给记述其先祖功德的铭文，他的智慧足以使铭文有利于自己和子孙后代，这样的人就可以称得上贤明了。贤明而又不吹嘘夸耀，就可以称得上恭敬谦和了。

故卫孔悝之鼎铭曰①："六月丁亥，公假于大庙②。公曰：'叔舅③！乃祖庄叔④，左右成公⑤，成公乃命庄叔随难于汉阳，即宫于宗周⑥，奔走无射⑦。'启右献公⑧，献公乃命成叔纂乃祖服⑨。乃考文叔⑩，兴旧耆欲⑪，作率庆士⑫，躬恤卫国，其勤公家，夙夜不解⑬。民咸曰：'休哉！'公曰：'叔舅！予女铭，若纂乃考服。'悝拜稽首，曰：'对扬以辟之⑭，勤大命[15],施于烝彝鼎[16]。'"此卫孔悝之鼎铭也。古之君子,论譔其先祖之美,而明著之后世者也,以比其身,以重其国家如此。子孙之守宗庙、社稷者,其先祖无美而称之,是诬也;有善而弗知,不明也;知而弗传,不仁也。此三者,君子之所耻也。

【注释】

①孔悝(kuī):卫国大夫。卫国太子蒯聩(kuǎi kuì)发动政变,为了夺取君位劫持孔悝,强迫孔悝立他为君,史称"庄公"。

②假(gé):到。大庙:卫国的始祖庙。大,同"太"。

③叔舅:对异姓之臣的尊称。孔悝是卫庄公的外甥,故称"叔舅"。

④庄叔:指卫大夫孔达,孔悝的七世祖。

⑤左右:孔疏:"助也。"成公:卫成公,名郑。

⑥"成公"二句:卫成公三年(632),晋伐卫,卫成公逃难到楚国。此后,卫成公复国,又杀其弟叔武,被晋人押往京师囚禁。汉阳,汉水之北,为楚地。宫,宫室。此指囚禁于深宫。宗周,东都洛邑。

⑦射(yì):同"斁",厌倦。

⑧献公:卫成公之曾孙,卫定公之子,名衎(kàn)。在位其间被大夫孙文子赶出卫国,逃到齐国,十二年后复国。

⑨成叔:庄叔之孙,孔悝的五世祖。纂(zuǎn):继承。服:事。

⑩考:父亲。文叔:卫国大夫孔圉,孔悝的父亲。

⑪兴旧耆欲:孔疏:"能兴行先祖旧德嗜欲所为。"耆欲,即嗜欲,指志向。

⑫庆士:孙希旦引应镛说:"卿士也。"

⑬解:通"懈"。

⑭对扬以辟(pì)之:郑注:"对,遂也。辟,明也。言遂扬君命,以明

我先祖之德也。”

⑮勤大命:孔疏:“言己勤行君之大命。”

⑯彝:泛指古代祭祀所用的礼器。

【译文】

所以,卫国大夫孔悝的鼎上的铭文为:“六月丁亥,卫公来到太庙。卫公说:‘叔舅!你的先祖庄叔曾辅佐我的先祖成公,成公曾命庄叔随他一同逃难到汉水之北,后来成公被囚禁在京师宫中,庄叔往返奔走不知疲倦。’后有你的先祖成叔辅导、佐助我的先祖献公,献公命令成叔继承先祖庄叔的事业。你的父亲文叔,兴起先祖旧时的志向,为卿士们做出表率,亲身为卫国忧虑操心,为国家之事辛勤工作,日日夜夜都不懈怠。百姓都称赞他说:‘真好啊!’卫公又说:‘叔舅!现在给你这篇铭文,你要继承你父亲的事业。’孔悝于是拜手叩头行礼说:‘我将称颂赞扬国君的命令,彰显先祖的美德,辛勤地执行国君的命令,把这些铭文都刻铸在烝祭的彝鼎上。’”这就是卫国大夫孔悝鼎上的铭文。古代的君子为文论述先祖的美德,而使其昭著于后世,并将自己的名字附于其下,这说明他是如此地看重自己的国家。子孙们守卫着自己的宗庙、社稷,如果说其先祖没有美德可以称颂,那是诬枉;如果先祖有美德自己却不知道,那就是愚暗;知道先祖的美德而不能使之流传于后世,那就是不仁。这三种情形,都是君子感到耻辱的。

昔者周公旦有勋劳于天下①,周公既没,成王、康王追念周公之所以勋劳者,而欲尊鲁,故赐之以重祭。外祭则郊、社是也,内祭则大尝、禘是也②。夫大尝、禘,升歌《清庙》③,下而管《象》,朱干玉戚以舞《大武》,八佾以舞《大夏》④,此天子之乐也。康周公⑤,故以赐鲁也。子孙纂之,至于今不废,所以明周公之德,而又以重其国也。

【注释】

①周公旦:姓姬名旦。周武王死后,成王年纪尚幼,周公摄政,平定了叛乱,建立东都洛邑,分封诸侯,制礼作乐,建立典章制度,使政局得以稳定,国家得到发展。

②"外祭"二句:孙希旦说:"诸侯皆得社与大祫,惟不得郊与大禘。此因郊而并言'社',因禘而并言'尝'耳。"大禘,大祭始祖以下列祖列宗的典礼。据考证,鲁国可以进行郊、禘之祭是鲁惠公以后的僭越,假托出于周天子的特许。

③《清庙》:与后文"《象》"、"《大武》",见《文王世子》"天子视学"节注⑪⑬⑭。《大夏》,见《乐记》"大章"节注④。

④八佾(yì):天子的乐舞行列。八人为一列,"八佾"为六十四人。天子八佾,诸侯六佾。

⑤康:郑注:"犹褒大也。"

【译文】

从前,周公旦有功勋于天下,周公去世后,成王、康王追念周公的丰功伟绩,而想要对周公的封国鲁国表示格外的尊崇,所以特赐鲁国可以举行重大的祭祀典礼。外祭,可以南郊祭天、祭社神;内祭,太庙祭祀可以举行大尝、大禘。大尝、大禘周公时,乐人登堂唱《清庙》,下堂乐队用管乐演奏《象》,舞者手执红色的盾和玉制的斧跳《大武》舞,用八列舞队跳《大夏》舞,这些都是天子才能使用的乐舞。为了褒扬奖掖周公,所以把这些赐给了鲁国。周公的子孙继承了这些,直到今天仍不废弃,就是为了彰显周公的功德,同时也显现了本国的重要地位。

经解第二十六

【题解】

郑玄《礼记目录》云："名曰'经解'者，以其记'六艺'政教之得失也。"

所谓"'六艺'政教之得失"，指《诗》、《书》、《乐》、《易》、《礼》、《春秋》"六经"在政治教化的功能。皇侃认为，"六经"教化虽然各自有别，但总体都是以礼为本，所以作记者录入于礼。其实，本篇只有首节内容与"经解"相关，其他文字或记天子之德，或记霸王四器，或记治国之本莫若隆礼等，与"经"并无直接的关系。

孔子曰："入其国，其教可知也。其为人也，温柔、敦厚，《诗》教也①；疏通、知远，《书》教也②；广博、易良，《乐》教也③；絜静、精微，《易》教也④；恭俭、庄敬，《礼》教也⑤；属辞、比事，《春秋》教也⑥。故《诗》之失⑦，愚；《书》之失，诬；《乐》之失，奢；《易》之失，贼；《礼》之失，烦；《春秋》之失，乱。其为人也，温柔、敦厚而不愚，则深于《诗》者也⑧；疏通、知远而不诬，则深于《书》者也；广博、易良而不奢，则深于《乐》者也；絜静、精微而不贼，则深于《易》者也；恭俭、庄敬而不烦，则深于《礼》者也；属辞、比事而不乱，则深于《春秋》者也。”

【注释】

①温柔、敦厚，《诗》教也：孔疏：“《诗》依违讽谏，不指切事情。”

②疏通、知远，《书》教也：孔疏：“《书》录帝王言诰，举其大纲。事非繁密，是疏通。上知帝皇之世，是知远也。”

③广博、易良，《乐》教也：孔疏：“《乐》以和通为体，无所不用，是广博。简易良善，使人从化，是易良。”

④絜静、精微，《易》教也：孔疏：“《易》之于人，正则获吉，邪则获凶，不为淫滥，是絜静。穷理尽性，言入秋毫，是精微。”絜，通“洁”。

⑤恭俭、庄敬，《礼》教也：孔疏：“《礼》以恭逊、节俭、齐庄、敬慎为本，若人能恭敬节俭，是礼之教也。”

⑥属(zhǔ)辞、比(bì)事，《春秋》教也：孔疏：“《春秋》聚合会同之辞，是属辞。比次褒贬之事，是比事也。”属，连缀。比，排比。

⑦失：指过度强调而不能节制平衡各种教化功能，便会有所缺失。

⑧深于《诗》：孔疏：“深达于《诗》之义理，能以《诗》教民也。”

【译文】

孔子说：“进入一个国家，观察民情风俗就可以知道这个国家的教化如何。国民的为人表现，如果是言语温柔、性情敦厚，那就是《诗》的教化作用；如果是事物通达、知晓古史，那就是《书》的教化作用；如果是和通广博、简易善良，那就是《乐》的教化作用；如果是正邪洁静、精深微妙，那就是《易》的教化作用；如果是恭逊节俭、庄重敬慎，那就是《礼》的教化作用；如果是善于连缀文辞、褒贬排比，那就是《春秋》的教化作用。所以，如果《诗》教失误，会令人愚笨鲁钝；如果《书》教失误，会令人烦苛诬枉；如果《乐》教失误，会令人奢侈淫靡；如果《易》教失误，会令人相互伤害；如果《礼》教失误，会令人繁缛细琐；如果《春秋》教失误，会令人犯上作乱。国民的为人表现，如果能言语温柔、性情敦厚而不愚笨鲁钝，那便是精通《诗》义、以《诗》教民的成果;如果能事物通达、知晓古史而不烦苛诬枉,那便是精通《书》义、以《书》教民的成果;如果能和通广博、简易善良而不奢侈淫靡,那便是精通《乐》义、以《乐》教民的成果;如果能正邪洁静、精深微妙而不相互伤害,那便是精通《易》义、以《易》教民的成果;如果能恭逊节俭、庄重敬慎而不繁缛细琐,那便是精通《礼》义、以《礼》教民的成果;如果能连缀文辞、褒贬排比,而不犯上作乱,那便是精通《春秋》之义、以《春秋》教民的成果。"

天子者,与天地参[①],故德配天地,兼利万物,与日月并明,明照四海,而不遗微小。其在朝廷则道仁圣、礼义之序[②],燕处则听《雅》、《颂》之音[③],行步则有环佩之声,升车则有鸾、和之音[④]。居处有礼[⑤],进退有度,百官得其宜,万事得其序。《诗》云:"淑人君子,其仪不忒。其仪不忒,正是四国。"[⑥]此之谓也。

【注释】

①参:通"三"。

②道(dǎo):引导。

③燕处:退朝而居。《雅》、《颂》:见《乐记》"夫乐者,乐也"节注④。

④鸾、和:鸾与和,都是马车上的装饰性的车铃,随着马跑车动而鸣响。

⑤居处:指在朝廷上及退朝而居。

⑥"《诗》云"以下四句:出自《诗经·曹风·鸤鸠》。忒(tè),差错。

【译文】

天子,与天、地并列而三,所以天子的德行与天地相配,恩泽普及万物,光芒与日月齐明,光照四海而不遗漏任何微小之处。天子在朝廷,就用仁圣、礼义的规范来引导臣下；退朝而居时，就欣赏《雅》、《颂》之乐；迈步行走时，佩戴的玉环、玉佩伴随着脚步而发声；登车上路时，马车上的鸾铃、和铃伴随着车马行进而鸣响。在朝廷、在居所行为都合乎礼仪，进退举止皆有法度，让百官各得其所，万事都井然有序。《诗经·曹风·鸤鸠》说："那善良的君子，他的仪表美好无差错。他的仪表美好无差错，可以作为四方各国的表率。"说的就是这个意思。

发号出令而民说谓之"和"[1]，上下相亲谓之"仁"，民不求其所欲而得之谓之"信"，除去天地之害谓之"义"。义与信，和与仁，霸、王之器也。有治民之意而无其器，则不成。

【注释】

①说（yuè）：同"悦"。

【译文】

发号施令而人们感到喜悦就称为"和"，上下之间相亲相爱就称为"仁"，人们不须提出要求便能得到想要的东西就称为"信"，去除天地之间的灾害就称为"义"。义与信，和与仁，是霸者、王者治理天下的工具。有治理人们的意愿却没有治理的工具，那是不能成功的。

礼之于正国也，犹衡之于轻重也，绳墨之于曲直也，规矩之于方圜也。故衡诚县[1]，不可欺以轻重；绳墨诚陈，不可欺以曲直；规矩诚设，不可欺以方圜；君子审礼，不可诬以奸诈。是故隆礼、由礼[2]，谓之有方之士；不隆礼、不由礼，谓之无方之民，敬让之道也。故以奉宗庙则敬，以入朝廷则贵贱有位，以处室家则父子亲，兄弟和，以处乡、里则长幼有序。

孔子曰："安上治民，莫善于礼。"此之谓也。

【注释】

①县(xuán)：同"悬"。

②隆礼、由礼：孔疏："隆，盛也。由，行也。"

【译文】

礼对于治理国家的作用，就如同秤对于度量轻重，墨斗线绳对于测量曲直，圆规矩尺对于画方画圆。所以把秤实实在在地挂上，度量轻重有了标准就不能任意欺骗人；把墨斗线绳实实在在地拉开，测量曲直有了标准就不能任意欺骗人；把圆规矩尺实实在在地陈设，画方画圆有了标准就不能任意欺骗人；君子明礼、懂礼，就无法以奸诈来欺骗他。所以重视礼、践行礼的，称为有道之人；不重视礼、不践行礼的，称为无道之人，这就是恭敬谦让之道。所以以礼来奉事宗庙祖先，就会以崇敬之心行事；让礼进入朝廷，就能使百官各有其位，贵贱各得其所；以礼来管理家庭，就能使父子相亲、兄弟和睦；以礼来治理乡里，就能使长幼有序。孔子说："使君主安心，治理百姓，没有比礼更好的。"说的就是这个意思。

故朝觐之礼，所以明君臣之义也；聘问之礼，所以使诸侯相尊敬也；丧祭之礼，所以明臣子之恩也；乡饮酒之礼，所以明长幼之序也；昏姻之礼，所以明男女之别也。夫礼禁乱之所由生，犹坊止水之所自来也①。故以旧坊为无所用而坏之者，必有水败；以旧礼为无所用而去之者，必有乱患。

【注释】

①坊：或作"防"，堤防。

【译文】

所以朝觐之礼，是用来明确君臣关系的大义的；聘问之礼，是用来使诸侯之间互相尊敬的；丧祭之礼，是用来表明臣下对君上、人子对父母的感恩之情的；乡饮酒之礼，是用来明确长幼之序的；婚姻之礼，是用来表明男女有别的。礼，用于防止纷乱的发生，就如同堤坝防止水患的发生。所以，如果认为旧的堤坝没有用处而加以破坏，就一定会发生水患；认为旧礼没有用处而予以废除，就必定发生危乱祸患。

故昏姻之礼废，则夫妇之道苦，而淫辟之罪多矣；乡饮酒之礼废，则长幼之序失，而争斗之狱繁矣；丧祭之礼废，则臣子之恩薄，而倍死、忘生者众矣[①]；聘、觐之礼废，则君臣之位失，诸侯之行恶，而倍畔侵陵之败起矣[②]。

【注释】

①倍：通“背”，背弃。

②倍畔侵陵：即背叛侵凌。

【译文】

因此，如果废除婚姻之礼，那么夫妇之道就难以顺利维系，而淫乱邪僻的罪恶就会增多；如果废除乡饮酒之礼，那么长幼之序就难以正常维系，而争斗的狱讼就会增多；如果废除丧祭之礼，那么臣下、人子对君上、对父母的恩情就会淡薄丧失，而背叛死者、忘记君父的人就会增多；如果废除聘问、朝觐之礼，那么君臣上下关系就会遭到破坏，诸侯会行乱作恶，而背叛君王、相互侵凌的祸乱就会产生。

故礼之教化也微，其止邪也于未形，使人日徙善远罪而不自知也，是以先王隆之也。《易》曰[①]：“君子慎始，差若豪氂[②]，缪以千里[③]。”此之谓也。

【注释】

①《易》：所引之文，今本《周易》无此文。孔疏说“此《周易·系辞》文也”，但今本《系辞传》未见。

②豪氂（lí）：形容数量极少。豪，通“毫”。氂，通“厘”。

③缪（miù）：错误。

【译文】

所以，礼的教化作用是细微而隐形的，它在邪恶还没形成或产生时就予以防止，让人在不知不觉中日趋善良、远离罪恶，因此先王特别重视它。《周易》上说：“君子慎重地对待事情的起始，一开始的误差仅仅只有一毫一厘，最后导致的错误会有千里那么大。”说的就是这个意思。

哀公问第二十七

【题解】

郑玄《礼记目录》云："名曰'哀公问'者，善其问礼，著谥显之也。"

篇名当取首句前三字。哀公，是春秋末期鲁国的鲁哀公。哀公所问主要是二事，一是问礼，二是问政。用哀公问、孔子答的形式阐述为政先礼，礼为政教之本的精神。《大戴礼记》中有《哀公问于孔子》篇，与本篇基本相同。又，《孔子家语·大婚解》与《问礼》，也有相同的内容。

哀公问于孔子曰："大礼何如？君子之言礼，何其尊也？"孔子曰："丘也小人，不足以知礼。"君曰："否，吾子言之也。"孔子曰："丘闻之，民之所由生，礼为大。非礼无以节事天地之神也，非礼无以辨君臣、上下、长幼之位也，非礼无以别男女、父子、兄弟之亲，昏姻、疏数之交也[①]。君子以此之为尊敬然，然后以其所能教百姓，不废其会节。有成事，然后治其雕镂、文章、黼黻以嗣[②]。其顺之，然后言其丧筭[③]，备其鼎、俎，设其豕、腊[④]，修其宗庙，岁时以敬祭祀，以序宗族。即安其居，节丑其衣服[⑤]，卑其宫室，车不雕幾[⑥]，器不刻镂，食不贰味，以与民同利。昔之君子之行礼者如此。"公曰：

“今之君子，胡莫之行也[⑦]？”孔子曰：“今之君子，好实无厌[⑧]，淫德不倦，怠荒敖慢，固民是尽[⑨]，午其众以伐有道[⑩]，求得当欲，不以其所。昔之用民者由前，今之用民者由后，今之君子莫为礼也。”

【注释】

①疏数（shuò）：交际往来稀疏或密切。

②文章：指斑斓的花纹。黼黻（fǔ fú）：见《丧大记》“饰棺”节注④⑥。以嗣：据《孔子家语·问礼》，此二字当作“以别尊卑上下之等”，文意方通，今从。

③丧筭（suàn）：指“五服”的年月数。筭，同“算”。

④腊（xī）：干肉。

⑤“即安其居”二句：《大戴礼记·哀公问于孔子》作“则安其居处，丑其衣服”，从。丑，类。

⑥幾（qí）：指雕镂出的凹凸有致的纹饰。

⑦胡：什么，何。

⑧实：指财货。《大戴礼记·哀公问于孔子》作“色”。

⑨固民是尽：孙希旦引陈澔说，“固”是“固获”之义，即以力取得。

⑩午：孔疏：“忤也；忤，违逆也。”

【译文】

鲁哀公问孔子说：“大礼是怎样的呢？君子在谈礼的时候，为什么要那样尊重？”孔子回答说：“我孔丘只是一个小人物，还不够格知礼呢。”哀公说：“不，还是请您说一说。”孔子答说：“我听说，人们在生存中要依凭的，礼是最重要的。没有礼，就无法按规定事奉天地神灵；没有礼，就无法按地位分辨君臣、上下、长幼；没有礼，就无法按亲疏区别男女、父子、兄弟的关系，以及婚姻、友朋交往的疏密。因此君子对礼是十分尊重的，然后才以自己的能力来教导民众，使他们举行典礼不要错过了时节。有了成效，然后置办雕镂纹饰的礼器、绘有图案的礼服，以区分尊卑上下的等级。百姓都顺从礼仪，然后对居丧的人按照五服的服等计算守丧年月，准备好鼎、俎一类的祭器，置办猪肉、干肉等祭品，修葺宗庙，每年都按时恭敬地举行祭祀，按辈分排定宗族内的长幼次序。安顿好自己的居所，穿着自己应穿的衣服，所住的宫室要合乎标准、低矮一些，乘坐的车子不雕刻凹凸的纹饰，使用的器具不镂铸图案，吃饭也不吃两种菜肴，以表示与民众同甘共苦不奢侈。从前君子就是这样行礼的。"哀公听后又问："现在的君子为什么不这样做了呢？"孔子说："现在的君子，喜好财货而贪得无厌，劣迹斑斑而没完没了，荒淫怠惰而态度傲慢，蛮横收敛民财要搜光刮尽，违逆众人的意志而侵伐有道的国家，为了求得自己的私欲，不择手段不讲道理。从前的君子治理民众是按前边说的那样做的，现在的君子治理民众是按后边说的那样做的，现在的君子没有讲礼行礼的了。"

孔子侍坐于哀公。哀公曰："敢问人道谁为大①？"孔子愀然作色而对曰②："君之及此言也，百姓之德也。固臣敢无辞而对③？人道政为大。"公曰："敢问何谓为政？"孔子对曰："政者，正也。君为正，则百姓从政矣。君之所为，百姓之所从也。君所不为，百姓何从？"公曰："敢问为政如之何？"孔子对曰："夫妇别，父子亲，君臣严，三者正，则庶物从之矣④。"公曰："寡人虽无似也⑤，愿闻所以行三言之道，可得闻乎？"孔子对曰："古之为政，爱人为大。所以治爱人，礼为大。所以治礼，敬为大。敬之至矣，大昏为大⑥，大昏至矣。大昏既至，冕而亲迎，亲之也。亲之也者，亲之也。是故君子兴敬为亲，舍敬，是遗亲也。弗爱不亲，弗敬不正。爱与敬,其政之本与?"

【注释】

①人道:治人之道。

②愀(qiǎo)然:郑注:"变动貌也。"指脸色变得严肃的样子。

③固臣:谦辞。固陋之臣。

④庶物:众事。

⑤无似:郑注:"犹言不肖。"

⑥大昏:指国君的婚礼。

【译文】

孔子陪侍在哀公身边。哀公问道:"请问治理人的方法中,什么最为重要?"孔子变了脸色严肃地答道:"国君能问出这样的话来,是百姓的福气。固陋之臣哪敢不回答呢?治理人的方法中,为政最为重要。"哀公问道:"请问什么叫为政呢?"孔子回答说:"政,就是正的意思。国君为正道,百姓就能服从政令。国君的所为,正是百姓所服从的。国君如果不作为,百姓服从些什么呢?"哀公又问:"请问应当如何为政呢?"孔子答道:"夫妇有别,父子相亲,君臣相敬,这三件事摆正了,其他各项事情就都能跟着摆正了。"哀公说:"寡人虽然不肖,但很想听听怎样实行这三句话的方法,可以说说吗?"孔子答说:"古时候的为政,把爱别人看得最为重要。要做到爱别人,礼最为重要。要做到有礼,恭敬最为重要。最大最高的恭敬,就是国君的大婚典礼。国君的大婚典礼的日子到了,国君要头戴冠冕身穿礼服亲自去迎娶新娘,这是表示对新娘的亲爱之情。表示对新娘的亲爱之情,就是亲爱新娘。所以君子用尊敬表示亲爱,舍弃了尊敬就抛掉了亲爱。没有爱就没有亲,没有敬就没有正。爱与敬,应该是为政的根本吧?"

公曰："寡人愿有言然。冕而亲迎，不已重乎[①]？"孔子愀然作色而对曰："合二姓之好[②]，以继先圣之后，以为天地、宗庙、社稷之主，君何谓已重乎？"公曰："寡人固[③]。不固，焉得闻此言也！寡人欲问，不得其辞，请少进！"孔子曰："天地不合，万物不生。大昏，万世之嗣也，君何谓已重焉！"孔子遂言曰："内以治宗庙之礼，足以配天地之神明；出以治直言之礼[④]，足以立上下之敬。物耻足以振之，国耻足以兴之[⑤]。为政先礼，礼其政之本与！"孔子遂言曰："昔三代明王之政，必敬其妻子也，有道。妻也者，亲之主也，敢不敬与？子也者，亲之后也，敢不敬与？君子无不敬也。敬身为大。身也者，亲之枝也，敢不敬与？不能敬其身，是伤其亲；伤其亲，是伤其本；伤其本，枝从而亡。三者，百姓之象也。身以及身，子以及子，妃以及妃[⑥]，君行此三者，则忾乎天下矣[⑦]，大王之道也[⑧]。如此，则国家顺矣。"

【注释】

①已：郑注："犹大(tài)也。"即太，甚。

②合二姓之好：上古同姓不婚。《曲礼上》有："取妻不取同姓。"

③固：固陋。

④直：正。言：政教。

⑤"物耻"二句：孔疏："谓臣之职事有可耻愧者，其礼足以救之"；"谓君于治国有可耻愧者，其礼足以兴起之也"。振，救。

⑥妃：指配偶。

⑦则忾(xì)乎天下矣：《孔子家语·大昏》作："则大化忾乎天下矣。"王注："忾，满也。"朱彬《训纂》引王念孙曰："忾，训为'满'，于义

为长。”

⑧大王：即古公亶父，周人始祖。大，同“太”。

【译文】

哀公说：“寡人想插一句话。戴着冠冕穿着礼服亲自去迎娶，这不是太隆重了吗？”孔子正色严肃地回答说：“结合两个族姓的婚姻，以继承先圣的后嗣，作为祭祀天地、宗庙、社稷的主持人，国君怎么能说戴着冠冕穿着礼服亲自去迎娶是太隆重了呢？”哀公说：“寡人真是顽固鄙陋。可如果不是顽固鄙陋，怎么能听到您这番话呢！寡人还有想问的，还不知如何措辞，就请您再稍稍继续作些解释吧！”孔子说：“天地阴阳之气不合，万物就不能生长。国君的大婚之礼，就是为了子孙万世的后嗣，国君怎么能说戴着冠冕穿着礼服亲自去迎娶是太隆重了呢！”孔子接着说：“国君大婚后夫妇在家内要共同举行祭祀宗庙之礼，足以与天地日月神明相配；在家外要推行政教、颁布政令，足以建立上下相互敬重的关系。臣子行事中有耻辱有失误，用礼可以来救助纠正；国家事务中有耻辱有失误，用礼可以来重振复兴。为政要以礼为先导，礼乃是为政的根本啊！”孔子又接着说：“从前夏、商、周三代贤明的君王为政，必定尊敬妻与子，这是有道理的。妻，是祭祀双亲的一主祭，敢不尊敬吗？子，是双亲的后代，敢不尊敬吗？君子是没有不尊敬妻与子的。敬，又以敬爱自身最为重要。因为自己的身体，是从双亲那里分离出来的枝条，怎么敢不敬爱呢？不能敬爱自身，就是伤害双亲；伤害双亲，也就伤害根本；伤害了根本，分离出来的枝条也就跟着灭亡了。自身、妻、子这三者的组合，就是百姓的代表和象征。由敬爱自身推广到敬爱百姓之身，由敬爱己之子推广到敬爱百姓之子，由敬爱自己的配偶推广到敬爱百姓的配偶，国君能做到这三条，那人们就能普沾教化、天下大治，太王亶父就是这样治理国家的。这样，国家发展就顺利了。”

公曰：“敢问何谓敬身？”孔子对曰：“君子过言则民作

辞，过动则民作则[1]。君子言不过辞，动不过则，百姓不命而敬恭。如是，则能敬其身，能敬其身，则能成其亲矣[2]。”

【注释】

①“君子过言”二句：郑注：“君之言虽过，民犹称其辞；君之行虽过，民犹以为法。”

②则能成其亲矣：孙希旦引马晞孟说：“能敬身，则能立身扬名以显父母矣。”

【译文】

哀公问：“请问什么叫敬爱自身呢？”孔子回答说：“君子即使说错了话，百姓还当作是对的；君子即使做错了事，百姓也还当作是法则。君子如果能够不说错话，不做错事，那么百姓不用下令就能恭恭敬敬地服从。如果能做到这样，就能够敬爱自身，能够敬爱自身，就能够成就双亲的名声了。”

公曰：“敢问何谓成亲[1]？”孔子对曰：“君子也者，人之成名也。百姓归之名，谓之‘君子之子’。是使其亲为君子也，是为成其亲之名也已。”

孔子遂言曰：“古之为政，爱人为大。不能爱人，不能有其身；不能有其身，不能安土；不能安土，不能乐天[2]；不能乐天，不能成其身。”公曰：“敢问何谓成身？”孔子对曰：“不过乎物[3]。”

【注释】

①何谓成亲：孔疏：“谓己为君子所生之子，是己之修身，使其亲有

君子之名，是修身成其亲也。”

②不能乐天：郑注：“不知己过而怨天也。”乐天，指天赐之乐。

③不过乎物：孙希旦引朱子说：“《家语》作‘夫其行己也不过乎物，谓之成身。不过乎物，是天道也’。以上下文推之，当从《家语》。”

【译文】

哀公问：“请问什么叫做成就其双亲的名声？”孔子回答说：“被人们称为君子，就是成就的名声。百姓把美名赠送给他，叫他‘君子之子’。这就是说他的父亲是君子，这就是成就了他的父亲的名声。”

孔子接着说：“古人为政，把爱人看得最为重要。不能爱人，就不能保有自身；不能保有自身，就不能安全居处；不能安全居处，就不能愉快地享受天赐之乐；不能愉快地享受天赐之乐，就不能成就自身。”哀公又问：“请问什么叫做成就自身？”孔子回答说：“不逾越事物的天理。”

公曰：“敢问君子何贵乎天道也？”孔子对曰：“贵其不已。如日月东西相从而不已也，是天道也。不闭其久①，是天道也。无为而物成，是天道也。已成而明②，是天道也。”

【注释】

①不闭其久：孙希旦引朱子说：“当从《家语》作‘不闭而能久’。”

②已成而明：孔疏：“言天之生物已能成就，而功之明著。”

【译文】

哀公问：“请问君子为什么特别尊重天道？”孔子回答说：“尊重它的永不止息。如同太阳、月亮相随从，东升西落永在运行而不止息，这就是天道。不闭塞而又能久久长长，这就是天道。无所作为，而使万物生成，这就是天道。生成万物，而功业明白显著，这就是天道。”

公曰："寡人蠢愚、冥烦[①]，子志之心也[②]。"孔子蹴然辟席而对曰[③]："仁人不过乎物，孝子不过乎物。是故仁人之事亲也如事天，事天如事亲。是故孝子成身。"

公曰："寡人既闻此言也，无如后罪何？"孔子对曰："君之及此言也，是臣之福也。"

【注释】

①冥烦：不明事理。

②志：通"识"，记住。

③蹴(cù)然：局促不安的样子。辟(bì)席：离开席位。

【译文】

哀公说："寡人愚蠢不明事理，您心里也是知道的。"孔子听后不安地离开席位说："仁人不会逾越事物的天理的，孝子不会逾越事物的天理的。所以，仁人事奉父母如同事奉上天，事奉上天如同事奉父母。所以孝子能够成就自身。"

哀公说："寡人已经听到这番话了，怕以后仍然会犯错，那可怎么办？"孔子回答说："国君能说出这样的话，已是臣下的福气了。"

仲尼燕居第二十八

【题解】

郑玄《礼记目录》曰:“名曰‘仲尼燕居’者,善其不倦。”

本篇题是摘取篇首句四字。燕居,指无事闲居时。本篇借孔子与子张、子贡、言游的对话,来说明礼的内容、本质、作用和意义。

仲尼燕居,子张、子贡、言游侍①,纵言至于礼②。子曰:“居!女三人者③。吾语女礼,使女以礼周流④,无不遍也。”子贡越席而对曰:“敢问何如?”子曰:“敬而不中礼谓之野,恭而不中礼谓之给⑤,勇而不中礼谓之逆。”子曰:“给夺慈仁。”子曰:“师!尔过,而商也不及⑥。子产犹众人之母也⑦,能食之,不能教也。”子贡越席而对曰:“敢问将何以为此中者也?”子曰:“礼乎礼!夫礼,所以制中也。”

【注释】

①子张、子贡、言游:子张,即颛孙师,字子张。子贡,端木赐,字子贡。言游,即言偃,字子游。皆孔子弟子。见《檀弓上》节。

②纵言:郑注:“泛说事。”

③女：通“汝”。

④周流：孔疏：“谓周旋流转。”

⑤给（jǐ）：孔疏：“谓捷给，便僻。”指巧舌如簧，逢迎谄媚之貌。

⑥商：孔子弟子子夏的名。

⑦子产：春秋时郑国的执政大夫。

【译文】

孔子闲居在家，子张、子贡、子游在一旁侍立，谈论中说到了礼。孔子说：“你们三人都坐下！我来告诉你们什么是礼，让你们能够周游四方运用礼，不会有不合乎礼的地方。”子贡离开坐席问道：“请问礼是怎样的呢？”孔子说：“貌似敬却不合乎礼的要求，那是鄙俗；貌似恭却不合乎礼的要求，那叫谄媚；貌似勇却不合乎礼的要求，那是逆乱。”孔子又说：“巧言谄媚会搅乱了仁慈。”孔子又说：“师，你做事有点儿过头，而商做事又有点儿不够。子产，好像是众人的母亲，管着大家让他们都能吃饱，可是却不能教育他们。”子贡又离开坐席问道：“请问，要怎样做才能做到适中呢？”孔子说：“礼呀礼！就是要用礼来制约、调节使之适中。”

子贡退，言游进曰：“敢问礼也者，领恶而全好者与[①]？”子曰：“然。”“然则何如？”子曰：“郊、社之义，所以仁鬼神也[②]；尝、禘之礼，所以仁昭穆也；馈、奠之礼，所以仁死丧也；射、乡之礼，所以仁乡党也；食、飨之礼，所以仁宾客也。”子曰：“明乎郊、社之义，尝、禘之礼，治国其如指诸掌而已乎[③]！是故以之居处有礼，故长幼辨也；以之闺门之内有礼，故三族和也[④]；以之朝廷有礼，故官爵序也；以之田猎有礼，故戎事闲也[⑤]；以之军旅有礼，故武功成也。是故宫室得其度，量、鼎得其象[⑥]，味得其时[⑦]，乐得其节，车得其式[⑧]，鬼神得其飨，丧纪得其哀，辨说得其党[⑨]，官得其体，政事得其施。

加于身而错于前，凡众之动得其宜。”

【注释】

①领恶而全好者与：孔疏：“子游问礼之为体，治去恶事而留全善事者与。”指去除恶事，保留善事。领，治。

②仁：孔疏：“谓仁恩，相存念也。”

③治国其如指诸掌而已乎：治理国家，大概就像把放在自己手掌上的东西指给别人看一样容易。语出《论语·八佾》：“或问禘之说。子曰：‘不知也。知其说者之于天下也，其如示诸斯乎！’指其掌。”

④三族：父、子、孙三代。

⑤闲：通“娴”，娴熟。

⑥量：斗、斛等量器。

⑦味得其时：四时有其相适宜的味道。详见《月令》篇。

⑧式：规格式样。

⑨辨说得其党：即《曲礼下》所言“在官言官，在府言府，在库言库，在朝言朝”之义。

【译文】

子贡退下，子游上前问道：“请问所谓的礼，是不是就是去除丑恶之事而保留美好之事呢？”孔子说：“是的。”子游又问道：“那究竟怎么去做呢？”孔子说：“南郊祭天和祭祀社神的祭礼的意义，是对鬼神表示存念与仁爱；尝祭、禘祭之礼的意义，是对祖先昭穆前辈表示存念与仁爱；馈食、奠祭之礼的意义，是对死者表示存念与仁爱；乡射礼、乡饮酒礼的意义，是对乡党表示存念与仁爱；食礼和飨礼的意义，是对宾客表示存念与仁爱。”孔子接着说：“明白了郊天祭地的意义，知晓了尝祭和禘祭的礼仪，那么治理国家就好像把手掌上的东西拿给人看一样容易！所以，礼到居处，日常居处有礼，长幼就能分辨清楚了；礼到家门，家门之内有礼，父、子、孙三代就能和睦相处了；礼到朝廷，朝廷宫中有礼，官职爵位就守秩序了；礼到田猎，田猎操演有礼，军事训练就娴熟了；礼到军营，军队军营有礼，作战就能成功取胜。所以，因为有礼，宫室的高矮大小建造就有了制度，量器鼎鼐的式样纹饰就有了规范，酸苦辛咸四季的味道就依照时节搭配，管弦丝竹乐器的演奏就有了节拍，乘坐的车辆大小奢简就有了规定，不同的鬼神各自得到了祭飨，五服亲疏的丧事丧主各表哀伤，《诗》《书》《礼》《乐》分辨论述各说义理，设官分职各得尊卑各在其位，布政治事各得其所各司其职。如果人人都将礼施行于自身，并放在所有事的最前面，那么众人的举动行为都能各得其宜。”

子曰：“礼者何也？即事之治也。君子有其事必有其治。治国而无礼，譬犹瞽之无相与，伥伥乎其何之[①]？譬如终夜有求于幽室之中，非烛何见？若无礼，则手足无所错，耳目无所加，进退、揖让无所制。是故以之居处，长幼失其别，闺门、三族失其和，朝廷、官爵失其序，田猎、戎事失其策，军旅、武功失其制，宫室失其度，量、鼎失其象，味失其时，乐失其节，车失其式，鬼神失其飨，丧纪失其哀，辨说失其党，官失其体，政事失其施。加于身而错于前，凡众之动失其宜，如此，则无以祖洽于众也[②]。”

【注释】

①伥伥（chāng）：茫然若失的样子。

②祖洽：郑注：“祖，始也。洽，合也。言失礼无以为众倡始，无以和合众。”

【译文】

孔子说：“礼是什么呢？就是对事情的治理处理。君子有要做的事，就有处理这件事的办法。治理国家如果没有礼，那就好像盲人走路而没有引导的人，迷茫中要去向何处呢？又好像整夜在暗室之中寻找什么，没有烛光能看见什么呢？如果没有礼，手脚就不知该往哪儿放，耳朵就不知该听什么，眼睛就不知该看什么，进退、揖让就不知该怎样安排自己的举措。所以，如果居处没有礼，长幼上下就不能辨别；家门之内没有礼，父、子、孙三代就不能和睦相处；朝廷宫中没有礼，官职爵位就没有秩序；没有礼，田猎军事就没有策划；没有礼，军队作战就不能制胜；没有礼，宫室的高低大小就没有了制度；没有礼，量器鼎鼐的式样纹饰就没有了规范；没有礼，酸苦辛咸的味道就没有了依照四季的搭配；没有礼，管弦丝竹乐器的演奏就没有了节拍；没有礼，乘坐的车辆大小奢简就没有了规定；没有礼，不同的鬼神就没有了各自的祭飨；没有礼，五服亲疏的丧事就没有了丧主各自的哀伤；没有礼，《诗》《书》《礼》《乐》的辩论就没有了各派的义理；没有礼，设官分职就没有了各得其位；没有礼，布政治事就没有了各司其职。如果不能将礼施行于自身，并放在所有事的最前面，那么众人的举动行为都不能各得所宜，这样就不能领导和团结众人了。”

子曰：“慎听之，女三人者！吾语女：礼犹有九焉[①]，大飨有四焉[②]。苟知此矣，虽在畎亩之中[③]，事之，圣人已。两君相见，揖让而入门，入门而县兴[④]，揖让而升堂，升堂而乐阕[⑤]。下管《象》、《武》[⑥]，《夏》籥序兴[⑦]，陈其荐、俎，序其礼乐，备其百官，如此而后，君子知仁焉。行中规[⑧]，还中矩[⑨]，和、鸾中《采齐》[⑩]，客出以《雍》[⑪]，彻以《振羽》[⑫]，是故君子无物而不在礼矣。入门而金作，示情也。升歌《清庙》，示德也。下而管《象》，示事也。是故古之君子，不必亲相与言也，以礼乐相示而已。”

【注释】

①礼犹有九焉：关于这九项的具体内容，历来众说纷纭，莫衷一是。

②大飨：诸侯之间举行的飨礼。四焉：孙希旦说，"金作示情，一也。升歌《清庙》示德，二也。下管《象》示事，三也。《武》《夏》籥序兴，四也。"

③畎(quǎn)亩：指田间、田野。畎，田间水沟。

④县(xuán)：乐悬，古代钟磬一类的乐器。泛代指打击乐。

⑤阕(què)：乐终。

⑥《象》、《武》：歌颂武王伐纣的乐舞，属于武舞。详见《文王世子》"天子视学"节注⑬⑭。孔疏："上少'升歌《清庙》'之一句。"按，下文有，可知此处亦应有。

⑦《夏》籥(yuè)：郑注："文舞也。"为歌颂禹的乐舞。籥，古代乐器。其形似笛，跳文舞时手执籥。

⑧行中规：孔疏："谓曲行。"

⑨还中矩：孔疏："谓方行。"

⑩《采齐》：乐名。

⑪《雍》：《诗经·周颂》篇章。《论语·八佾》："三家者以《雍》彻。"孙希旦说："王飨诸侯，彻(撤)时歌《雍》，宾出奏《肆夏》"；"两君相见，客出奏《雍》，彻(撤)时歌《振羽》"。

⑫《振羽》：《诗经·周颂》作"振鹭"。

【译文】

孔子说："仔细听好，你们三个人！我来告诉你们，礼，有九项内容，而大飨之礼占了其中的四项。如果能知道这些，即使是在垄亩中种地的农夫，依照这些去行事，也会被作为圣人对待的。两国国君相见，互相揖让进门，进门后用悬挂的钟磬乐器奏乐，再互相揖让而升堂，升堂后音乐演奏结束。乐人在堂上演唱《清庙》，再下堂用管乐演奏并跳《象》、《武》舞，然后《夏》乐奏响，舞队手执籥随乐而跳，此时笾豆鼎俎盛着饭食牲体等食品一一陈设，礼仪和乐曲按顺序进行，百官们一齐在下守候，这样来访的国君就感受到了主人欢迎的情义。大飨时的礼仪，行走弯道时走出像圆规画的弧线，行走弯拐时走出像矩尺画的方折；行车时车上的銮、铃鸣响与《采齐》乐曲的节奏相协；客人出门时，要演奏乐曲《雍》，撤除宴席时，要演奏乐曲《振羽》，所以君子做事没有一件是不合乎礼的。客人刚一进门，悬挂的铜钟就敲响了，这是表示欢迎的敬意与感情。升堂歌唱《清庙》之诗，这是歌颂文王的崇高德行。下堂用管乐演奏舞曲《象》和《武》，这是表现武王的伐纣大事与功业。所以古代的君子不必亲口互相说话，通过礼乐就可以表情达意了。”

子曰：“礼也者，理也①；乐也者，节也②。君子无理不动，无节不作。不能《诗》，于礼缪③；不能乐，于礼素④。薄于德，于礼虚。”子曰：“制度在礼，文为在礼⑤，行之，其在人乎！”子贡越席而对曰：“敢问夔其穷与⑥？”子曰：“古之人与！古之人也。达于礼而不达于乐，谓之‘素’；达于乐而不达于礼，谓之‘偏’。夫夔达于乐而不达于礼，是以传于此名也，古之人也。”

【注释】

①礼也者，理也：孔疏：“理，谓道理，言礼者使万事合于道理也。”

②乐也者，节也：孔疏：“节，制也，言乐者使万物得其节制。”

③缪(miù)：谬误。

④素：郑注：“犹质也。”即质朴无文。

⑤文为在礼：孔疏：“人之文章所为，亦在于礼，言礼为制度、文章之本。”

⑥夔(kuí)：舜时的乐官。传说中夔为一足的怪兽。孔子说“是以传

于此名”，就是影射“一足”。

【译文】

孔子说：“礼，就是道理；乐，就是节制。如果没有道理，君子就不采取行动；如果没有节制，君子就不演奏音乐。不懂得《诗》，行礼时就会出现谬误；不懂得乐，行礼时就显得寡淡无文。道德浅薄，行礼也虚伪。”孔子说：“说制度是在讲礼，文章是在讲礼，真正实行起礼还是要靠人啊！”子贡离开席位说：“请问夔对礼的理解是不是很少？”孔子回答说：“说的是古人吗！是古代的那个人。通晓礼而不通晓乐，叫‘素’；通晓乐而不通晓礼，叫‘偏’。这个一足的夔，通晓乐却不通晓礼，所以传下这样一个名字，是个古人。”

子张问政。子曰：“师乎！前，吾语女乎！君子明于礼乐，举而错之而已[①]。”子张复问。子曰：“师！尔以为必铺几、筵，升降，酌、献、酬、酢[②]，然后谓之礼乎？尔以为必行缀兆[③]，兴羽籥[④]，作钟鼓，然后谓之乐乎？言而履之，礼也；行而乐之，乐也。君子力此二者，以南面而立，夫是以天下太平也。诸侯朝，万物服体[⑤]，而百官莫敢不承事矣。礼之所兴，众之所治也；礼之所废，众之所乱也。目巧之室[⑥]，则有奥、阼[⑦]，席则有上下，车则有左右，行则有随，立则有序，古之义也。室而无奥、阼，则乱于堂、室也；席而无上下，则乱于席上也；车而无左右，则乱于车也；行而无随，则乱于涂也；立而无序，则乱于位也。昔圣帝、明王、诸侯，辨贵贱、长幼、远近、男女、外内，莫敢相逾越，皆由此涂出也。”三子者，既得闻此言也于夫子，昭然若发矇矣[⑧]。

【注释】

①错:通“措”。郑注:“犹施行也。”

②酌、献、酬、酢:见《乐记》“文侯曰:敢问溺音何从出也”节注⑨。

③缀兆:跳舞时行列的位置和进退的范围。

④羽籥(yuè):跳文舞时的舞具。见《文王世子》“凡学世子及学士”节注③。

⑤万物服体:孙希旦说:“言万事莫不顺其理也。”

⑥目巧:只凭眼力所视之巧设计建造,不讲究严格的规矩。

⑦奥:室内的西南角,是室内最尊的位置。阼:堂前东阶。主人上下堂所行之处。

⑧发矇(méng):指盲人眼睛复明。

【译文】

子张向孔子问政。孔子说:“师啊!你上前来,我来告诉你!就是君子通晓了礼乐,然后把它拿来用在为政上。”子张又进一步询问。孔子又说:“师!你以为一定要铺设案几、筵席,升阶下阶,酌酒、献酒、为宾客酬酒、为主人敬酒,那才叫做礼吗?你以为一定在画定行列站位的舞场内跳舞,挥动着羽毛和籥,敲击着钟鼓,那才叫做乐吗?话说出去了必定践行,这就是礼;践行了感到了快乐,这就是乐。君子只要尽力做到这两点,面朝南而立去为政,天下就太平了。诸侯都来朝见,万事万物无不服从顺应,百官没有敢不尽力奉职的。礼能够兴盛,民众得到治理;礼如果荒废,民众就会作乱。即使是仅凭眼力所视之巧设计,不讲究严格的规矩建造的屋室也有奥和阼阶,席位座次有上有下,乘车座位有左有右,走路行道有先有后,站立位子有序有次,这是自古以来就有的道理。如果屋室没有奥和阼阶,堂室的尊卑就会混乱;如果席位没有上下,座次的尊卑就会混乱;如果乘车没有左右,座位的尊卑就会混乱;如果走路没有先后,行道的尊卑就会混乱;如果站立没有次序,站位的尊卑就会混乱。从前圣明的帝王、诸侯,划定贵贱、长幼、远近、男女、内外的界限，不敢相互逾越，都是由于上面所说的原因。”三个学生听了孔子的这番讲解，好像盲人复明一样豁然开朗。

孔子闲居第二十九

【题解】

郑玄《礼记目录》:"善其无倦而不亵,犹使一弟子侍,为之说《诗》。"

本篇篇名取自首句四字。孔子与子夏的问答,其论为"民之父母"者,阐发《诗》义甚多。值得注意的是,本篇内容与《孔子家语·论礼》和上海博物馆从香港购回收藏的战国简本《民之父母》篇(见《上海博物馆藏战国楚竹书(二)》,上海古籍出版社 2002 年版)有不少相同处。

孔子闲居,子夏侍。子夏曰:"敢问《诗》云'凯弟君子,民之父母'①,何如斯可谓民之父母矣?"孔子曰:"夫民之父母乎,必达于礼乐之原,以致'五至',而行'三无'②,以横于天下③。四方有败④,必先知之。此之谓民之父母矣。"

【注释】

①凯弟君子,民之父母:见《诗经·大雅·泂酌》。凯弟,即恺悌。

②五至、三无:详见下文。

③以横于天下:上海博物馆藏战国楚简(以下简称"上博简")作"以皇于天下",横、皇,皆为充之意。

④败：忧患。

【译文】

孔子闲居在家，子夏陪侍一旁。子夏问道："请问《诗经》句说'平易和乐的君子，就好像百姓的父母'，怎样做才能称作百姓的父母呢？"孔子说："要成为百姓的父母，一定要通晓礼乐的本源，达到'五至'，做到'三无'，并将此施行于天下。四方有灾祸，他一定会先知道。能做到这些，就能称作是百姓的父母了。"

子夏曰："民之父母，既得而闻之矣。敢问何谓'五至'？"孔子曰："志之所至，诗亦至焉；诗之所至，礼亦至焉；礼之所至，乐亦至焉；乐之所至，哀亦至焉[1]；哀乐相生。是故正明目而视之[2]，不可得而见也；倾耳而听之，不可得而闻也；志气塞乎天地[3]。此之谓'五至'。"

【注释】

①"志之所至"八句：关于"五至"，上博简作"物之所至者，志亦至焉；志之所至者，礼亦至焉；礼之所至者，乐亦至焉；乐之所至者，哀亦至焉。"《孔子家语·论礼》作："志之所至，诗亦至焉；诗之所至，礼亦至焉；礼之所至，乐亦至焉；乐之所至，哀亦至焉。诗礼相成，哀乐相生。"

②是故正：《孔子家语·论礼》作"诗礼相成，哀乐相生，是以正"；上博简作"君子以正"。

③"明目而视之"至"志气塞乎天地"：上博简此五句在后文"三无"下，见下文注。《孔子家语·论礼》下还有"行之克于四海"一句。

【译文】

子夏说："如何成为百姓的父母，我已经听懂了。再请问什么叫做

‘五至’?”孔子回答说:“君王的心志所到达的地方,讴歌的诗也随之而至;讴歌的诗所到达的地方,礼也随之而至;礼所到达的地方,乐也随之而至;乐所到达的地方,哀也随之而至;哀与乐是相互影响而生成的。这些东西,擦亮眼睛去看,也无法看得见;竖起耳朵去听,也无法听得到;这是一种志气,充塞于天地之间。这就叫做‘五至’。”

子夏曰:“‘五至’既得而闻之矣,敢问何谓‘三无’?”孔子曰:“无声之乐,无体之礼,无服之丧,此之谓‘三无’①。”

【注释】

①上博简本“三无”是“无声之乐,无体之礼,无服之丧”,与本篇同。“此之谓‘三无’”前作“以此皇于天下。奚(倾)耳而圣(听)之,不可得而闻也;明目而视之,不可得而见也,而得既塞于四海矣”。

【译文】

子夏说:“已经听到了什么是‘五至’,再请问什么叫‘三无’?”孔子回答说:“没有歌声的音乐,没有身体揖让的礼仪,没有亲等丧服的丧礼,这就叫做‘三无’。”

子夏曰:“‘三无’既得略而闻之矣,敢问何诗近之?”孔子曰:“‘夙夜其命宥密’,无声之乐也①;‘威仪逮逮,不可选也’②,无体之礼也;‘凡民有丧,匍匐救之’,无服之丧也③。”

【注释】

①“夙夜”二句:上博简作:“孔子曰:‘善哉!商也将可学诗矣。‘成王不敢康,夙夜基命又(宥)密’,无声之乐也。’”夙夜其命宥(yòu)密,见《诗经·周颂·昊天有成命》。其,今本《毛诗》作

"基"。宥,深。密,静密。

②"威仪逮逮"二句:出自《诗经·邶风·柏舟》。逮逮,今本《毛诗》作"棣棣",娴雅安详的样子。上博简作"威仪迟迟",下有残阙。

③"凡民有丧"二句:出自《诗经·邶风·谷风》。匍匐,手足并行。这里是尽力的意思。上博简此处有残缺。

【译文】

子夏说:"有关'三无'已经听到了,请问什么诗句与'三无'的意义最接近呢?"孔子答说:"'日日夜夜谋政经营,让人们宽和宁静',这句诗最接近没有歌声的音乐之义;'君之仪态娴雅安详,人们学习效仿',这句诗最接近没有身体揖让的礼仪之义;'凡是别人家有了死丧,我就尽力去救助帮忙',这句诗最接近没有亲等丧服的丧礼之义。"

子夏曰:"言则大矣、美矣、盛矣!言尽于此而已乎?"孔子曰:"何为其然也?君子之服之也,犹有'五起'焉[①]!"子夏曰:"何如?"孔子曰:"无声之乐,气志不违;无体之礼,威仪迟迟;无服之丧,内恕孔悲[②]。无声之乐,气志既得;无体之礼,威仪翼翼;无服之丧,施及四国[③]。无声之乐,气志既从;无体之礼,上下和同;无服之丧,以畜万邦。无声之乐,日闻四方;无体之礼,日就月将[④];无服之丧,纯德孔明[⑤]。无声之乐,气志既起;无体之礼,施及四海;无服之丧,施于孙子。"[⑥]

【注释】

①五起:孔疏:"五种起发之事。"孙希旦说:"起,犹发也。言君子行此'三无',由内以发于外,由近以及于远,其次第有五也。"

②恕:同情。孔:很,非常。

③施(yì):蔓延,延及。

④日就月将：郑注："就，成也。将，大也。使民之效礼日有所成，至月则大矣。"即每天都有进步，每月都有成就。上博简作"日逑月相"，义同。

⑤孔明：显明。

⑥上博简这一节有部分文句残缺，其余内容基本相同。

【译文】

子夏说："您这些话真伟大，真美妙，真实在！那么这些话说到这里就是说尽了吧？"孔子说："怎么会说尽了呢？君子实行'三无'时，还有'五起'呢！"子夏说："'五起'都是什么呢？"孔子说："没有歌声的音乐，说明民意不违国君的心志；没有身体揖让的礼仪，说明君子仪态仍娴雅安详；没有亲等丧服的丧礼，说明君子内心同情且大悲。这是一。没有歌声的音乐，说明君子志得意满；没有身体揖让的礼仪，说明君子仪态温良恭敬；没有丧服的服丧，说明仁爱施及四方。这是二。没有歌声的音乐，说明君子意志民众服从；没有身体揖让的礼仪，说明上下和睦齐顺；没有亲等丧服的丧礼，说明君子以孝道抚恤万国。这是三。没有歌声的音乐，说明君子声名远扬传播四方；没有身体揖让的礼仪，说明君子日有进步月有成就；没有亲等丧服的丧礼，说明君子德行高尚非常显明。这是四。没有声音的音乐，说明君子志气已勃兴；没有身体揖让的礼仪，说明君子仪态万方遍及四海；没有丧服的服丧，说明君子的仁爱延及子孙万代。这是五。"

子夏曰："三王之德[①]，参于天地[②]，敢问何如斯可谓参于天地矣？"孔子曰："奉'三无私'以劳天下[③]。"子夏曰："敢问何谓'三无私'？"孔子曰："天无私覆，地无私载，日月无私照，奉斯三者以劳天下，此之谓'三无私'。其在《诗》曰：'帝命不违，至于汤齐。汤降不迟，圣敬日齐。昭假迟迟，上帝是祇，帝命式于九围。'[④]是汤之德也。天有四时，春秋冬夏，风雨霜露，无非教也。地载神气[⑤]，神气风霆[⑥]，风霆流形，庶物露生，无非教也。清明在躬，气志如神。耆欲将至，有开必先。天降时雨，山川出云。其在《诗》曰：'嵩高维岳，峻极于天。维岳降神，生甫及申。维申及甫，维周之翰。四国于蕃，四方于宣。'[⑦]此文武之德也。三代之王也，必先其令闻[⑧]。《诗》云'明明天子，令闻不已'[⑨]，三代之德也；'弛其文德，协此四国'[⑩]，大王之德也。"子夏蹶然而起[⑪]，负墙而立，曰："弟子敢不承乎！"

【注释】

①三王：指夏禹、商汤、周文王。

②参于天地：郑注："其德与天地为三也。"

③劳：以恩德招之使来。

④"其在《诗》曰"以下七句：出自《诗经·商颂·长发》。齐，通"跻"，升。假（gé），至。祇，敬。九围，九州之界。

⑤神气：孔疏："神妙之气。"

⑥风霆：狂风和雷霆。

⑦"《诗》曰"以下八句：出自《诗经·大雅·崧高》。嵩，今《毛诗》作"崧"，高貌。岳，指四岳，即东岳泰山、西岳华山、北岳恒山、南岳衡山。甫，甫侯，周穆王时大臣，一说为周宣王时的贤臣。申，申伯。与甫侯皆为姜姓之国。翰，榦，桢榦，指主干，栋梁之材。四国于蕃，四方于宣：郑笺："四国有难，则往扞御之，为之蕃屏。四方恩泽不至，则往宣畅之。"

⑧令闻：郑注："令，善也。言以名德善闻，天乃命之王也。"

⑨明明天子，令闻不已：出自《诗经·大雅·江汉》。明明，勤勉的

样子。

⑩“弛其文德”二句：亦出自《诗经·大雅·江汉》。弛，今本《毛诗》作“矢”，陈。

⑪蹶(jué)然：快速站起的样子。

【译文】

子夏问道：“夏禹、商汤、周文王的德行与天地相配而为三，请问怎么做才能称作与天地相配而为三呢？”孔子答说：“要遵奉‘三无私’的精神，以恩德慰劳天下招揽天下。”子夏又问：“请问什么叫做‘三无私’？”孔子答：“上天无私地覆盖万物，大地无私地承载万物，日月无私地照耀万物，遵奉这三条精神来慰劳天下招揽天下，就叫做‘三无私’。在《诗经》中有句说：‘上帝的命令不违背，一直到汤登上君位。汤颁下政令不迟缓，圣教庄严崇敬日隆。光明到来照耀天际，恭恭敬敬侍奉上帝，上帝命汤治理九州。’这就是商汤的美德。天有四时，春秋冬夏，刮风下雨，下露降霜，这些都是上天对世人的教化。大地承载着神妙之气，神妙之气导致狂风暴雷，狂风暴雷流布其形于天下，使得万物露出土地而生长，这些都是大地对世人的教化。自身德行清明，气志微妙如神。他统治天下的愿望将要实现，神灵为他做先导，必为他生下贤臣做辅弼。就像天将依时降雨，山川就先生成了云气吐出。在《诗经》中有句说：‘高高的山岭是四岳，高峻的山峰入云天。唯有四岳能降神，生下了甫侯和申伯。唯有甫侯和申伯，才是周的支柱与桢榦。他们作为屏藩捍卫国家，颂扬恩德四方宣扬。’这就是文王、武王的美德。夏、商、周三代的君王，在称王之前就已经有了美好的声誉。《诗经》中有句说：‘勤勉的天子，美名传扬无休止’，这就是三代圣王的美德；还有诗句说：‘施展他的文德，协和四方之国’，这就是太王亶父的美德。”子夏听到这里，猛地站了起来，倚墙而立，说：“学生怎么敢不接受老师的教导呢！”

坊记第三十

【题解】

郑玄《礼记目录》说："名'坊记'者，以其记'六艺'之义，所以坊人之失者也。"

坊，就是防。本篇记如何通过礼的节制作用来防止人们做错事，与后面的《表记》互为表里，相辅相成。《坊记》主记防范他人的过失，《表记》则在于为人们树立行为的表率。

子言之："君子之道，辟则坊与①？坊民之所不足者也。大为之坊，民犹逾之。故君子礼以坊德，刑以坊淫，命以坊欲②。"

【注释】

①辟（pì）：通"譬"。坊：同"防"。

②命：政令。

【译文】

孔子说："君子的治民之道，譬如防水的堤防吧？是防止百姓道德的不足的。即使大加防范，人们还是会有逾越的。所以君子用礼法来防范道德上的缺失,用刑罚来防范淫邪,用政令来防范贪欲。”

子云:“小人贫斯约①,富斯骄。约斯盗,骄斯乱。礼者,因人之情而为之节文②,以为民坊者也。故圣人之制富贵也,使民富不足以骄,贫不至于约,贵不慊于上③,故乱益亡。”

【注释】

①约:郑注:“犹穷也。”

②因人之情而为之节文:郭店楚简《性自命出》、上海博物馆藏楚墓竹简《性情》篇皆有:“礼乐,有为举之也。圣人比其类而论会之,观其先后而逆顺之,体其义而节文之,理其情而出入之,然后复以教。”

③慊(qiǎn):郑注:“恨、不满之貌也。”据孔疏,这是指国君制定了禄秩,臣子不应不满自己的禄爵比不上别人。

【译文】

孔子说:“小人贫寒就穷困,富有就骄纵。穷困就会做盗贼,骄纵就会为乱。礼,就是根据人的性情而进行调节制约,以对民众防范。所以圣人制定了节制富贵的礼法,使富有的人不至于骄纵,贫寒的人不至于穷困,身居贵位的人不会憎恶爵秩俸禄比他高的人,这样动乱就会消亡了。”

子云:“贫而好乐,富而好礼,众而以宁者①,天下其几矣②!《诗》云:‘民之贪乱,宁为荼毒。’③故制国不过千乘④,都城不过百雉⑤,家富不过百乘。以此坊民,诸侯犹有畔者⑥。”

【注释】

①众:大族众家。宁:安。

②天下其几矣:郑注:"言如此者寡也。"

③"《诗》云"以下二句:出自《诗经·大雅·桑柔》。

④乘(shèng):兵车。

⑤雉:高一丈、长三丈为一雉。

⑥畔:通"叛"。

【译文】

孔子说:"贫穷但能自得其乐,富贵但能谦和好礼,族人众多但能平安相处,这样的人天下很少呢!《诗经》上说:'人们因贪欲而为乱,宁愿身陷荼毒遭受苦难。'所以按规定诸侯国家依军赋征集的兵车不得超过一千辆,国都的城墙高度不得超过百雉,富足的卿大夫之家依军赋征集的兵车不得超过一百辆。就用这些办法来防范人们,诸侯还是有叛乱的。"

子云:"夫礼者,所以章疑别微,以为民坊者也。故贵贱有等,衣服有别,朝廷有位,则民有所让。"

【译文】

孔子说:"所谓礼,用来彰显疑惑、辨别隐微,从而对人们加以防范。所以要按照贵贱不同区分等级,按照尊卑差别穿着衣服,按照职务高下排定朝廷上的位子,这样人们就知道要有所谦让了。"

子云:"天无二日,土无二王,家无二主,尊无二上,示民有君臣之别也。《春秋》不称楚、越之王丧①,礼,君不称天,大夫不称君,恐民之惑也。《诗》云:'相彼盍旦,尚犹患之。'②"

【注释】

①《春秋》不称楚、越之王丧：郑注："楚、越之君僭号称王，不称其丧，谓不书葬也。"

②"《诗》云"以下二句：此为逸诗。相，视，看。盍旦，郑注："夜鸣求旦之鸟也，求不可得也，人犹恶其欲反昼夜而乱晦明，况于臣之僭君，求不可得之类，乱上下惑众也。"

【译文】

孔子说："天上没有两个太阳，地上没有两个帝王，一家没有两个主人，最高位上不能有两个尊者，这就是要向民众表示的君臣的差别。《春秋》因楚、越国国君僭越称王，国君死后不记载其下葬，按礼制规定，诸侯国君不能称天，大夫不能称君，恐怕民众产生困惑。《诗经》中说：'看看那夜里乱叫的盍旦鸟，人们是多么厌恶它。'"

子云："君不与同姓同车，与异姓同车不同服，示民不嫌也。以此坊民，民犹得同姓以弑其君。"

【译文】

孔子说："国君不与同姓的人同乘一车，与异姓的人可以同乘一车，但不穿相同的服装，这是向民众表示区别避免混乱。用这种礼法对人们加以防范，可还是有同姓之人弑杀国君的。"

子云："君子辞贵不辞贱，辞富不辞贫，则乱益亡。故君子与其使食浮于人也①，宁使人浮于食。"

【注释】

①故君子与其使食浮于人也：郑注："禄胜己则近贪，己胜禄则近

廉。”食，俸禄。浮，上。

【译文】

孔子说：“君子推辞高贵而不推辞卑贱，推辞富有而不推辞贫穷，这样动乱就会逐渐消亡。所以君子与其让所得的俸禄超过人所具有的能力，宁可让人所具有的能力超过所得的俸禄。”

子云：“觞酒、豆肉[1]，让而受恶，民犹犯齿。衽席之上[2]，让而坐下，民犹犯贵。朝廷之位，让而就贱，民犹犯君。《诗》云：‘民之无良，相怨一方。受爵不让，至于己斯亡。’[3]”

【注释】

①觞酒、豆肉：盛酒于觞，盛酒于豆。

②衽(rèn)席：飨、燕之会所设之席。

③“《诗》云”以下四句：出自《诗经·小雅·角弓》。孔疏：“言小人在朝，无良善之行，共相怨恨，各在一方，不相往来，又受爵禄不肯相让，行恶至甚，至于灭亡。”

【译文】

孔子说：“一觞酒、一豆肉，谦让推辞后接受不好的一份，君子就这样亲身践行并加以倡导，还是会有人冒犯长者。在飨、燕之会所设之席上，谦让推辞后坐下，君子就这样亲身践行并加以倡导，还是会有人冒犯尊者。在朝廷上站立的位次，谦让推辞后站到下方的贱位，君子就这样亲身践行并加以倡导，还是会有人冒犯君上。《诗经》中说：‘人们没有良善之行，各在一方相互抱怨。受爵受禄不知谦让，行恶多多终至灭亡。’”

子云：“君子贵人而贱己，先人而后己，则民作让。故称人之君曰‘君’，自称其君曰‘寡君’①。”

【注释】

①寡君：郑注：“犹言少德之君，言之谦。”

【译文】

孔子说：“君子尊重别人而贬抑自己，先人而后己，这样人们就会养成谦让的风气。所以称呼他国的国君叫‘君’，称呼本国的国君叫‘寡君’。”

子云：“利禄先死者而后生者，则民不偝①；先亡者而后存者②，则民可以托③。《诗》云：‘先君之思，以畜寡人。’④以此坊民，民犹偝死而号无告。”

【注释】

①偝(bèi)：背弃。

②亡者：孙希旦说：“谓出在国外者。存，谓在国者。”

③民可以托：孔疏：“谓在上以此化民，民皆仁厚，皆可以大事相付托也。”

④“《诗》云”以下二句：见《诗经·邶风·燕燕》。今本《毛诗》作“先君之思，以勖寡人”。勖，勉。

【译文】

孔子说：“功名利禄，应先给予死者而后给予生者，这样人们就不会背弃死者；先给予为国事奔波国外的人，后给予留在国内的人，这样教育出来的人们都仁厚可靠，可以托付大事。《诗经》中说：‘时刻思念先君，以此勉励寡人。’即使用这样一些方法防范人们，还是会有背弃死者而令死者家人伤心号哭无处申告的。”

子云："有国家者贵人而贱禄，则民兴让；尚技而贱车，则民兴艺。故君子约言，小人先言。"

【译文】

孔子说："国家掌权的人，如果以人才为尊贵而以爵禄为轻贱，那么人们尊重礼让人才的风气就会兴起了；如果以技艺为高尚而以车马为轻贱，那么人们学习技艺的风气就会兴起了。所以君子是说得少而做得多，小人是没做事就先说大话。"

子云："上酌民言[①]，则下天上施[②]；上不酌民言，则犯也；下不天上施[③]，则乱也。故君子信让以莅百姓，则民之报礼重。《诗》云：'先民有言，询于刍荛。'[④]"

【注释】

①酌：郑注："犹取也。"

②则下天上施：孔疏："既得民心，民皆喜悦，则在下之民仰君之德如天，敬此在上所施之恩泽，言受上恩泽如受之于天，尊之也。"

③下不天上施：孔疏："言在下之民若不仰君如天，敬此在上，则施之恩泽虽有君恩，而在下不领，则祸乱之事起也。"

④"《诗》云"以下二句：出自《诗经·大雅·板》。刍荛(chú ráo)，割草砍柴的人。

【译文】

孔子说："君上如果吸取民众的意见，那么在下的民众受到君上所施恩泽，敬仰如天；如果君上不吸取民众的意见，那么在下的民众就会犯上；在下的民众不敬仰君上，不领受君上的恩泽，就会发生动乱。所以君子用诚信谦让来对待百姓，民众就会以礼回报。《诗经》中说：'古人有话教导说,凡事问问割草砍柴人。'"

子云:"善则称人,过则称己,则民不争。善则称人,过则称己,则怨益亡。《诗》云:'尔卜尔筮,履无咎言。'①"子云:"善则称人,过则称己,则民让善。《诗》云:'考卜惟王,度是镐京。惟龟正之,武王成之。'②"子云:"善则称君,过则称己,则民作忠。《君陈》曰:'尔有嘉谋嘉猷,入告尔君于内,女乃顺之于外。曰:'此谋此猷,惟我君之德。'於乎!是惟良显哉!'③"子云:"善则称亲,过则称己,则民作孝。《大誓》曰:'予克纣,非予武,惟朕文考无罪。纣克予,非朕文考有罪,惟予小子无良。'④"

【注释】

①"《诗》云"以下二句:出自《诗经·卫风·氓》。履无咎言,今本《毛诗》"履"作"礼",意为卜筮本咎恶之言,致咎者在己。

②"《诗》云"以下四句:出自《诗经·大雅·文王有声》。镐(hào)京,西周国都,在今陕西西安附近。

③"《君陈》曰"以下七句:《君陈》为《尚书》篇名,今已亡佚,见于伪《古文尚书》者不可信。猷(yóu),计谋。於(wū)乎,呜呼。

④"《大誓》曰"以下六句:《泰誓》为《尚书》篇名,今已亡佚。伪《古文尚书》有《泰誓》上、中、下三篇,不可信。大,同"太"。文考,武王称其父文王。

【译文】

孔子说:"功绩归于他人,过失归于自己,这样民众就不会发生争执。功绩归于他人,过失归于自己,这样民众的怨恨就会日益消失。《诗经》上说:'占卜占筮,卦象本无恶言,有错都在自己。'"孔子说:"功绩归于他人，过失归于自己，这样民众就会谦让。《诗经》上说：‘武王向神灵问卜，谋划在镐京建都。龟出吉兆表示肯定，武王于是建成国都。’”孔子说：“功绩归于君王，过失归于自己，这样民众就会忠君。《君陈》上说：‘你有好主意、好计谋，告诉你的君王，朝内得到君王采纳，朝外就去实行推广。要说‘好主意，好计谋，都因国君的好德行。’呜呼！君王美好德行，多么高尚多么显明！’”孔子说：“功绩归于父母，过失归于自己，这样人们就会孝亲。《太誓》上说：‘我若战胜纣，不是因为我的武功强，是因为我的父亲有德没过错。纣若打败我，不是因为我的父亲有过错，而是因为我这个做儿子的不肖无功德。’”

子云：“君子弛其亲之过①，而敬其美。《论语》曰：‘三年无改于父之道，可谓孝矣。’②‘高宗’云：‘三年其惟不言，言乃讙。’③”

【注释】

①弛：郑注：“犹弃忘也。”

②“《论语》曰”以下二句：出自《论语·学而》。

③“‘高宗’云”以下二句：今《尚书》无《高宗》篇，孔疏：“此《尚书·说命》之篇，论高宗之事”，“《高宗》非《书》篇之名”。又说，据《古文尚书·序》，“《高宗之训》篇有此语”。今依照体例“高宗”加引号，不加书名号。此二句分见《说命》和《无逸》篇。高宗，殷高宗武丁。讙（huān），同“欢”。

【译文】

孔子说：“君子对父母的过错都遗忘掉，只记住并敬重父母的美德。《论语》中说：‘做儿子的三年不改变父亲生前的所作所为，就可以称得上孝了。’‘高宗’说：‘高宗居丧，三年都没说话、没发政令，丧期届满一发政令,天下都欢心。'”

子云:“从命不忿,微谏不倦,劳而不怨,可谓孝矣。《诗》云:‘孝子不匮。’[①]”

【注释】

①孝子不匮:出自《诗经·大雅·既醉》。

【译文】

孔子说:“遵从父母之命心中从无不满,劝谏父母柔声细气一点一点说,为父母操劳从无怨言,能做到这样可以称得上孝了。《诗经》上说:‘孝子之孝,永不匮乏。’”

子云:“睦于父母之党[①],可谓孝矣。故君子因睦以合族[②]。《诗》云:‘此令兄弟,绰绰有裕;不令兄弟,交相为瘉。’[③]”

【注释】

①睦:郑注:“厚也。”党:郑注:“犹亲也。”

②合族:郑注:“谓与族人燕,与族人食。”

③“《诗》云”以下四句:出自《诗经·小雅·角弓》。令,善。绰绰,宽裕的样子。裕,富饶。瘉,病。

【译文】

孔子说:“能与父母的亲属和睦相处,可以称得上孝了。所以君子为和睦族人而定期聚合族人宴饮。《诗经》中说:‘好兄弟关系好,宽宽绰绰融融洽洽;坏兄弟关系坏,相互整人相互坑害。’”

子云:“于父之执[①],可以乘其车,不可以衣其衣[②]。君子以广孝也。”

【注释】

①父之执:郑注:“与父执志同者也。”即与父亲志同道合的朋友。

②“可以”二句:这是说父亲的朋友与自己地位相当,可以乘坐他的车,因为车离身较远,而衣服贴身,不可用。这是以尊父之心对待父亲之友。

【译文】

孔子说:“对于与父亲志同道合的朋友,可以乘用他的车子,却不可以穿他的衣服。君子之孝就这样广传天下。”

子云:“小人皆能养其亲,君子不敬,何以辨?”

【译文】

孔子说:“小人也都能养活他的双亲,君子如果只能赡养而不能尊敬双亲,那与小人还有什么区别呢?”

子云:“父子不同位,以厚敬也。《书》云:‘厥辟不辟,忝厥祖。’[①]”

【注释】

①“《书》云”以下二句:出自《尚书·太甲》。厥辟不辟,忝厥祖,郑注:“厥,其也。辟,君也。忝,辱也。为君不君,与臣子相亵,则辱先祖矣。”

【译文】

孔子说："父与子不能处于相同的位次上，这是要强调对父亲的敬重。《尚书》说：'为君却不像君，玷辱了他的先祖。'"

子云："父母在，不称老[①]，言孝不言慈。闺门之内，戏而不叹[②]。君子以此坊民，民犹薄于孝而厚于慈。"

【注释】

①不称老：见《曲礼上》"夫为人子者，出必告"节注③。

②戏：郑注："谓孺子言笑者也。"叹：忧戚之声。

【译文】

孔子说："父母在世，儿子不得自称说'老'，只说如何孝顺父母，不说如何慈爱晚辈。家门之内，可以嬉笑逗乐而不可唉声叹气。君子用这些礼法来规范民众，民众中还是有轻视孝敬父母而重视疼爱子女的。"

子云："长民者[①]，朝廷敬老，则民作孝。"

【注释】

①长(zhǎng)民者：郑注："谓天子、诸侯也。"

【译文】

孔子说："统治民众的君王，如果能在朝廷上尊敬老人，那么民众就会遵奉孝顺之道。"

子云："祭祀之有尸也，宗庙之有主也，示民有事也[①]。

修宗庙，敬祀事，教民追孝也。以此坊民，民犹忘其亲。”

【注释】

①示民有事：表示民众有尊事的对象。

【译文】

孔子说：“祭祀的时候有代表神灵的尸，宗庙中设立先祖的神主牌位，这是向人们展示尊崇祭拜的对象。修筑宗庙，恭敬地进行祭祀之事，这是教导百姓追念先祖。君子用这种礼法来规范民众，民众中还是有忘记了自己的亲人的。”

子云：“敬则用祭器[①]，故君子不以菲废礼[②]，不以美没礼[③]。故食礼，主人亲馈则客祭[④]，主人不亲馈则客不祭。故君子苟无礼，虽美不食焉。《易》曰：‘东邻杀牛，不如西邻之禴祭，寔受其福。’[⑤]《诗》云：‘既醉以酒，既饱以德。’[⑥]以此示民，民犹争利而忘义。”

【注释】

①祭器：指笾、豆类的食器。郑注：“有敬事于宾客则用之，谓飨食也。”

②菲：薄。

③没：孔疏：“过也。”

④祭：食前祭。

⑤“《易》曰”以下三句：出自《易·既济》九五爻辞。禴，同“礿”，祭名。属于规模较小的祭祀。寔，同“实”。

⑥“《诗》云”以下二句：出自《诗经·大雅·既醉》。

【译文】

孔子说："为了表示对宾客的尊敬，拿出祭祀时才用的祭器宴飨宾客。君子不因祭品菲薄就废弃礼仪，也不因祭品丰实而超过礼仪的规定。因此，在食礼中，主人如果亲自为宾客上菜，宾客就举行食前的祭礼；主人如果没有亲自为宾客上菜，宾客就不举行食前的祭礼。所以君子如果遇到不合乎礼仪的接待，即使是美味也不吃。《易》中说：'东边的邻国杀牛举行祭祀，不如西边的国家杀猪举行礿祭，得到神的福佑更实惠。'《诗经》上说：'不但请我喝醉了美酒，还亲自教我领略了美德。'君子用这种礼法为民众作展示，民众中还是有为争利而忘记了道义的。"

子云："七日戒，三日齐①，承一人焉以为尸，过之者趋走，以教敬也。醴酒在室，醍酒在堂，澄酒在下②，示民不淫也。尸饮三，众宾饮一，示民有上下也。因其酒肉，聚其宗族，以教民睦也。故堂上观乎室，堂下观乎上③。《诗》云：'礼仪卒度，笑语卒获。'④"

【注释】

①七日戒，三日齐：戒，散斋。指祭祀前十日开始的连续七天的斋戒。齐，同"斋"，致斋。指祭祀前三天的严格斋戒，又叫"致斋"。见《祭义》"致齐于内，散齐于外"节注①。

②"醴酒在室"三句：《礼运》篇作"玄酒在室，醴、醆在户，粢醍在堂，澄酒在下"。玄酒，清水。醴酒、醍酒、澄酒，酒味依次增厚。详见《礼运》"言偃复问曰：夫子之极言礼也，可得而闻与"节注⑯⑱⑲。

③"故堂上"二句：祭祀时最尊者在室中，尊者在堂上，卑者在堂下。

孔疏引沈重云："祭祀之时，在堂上者，观望在室之人以取法"，"谓在堂下之人，观看于堂上之人以为则，言上下内外，更相仿法"。

④"《诗》云"以下二句：出自《诗经·小雅·楚茨》。卒，尽。度，法度。获，得宜。

【译文】

孔子说："祭祀的前十天，连续七天的散斋，最后三天的致斋，立一人为尸象征神灵加以侍奉，通过尸的面前要小步趋走，这是教导人们要敬奉神灵。醴酒放在室内，醍酒放在堂上，澄酒放在堂下，这是向民众显示饮酒不要过分。祭祀时向尸敬酒三次，向众宾客敬酒一次，这是向民众展示对上下尊卑等级的尊重。凭借祭祀的酒肉，聚合族人，这是教导民众和睦相处。所以堂上之人观看室内之人的礼仪，堂下之人观看堂上之人的礼仪。《诗经》上说：'礼仪都合乎法度，谈笑都很得体。'"

子云："宾礼每进以让①，丧礼每加以远②。浴于中霤③，饭于牖下，小敛于户内，大敛于阼，殡于客位④，祖于庭⑤，葬于墓，所以示远也。殷人吊于圹⑥，周人吊于家，示民不偝也。"子云："死，民之卒事也，吾从周。以此坊民，诸侯犹有薨而不葬者。"

【注释】

①宾礼每进以让：宾礼多揖让行礼，据孔疏，如乡饮酒礼，主人迎宾，至门三辞，至阶三让，所以叫做"宾礼每进以让"。

②丧礼每加以远：指丧礼每进行一项，都距离死者过去的生活的处所越来越远，从房室中央，一直到入葬墓穴。见下文。

③中霤（liù）：室内中央。

④客位：西阶上。

⑤祖：祖奠。灵柩车出发去墓地前的祭奠。

⑥圹(kuàng)：墓地。

【译文】

孔子说："举行宾礼，每进入一个阶段都要互相谦让，进门、登阶、升堂，主人都向宾客揖让行礼，主宾互让；举行丧礼时，每进入一个阶段死者离过去就更远了。人死后首先在室中央洗浴，然后在室内南窗下饭含，在室门内举行小殓，在阼阶上举行大殓，在西阶上停殡，在庭中举行祖奠，最后葬入墓穴中。这就表示死者离过去越来越远了。殷人在墓地上吊唁死者家属，周人在死者入葬家属回家后再吊唁，这是向民众表示不背弃死者。"孔子说："死，是人的最后一件事，我赞成周人死者入葬家属回家后再吊唁的做法。君子用这种方法来防范民众不遵礼法，可还是有诸侯死后不能如期安葬的。"

子云："升自客阶，受吊于宾位[①]，教民追孝也。未没丧，不称君，示民不争也。故鲁《春秋》记晋丧曰：'杀其君之子奚齐，及其君卓。'[②]以此坊民，子犹有弑其父者。"

【注释】

①"升自客阶"二句：郑注："既葬矣，犹不由阼阶，不忍即父位也。"按，主位本是父亲生前所在之位，父亲去世后孝子应由阼阶上堂继父位，但思亲而不忍心居主位，于是从客阶上堂，居于客位。

②"故鲁《春秋》"以下二句：《春秋》僖公九年(前651)载："晋里克杀其君之子奚齐。"僖公十年(前650)："晋里克杀其君卓。"晋献公死于僖公九年，去世未逾年，所以称其子奚齐为子而不为君，第二年卓又被里克杀死，但已继承君位，故称君。里克，晋国大夫。

【译文】

孔子说:“孝子从西阶客阶升堂,在宾位接受吊唁,这是教导人们追念亲人。所以丧期未满,嗣子就不能称君,这是教导民众不要相争。史书鲁《春秋》记载晋国的丧事说:‘晋国的大臣里克杀死了晋国国君的儿子奚齐,及其国君卓。’用这种方法防范民众不遵礼法,可还是有儿子杀掉了他的父亲的。”

子云:“孝以事君,弟以事长[①],示民不贰也。故君子有君不谋仕,唯卜之日称二君[②]。丧父三年,丧君三年,示民不疑也。父母在,不敢有其身,不敢私其财,示民有上下也。故天子四海之内无客礼,莫敢为主焉。故君适其臣,升自阼阶,即位于堂,示民不敢有其室也。父母在,馈献不及车马,示民不敢专也。以此坊民,民犹忘其亲而贰其君。”

【注释】

①弟:通“悌”。

②卜之日:郑注:“谓君有故而为之卜也。”二君:当作“贰君”。这是说做国君的副手。

【译文】

孔子说:“用孝顺父母之道来事奉国君,用敬顺兄长之道来事奉尊长,这是向人们展示没有贰心。所以国君在位时国君之子不谋官职,只有在为国君占卜时才称自己是国君的副手。父亲死了守丧三年,国君死了也守丧三年,表示国君与父亲一样,这是毫无疑义的。父母还在世,就不敢把自己的身体当做自己个人的,就不敢把家庭财产当做自己个人的,这是向民众表示上下的差别。所以四海之内没有天子做宾客的礼仪,因为没人敢做天子的主人。所以国君到臣子家里,从阼阶登堂，即位于堂上，这是向民众表示，在国君面前没有臣子私有的宫室。父母还在世，向别人赠送东西，不得馈赠车马那样的贵重物品，这是教导民众做儿子的不能专擅家庭财产。君子用这种办法来防范民众不遵礼法孝道，民众中还是有忘记双亲和对国君怀有贰心的。”

子云：“礼之先币帛也[①]，欲民之先事而后禄也。先财而后礼则民利，无辞而行情则民争[②]，故君子于有馈者弗能见，则不视其馈[③]。《易》曰：‘不耕获，不菑畬，凶。’[④]以此坊民，民犹贵禄而贱行。”

【注释】

①礼之先币帛也：郑注：“谓所执之贽以见者也，既相见，乃奉币帛以修好也。”即先行见面之礼，再赠送币帛礼物。

②无辞而行情则民争：孔疏：“言与人相见，无辞让之礼，直行己情，则有利欲，故民为争。”行情，用币帛致情。

③不视：不接受。

④“《易》曰”以下三句：出自《易·无妄》六二爻辞，但爻辞中无“凶”字。菑(zī)，耕种一年的土地。畬(yú)，耕种三年的熟田。

【译文】

孔子说：“与人相见，要先行见面之礼，再奉上币帛等礼物，这是要民众懂得先做事而后受禄的道理。如果先奉上见面的礼物然后再行礼，民众就会贪利，不加推辞就径直接受礼物，民众就会争利，所以君子在有人馈赠礼物时，如果不能亲自见面，就不收受礼物。《易》上说：‘不耕种，就收获，不开荒，就得到良田，凶。’君子用这种办法来防范民众不顾礼法，民众中还是有只看重利禄而轻视行礼的。”

子云："君子不尽利，以遗民。《诗》云：'彼有遗秉，此有不敛穧，伊寡妇之利。'[①]故君子仕则不稼，田则不渔，食时不力珍[②]。大夫不坐羊，士不坐犬[③]。《诗》云：'采葑采菲，无以下体。德音莫违，及尔同死。'[④]以此坊民，民犹忘义而争利，以亡其身。"

【注释】

①"《诗》云"以下三句：出自《诗经·小雅·大田》。秉，禾把。穧(jì)，割下未束敛的谷子。

②珍：美味。

③"大夫"二句：郑注："古者杀牲，食其肉，坐其皮。不坐犬羊，是不无故杀之。"

④"《诗》云"以下四句：出自《诗经·邶风·谷风》。郑注："采葑、菲之菜者，采其叶而可食，无以其根美则并取之，苦则弃之，并取之，是尽利也。"葑(fēng)，蔓菁。菲，萝卜。体，根部。

【译文】

孔子说："君子不把利益全占尽，而要遗留一些给民众。《诗经》里说：'那里有遗留的小把的禾穗，这里有未捆束收尽的谷子，那是留给寡妇们捡拾的利益。'所以君子做官就不种庄稼，狩猎就不打鱼，四季都吃当季的食物但不追求珍异。大夫无故不杀羊，士无故不杀狗。《诗经》上说：'采获蔓菁采萝卜，只摘叶子不取根。牢记你的美德美名，我愿与你同死共生。'君子用这种办法来防范民众不顾礼法，民众中还是有忘记道义去争利而丢了命的。"

子云："夫礼，坊民所淫[①]，章民之别，使民无嫌，以为民纪者也。故男女无媒不交，无币不相见[②]，恐男女之无别也。

以此坊民，民犹有自献其身。《诗》云：‘伐柯如之何？匪斧不克。取妻如之何？匪媒不得。’[③]‘蓺麻如之何？横从其亩。取妻如之何？必告父母。’[④]”

【注释】

①淫：贪色，淫乱。

②币：指婚礼“六礼”之一纳征时送出的币。“纳征”由男方向女方送聘礼，标志双方确定了婚姻关系。

③“《诗》云”以下四句：出自《诗经·豳风·伐柯》。柯，斧柄。匪，同“非”。克，能。

④“蓺（yì）麻”以下四句：出自《诗经·齐风·南山》。蓺，种。横从，即“横纵”。

【译文】

孔子说：“礼，用来防范民众的贪淫，彰显男女的差别，使男女之间没有嫌疑，以此作为民众遵守的纲纪。所以男女之间没有媒妁就不得交往，没有纳聘礼送出订婚币帛就不得相见，害怕男女之间没有区别。君子用这种办法来防范民众不顾礼法，民众中还是有私自献身的。《诗经》上说：‘要砍树做斧柄怎么办？没有斧头就不行。要娶妻讨老婆怎么办？没有媒人就不行。’‘要种麻怎么办？横向纵向整治田亩。要娶妻讨老婆怎么办？一定要先禀告父母。’”

子云：“取妻不取同姓，以厚别也[①]。故买妾不知其姓则卜之。以此坊民，鲁《春秋》犹去夫人之姓，曰‘吴’，其死，曰‘孟子卒’[②]。”

【注释】

①厚：郑注："犹远也。"

②"鲁《春秋》"四句：《春秋》记载鲁国国君娶妻皆书其姓。如娶齐女，就记"夫人姜氏至自齐"。鲁、吴二国皆为姬姓，按礼不应通婚，但鲁昭公却娶吴女为夫人，《杂记下》载"夫人之不命于天子，自鲁昭公始也"，说明吴女的身份没有得到天子的认可，鲁国史书的记载中只好去掉姓，说"夫人至自吴"。鲁昭公夫人去世后也隐讳其姓，只说其字"孟子卒"。孟子，鲁昭公夫人的字。

【译文】

孔子说："娶妻不娶同姓的女子，这是为加大血缘的差别。所以买妾时如果不知道妾的姓，就用占卜判定是与否。君子用这种办法来防范民众不顾礼法，可鲁昭公还是娶了同为姬姓的吴女，鲁《春秋》记此事，只好去掉夫人的姓，说'来自吴国'；夫人去世，也只说'孟子卒'。"

子云："礼，非祭，男女不交爵[①]。以此坊民，阳侯犹杀缪侯而窃其夫人，故大飨废夫人之礼[②]。"

【注释】

①交爵：郑注："谓相献酬。"即互相敬酒。

②"阳侯"二句：阳、缪，疑是国名。缪侯，《淮南子·汜论训》作"蓼侯"。《训纂》引王引之说，缪，读为"蓼"。高诱注说，蓼侯，皋陶之后，偃姓之国，今在庐江。按大飨礼，夫人也要向宾客献酒，阳侯看见献酒的缪侯夫人美艳，于是杀死缪侯而抢走其夫人。又篡其国而自立。所以，从此废止了夫人献酒之礼，改为请人代献。

【译文】

孔子说："按礼规定，不是祭祀，男女之间不得相互敬酒。君子用这种办法来防范民众不顾礼法，阳侯还是杀掉缪侯而霸占了他的夫人。所以，以后的大飨礼就废除了夫人参与之礼。”

子云：“寡妇之子，不有见焉，则弗友也，君子以辟远也[①]。故朋友之交，主人不在，不有大故[②]，则不入其门。以此坊民，民犹以色厚于德。”

【注释】

①“寡妇”四句：见《曲礼上》“男女非有行媒”节注⑤。辟(bì)，避开。

②大故：郑注：“丧病。”

【译文】

孔子说：“寡妇的儿子，如果不是才能出众，就不与他做朋友来往，君子这是为了远避嫌疑。所以朋友之间的交往，如果男主人不在家，没有死丧疾病之类的大事，就不要进入他的家门。君子用这种办法来防范民众不顾礼法，民众中还是有追求色欲超过追求美德的。”

子云：“好德如好色[①]。诸侯不下渔色[②]，故君子远色，以为民纪。故男女授受不亲。御妇人则进左手[③]。姑、姊妹、女子子已嫁而反，男子不与同席而坐。寡妇不夜哭。妇人疾，问之，不问其疾。以此坊民，民犹淫佚而乱于族。”

【注释】

①好德如好色：这是讽刺时人重视色欲而轻视德行。《论语·卫灵公》孔子说：“吾未见好德如好色者也。”旧注以为此句所说“似不足”。

②不下渔色：郑注：“谓不内取于国中也”，“国君而内取，象捕鱼然，

中网取之”。即国君不在国中找女色，国君在国中找女色，犹如网中取鱼一般。

③御妇人则进左手：为妇人驾车，妇人坐在左边，驾车人坐在妇人的右边，驾车时双手执辔，左手在前，就会使背部侧向妇人，这是一种表示避嫌的姿势。

【译文】

孔子说：“喜好美德要像喜好美色一样。诸侯不能在国中找女人，所以君子要远离女色，为民众做出榜样。男女之间不能亲手传递东西、接受东西。为妇人驾车，要左手在前。姑、姊妹、女儿出嫁后回到娘家，家里的男子就不再和她同席而坐。寡妇不要在夜里哭泣。妇人有病，前去慰问，但不要问她得的是什么病。君子用这种办法来防范民众不顾礼法，民众中还是有纵欲放荡而在族人中乱伦的。”

子云：“昏礼，婿亲迎，见于舅姑①，舅姑承子以授婿，恐事之违也②。以此坊民，妇犹有不至者。”

【注释】

①舅姑：指妻的父母。

②恐事之违也：据《仪礼·士昏礼》，女子在出嫁临行前，其父告诫她说：“戒之敬之，夙夜毋违命。”其母告诫她说：“勉之敬之，夙夜无违宫事。”

【译文】

孔子说：“按婚礼规定，女婿要亲自到女方家里迎亲，拜见岳父岳母，岳父岳母带着女儿然后交给女婿，这是担心女儿婚事不顺、违逆妇道。君子用这种办法来防范民众不顾礼法，可妇人中还是有不顺其夫、不行妇道的。”

中庸第三十一

【题解】

郑玄说:"名曰'中庸'者,以其记中和之为用也。庸,用也。孔子之孙子思伋作之,以昭明圣祖之德。"

"中庸"是孔子认为的最高道德准则,《论语·雍也》:"中庸之为德也,其至矣乎!民鲜久矣。"中,就是折中适宜,即不过也不要不及。本篇作者认为,智者、贤者在行动时往往"过之",而愚者、不肖者则"不及",只有"中庸之道"才是最高的德行,只有圣人才能做到。"中庸"的核心观念是"诚",至诚之人才能治人治天下。南宋朱熹将本篇与后文的《大学》篇单独拿出,与《论语》、《孟子》一起合称为"四书",并有《中庸章句》,本注释采用了部分朱说。值得一提的是,清华大学藏战国竹书《保训》篇有关于"中"的论述(第一辑,中西书局,2010年)。

天命之谓性①,率性之谓道②,修道之谓教。道也者,不可须臾离也,可离非道也。是故君子戒慎乎其所不睹,恐惧乎其所不闻。莫见乎隐,莫显乎微。故君子慎其独也③。喜怒哀乐之未发,谓之中;发而皆中节,谓之和。中也者,天下之大本也④;和也者,天下之达道也。致中和,天地位焉,万物育焉。

【注释】

①天命之谓性：孔疏："天本无体，亦无言语之命，但人感自然而生，有贤愚吉凶，若天之付命遣使之然，故云'天命'"；"但人自然感生，有刚柔好恶，或仁、或义、或礼、或智、或信，是天性自然，故云'之谓性'"。

②率：循。

③慎独：郑注："慎其闲居之所为。"即闲暇独处时的所作所为要审慎。

④"中也者"二句：郑注："中为大本者，以其含喜怒哀乐，礼之所由生，政教自此出也。"

【译文】

上天赋予人的叫做"性"，遵循天性而行叫做"道"，修治并推广此道就叫做"教"。道，是片刻都不能离身的，如果可以离身那就不是道了。所以君子在人们看不见的地方也警戒谨慎，在人们听不见的地方也畏惧小心。没有比隐秘的地方更容易暴露了，没有比细微的事物更容易显现了。所以君子在闲暇独处时也非常审慎。人的喜怒哀乐没有表现出来，就叫做"中"；表现出来而又合乎节度，就叫做"和"。中，是天下的根本；和，是使天下顺通畅达之道。达到了中和，天地之间的一切就各得其所、各居其位，万物就都能繁育生长了。

仲尼曰："君子中庸①，小人反中庸。君子之中庸也，君子而时中；小人之中庸也②，小人而无忌惮也。"

【注释】

①中庸：郑注："庸，常也。用中为常，道也。"

②小人之中庸也:《释文》引王肃本,此句“中庸”前脱“反”字。

【译文】

孔子说:“君子遵循中庸之道,小人违背中庸之道。君子之所以遵行中庸之道,是因为君子的行为随时都是合宜的适中的;小人之所以违背中庸之道,是因为小人总是肆无忌惮。”

子曰:“中庸其至矣乎!民鲜能久矣[①]!”

【注释】

①“中庸”二句:《释文》:“一本作‘中庸之为德其至矣乎’。”郑注:“言中庸为道至美,顾人罕能久行。”鲜(xiǎn),少。

【译文】

孔子说:“中庸之道,是最美好的道德!很罕见人们能长久实行!”

子曰:“道之不行也,我知之矣:知者过之[①],愚者不及也。道之不明也,我知之矣:贤者过之,不肖者不及也。人莫不饮食也,鲜能知味也[②]。”子曰:“道其不行矣夫。”

【注释】

①知:同“智”。下同。

②“人莫”二句:孔疏:“言饮食,易也;知味,难也。”

【译文】

孔子说:“中庸之道,之所以不能实行,我知道原因了:聪明的人做啥都做过头,愚笨的人做啥都做不到。中庸之道,之所以不能显明,我知道原因了:贤者做啥都做过头,不肖者做啥都做不到。这就像人们没有不会吃不会喝的,但真正能知味、品味、知道恰到好处的,只有很少的人。"孔子说:"中庸之道,怕是实行不了了吧!"

子曰:"舜其大知也与!舜好问而好察迩言①,隐恶而扬善,执其两端②,用其中于民。其斯以为舜乎!"

【注释】

①迩:近。

②两端:指上文所说的愚与智、过与不及。孔疏:"言舜能执持愚、知(智)两端,用其中道于民,使愚、知(智)俱能行之。"

【译文】

孔子说:"舜是有大智慧的人啊!他喜欢向人发问讨教,而且善于审察身边人的话语,对别人的过错能包容隐瞒,对别人的善行能表扬称赞,他对智与愚、过与不及两个极端,都能把握调控,而取用中庸之道来治理民众。这就是舜之所以为舜的原因啊!"

子曰:"人皆曰予知,驱而纳诸罟擭陷阱之中①,而莫之知辟也②。人皆曰予知,择乎中庸而不能期月守也③。"

【注释】

①罟(gǔ):罗网。擭(huò):设有机关的捕兽木笼。

②辟(bì):躲避,逃避。

③期(jī)月:满一个月。

【译文】

孔子说:"人人都说自己聪明,但是像野兽一样被驱赶到罗网、牢笼、陷阱之中,却不知道躲避。人人都说自己聪明,但选择了实行中庸之道,却连一个月也不能坚守。"

子曰："回之为人也[1]，择乎中庸，得一善，则拳拳服膺而弗失之矣[2]。"

【注释】

①回：颜回。姓颜名回，字子渊。是孔子最喜爱的弟子。

②拳拳：郑注："奉持之貌。"膺(yīng)：胸。此处指心中。

【译文】

孔子说："颜回的为人，选择了遵循中庸之道，凡获得一个好思想好道理，就郑重地放在心里牢牢记住，再也不丧失。"

子曰："天下、国、家可均也[1]，爵禄可辞也，白刃可蹈也，中庸不可能也。"

【注释】

①天下、国、家：孔疏："天下，谓天子。国，谓诸侯。家，谓卿大夫也。"

【译文】

孔子说："天下、国、家的事情可以治理，爵位、俸禄可以推辞，锋利的刀刃可以踩踏，唯有中庸之道很难做到。"

子路问强[1]。子曰："南方之强与？北方之强与？抑而强与[2]？宽柔以教，不报无道，南方之强也，君子居之。衽金革[3]，死而不厌，北方之强也，而强者居之。故君子和而不流，强哉矫[4]！中立而不倚，强哉矫！国有道，不变塞焉，强哉矫！国无道，至死不变，强哉矫[5]！"

【注释】

①子路问强：子路为人好勇，所以问强。强，刚强。

②抑：还是。而：郑注："而之言女（汝）也。"

③衽：卧席。这里是躺卧之意。金革：兵器盔甲。

④矫：郑注："强貌。"

⑤"国有道"六句：郑注："国有道，不变以趋时；国无道，不变以辟（避）害。有道、无道，一也。"

【译文】

子路问孔子什么是强，孔子说："你问的是南方的强呢？北方的强呢？还是你自己的强呢？教导人们要宽厚和柔，人家无道自己也不加以报复，这是南方的强，君子就具有这种强。拿盔甲当卧席，兵器当枕头，至死而不悔，这是北方的强，刚强的人就具有这种强。所以君子和顺而不随波逐流，这是真正的强啊！中立而不偏不倚，这是真正的强啊！国家有道时，德行坚贞，不变正直，这是真正的强啊！国家无道时，坚守志向，至死不变，这是真正的强啊！"

子曰："素隐行怪[1]，后世有述焉，吾弗为之矣。君子遵道而行，半途而废，吾弗能已矣[2]。君子依乎中庸，遯世不见知而不悔[3]，唯圣者能之。"

【注释】

①素：朱熹《集注》说："按《汉书》当作'索'，盖字之误也。"即寻求。隐：隐僻。

②已：停止。

③遯（dùn）：同"遁"。

【译文】

孔子说："寻求隐僻的道理，做出怪异的行为，后世即使会对此有称述,我也不会这样做。君子遵循正道而行,很多人半途而废,但我不能停止。君子依照中庸之道,如果隐遁于世不被知晓,也绝不后悔,这唯有圣人才能做到。”

君子之道费而隐[①]。夫妇之愚,可以与知焉,及其至也,虽圣人亦有所不知焉;夫妇之不肖,可以能行焉,及其至也,虽圣人亦有所不能焉。天地之大也,人犹有所憾[②],故君子语大[③],天下莫能载焉;语小[④],天下莫能破焉[⑤]。《诗》云:“鸢飞戾天,鱼跃于渊。”[⑥]言其上下察也[⑦]。君子之道,造端乎夫妇,及其至也,察乎天地。

【注释】

①费:朱熹云:“用之广也。”

②憾:郑注:“恨也。”

③语大:所说大事,指先王之道。

④语小:所说小事,指匹夫匹妇之琐屑之事。

⑤破:剖析。

⑥“《诗》云”以下二句:出自《诗经·大雅·旱麓》。鸢(yuān),老鹰。戾,至。

⑦察:郑注:“察,犹著也。”

【译文】

君子之道博大而隐微。即使是愚昧的匹夫匹妇,也能懂得浅显初级的知识,但要说到至深至精的道理,那即使是圣人也还是有所不知;不像样的匹夫匹妇,也能做好一些事,但要是说能把事情做到至善至美,那即使是圣人也还有所不能。天地如此广大,但人们仍然还有怨恨,所以君子所说的大事,先王之道,天下没有人可以载起它、容纳它;

君子所说的小事，匹夫匹妇说来说去的琐屑事，天下也没人能剖分它、承担它。《诗经》上说：‘鹰翱翔飞上天，鱼游泳在深渊。’这是说圣人之道能够上上下下昭明洞察。君子之道，发端于匹夫匹妇的浅显初识，一直到至深至精、至善至美，能够昭著于天地。

子曰：“道不远人，人之为道而远人，不可以为道。《诗》云：‘伐柯伐柯，其则不远。’[①]执柯以伐柯，睨而视之[②]，犹以为远。故君子以人治人，改而止。忠恕违道不远，施诸己而不愿，亦勿施于人。君子之道四，丘未能一焉：所求乎子，以事父未能也；所求乎臣，以事君未能也；所求乎弟，以事兄未能也；所求乎朋友，先施之未能也。庸德之行[③]，庸言之谨，有所不足不敢不勉，有余不敢尽[④]；言顾行，行顾言，君子胡不慥慥尔[⑤]！”

【注释】

①“《诗》云”以下二句：出自《诗经·豳风·伐柯》。柯，斧柄。则，郑注：“法也。”

②睨（nì）：斜着眼睛看。

③庸：郑注：“犹常也。言德常行也，言常谨也。”

④有余不敢尽：孔疏：“谓己之才行有余于人，常持谦退，不敢尽其才行以过于人。”

⑤胡：何，怎么。慥慥（zào）：笃实貌，即言行一致。

【译文】

孔子说：“道是不会远离人的，如果人要实行道，道却远离人，那就不可以称之为道。《诗经》上说：‘抡斧伐木做斧柄，抡斧伐木做斧柄，斧柄的样式离你不远。’手执斧柄去伐木做斧柄，你斜着眼睛就能看到斧柄的样式,可你还是觉得它离你很远。所以君子用人来治人,有过错的人,改了错就停止。忠诚、宽恕,这就离道不远了,施加在自己身上的事,如果是自己所不愿意的,也不要施加给别人。君子之道有四个方面,我孔丘一个也没有做到:要求儿子对父亲行孝道,我自己也还未能对父亲做到行孝道;要求臣下对国君尽忠尽职,我自己也还未能对国君做到尽忠尽职;要求弟弟对兄长遵行悌道,我自己也还未能对兄长做到遵行悌道;要求朋友对自己做的事,我自己也还未能先对朋友做到。道德常注意遵行,言语常注意谨慎,有不足的地方不敢不自勉,有才干也不都尽显以免压过他人;言语要顾及行动,行动要顾及言语,君子怎么能够不言行一致呢!"

君子素其位而行[①],不愿乎其外。素富贵,行乎富贵;素贫贱,行乎贫贱;素夷狄,行乎夷狄;素患难,行乎患难:君子无入而不自得焉。在上位不陵下,在下位不援上[②],正己而不求于人则无怨。上不怨天,下不尤人。故君子居易以俟命[③],小人行险以徼幸。子曰:"射有似乎君子,失诸正鹄[④],反求诸其身。"

【注释】

①素:现在。

②援:巴结。

③居易:孔疏:"易,谓平安也。言君子以道自处,恒居平安之中,以听待天命也。"

④正、鹄(gǔ):均指靶心。画在布上的曰"正",画在皮上的曰"鹄"。

【译文】

君子以自己现在所处的地位行事,不羡慕操办自己地位以外的事情。现在如果富贵,就按富贵者的身份行事;现在如果贫贱,就按贫贱者的身份行事;现在如果是夷狄,就按夷狄的身份行事;现在如果在患难中,就按患难者的身份行事:君子没有进入哪种情况而不能安然自得的。身居上位,不欺凌居于下位者;身居下位,不巴结居于上位者;端正自己而不苛求别人,就不会招来怨恨。在上不抱怨天,在下不怪罪他人。所以君子让自己处于平安的境地以等待天命,小人却铤而走险以求侥幸。孔子说:"射箭之道类似君子之道,没有射中靶心,就要反过来检查自身的问题。"

君子之道,辟如行远必自迩[①],辟如登高必自卑。《诗》曰:"妻子好合,如鼓瑟琴。兄弟既翕,和乐且耽。宜尔室家,乐尔妻帑。"[②]子曰:"父母其顺矣乎!"

【注释】

①辟:通"譬"。迩:近。

②"《诗》曰"以下六句:出自《诗经·小雅·常棣》。翕(xī),合。耽,乐。帑,通"孥",儿女。

【译文】

君子之道,就譬如到远方一定要从近处起步,又譬如登高一定要从低处开始。《诗经》上说:"同妻子相亲相爱,像弹奏琴瑟一样和谐。与兄弟和睦相处,和乐而更加欢乐。使你的家室安详和美,使你的妻儿快乐幸福。"孔子说:"能够做到这样,父母就安心和顺!"

子曰:"鬼神之为德,其盛矣乎!视之而弗见,听之而弗闻,体物而不可遗。使天下之人齐明盛服[①],以承祭祀。洋洋乎如在其上,如在其左右[②]。《诗》曰:'神之格思,不可度思，矧可射思！'[3]夫微之显，诚之不可揜如此夫[4]！"

【注释】

①齐明盛服：孔疏："齐，谓整齐；明，谓严明；盛服，谓正其衣冠，是修身之体也。"

②"洋洋乎"二句：孔疏："言鬼神之形状，人想像之，如在人之上，如在人之左右，想见其形也。"

③"《诗》曰"以下三句：见《诗经·大雅·抑》。格，来。思，语助词，无义。矧(shěn)，况且。射(yì)，同"斁"，厌。

④揜：同"掩"。孔疏："言鬼神诚信不可揜蔽，善者必降之以福，恶者必降之以祸。"

【译文】

孔子说："鬼神之德，真是盛大啊！虽然看也看不见，听也听不到，但它在万物中体现而无所遗漏。使天下之人斋戒后整齐明净身着盛装，共同参加祭祀典礼。它无处不在，仿佛就在人们的头上，又仿佛就在人们的左右。《诗经》上说：'神灵的降临，都不能猜度，又怎可厌倦呢！'鬼神的功德幽隐微妙而又显著，真实无疑而不可掩蔽，事实就是如此啊！"

子曰："舜其大孝也与！德为圣人，尊为天子，富有四海之内。宗庙飨之，子孙保之。故大德必得其位，必得其禄，必得其名，必得其寿。故天之生物，必因其材而笃焉[1]。故栽者培之，倾者覆之。《诗》曰：'嘉乐君子，宪宪令德！宜民宜人，受禄于天。保佑命之，自天申之！'[2]故大德者必受命。"

【注释】

①材：郑注："谓其质性也。"即资质。笃：厚。

②"《诗》曰"以下六句：出自《诗经·大雅·嘉乐》。宪宪，今本《毛诗》作"显显"，孔疏："兴盛之貌。"申，重。

【译文】

孔子说："舜可以算是大孝了吧！论德行他是圣人，论尊贵他是天子，论富有他拥有四海之内的财富。死后在宗庙享受祭祀，子子孙孙永远祭祀他。所以有大德就一定能得到高位，就一定能得到厚禄，就一定能得到名望，就一定能得到寿数。所以上天生养万物，一定要根据资质的不同而厚待他们。所以能成才的就得到栽培，不能成才的就遭到淘汰。《诗经》上说：'快乐优秀的君子啊，显现美德！养育万民养育万人，接受上天赐予的福禄。保佑君子授命君子，上天自然器重他任用他！'所以有大德的人必定受到天命的眷顾安排。"

子曰："无忧者其惟文王乎！以王季为父[①]，以武王为子，父作之，子述之。武王缵大王、王季、文王之绪[②]，壹戎衣而有天下[③]，身不失天下之显名。尊为天子，富有四海之内。宗庙飨之，子孙保之。武王末受命[④]，周公成文、武之德，追王大王、王季，上祀先公以天子之礼。斯礼也，达乎诸侯、大夫，及士、庶人。父为大夫，子为士，葬以大夫，祭以士；父为士，子为大夫，葬以士，祭以大夫。期之丧达乎大夫[⑤]，三年之丧达乎天子，父母之丧无贵贱，一也。"

【注释】

①王季：周文王的父亲，名季历，也称"公季"。

②缵（zuǎn）：继承。大王：太王，即王季之父古公亶父。参见《大

传》“牧之野”节注⑤。大，同“太”。绪：业。

③衣：郑注：“衣，读如‘殷’，声之误也。齐人言‘殷’声如‘衣’”；“‘壹戎殷’者，壹用兵伐殷也”。

④末：晚年。

⑤期（jī）之丧达乎大夫：天子、诸侯不为旁系亲属服丧，但还要为直系亲属服期丧。期，一年。

【译文】

孔子说：“没有忧愁的人只有文王吧！王季是他的父亲，武王是他的儿子，父亲开创了基业，儿子又继承了事业。武王继承了太王、王季、文王的事业，一用兵就战胜了殷王而取得天下，自身没有失去天下的美名。成为尊贵的天子，拥有四海之内的财富。死后在宗庙享受祭祀，子子孙孙保持王位祭祀他。武王到老年才承受天命，周公才完成了文王、武王的功德，追尊太王、王季等为王，对太王以上的先祖以天子之礼进行祭祀。周公这种祭祀先公、祖、父的礼仪，还下达到诸侯、大夫、士及庶人。父亲是大夫，儿子是士，父亲去世要用大夫之礼安葬，祭祀时要用士礼；父亲是士，儿子是大夫，父亲去世要用士礼安葬，祭祀时要用大夫之礼。为去世的亲属服一年之丧的，是从庶人到大夫为止；为父母服三年之丧的，是从庶人至天子，父母之丧，儿子的身份无论贵贱，丧期都是一样的。”

子曰：“武王、周公，其达孝矣乎！夫孝者，善继人之志，善述人之事者也[①]。春秋修其祖庙，陈其宗器[②]，设其裳衣[③]，荐其时食[④]。宗庙之礼，所以序昭穆也；序爵，所以辨贵贱也；序事[⑤]，所以辨贤也；旅酬下为上，所以逮贱也[⑥]；燕毛[⑦]，所以序齿也。践其位，行其礼，奏其乐，敬其所尊，爱其所亲，事死如事生，事亡如事存，孝之至也。郊社之礼[⑧]，所以事上帝也；宗庙之礼，所以祀乎其先也。明乎郊社之礼、禘尝之义⑨，治国其如示诸掌乎⑩。”

【注释】

①述：遵循，继承。

②宗器：指先世所藏的祭祀用的重器。

③设其裳衣：让祭祀时充当先祖的尸穿上先人的衣服。

④时食：四时祭祀依照时令进献当令食物。

⑤序事：郑注：“事，谓荐羞也。”此指宗庙中备办、进献祭品的各种职事。

⑥“旅酬”二句：旅酬，指主、客之间按着尊卑长幼的顺序相互敬酒。卑幼者自己先饮一杯，然后举杯于稍长者，长者饮后，旅酬就正式开始。逮贱，郑注：“逮贱者，宗庙之中以有事为荣也。”

⑦燕毛：孔疏：“言祭末燕时，以毛发为次序，是所以序年齿也。”朱熹注云：“以毛发之色别长幼，为坐次也。”

⑧郊社：祭祀天地。

⑨禘：禘祭。尝：尝祭。

⑩示：郑注，读如“寘”，置也。孔疏：“治理其国、其事为易，犹如置物于掌中也。”

【译文】

孔子说：“武王和周公，是最孝的人了吧！所谓孝，就是善于继承先人的遗志，善于承续先人未竟的事业。一年四季按时修缮祖庙，陈列先人的祭祀重器，陈设先人的衣裳，按时进献当令的食物。宗庙祭礼，是用来排列昭穆顺序的；序列爵位高低，是用来辨别贵贱的；安排备办、进献祭品的各种职事，是用来区别能力高低的；敬酒时让卑幼者先为尊长者举杯而开始旅酬，是将恩惠施于卑贱者；祭祀完毕后的宴饮按发色排列座次，是用来区分长幼的。祭祀行礼按规定站位，行先王所行之礼，演奏先王的音乐，尊敬先王所尊敬的，爱戴先王所亲爱的，事奉死者就像其生时事奉他一样，侍奉亡者就像其健在时侍奉他一样，这就是孝的顶峰。郊祭祭天、社祭祭地的礼仪，是用来敬事上帝和土地之神的；宗庙祭祀的礼仪，是用来事奉先祖的。能够明白郊祭祭天、社祭祭地之礼的意义，知晓宗庙禘祭、尝祭的意义，那么治理国家的简单容易，就像是手掌里拿着个东西。”

哀公问政。子曰：“文、武之政，布在方策①。其人存，则其政举；其人亡，则其政息。人道敏政②，地道敏树。夫政也者，蒲卢也③。故为政在人④，取人以身，修身以道，修道以仁。仁者，人也，亲亲为大；义者，宜也，尊贤为大。亲亲之杀，尊贤之等，礼所生也。在下位不获乎上，民不可得而治矣⑤！故君子不可以不修身；思修身，不可以不事亲；思事亲，不可以不知人；思知人，不可以不知天。”

【注释】

①方：板，即版牍。策：简册。

②敏：郑注：“犹勉也。”孔疏：“言为人君当勉力行政。”

③蒲卢：郑注：“蜾蠃，谓土蜂也。《诗》曰：‘螟蛉有子，蜾蠃负之。’螟蛉，桑虫也。蒲卢取桑虫之子，去而变化之，以成为己子。政之于百姓，若蒲卢之于桑虫然。”这是比喻为政必须有所依凭。

④为政在人：《孔子家语·哀公问政》：“故为政在于得人。”

⑤“在下位”二句：郑注，此二句本在下文，“误重在此”。

【译文】

鲁哀公向孔子询问为政。孔子回答说：“文王、武王为政的方略，都记载在版牍和竹简上。他们在世，其政治就能施行；他们去世，其政治也就跟着停息了。人之道在于迅速地推行治国之法，地之道在于迅速地种植树木。国家的政治，就好像土蜂必须依靠螟蛉生殖一样。所以为政的根本在于得到贤人，而要得到贤人又必须依靠修养自身，修养自身要依靠遵循道德，而遵循道德要依靠仁。所谓仁，就是爱人，亲近自己的亲人最为重要；所谓义，就是适宜，尊敬贤人最为重要。亲情根据亲疏而有差别，尊敬贤人根据尊卑贵贱要有等级，有差别、有等级就产生了礼。身居下位而得不到上层的信任，百姓就不能归附并治理！所以君子不可以不修身；要想修身就不可以不事奉双亲；要想事奉双亲就不可以不知人；要想知人就不可以不知道天理。”

天下之达道五，所以行之者三：曰君臣也，父子也，夫妇也，昆弟也，朋友之交也，五者天下之达道也。知、仁、勇三者[①]，天下之达德也，所以行之者一也[②]。或生而知之，或学而知之，或困而知之，及其知之一也。或安而行之，或利而行之，或勉强而行之，及其成功一也。

【注释】

①知：同“智”。

②所以行之者一也：王念孙说，此“一”为衍字。

【译文】

天下通行的道理有五条，实行这五条道理的美德有三种：君臣、父子、夫妇、兄弟、朋友间的交往，这五项就是天下通行的道理。智、仁、勇，这三种是天下共通的美德，用于实行这五条道理的意义，就是一样的。这五条道理，有的人生下来就知道，有的人通过学习后知道，有的人遇到了困难才知道，他们初始的境界虽不同，只要他们最后知晓了，就是一样的。以三种共通的美德去实行天下通行的道理，有的人是安安稳稳地去实行,有的人为了追求利益而去实行,有的人是勉勉强强地去实行,他们初始的出发点虽不同,只要他们最后取得了成功,就是一样的。

子曰:“好学近乎知,力行近乎仁,知耻近乎勇。知斯三者,则知所以修身;知所以修身,则知所以治人;知所以治人,则知所以治天下国家矣。”

【译文】

孔子说:“爱好学习就接近于成为智者,努力实行就接近于成为仁者,知道羞耻就接近于成为勇者。知道这三条,就知道该怎样修身了;知道怎样修身,就知道该怎样治理百姓了;知道怎样治理百姓,就知道该怎样治理天下国家了。”

凡为天下国家有九经①,曰:修身也,尊贤也,亲亲也,敬大臣也,体群臣也,子庶民也,来百工也②,柔远人也,怀诸侯也。修身则道立,尊贤则不惑,亲亲则诸父昆弟不怨,敬大臣则不眩③,体群臣则士之报礼重,子庶民则百姓劝,来百工则财用足,柔远人则四方归之,怀诸侯则天下畏之。

【注释】

①凡为天下国家有九经:孔疏:“此夫子为哀公说治天下国家之道有九种常行之事。”

②来:招徕。

③眩(xuàn):迷惑。

【译文】

凡治理天下国家有九项常行之事，即：修养自身，尊重贤人，亲爱亲人，敬重大臣，体恤群臣，爱护庶民，招徕百工，怀柔远方之人，安抚关怀诸侯。修养自身，道德就能树立；尊重贤人，遇事就不会困惑；亲爱亲人，父辈兄弟就不会有抱怨；敬重大臣，遇事就不会迷误；体恤群臣，臣子们会重礼回报，勇于献身；爱护庶民，百姓会互相劝勉，殷勤事上；招徕百工，财用就充足；怀柔远方之人，四方之国都会归附；安抚关怀诸侯，天下都会敬畏服从。

齐明盛服[①]，非礼不动，所以修身也；去谗远色，贱货而贵德，所以劝贤也；尊其位，重其禄，同其好恶，所以劝亲亲也；官盛任使，所以劝大臣也；忠信重禄，所以劝士也；时使薄敛，所以劝百姓也；日省月试，既廪称事[②]，所以劝百工也；送往迎来，嘉善而矜不能，所以柔远人也；继绝世，举废国，治乱持危，朝聘以时，厚往而薄来，所以怀诸侯也。

【注释】

①齐明盛服：见本篇“子曰：鬼神之为德，其盛矣乎”节注①。

②既(xì)廪：国家配给口粮等生活物资。郑注：“既，读为‘饩’。”

【译文】

身穿整饬净洁的礼服盛装，不合礼仪的事就不做，以此修养身性；拒绝谗佞、远离女色，轻视财货、重视德行，以此劝勉贤人；令亲人的地位尊贵，令亲人的俸禄丰厚，与亲人好恶一致，以此劝勉亲属；官位配置充足、属员足备使用，以此劝勉大臣；待人忠信、俸禄优厚，以此劝勉士人；劳役遵守时令，减轻赋敛征税，以此劝勉百姓；每日省察、每月考核，配发口粮与劳绩相称，以此劝勉百工；送往迎来，嘉奖其优良、怜惜其不足，以此怀柔远方之人；令中断的世系得以延续，使废亡的国家得以振兴，平治祸乱，扶持垂危之国，按时遣使朝聘，馈赠时带去厚重的礼物，而受纳贡献仅要求微薄之礼，以此关怀安抚诸侯。

凡为天下国家有九经，所以行之者一也。凡事豫则立①，不豫则废。言前定则不跲②，事前定则不困，行前定则不疚③，道前定则不穷。

【注释】

①豫：同“预”，预备。

②跲（jiá）：郑注：“踬也。”孔疏：“谓行倒蹶也。”

③疚：病。此处指做错事。

【译文】

凡是治理天下国家有九条常行之事，实行这九条常行之事的方法都是一样的。凡做事如果预先准备就能成功，没有预先准备就会失败。发言前预先作好准备就不会讲起来结结巴巴，做事前预先作好准备就不会困窘不顺，采取行动前预先作好准备就不会错误百出，行路前预先作好准备就不会途穷无路。

在下位不获乎上，民不可得而治矣。获乎上有道：不信乎朋友，不获乎上矣。信乎朋友有道：不顺乎亲，不信乎朋友矣。顺乎亲有道：反诸身不诚，不顺乎亲矣。诚身有道：不明乎善，不诚乎身矣。

【译文】

臣子身居下位而得不到君上的信任，就不能治理好百姓。要得到君上的信任是有方法的，就是要先得到朋友的信任：如果得不到朋友的信任，也就得不到君上的信任。要得到朋友的信任也是有方法的，那就是要先孝顺父母：不孝顺父母，就得不到朋友的信任。要孝顺父母也是有方法的，要反省自身是否是诚心：如果不诚心，就做不到孝顺父母。要使自己心诚也是有方法的，要先明白什么是善：不明白什么是善，就不能使自己心诚。

诚者，天之道也；诚之者，人之道也。诚者不勉而中，不思而得，从容中道，圣人也。诚之者，择善而固执之者也。博学之，审问之，慎思之，明辨之，笃行之。有弗学，学之弗能弗措也①；有弗问，问之弗知弗措也；有弗思，思之弗得弗措也；有弗辨，辨之弗明弗措也；有弗行，行之弗笃弗措也。人一能之己百之，人十能之己千之。果能此道矣，虽愚必明，虽柔必强。

【注释】

①“有弗学”二句：孔疏：“谓身有事不能常学习，当须勤力学之。措，置也。言学不至于能，不措置休废，必待能之乃已也。”

【译文】

真诚，是上天的道理；要做到真诚，也是做人的道理。真诚的人，不必费心斟酌，处事就恰好适中；不必费心思虑，言行就恰好得当；从从容容而符合中庸，这就是圣人。要做到真诚，就要选择善行并牢牢地把握住。广博地学习，详细地求教，周密地思考，清楚地辨别，切实地实行。因故而未能学习，或者是学了却未能理解掌握，也不丢下废置，一直到掌握才罢休；因故而未能提问，或者是问了却没有理解知晓，也不丢下废置，一直到问明白了才罢休；因故而未能思考，或者是思考了却没有得到结果，也不丢下废置，一直到思考清楚了才罢休；因故而未能辨识，或者是辨识了却没有明晰，也不丢下废置，一直到辨识明晰才罢休；因故而未能实行，或者实行了却未能彻底，也不丢下废置，一直到彻底实行才罢休。聪明人学一遍就会的事，自己百倍用功学上百遍；聪明人学十遍就会的事，自己百倍用功学上千遍。如果真能做到这样，再愚笨的人也一定会变聪明，再柔弱的人也一定会变刚强。

自诚明，谓之性①；自明诚，谓之教。诚则明矣，明则诚矣。

【注释】

①"自诚明"二句：郑注："由至诚而有明德，是圣人之性者也。由明德而有至诚，是贤人学以知之也。有至诚则必有明德，有明德则必有至诚。"

【译文】

由诚而明白道理，这叫做"天性"；由明白道理而有诚，这叫做"教导"。有诚就一定明白道理，明白道理就一定有诚。

唯天下至诚，为能尽其性；能尽其性，则能尽人之性；能尽人之性，则能尽物之性；能尽物之性，则可以赞天地之化育；可以赞天地之化育，则可以与天地参矣①。

【注释】

①参：通"三"。朱熹云："谓与天、地并立为三也。"

【译文】

只有天下至为真诚之人，才能够完全发挥自己的天性；能够完全发挥自己的天性，就能够完全发挥他人的天性；能够完全发挥他人的天性，就能够完全发挥万物的天性；能够完全发挥万物的天性，就可以协理赞助天地化育万物；可以协理赞助天地化育万物，就可以和天、地并立为三了。

其次致曲①。曲能有诚，诚则形，形则著②，著则明，明则动③，动则变，变则化④，唯天下至诚为能化⑤。

【注释】

①其次：郑注："谓自明诚者也。"即前文说次于圣人一等的贤人。孔疏："言其贤人致行细小之事不能尽性，于细小之事能有至诚也。"曲：小小之事。

②"诚则形"二句：孔疏："谓不能自然至诚，由学而来，故诚则人见其功"，"初有小形，后乃大而明著"。

③"著则明"二句：孔疏："由著故显明，由明能感动于众。"

④"动则变"二句：孔疏："既感动人心，渐变恶为善，变而既久，遂至于化。"

⑤唯天下至诚为能化：孔疏："言唯天下学致至诚之人，为能化恶为善，改移旧俗。"

【译文】

次于圣人的贤人，致力于细小的事情。在细小的事情上也能做到真诚，真诚表现出来，表现出来并愈益彰显，愈益彰显而明著，明著就会感动众人之心；感动众人之心就会逐渐改变人，逐渐改变恶人就会变善，长久的改变就会移风易俗，令天下大化，只有天下至诚的人才能化恶为善，使天下大治。

至诚之道，可以前知。国家将兴，必有祯祥[①]；国家将亡，必有妖孽[②]。见乎蓍龟[③]，动乎四体[④]。祸福将至：善，必先知之；不善，必先知之。故至诚如神。

【注释】

①祯（zhēn）祥：指吉祥的预兆。

②妖孽：指凶恶的预兆。

③蓍（shī）：蓍草，常以其茎来占卜。

④四体：郑注："谓龟之四足，春占后左，夏占前左，秋占前右，冬占后右。"尹湾汉简有《神龟占》，绘一龟形，头尾四足等分别占卜找寻被盗物品及盗贼事项。朱熹说，指人的动作威仪。

【译文】

掌握至诚之道，可以预知未来。国家将要兴盛，一定有吉利祥瑞的预兆；国家将要灭亡，一定有怪异凶恶的征象。体现在占卜的蓍草和龟甲上，反映在卜龟四肢的活动中。祸福将要来临的时候：好事，必定预先知道；坏事，也必定预先知道。所以，能够至为真诚，就如神明一样。

诚者自成也，而道自道也[①]。诚者物之终始，不诚无物。是故君子诚之为贵。诚者非自成己而已也，所以成物也。成己，仁也；成物，知也。性之德也[②]，合外内之道也，故时措之宜也。

【注释】

①道自道：郑注："有道艺，所以自道（导）达。"

②性之德也：孔疏："言诚者是人五性之德，则仁、义、礼、知（智）、信皆犹至诚而为德。"

【译文】

真诚者依靠自我修养的完成,有道行则得以自己践行实现。诚,贯穿事物的始终,没有诚就万事不成,万物不生。所以君子非常重视真诚。真诚,并非仅仅是对自我的修养就够了,还要成就事物,使之完善。自我修养的完善,是仁;万事万物的完善,是智。人性具备至诚的美德,合乎天地上下内外之道,因此适用于任何时候、任何事情。

故至诚无息。不息则久,久则征[①],征则悠远,悠远则博厚,博厚则高明。博厚,所以载物也;高明,所以覆物也;悠久,所以成物也。博厚配地[②],高明配天[③],悠久无疆[④]。如此者,不见而章[⑤],不动而变,无为而成。

【注释】

①征:效验。

②博厚配地:孔疏:"言圣人之德博厚,配偶于地,与地同功,能载物也。"

③高明配天:孔疏:"言圣人功业高明,配偶于天,与天同功,能覆物也。"

④悠久无疆:孔疏:"言圣人之德既能覆载,又能长久行之,所以无穷。"

⑤见:同"现"。

【译文】

所以,至为真诚的美德适用于任何时候任何事情,是永无止息的。永无止息就长长久久,长长久久就不断得到验证;不断得到验证,就能持续得悠长而久远;持续得悠长而久远,积累就广博而深厚;积累广博而深厚,显现出来就高大而光明。广博而深厚,就能承载万物;高大而光明，就能覆盖万物；悠长而久远，就能成就万物。圣人之德广博而深厚与地相配，高大而光明与天相配，悠长而久远永无止境。圣人之德就是如此博厚、高明、悠长，无所表现就功业显著，无所动作就改变万物，无所作为就能有所成就。

天地之道，可壹言而尽也[①]。其为物不贰，则其生物不测[②]。天地之道，博也厚也，高也明也，悠也久也。今夫天，斯昭昭之多[③]，及其无穷也，日月星辰系焉，万物覆焉。今夫地，一撮土之多，及其广厚，载华岳而不重[④]，振河海而不泄[⑤]，万物载焉。今夫山，一卷石之多[⑥]，及其广大，草木生之，禽兽居之，宝藏兴焉。今夫水，一勺之多，及其不测，鼋鼍、蛟龙、鱼鳖生焉[⑦]，货财殖焉。《诗》云："维天之命，於穆不已！"[⑧]盖曰天之所以为天也。"於乎不显！文王之德之纯[⑨]！"盖曰文王之所以为文也，纯亦不已。

【注释】

①"天地"二句：孔疏："言圣人之德能同于天地之道，欲寻求所由，可一句之言而能尽其事理，正由于至诚。"

②"其为物"二句：孔疏："言圣人行至诚，接待于物不有差贰，以此之故，能生殖众物不可测量。"

③昭昭：狭小之貌。之多：就那么多，指仅一小点儿。

④华岳：西岳华山。这里泛指五岳。

⑤振：纳。

⑥卷(quán)石：即"拳石"，拳头大的石头。

⑦鼋鼍(yuán tuó)：见《月令》"命渔师伐蛟、取鼍"节注①。

⑧"《诗》云"以下二句：出自《诗经·周颂·维天之命》。

⑨“於乎不显”二句：出自《诗经·周颂·维天之命》。於乎，即“呜呼”，感叹词。不，通“丕”，大。文王之德之纯，孔疏：“纯谓不已也。言文王德教不有休已，与天同功。”

【译文】

天地间的道理，可以用一个“诚”字来概括。天地对待万物是诚一不二的，就能生育万物而高深莫测。天地的道理，广博而深厚，高大而光明，悠远而长久。现在的这个天，最初只是一点点微光，等到它变得无穷无尽，日、月、星辰悬挂于其上，万物覆盖于其下。现在的这个地，最初只是一撮撮土，等到它变得广博深厚，承载华岳而不觉得沉重，容纳黄河大海而不泄漏，万物都承载其上。现在的这个山，最初只是拳头大小的一块石头，等到它变得广阔高大，草木在上面生长，禽兽在山中居住，宝藏从里面产出。现在的这个水，最初只是一小勺，等到它变得深不可测，鼋鼍、蛟龙、鱼鳖都在其中生活，各种财物货品都在其中产生。《诗经》上说：“只有天之道，庄严肃穆永不止！”大概说的就是天之所以成为天的道理。“呜呼！多么光大显明啊，文王的德教永无休止！”大概说的就是文王之所以称为“文”，他的德教始终没有休止停息。

大哉圣人之道！洋洋乎发育万物[①]，峻极于天[②]。优优大哉[③]！礼仪三百[④]，威仪三千，待其人然后行。故曰：苟不至德，至道不凝焉[⑤]。故君子尊德性而道问学[⑥]，致广大而尽精微，极高明而道中庸，温故而知新，敦厚以崇礼。是故居上不骄，为下不倍[⑦]。国有道，其言足以兴，国无道，其默足以容[⑧]。《诗》曰：“既明且哲，以保其身。”[⑨]其此之谓与！

【注释】

①洋洋：充满的样子。

②峻极于天:郑注:"峻,高大也。"孔疏:"言圣人之道,高大与山相似,上极于天。"

③优优:孔疏:"宽裕之貌。"

④三百:与下文的"三千"都是形容数目众多,并非确数。

⑤"苟不"二句:孔疏:"苟诚非至德之人,则圣人至极之道不可成也。"凝,郑注:"犹成也。"

⑥君子尊德性:孔疏:"谓君子贤人尊敬此圣人道德之性自然至诚也。"道问学:孔疏:"言贤人行道由于问学,谓勤学乃致至诚也。"

⑦倍:通"背"。

⑧"国无道"二句:孔疏:"若无道之时,则韬光潜默,足以自容其身,免于祸害。"

⑨"《诗》曰"以下二句:出自《诗经·大雅·烝民》。

【译文】

伟大啊圣人之道!洋洋乎充满天地啊!化育万物,高达于天。优优乎宽裕广大啊!大的礼仪有三百条,小的仪节有三千条,要等圣人出现去实行。所以说:如果不是具有至为崇高德行的人,就不能成功实现圣人登峰造极的道。所以君子贤人尊敬圣人至诚的道德品性,并通过勤学好问,达到广博而又精微,达到高大而又光明,并遵循通达中庸之理,温习旧有的知识从而获得新的知识,为人敦厚而崇尚礼仪。所以君子贤人身居上位不骄傲,身居下位不背叛。国家有道时,他的言论建议,足以令国家兴盛;国家无道时,他韬晦沉默,足以自保容身。《诗经》上说:"既明道理,又有智慧;平平安安,保全自身。"说的就是这个道理吧!

子曰:"愚而好自用,贱而好自专,生乎今之世,反古之道。如此者,灾及其身者也。"非天子,不议礼①,不制度②,不考文③。今天下车同轨,书同文,行同伦。虽有其位,苟无其德，不敢作礼乐焉；虽有其德，苟无其位，亦不敢作礼乐焉。

【注释】

①不议礼：孔疏："不得论议礼之是非。"

②不制度：孔疏："谓不敢制造法度，及国家宫室大小、高下及车舆也。"

③不考文：孔疏："亦不得考成文章书籍之名也。"

【译文】

孔子说："愚蠢而好刚愎自用，卑贱而好独断专行，生在当今之世，却要返回古代治国之道。这样的人，灾祸就要降及自身。"不是天子，不得论议国家礼制的是非短长，不敢制定法度规章，不得考正书籍文章的名称文字。当今，天下车轮间距相同，书写文字相同，行为规范相同。虽然具有地位，如果没有相应的好德行，是不敢制礼作乐的；虽然具有好德行，如果没有相应的地位，也是不敢制礼作乐的。

子曰："吾说夏礼，杞不足征也[①]；吾学殷礼，有宋存焉[②]；吾学周礼，今用之，吾从周。王天下有三重焉[③]，其寡过矣乎！上焉者虽善无征[④]，无征不信，不信民弗从；下焉者虽善不尊[⑤]，不尊不信，不信民弗从。故君子之道本诸身，征诸庶民，考诸三王而不缪[⑥]，建诸天地而不悖，质诸鬼神而无疑[⑦]，百世以俟圣人而不惑。质诸鬼神而无疑，知天也；百世以俟圣人而不惑，知人也。是故君子动而世为天下道，行而世为天下法，言而世为天下则。远之则有望，近之则不厌[⑧]。《诗》曰：'在彼无恶，在此无射；庶几夙夜，以永终誉！'[⑨]君子未有不如此而蚤有誉于天下者也[⑩]。"

【注释】

①杞:古国名。夏人之后。见《乐记》"宾牟贾起"节注⑱。征:郑注:"犹明也。"

②宋:古国名。商人之后。见《乐记》"宾牟贾起"节注⑲。

③三重:郑注:"三王之礼。"即夏、商、周三代之礼。

④上焉者:朱熹说:"谓时王以前,如夏、商之礼虽善,而皆不可考。"

⑤下焉者:朱熹说:"谓圣人在下,如孔子虽善于礼,而不在尊位也。"

⑥缪(miù):谬误。

⑦质诸鬼神而无疑:孔疏:"质,正也。谓已所行之行,正诸鬼神不有疑惑,是识知天道也。"让鬼神对自己的行为加以验证。

⑧"远之"二句:孔疏:"言圣人之道,为世法则,若远离之则有企望,思慕之深也。若附近之则不厌倦,言人爱之无已。"

⑨"《诗》曰"以下四句:出自《诗经·周颂·振鹭》。射(yì),今本《毛诗》作"斁",厌。

⑩蚤:通"早"。

【译文】

孔子说:"我述说夏代的礼,作为夏朝后裔的杞国却已不足以验证了;我学习殷代的礼,作为殷朝后裔的宋国还保存着一些;我学习周代的礼,现在诸侯各国还在使用它,所以我遵从周礼。统治天下的君王,若能懂得三代之礼,就很少会犯错误了!周代以前的礼虽好却已无法验证,无法验证百姓就不会相信,百姓不相信就不会遵从;身居下位的圣人虽然懂礼但是不在尊位,不在尊位百姓就不会相信,百姓不相信就不会遵从。所以君子治理天下之道,先从自身出发,然后在百姓中求得验证,再考校于三王而没有谬误,立于天地间而不悖逆,让鬼神验证自己的行为而没有疑惑,等待百世以后的圣人核验也没有疑惑。让鬼神验证自己的行为而没有疑惑,这是知晓天意;等待百世以后的圣人核验也没有疑惑，这是知晓人情。所以君子的举动被后世认为是天下的常规，行事被后世认为是天下的法度，言论被后世认为是天下的准则。君子行此圣人之道，远离了就会想望思慕，接近了也不会厌烦。《诗经》上说：'在那里没有人会憎恶，在这里没有人会厌烦；早早晚晚不懈怠，永葆美名荣誉。'君子没有不这样做就能早早扬名天下的。"

仲尼祖述尧、舜①，宪章文、武②；上律天时③，下袭水土④。辟如天地之无不持载⑤，无不覆帱⑥，辟如四时之错行，如日月之代明。万物并育而不相害，道并行而不相悖，小德川流，大德敦化，此天地之所以为大也。

【注释】

①祖述：朱熹说，远宗其道。

②宪章：朱熹说，近守其法。

③上律天时：朱熹说，法其自然之运。

④下袭水土：朱熹说，因其一定之理。

⑤辟：通"譬"。

⑥帱（dào）：覆盖。

【译文】

孔子称述继承尧、舜之道，效法文王、武王；在上顺应天时自然之运，在下因袭地利之宜。比如天地无不承载万物，无不覆盖万物；又好像四季交错运行，日月轮替放出光明。万物共同生长而不互相妨害，万事各依规律运行而不互相冲突，小德川流不息，大德敦化盛大，这就是天地之所以伟大的原因。

唯天下至圣，为能聪明睿知，足以有临也；宽裕温柔，足以有容也；发强刚毅，足以有执也；齐庄中正[①]，足以有敬也；文理密察，足以有别也。溥博渊泉[②]，而时出之。溥博如天，渊泉如渊。见而民莫不敬，言而民莫不信，行而民莫不说[③]。是以声名洋溢乎中国，施及蛮貊[④]；舟车所至，人力所通，天之所覆，地之所载，日月所照，霜露所队[⑤]。凡有血气者，莫不尊亲，故曰配天。

【注释】

①齐(zhāi)：同“斋”。

②溥(pǔ)博：周遍而广阔。

③说：同“悦”。

④施(yì)：蔓延。蛮貊(mò)：古代称居住在南方和北方的落后部族。蛮，居住在南方的民族。貊，居住在东北的民族。

⑤队：同“坠”。

【译文】

唯有天下最为圣明的人，具有聪明睿智，足以临照天下；具有宽厚温柔，足以包容天下；具有坚强刚毅，足以执掌事务；具有端庄中正，足以使人尊敬服从；具有文理细密明晰，足以辨别是非。圣人之德宏博广阔而如深泉，适时地表现出来。宏博广阔犹如苍天，深泉深沉犹如深渊。百姓对他的表现无不尊敬，对他的言语无不信服，对他的行动无不喜欢。所以他的声名弘扬中国，并远播到异族居住的地方，车船能行驶到的地方，人力能到达的地方，上天所覆盖的地方，大地所承载的地方，日月所照耀的地方，霜露所普降的地方。凡是有血气的生命，无不尊敬他亲近他，所以说圣人是可以与天相配、与天媲美的。

唯天下至诚，为能经纶天下之大经，立天下之大本，知天地之化育。夫焉有所倚？肫肫其仁[1]，渊渊其渊[2]，浩浩其天[3]！苟不固聪明圣知达天德者，其孰能知之？

【注释】

①肫肫（zhūn）：郑注："恳诚貌也。"

②渊渊：朱熹说，静深貌。

③浩浩：广大的样子。

【译文】

唯有天下至诚的人，才能掌握纵横天下的大纲，才能树立天下的根本，才能知晓天地化育万物的道理。还需要偏倚什么吗？他的仁爱多么诚恳，他的思想多么深沉，他的德行多么博大！如果不是本来就聪明睿智而又通晓天德的人，有谁能够知道呢？

《诗》曰："衣锦尚絅[1]。"恶其文之著也。故君子之道，闇然而日章[2]；小人之道，的然而日亡[3]。君子之道：淡而不厌，简而文，温而理，知远之近，知风之自，知微之显，可与入德矣。《诗》云："潜虽伏矣，亦孔之昭！"[4]故君子内省不疚，无恶于志。君子所不可及者，其唯人之所不见乎！《诗》云："相在尔室，尚不愧于屋漏。"[5]故君子不动而敬，不言而信。《诗》曰："奏假无言，时靡有争。"[6]是故君子不赏而民劝，不怒而民威于𫓧钺[7]。《诗》曰："不显惟德！百辟其刑之。"[8]是故君子笃恭而天下平。《诗》曰："予怀明德，不大声以色。"[9]子曰："声色之于以化民，末也。"《诗》曰："德輶如毛"[10]，毛犹有伦[11]。"上天之载，无声无臭"[12]，至矣！

【注释】

①衣锦尚絅(jiǒng):出自《诗经·卫风·硕人》。今本《毛诗》作“衣锦褧衣”。尚,上。絅,同“褧”,麻布制的单衣。

②“故君子”二句:孔疏:“言君子以其道德深远谦退,初视未见,故曰‘闇然’,其后明著,故曰‘日章明’也。”闇,同“暗”。章,明。

③“小人”二句:孔疏:“若小人好自矜大,故初视时‘的然’,以其才艺浅近,后无所取,故曰‘日益亡’。”的然,显著、明显的样子。

④“《诗》云”以下二句:出自《诗经·小雅·正月》。孔,很,非常。

⑤“《诗》云”以下二句:出自《诗经·大雅·抑》。相,视。屋漏,郑注:“室西北隅谓之‘屋漏’。”孔疏:“虽无人之处不敢为非,犹愧惧于屋漏之神。”即掌管这一隐秘角落的神。

⑥“《诗》曰”以下二句:出自《诗经·商颂·烈祖》。奏假(gǔ),在宗庙中演奏大乐。假,通“嘏”,大。

⑦𫓧:通“斧”。钺(yuè):长柄斧头。

⑧“《诗》曰”以下二句:出自《诗经·周颂·烈文》。不显,伟大。不,读为“丕”,大。百辟,诸侯。刑,效法。

⑨“《诗》曰”以下二句:出自《诗经·大雅·皇矣》。孔疏:“以文王不大作音声以为严厉之色,故归之。”

⑩德輶(yóu)如毛:出自《诗经·大雅·烝民》。郑注:“言化民常以德,德之易举而用,其轻如毛耳。”这是说用德行教化民众,轻易如同鸿毛。輶,轻。

⑪毛犹有伦:大意是,毛虽轻,还是有重量的,而不及德无声无嗅之精妙。伦,郑注:“犹比也。”

⑫“上天之载”二句:出自《诗经·大雅·文王》。载,郑注:“读曰‘栽’,谓生物也。”臭(xiù),气味。孔疏:“言圣人用德化民,亦无音声,亦无臭气,而人自化。”

【译文】

《诗经》上说:“身穿锦服,外罩单衣。”这是厌恶锦服的文采过于显著。所以君子之道,外表幽暗但会日益彰明;小人之道,虽然外表耀眼但会日趋消亡。君子之道:淡薄而不令人生厌,简朴而有文采,温和而有理性,由近而知远,有风知风从何而来,由隐微而知显著,这样就可以进入圣人之德的境界。《诗经》上说:“虽然潜伏于水底,仍然显现得清清楚楚。”所以君子自我反省没有内疚,也不会损害自己的志向。君子所不可企及之处,大概就在人们所看不见的地方吧!《诗经》上说:“看你独自处于室内,尚可无愧于屋漏之神。”所以君子无所举动也能令人尊敬,不必说话也能令人信服。《诗经》上说:“演奏大乐,肃静无声,此时此刻,没有喧哗,没有争讼。”所以君子不用颁发赏赐,百姓就已努力劝勉;不用动怒加刑,百姓就对执法斧钺感到畏惧。《诗经》上说:“圣王的德行多显著,四方诸侯都效法。”因此,君子笃实谦恭就能使天下太平。《诗经》上说:“我归心于文王的明德,因为他从不疾言厉色。”孔子说:“用疾言厉色去教化百姓,这是下下策。”《诗经》上说“以德化民,轻易如鸿毛”,毛虽轻犹有重量,用毛打比方仍未尽其妙。至于“上天创造万物,没有声音也没有气味”,这才是最高的境界!

表记第三十二

【题解】

郑玄说："名曰'表记'者，以其记君子之德，见于仪表。"

本篇所记，据孙希旦归纳，包括明君子持身庄敬、恭信之道；明仁、义之道以及二者结合的功用；明恺悌君子之义；明事君之道；明言行之要；明卜、筮之道。《集解》引朱申曰："仁者，天下之表也。此篇记孔子言仁为详，故以《表记》名篇。"

子言之："归乎①！君子隐而显②，不矜而庄③，不厉而威，不言而信。"

【注释】

①归乎：郑注："此孔子行应聘，诸侯莫能用己，心厌倦之辞也。"

②君子隐而显：孔疏："君子身虽幽隐而道德潜通，声名显著。"

③不矜而庄：孔疏："矜，谓自尊大。庄，敬也。"

【译文】

孔子说："回去吧！君子即使身在幽隐之处也能声名显著，不必自矜就能得到人们的尊重敬爱，不必严厉而自有威仪，不必说话就能得到信任。”

子曰：“君子不失足于人[①]，不失色于人，不失口于人。是故君子貌足畏也，色足惮也，言足信也。《甫刑》曰[②]：‘敬忌而罔有择言在躬[③]。’”

【注释】

①失：郑注：“谓失其容止之节也。”

②《甫刑》：《尚书·周书》篇名。甫，郭店楚墓竹简《缁衣》、上海博物馆藏战国楚竹书《缁衣》皆作“吕”。“吕”、“甫”音近可通。该篇内容记西周刑罚，由吕侯受命而作，故名《吕刑》。

③敬忌而罔有择言在躬：出自《尚书·吕刑》。罔，无。择言，挑剔的语言。

【译文】

孔子说：“君子举止行为对人不失礼仪，神情容色对人不失礼仪，言语说话对人不失礼仪。所以，君子的容貌足以令人敬惧，神色足以令人畏惮，言语足以令人信服。《甫刑》上说：‘为人敬戒谨慎，那些挑剔的言语就不会加在自己身上。’”

子曰：“裼、袭之不相因也[①]，欲民之毋相渎也[②]。”

【注释】

①裼（xī）、袭：见《曲礼下》“凡奉者当心”节注⑪。

②欲民之毋相渎（dú）也：孙希旦《集解》：“盖礼以变为敬，若相因则渎，渎则不敬矣。”渎，轻慢，亵渎。

【译文】

孔子说："在行礼时，有时要露出裼衣，有时要掩好衣襟不露出裼衣，二者不相因袭，这是为了让人们不要相互轻慢亵渎。"

子曰："祭极敬，不继之以乐[①]。朝极辨，不继之以倦[②]。"

【注释】

①"祭极敬"二句：孔疏："言祭祀极尽于敬，不可以终末继之以乐而不敬。"

②"朝极辨"二句：孔疏："言朝礼极尽于分别政事，不可以终末继之以解（懈）倦而不分别也。"辨，谓辨治，即处理政事。

【译文】

孔子说："进行祭祀尽力表达恭敬，不能结束祭礼就接着娱乐。在朝廷尽力办理政事，不能搞得懈怠疲倦无法继续工作。"

子曰："君子慎以辟祸，笃以不揜[①]，恭以远耻。"

【注释】

①笃：厚。揜：同"掩"，困迫。

【译文】

孔子说："君子为人谨慎得以避免灾祸，为人厚道得以不受困窘，为人恭敬得以远离耻辱。"

子曰："君子庄敬日强[①]，安肆日偷[②]。君子不以一日使其躬儳焉如不终日[③]。"

【注释】

①庄敬日强:孔疏:“言君子之人恒能庄敬,故德业日强。”

②肆:放恣。偷:苟且。

③儳(chàn):郑注:“可轻贱之貌也。”

【译文】

孔子说:“君子端庄恭敬,德行日益增强;小人安乐放肆,日益苟且偷安。君子一天也不能让自己被人轻贱鄙薄,如果被人鄙视会惶惶不可终日。”

子曰:“齐戒以事鬼神[①],择日月以见君,恐民之不敬也。”

【注释】

①齐(zhāi):同“斋”。

【译文】

孔子说:“斋戒后才能进行祭祀事奉鬼神,选择好日期后才能朝见国君,这是害怕人们对鬼神、对国君不够恭敬。”

子曰:“狎侮死焉而不畏也[①]。”

【注释】

①狎(xiá)侮:轻狎侮慢。

【译文】

孔子说:“小人轻狎侮慢,到死也不知道畏惧。”

子曰:“无辞不相接也[①],无礼不相见也[②],欲民之毋相亵也。《易》曰:‘初筮告,再三渎,渎则不告[③]。’”

【注释】

①无辞不相接也:孔疏:“言朝聘会聚之时,必有言辞以通情意。”

②无礼不相见也:孔疏:“贽币所以示己情,若无贽币之礼,不得相见。”即见面要赠送见面礼物。

③“《易》曰”以下三句:出自《易·蒙卦》。

【译文】

孔子说:“没有言辞传达就不相接见,没有见面礼物就不相接见,这是让百姓不要轻慢失敬。《易》上说:‘初次占筮就告知了吉凶,如果又一而再、再而三地占筮,就是对神明的亵渎,亵渎了神明,神明就不会再告知吉凶了。’”

子言之:“仁者,天下之表也[①];义者,天下之制也[②];报者,天下之利也[③]。”

【注释】

①“仁者”二句:孔疏:“表,谓仪表。言仁恩是行之盛极,故为天下之仪表也。”

②“义者”二句:孔疏:“义,宜也。制,谓裁断。既使物各得其宜,是能裁断于事也。”

③“报者”二句:孔疏:“报,谓礼也。礼尚往来,相反报物得其利,故云天下之利也。”

【译文】

孔子说:“仁,是天下的仪表;义,是天下的裁断制约;礼物的往来报答，是天下的利益。”

子曰：“以德报德，则民有所劝。以怨报怨，则民有所惩。《诗》曰：‘无言不雠，无德不报。’①《大甲》曰：‘民非后，无能胥以宁；后非民，无以辟四方。’②”

【注释】

①“《诗》曰”以下二句：出自《诗经·大雅·抑》。雠（chóu），答。

②“《大甲》曰”以下四句：出自《尚书·太甲》。今本伪《古文尚书》有《太甲》上、中、下三篇，与本文所记略有不同。后，君。胥，互相。辟（bì），君。

【译文】

孔子说：“以恩惠回报别人对自己的恩惠，这样对人们就会有所勉励。以怨恨回报别人对自己的怨恨，这样对人们就会有所惩戒。《诗经》上说：‘不会说了话却得不到回答，不会施予了恩惠却得不到回报。’《太甲》说：‘百姓没有国君，就不能得到安宁；国君没有百姓，就无法统治四方。’”

子曰：“以德报怨，则宽身之仁也①；以怨报德，则刑戮之民也。”

【注释】

①仁：朱彬《训纂》云：“‘仁’即‘人’字，古通用。”

【译文】

孔子说：“以恩惠回报别人对自己的怨恨，这是爱身以息怨的人；以怨恨回报别人对自己的恩惠，这是该被处刑的人。”

子曰："无欲而好仁者，无畏而恶不仁者，天下一人而已矣[①]。是故君子议道自己，而置法以民。"

【注释】

①一人而已：不是确数，是喻人数极少。

【译文】

孔子说："没有私欲而爱好仁德的，没有畏惧而厌恶不仁的，这样的人普天下是很少的。所以君子在议论道德时以自己为准，设定法律时却以百姓为准。"

子曰："仁有三[①]，与仁同功而异情。与仁同功，其仁未可知也。与仁同过[②]，然后其仁可知也。仁者安仁，知者利仁，畏罪者强仁。仁者右也，道者左也[③]。仁者人也，道者义也。厚于仁者薄于义，亲而不尊；厚于义者薄于仁，尊而不亲。道有至、义、有考[④]。至道以王，义道以霸，考道以为无失[⑤]。"

【注释】

①仁有三：即后文的"安仁"、"利仁"、"强仁"。孔疏："此明仁道有三"："一则无所求为而安静行仁，一则规求其利而行仁，一则畏惧于罪而行仁"。

②与仁同过：孔疏："过，谓利之与害，若遭遇利害之事，其行仁之情，则可知也。"

③"仁者右也"二句：孔疏："仁恩者，若人之右手，右手是用之便也，仁恩亦行之急也。道者，左也。道是履蹈而行，比仁恩稍劣，故为左也。"

④道有至、义、有考：郑注："此读当言'道有至、有义、有考'，字脱一'有'耳。"有至，兼仁义。有义，无仁。

⑤考道：《集解》引马晞孟说："考道，非体道者也，惟稽考而已，故止于无失。"

【译文】

孔子说："仁有三种情况，行仁爱的功用是相同的，但情况却各自不同。行仁爱的功用是相同的，但看不出是属于哪种情况。在行仁爱时如果遇到利害之事，这就可以看出行仁爱的动机了。仁人安静地行仁爱，智者为谋求利益行仁爱，畏惧刑罚的人为避罪勉强行仁爱。仁好比是右手，道好比是左手。仁就是爱人，道就是道义。仁施行得多而义施行得少，就会让人亲近但不受到尊敬；义施行得多而仁施行得少，就会得到尊敬但缺少亲近。道有仁义并行的极致之道，有裁决得宜的义道，有稽查的考道。行至道可以称王，行义道可以称霸，行考道可以没有过失。"

子言之："仁有数，义有长短小大[①]。中心憯怛[②]，爱人之仁也。率法而强之，资仁者也[③]。《诗》云：'丰水有芑，武王岂不仕？诒厥孙谋，以燕翼子，武王烝哉！'[④]数世之仁也。《国风》曰：'我今不阅，皇恤我后。'[⑤]终身之仁也。"

【注释】

①"仁有数"二句：郑注："数，与长短、小大互言之耳。性仁义者其数长大，取仁义者其数短小。"即"仁"与"义"都是有数的，其长短、大小是可辨识核检的。

②憯怛(cǎn dá)：凄惨伤痛。憯，惨痛。

③资：郑注："取也。"

④"《诗》云"以下五句:出自《诗经·大雅·文王有声》。丰水,即"沣水"。芑(qǐ),芑菜,一种草本植物。诒,遗。烝(zhēng),君。孔疏:"君哉武王,美之也。"乃赞美君主之词。引此诗是表示仁有长、大。

⑤"《国风》曰"以下二句:出自《诗经·邶风·谷风》。引此诗是表示仁有短、小。我今不阅,今本《毛诗》作"我躬不阅"。阅,容纳。皇,通"遑",空闲。

【译文】

孔子说:"仁与义都有数,仁与义都有程度高低及长短大小之别。心中有悲悯的感情,这是出于天性的爱人之仁。遵循法律而强力行仁,这是由外取仁而加以推行。《诗经》上说:'沣水中难道没有芑菜吗,武王难道不念着天下之事吗?他为子孙留下美好谋划,他荫庇子孙长享安乐,武王真是明王啊!'这是长久施惠于后世的仁。《国风》上说:'我现在自身难保,哪里来得及为我的后代考虑着想。'这是短暂的终止于自己一身的仁。"

子曰:"仁之为器重,其为道远。举者莫能胜也,行者莫能致也。取数多者,仁也①。夫勉于仁者,不亦难乎!是故君子以义度人,则难为人;以人望人②,则贤者可知已矣。"

【注释】

①取数多者,仁也:孔疏:"言于万种善事之中,论利益于物,取数最多者是仁也。"即对事物有利有益最多的就是仁。

②望:比。

【译文】

孔子说:"仁如果是器物一定是重器,如果是行道一定是远途。举重者没有人能举起重器，行道者没有人能走完远途。对事物有利有益最多的就是仁。勉力行仁，不也是很难的吗！所以君子如果用义来衡量，就很难达标选到人；如果用人与人相比较，那么就可以知道谁是贤者了。”

子曰：“中心安仁者，天下一人而已矣。《大雅》曰：‘德輶如毛，民鲜克举之。我仪图之，惟仲山甫举之，爱莫助之。’①”

【注释】

①“《大雅》曰”以下五句：出自《诗经·大雅·烝民》。这是一首赞美周宣王大臣仲山甫的诗。輶(yóu)，轻。仪图，揣度。

【译文】

孔子说：“内心安于行仁的人，普天下是很少的。《大雅》上说：‘德，说起来轻得如鸿毛，却很少有人真能举起它。想来想去我揣度，唯有仲山甫能够举起来，可惜无人帮助他。’”

《小雅》曰：“高山仰止，景行行止。”①子曰：“《诗》之好仁如此。乡道而行②，中道而废，忘身之老也。不知年数之不足也，俛焉日有孳孳③，毙而后已。”

【注释】

①“《小雅》曰”以下二句：出自《诗经·小雅·车舝》。景行(háng)，大路。朱熹说，高山则可仰，大道则可行。

②乡(xiàng)：通“向”。

③俛(miǎn)：勤劳貌。孙希旦说：“俛焉，用力之笃而无他顾之意。”

孳孳：即“孜孜”。

【译文】

《小雅》上说：“高山，众人仰望之；大路，众人行走之。”孔子说：“《诗》是如此地爱好仁。我以仁为己任向着仁之道前行，无奈却半途而废，我已忘记了自己已经衰老。也不知自己在世的时日已经不多，仍然勤奋努力孜孜不倦，要一直到死才中止。”

子曰：“仁之难成久矣。人人失其所好①，故仁者之过易辞也②。”子曰：“恭近礼，俭近仁，信近情，敬让以行，此虽有过，其不甚矣。夫恭寡过，情可信，俭易容也。以此失之者，不亦鲜乎！《诗》曰：‘温温恭人，惟德之基。’③”

【注释】

①人人失其所好：孙希旦说：“愚谓仁之为道，人莫不知其可好，此秉彝好德之心也。然鲜能胜其重，致其远，此所以人人失之也。”

②辞：郑注：“犹解说也。”

③“《诗》曰”以下二句：出自《诗经·大雅·抑》。

【译文】

孔子说：“行仁难以成功已经很久了。虽然众人都说仁好却难实行，所以众人都舍弃了仁，因此行仁者会犯错误是很容易解释的。”孔子说：“恭敬近于礼，节俭近于仁，诚信近于情性善良，恭敬谦让地行事，能如此做即使有过错，也不会太过分。恭敬就会少犯过错，情性善良让人信赖，节约俭省易于被人包容。能这样做还出现过失的，不是很少吗！《诗经》上说：‘对人温和恭敬，那是道德的根基。’”

子曰：“仁之难成久矣，唯君子能之。是故君子不以其所能者病人，不以人之所不能者愧人。是故圣人之制行也，不制以己，使民有所劝勉愧耻，以行其言。礼以节之，信以结之，容貌以文之，衣服以移之，朋友以极之，欲民之有壹也[①]。《小雅》曰：'不愧于人，不畏于天。'[②]是故君子服其服，则文以君子之容；有其容，则文以君子之辞；遂其辞，则实以君子之德。是故君子耻服其服而无其容，耻有其容而无其辞，耻有其辞而无其德，耻有其德而无其行。是故君子衰绖则有哀色[③]，端冕则有敬色[④]，甲胄则有不可辱之色。《诗》云：'维鹈在梁，不濡其翼。彼记之子，不称其服。'[⑤]"

【注释】

①壹：孔疏："欲使民人专心壹意于善道也。"

②"《小雅》曰"以下二句：出自《诗经·小雅·何人斯》。

③衰绖：身穿丧服，戴着首绖、腰绖。

④端冕：身穿玄端礼服，头戴玄冠。

⑤"《诗》云"以下四句：出自《诗经·曹风·候人》。鹈（tí），鹈鹕，水鸟名。梁，水中捕鱼的堤坝。记，今本《毛诗》作"其"，二者都是语助词，无义。孔疏："言彼曹朝小人之子，内无其德，不能称可其在外之服。"

【译文】

孔子说："行仁难以成功已经很久了，唯有君子才能成功。所以君子不以自己所能做到的事去责备别人，也不以别人做不到的事羞辱别人。所以圣人在制定行为标准时，不以自己为标准，而使百姓自相劝勉，懂得愧疚，圣人的训言得以实行。用礼仪来节制约束，用诚信来团结，用仪容面貌来装扮文饰，用衣服来改变，用朋友来互相鼓励，使民众专一为善。《小雅》上说：'不有愧于人，不畏惧上天。'所以君子穿上符合君子身份的衣服，用君子的仪容来装扮文饰；有了君子的仪容，就以君子的言辞加以修饰；有了君子的言辞，就以君子的道德加以充实。所以君子穿上符合君子身份的衣服，却无君子的仪容，君子深以为耻；有了君子的仪容，却无君子的言辞，君子深以为耻；有了君子的言辞，却无君子的道德，君子深以为耻；有了君子的道德，却无君子的行为，君子深以为耻。所以君子身着丧服，戴着首绖、腰绖，就会有悲哀的神色；身着玄端礼服、头戴玄冠，就会有恭敬的神色；身穿盔甲，就会有不可侵辱的神色。《诗经》上说：'鹈鹕站在河梁上，却没有沾湿翅膀。那帮无德之人，不能和他们所穿的衣服相称。'"

子言之："君子之所谓义者，贵贱皆有事于天下。天子亲耕，粢盛、秬鬯以事上帝[①]，故诸侯勤以辅事于天子。"

【注释】

①粢盛（zī chéng）：供祭祀用的黍稷。粢，黍稷。盛，盛黍稷的容器。秬鬯（jù chàng）：用黑黍制成的酒。

【译文】

孔子说："君子所说的'义'，意思是无论贵贱都有恭敬所行之事。天子也要亲自耕作藉田，产出供祭祀用的黍稷、酿造黑米所制成的香酒，来尊事上帝，所以诸侯要勤勉地辅佐天子。"

子曰："下之事上也，虽有庇民之大德，不敢有君民之心[①]，仁之厚也。是故君子恭俭以求役仁[②]，信让以求役礼，不自尚其事，不自尊其身，俭于位而寡于欲，让于贤，卑己而尊人，小心而畏义，求以事君，得之自是，不得自是[③]，以听天命。《诗》云：'莫莫葛藟，施于条枚。凯弟君子，求福不回。'④其舜、禹、文王、周公之谓与？有君民之大德，有事君之小心。《诗》云：'惟此文王，小心翼翼，昭事上帝，聿怀多福。厥德不回，以受方国。'⑤"

【注释】

①不敢有君民之心：郑注："无'君民之心'，是思不出其位。"

②役：为。

③"得之"二句：孔疏："虽得利禄，亦自行其为是之道，若不得利禄，亦自行其为是之道，言不问得之与失，恒行其是，而不行非也。"

④"《诗》云"以下四句：出自《诗经·大雅·旱麓》。莫莫，众多的样子。葛藟（lěi），葛藤。施（yì），伸展蔓延。条枚，树枝和树干。凯弟，即恺悌，和乐平易。回，邪僻。

⑤"《诗》云"以下六句：出自《诗经·大雅·大明》。聿（yù），语助词，无义。怀，招徕。方国，四方诸侯之国。

【译文】

孔子说："身居下位而事奉在上位的，即使有庇护民众的大德，也不敢有统治民众的想法，这是仁爱深厚。所以君子恭敬节俭以求做到仁，诚信谦让以求做到礼，不抬高自己所做之事，不尊崇自己的身份，虽身居官位但俭省节约，且欲求淡薄，让位于贤人，虚心自谦而推崇别人，小心谨慎而敬畏道义，要求自己以这样的态度事奉国君，有得时这么做，无得时也要这么做，不论得失，持之以恒，听从天命。《诗经》上说：'繁多的葛藤，缠绕着树枝和树干。和乐平易的君子，求福有道不奸邪。'大概说的就是舜、禹、文王、周公吧？他们都有治理民众的大德，有事奉君主的小心。《诗经》上说：'唯有文王，小心翼翼，昭明道德，敬事上帝，称述帝德，福佑众多。文王德行，光明磊落，立为天子，四方拥戴。'"

子曰："先王谥以尊名①，节以壹惠②，耻名之浮于行也。是故君子不自大其事，不自尚其功，以求处情；过行弗率③，以求处厚；彰人之善，而美人之功，以求下贤。是故君子虽自卑而民敬尊之。"子曰："后稷④，天下之为烈也⑤。岂一手一足哉？唯欲行之浮于名也，故自谓便人⑥。"

【注释】

①谥：人死后按其生前事迹所拟的具有褒贬性质的称号。

②节以壹惠：郑注："言声誉虽有众多者，即以其行一大善者为谥耳。"惠，善。

③过行弗率：郑注："率，循也。行过不复循行，犹不二过。"

④后稷：周的始祖，生于稷山，名弃。被尧举为农师，被舜命为后稷，教导百姓耕作。

⑤烈：业。

⑥便人：郑注："亦言其谦也"，"云自便习于此事之人耳"。即稼穑之人。

【译文】

孔子说："先王按例为死者拟定谥号，以尊崇他的名声，谥号要节取死者生前善行最大的一点来制定，以死者的名声超过实际的功绩为耻。所以君子不夸大自己做的事，不推崇自己的功劳，以求符合实情；行为有过失，不再因循重犯，以求符合仁厚之道；表彰别人的善行，赞美别人的功劳，以求推崇贤者。这样，君子虽然自谦自贬，但民众仍然尊敬他。"孔子说："后稷，为天下建立了功业。受惠的岂止是一两个人？只是他想使自己做的事超过名声，所以自称是个懂得种庄稼的人。"

子言之："君子之所谓仁者，其难乎！《诗》云：'凯弟君子,民之父母。'[①]凯以强教之,弟以说安之[②]。乐而毋荒,有礼而亲,威庄而安,孝慈而敬。使民有父之尊,有母之亲,如此而后可以为民父母矣,非至德其孰能如此乎?今父之亲子也,亲贤而下无能;母之亲子也,贤则亲之,无能则怜之。母亲而不尊,父尊而不亲。水之于民也,亲而不尊,火尊而不亲。土之于民也,亲而不尊,天尊而不亲。命之于民也[③],亲而不尊,鬼尊而不亲。"

【注释】

①"《诗》云"以下二句:出自《诗经·大雅·泂酌》。

②说:同"悦"。

③命:郑注:"谓四时政令,所以教民勤事也。"

【译文】

孔子说:"君子所谓的仁,是很难做到的!《诗经》上说:'和乐平易的君子,是百姓的父母。'君子用和乐教人自强,用平易安抚使人喜悦。百姓快乐就不会荒废事业,有礼而相亲相爱,威严庄重而安宁,孝顺慈爱而恭敬。使百姓感到父亲般的尊严,母亲般的慈爱,这样才可以作为百姓的父母,没有至高的德行谁能做得到呢?现在父亲慈爱儿子,亲爱贤能的而轻视无能的;母亲慈爱儿子,亲爱贤能的而怜惜无能的。所以子女对母亲亲而不尊,对父亲尊而不亲。人们对水亲而不尊,对火尊而不亲。百姓对土地亲而不尊,对苍天尊而不亲。人们对君王的政令亲而不尊,对鬼神尊而不亲。"

子曰:"夏道尊命[①],事鬼敬神而远之,近人而忠焉,先禄而后威,先赏而后罚,亲而不尊。其民之敝,惷而愚,乔而野[②],朴而不文。殷人尊神,率民以事神,先鬼而后礼,先罚而后赏，尊而不亲。其民之敝，荡而不静，胜而无耻。周人尊礼尚施，事鬼敬神而远之，近人而忠焉，其赏罚用爵列[3]，亲而不尊。其民之敝，利而巧，文而不惭，贼而蔽。”

【注释】

①夏道尊命：孔疏：“言夏之为政之道，尊重四时政教之命，使人劝事乐功也。”

②乔：通“骄”。

③爵列：爵位的等级。

【译文】

孔子说：“夏人的治国之道是尊重政令，敬奉鬼神却对它敬而远之，接近人情而讲求忠信，先提供俸禄而后施威，先赏赐而后处罚，所以夏人的政教，可亲而不可尊。这样的流弊是，百姓变得愚蠢笨拙，骄横粗野，质朴而无文饰。殷人尊崇鬼神，国君率领百姓事奉鬼神，先敬奉鬼神而后施行礼仪，先处罚而后赏赐，所以殷人的政教，可尊而不可亲。这样的流弊是，百姓变得放荡而不安静，好胜而不知羞耻。周人尊崇礼法，崇尚施惠，敬奉鬼神而对他敬而远之，接近人情而讲求忠信，行赏论罚都按着爵位尊卑高下为序，所以周人的政教，可亲而不可尊。这样的流弊是，百姓变得贪利而取巧，文辞夸夸而无惭愧之心，互相残害而困蔽。”

子曰：“夏道未渎辞[1]，不求备，不大望于民[2]，民未厌其亲。殷人未渎礼，而求备于民。周人强民，未渎神，而赏爵、刑罚穷矣[3]。”

【注释】

①未渎辞：郑注："谓时王不尚辞。"孔疏："渎谓亵渎。"

②"不求备"二句：郑注："言其政宽，责税轻也。"孔疏："求备，谓每事征求，皆令备足。大望，谓赋税既重，大所责望于民。"

③穷：尽。

【译文】

孔子说："夏代的政令不亵渎言辞，对百姓不苛求责备，不征重税，百姓没有生发亲人上下厌弃之心。殷人的政令不亵渎礼法，但对百姓求全责备。周人施政则强迫百姓服从，虽不亵渎鬼神，但赏赐、加爵、刑罚，名目繁多，手段用尽。"

子曰："虞、夏之道，寡怨于民；殷、周之道，不胜其敝[①]。"子曰："虞、夏之质，殷、周之文，至矣。虞、夏之文不胜其质，殷、周之质不胜其文。"

【注释】

①"殷、周之道"二句：孔疏："殷、周文烦，失在苛碎，故其民不堪胜敝败也。"

【译文】

孔子说："虞、夏的治国之道，民怨很少；殷、周的治国之道，百姓难以承受敝败。"孔子说："虞、夏的质朴，殷、周的文饰，都达到了极致。虞、夏，它的文饰比不过它的质朴；殷、周，它的质朴比不过它的文饰。"

子言之曰："后世虽有作者，虞帝弗可及也已矣。君天下，生无私，死不厚其子，子民如父母，有憯怛之爱，有忠利之教[①]，亲而尊，安而敬，威而爱，富而有礼，惠而能散。其君子尊仁畏义，耻费轻实[②]，忠而不犯，义而顺，文而静[③]，宽而有辨。《甫刑》曰：‘德威惟威，德明惟明。’[④]非虞帝其孰能如此乎？”

【注释】

①有忠利之教：孔疏：“言有忠恕利益之教也。”

②费：孔疏：“辞费也，言而不行，谓之‘辞费’也。”实：财货。

③文而静：静，或作“情”。《训纂》引王引之说，情，正字也。文而情者，外有文章而内诚实也。

④“《甫刑》曰”以下二句：出自《尚书·吕刑》。惟威，“威”是畏的意思。惟明，“明”是尊的意思。

【译文】

孔子说：“后世即使有明王，也赶不上虞帝了。虞帝君临天下，活着时没有私心，要死了也不厚待自己的儿子，传位给他，如父母爱护子女般慈爱百姓，有忧伤悲悯的慈爱，有忠恕利益的教导，亲近而尊崇，安详而恭敬，威严而仁爱，富裕而有礼，施惠散布于人。虞帝的大臣们尊崇仁爱，敬畏道义，以讲空话废话为耻，轻视财货而无贪心，忠心耿耿而不会犯事，恪守义理而和顺，外有文采而内有情感，宽容而明辨。《甫刑》上说：‘道德的威严使人敬畏，道德的光明使人尊敬。’除了虞帝还有谁能做得到？”

子言之：“事君先资其言[①]，拜自献其身[②]，以成其信。是故君有责于其臣，臣有死于其言。故其受禄不诬[③]，其受罪益寡。”

【注释】

①资：孙希旦说："藉（借）也。"

②拜：谓受其命。献：谓进于朝。

③诬：郑注："不信曰诬。"

【译文】

孔子说："事奉国君，要先凭借自己的言语建议，受命于君主，奉献自身，实践成就自己的主张证明其可信。所以国君责成考稽其臣子，臣子要为践行实施自己的建议而奉献至死。所以臣子接受的俸禄和做出的业绩没有不相符合，由于言行不符而受到惩罚的情形就很少。"

子曰："事君，大言入则望大利，小言入则望小利[①]。故君子不以小言受大禄，不以大言受小禄。《易》曰：'不家食吉[②]。'"

【注释】

①"大言入"二句：孙希旦《集解》引吕大临曰："利及天下，泽及万世，大利也。进一介之善，治一官之事，小利也。"

②不家食吉：出自《易·大畜·彖辞》。孔疏："言君有大畜积，不惟与家人食之而已，当与贤人食之，故得吉。"

【译文】

孔子说："事奉国君，大的谋划建议被采纳，就期望为天下带来大的利益，小的谋划建议被采纳，就期望为天下带来小的利益。所以君子不会以小的谋划建议而接受大的俸禄，也不会以大的谋划建议而接受小的俸禄。《易》上说：'国君有大蓄积，不仅与家人分享，还用来招徕贤人，因此就吉利。'"

子曰："事君不下达[①]，不尚辞[②]，非其人弗自[③]。《小雅》曰：'靖共尔位，正直是与。神之听之，式穀以女。'[④]"

【注释】

①不下达：郑注："不以私事自通于君也。"

②不尚辞：郑注："不多出浮华之言也。"

③自：孙希旦说："由也，所由以进者也。"

④"《小雅》曰"以下四句：出自《诗经・小雅・小明》。靖，治。共（gōng），通"恭"。式，用。穀，福禄。女，通"汝"。

【译文】

孔子说："事奉国君，不以私事去通达国君，不说虚浮夸大之辞，不是正派人引荐就不求上进。《小雅》上说：'恭敬地履行好你的职责，和正直的人亲近。神明会听到你的德行，会赐予你福禄。'"

子曰："事君远而谏则谄也[①]，近而不谏则尸利也[②]。"

【注释】

①事君远而谏则谄（chǎn）也：孔疏："若与君疏远，强欲谏诤，则是谄佞之人，望欲自达也。"谄，同"谄"。

②尸利：指祭祀之礼尸无言辞而空受祭享。

【译文】

孔子说："事奉国君，如果是疏远之臣强行进谏，那是谄佞；如果是身边的近臣却不进谏，就是处于尸位而空享利禄。"

子曰："迩臣守和，宰正百官，大臣虑四方。"

【译文】

孔子说："近臣辅佐君王调和国家万事，冢宰负责管理百官，大臣谋划考虑四方之事。"

子曰："事君欲谏不欲陈[①]。《诗》云：'心乎爱矣，瑕不谓矣？中心藏之，何日忘之？'[②]"

【注释】

①陈：郑注："谓言其过于外也。"即公开批评指责国君的过失。

②"《诗》云"以下四句：出自《诗经·小雅·隰桑》。瑕，孔疏："瑕之言胡，胡，何也。"谓，告诉。藏，通"臧"，善。

【译文】

孔子说："事奉国君，对国君的过失要进谏，但不要公开批评。《诗经》上说：'心里敬爱着君子，为何不告诉他？心中总惦念着他的好，哪天哪时忘记过？'"

子曰："事君难进而易退，则位有序[①]；易进而难退，则乱也。故君子三揖而进，一辞而退，以远乱也。"

【注释】

①有序：孔疏："谓贤愚别也。"指贤者与愚者可以加以区分辨别了。与后文的"乱"相对，"乱"指贤愚不别。

【译文】

孔子说："事奉国君，晋升提拔困难但罢黜降级容易，那么就能够辨别贤者与愚者做到官阶有序；如果晋升提拔容易但罢黜降级困难，那么就无法区别贤者与愚者。所以君子去访问，见主人要三次揖让后才能进门，而一次告辞就可离去，这就是为了避免出现混乱。”

子曰：“事君三违而不出竟[①]，则利禄也。人虽曰‘不要’[②]，我弗信也。”

【注释】

①竟：通“境”。

②要(yāo)：求。

【译文】

孔子说：“事奉国君，如果多次与国君意见不合，还不辞职出国，那就是贪图俸禄。即使他说‘没有要求’，我也不信。”

子曰：“事君慎始而敬终[①]。”

【注释】

①慎始而敬终：孙希旦说：“慎始，不敢苟进；敬终，不敢苟去也。”

【译文】

孔子说：“事奉国君，要谨慎地开始交往，而恭敬地结束离去。”

子曰：“事君可贵可贱，可富可贫，可生可杀，而不可使为乱[①]。”

【注释】

①乱：孔疏：“谓废事君之礼也。”

【译文】

孔子说：“事奉国君的臣子，国君可以晋升他让他地位高贵，也可以废黜他让他地位低贱；可以让他富有也可以让他贫穷；可以让他生存让他活，也可以杀了他让他死，但不可以让他违礼为乱。”

子曰：“事君军旅不辟难，朝廷不辞贱。处其位而不履其事，则乱也。故君使其臣，得志则慎虑而从之，否则孰虑而从之，终事而退，臣之厚也。《易》曰：‘不事王侯，高尚其事。’①”

【注释】

①“《易》曰”以下二句：出自《易·蛊卦》。

【译文】

孔子说：“事奉国君，在战争中不逃避危难，在朝廷上不推辞卑贱的职务。处于某个职位却不履行相应的职事，就会发生混乱。所以国君派遣臣子做事，臣子认为与自己的心志才干相合，就审慎考虑后去做；如果认为与自己的心志才干不合，就深思熟虑后去做，事情完成后就辞职退出，这是作为臣子的忠诚笃厚。《易》上说：‘不事奉王侯，崇尚自己的事业。’”

子曰：“唯天子受命于天，士受命于君。故君命顺则臣有顺命，君命逆则臣有逆命①。《诗》曰：‘鹊之姜姜，鹑之贲贲。人之无良，我以为君。’②”

【注释】

①“故君命顺”二句：《集解》引吕大临说：“君命合乎理义为顺天命，为臣者将不令而从；不合则为逆天命，为臣者虽令不从矣。”

②“《诗》曰”以下四句：出自《诗经·鄘风·鹑之奔奔》。姜姜，今本

《毛诗》作“强强”，与“贲贲”都是形容二鸟相随而飞的样子。鹑，鸟名。即鹌鹑。

【译文】

孔子说：“唯有天子受命于天，官员受命于天子。如果国君之命顺应天命，那么臣子也跟着顺应君命；如果国君之命违背天命，那么臣子也会违背君命。《诗经》上说：‘喜鹊双双飞翔，鹌鹑对对依傍。那个人实在太差，我却要把他当作君王。’”

子曰：“君子不以辞尽人[①]，故天下有道，则行有枝叶；天下无道，则辞有枝叶[②]。是故君子于有丧者之侧，不能赙焉，则不问其所费；于有病者之侧，不能馈焉，则不问其所欲；有客不能馆，则不问其所舍[③]。故君子之接如水，小人之接如醴。君子淡以成，小人甘以坏。《小雅》曰：‘盗言孔甘，乱是用餤。’[④]”

【注释】

①不以辞尽人：不仅凭言辞评价人之贤不贤。

②“故天下”四句：孙希旦说：“天下有道，则人尚行，故行有枝叶；天下无道，则人尚辞，故辞有枝叶。行有枝叶，则行有余于其言；言有枝叶，则言有余于其行。”

③“是故”八句：赙（fù），送财物给丧家助办丧事。馈，赠送礼物。馆，安置。

④“《小雅》曰”以下二句：出自《诗经·小雅·巧言》。孔疏：“言盗贼小人，其言甚美，幽王信之，祸乱用是进益。”孔，很。餤（tán），进食。

【译文】

孔子说："君子不仅凭言辞评判人，所以天下有道，实干会'枝叶繁茂'，人们做得多说得少；天下无道，空谈会'枝叶繁茂'，人们说得多做得少。所以君子在有丧事的人旁边，如果不能用财物帮助料理丧事，就不要问丧家花费多少；在有疾病的人旁边，如果不能馈赠礼物帮助治病，就不要问病人需要什么；看到旅人，如果不能为旅人安排旅馆住宿，就不要问旅人住在何处。所以君子之间的交往清淡如水，小人之间的交往浓甜如醴。君子之交虽清淡，但能成就事业；小人之交虽甘甜，但必败坏事业。《小雅》上说：'盗贼小人，说话动听，祸由此出，乱由此生。'"

子曰："君子不以口誉人[①]，则民作忠。故君子问人之寒则衣之，问人之饥则食之，称人之美则爵之。《国风》曰：'心之忧矣！于我归说。'[②]"

【注释】

①以口誉人：孙希旦说："言徒誉之以口，而不根于实心也。"

②"《国风》曰"以下二句：出自《诗经·曹风·蜉蝣》。孔疏："言虚华之人，心忧矣，我今归此所说忠信之人。"于，与。说(shuì)，舍。

【译文】

孔子说："君子不用空话赞誉人，这样百姓就会形成忠信诚实、不说虚言的风气。所以君子询问人家冷不冷，就送衣服给他穿；询问人家饿不饿，就送食物给他吃；称赞人家的美行，就授给他爵位。《国风》上说：'虚华之人令我心忧，还是让我与忠信之人一道归去吧！'"

子曰："口惠而实不至，怨菑及其身[①]。是故君子与其有诺责也，宁有已怨[②]。《国风》曰：'言笑晏晏，信誓旦旦。不思其反,反是不思,亦已焉哉!’[③]”

【注释】

①菑(zāi):同“灾”。

②已:郑注:“谓不许也。”

③“《国风》曰”以下五句:出自《诗经·卫风·氓》。晏晏,和悦的样子。反,反复,变心。是,这。指赌咒发誓。

【译文】

孔子说:“嘴上施给人家好处实际却不兑现,这样怨恨和灾祸就会降临自身。所以君子与其承担承诺不能兑现的责任,不如承担拒绝承诺的抱怨。《国风》上说:‘从前和我一起说笑,你张口就是诚恳的誓言。没想到你的心说变就变,完全违背过去的誓言。忘掉你的誓言吧,从此了结义绝恩断!’”

子曰:“君子不以色亲人[①]。情疏而貌亲,在小人则穿窬之盗也与[②]?”

【注释】

①君子不以色亲人:孔疏:“谓不以虚伪善色诈亲于人也。”

②穿窬(yú)之盗:指打洞入室行窃的盗贼。穿窬,打洞翻墙,多指行窃。

【译文】

孔子说:“君子不用虚伪的表情假装与人亲近。明明感情疏远而外表要做出亲近的样子,这种小人不就是打洞入室行窃的盗贼吗?”

子曰:“情欲信,辞欲巧。”

【译文】

孔子说:“内心的感情要诚信真实,嘴上的言辞要和顺美巧。”

子言之:“昔三代明王,皆事天地之神明,无非卜、筮之用,不敢以其私亵事上帝。是故不犯日月[①],不违卜、筮。卜、筮不相袭也。大事有时日,小事无时日,有筮。外事用刚日,内事用柔日[②]。不违龟筮[③]。”

【注释】

①不犯日月:孙希旦说:“犯,谓犯其不吉之日也。卜、筮吉,然后用,故不犯日月。”

②“外事”二句:见《曲礼上》“外事以刚日”节注①②。

③不违龟筮:孙希旦认为此四字应在下文的“子曰”之下。

【译文】

孔子说:“从前夏、商、周三代的明王,都祭祀天地神明,没有不通过占卜、占筮来决定的,不敢以私意而亵渎上帝。所以不会冲犯不吉利的日子,不会违背卜、筮的结果。龟卜和蓍筮不能因袭使用。大的祭祀有固定的时日,小的祭祀没有固定的时日,以占筮决定日期。郊外的祭祀要在奇数日进行,城内的祭祀要在偶数日进行。不能违背龟卜筮占的结果。”

子曰:“牲牷、礼乐、齐盛[①],是以无害乎鬼神,无怨乎百姓。”

【注释】

①牲:纯色之牲。牷(quán):完好无损伤之牲。齐盛:即“粢盛”。

见《祭义》“君子反古复始”节注⑤。

【译文】

孔子说：“祭祀用的牺牲毛色纯正、身体完好，礼仪舞乐齐备，祭献神明的谷物清洁，因此所有的礼节对鬼神都是无害的，百姓也不会有抱怨。”

子曰：“后稷之祀易富也[①]。其辞恭，其欲俭，其禄及子孙。《诗》曰：‘后稷兆祀，庶无罪悔，以迄于今。’[②]”

【注释】

①富：郑注：“富之言备也。”

②“《诗》曰”以下三句：出自《诗经·大雅·生民》。兆，今本《毛诗》作“肇”，开始。

【译文】

孔子说：“对后稷的祭祀是容易置办的。因为他的言辞恭敬，他的欲望寡薄，他的福禄延及子孙。《诗经》上说：‘后稷起始之祭祀，合乎礼仪无罪无悔，一直延续至今。’”

子曰：“大人之器威敬[①]。天子无筮[②]，诸侯有守筮[③]。天子道以筮[④]，诸侯非其国不以筮[⑤]，卜宅寝室[⑥]。天子不卜处大庙[⑦]。”

【注释】

①大人之器：孙希旦说：“谓龟策也。”大人，孔疏：“谓天子。”

②天子无筮：天子地位尊贵，有大事则用卜不用筮。

③守筮：郑注：“守国之筮，国有事则用之。”诸侯低于天子，在国内

居守，有事可用筮。

④天子道以筮：天子出行于道路，临时有小事时可用筮。

⑤诸侯非其国不以筮：郑注："入他国则不筮，不敢问吉凶于人之国也。"

⑥卜宅寝室：孙希旦说："诸侯适他国，于所舍之寝室，卜而后处之，备不虞也。"

⑦天子不卜处大庙：国君在建国时已通过占卜获得吉地，太庙在国都内，所以无需再卜。大，同"太"。

【译文】

孔子说："天子所用龟策等占筮之器威重严敬，不可轻易动用。天子对大事用卜而不用筮，诸侯有守国之筮。天子出行在路上，临时有事可以用筮，诸侯如果不在本国境内，就不能用筮，但所入住的宅或寝室要占卜。天子不占卜太庙应建在什么地方。"

子曰："君子敬则用祭器①。是以不废日月②，不违龟筮，以敬事其君长。是以上不渎于民，下不亵于上。"

【注释】

①敬则用祭器：主人接待来宾，为表示尊敬，郑重其事，不用燕饮之器而用祭祀之器。

②不废日月：郑注："总明朝聘之时，依其日月。"

【译文】

孔子说："君子使用祭祀器具来表示对宾客的尊敬。所以朝聘君长时要遵守日期，不违背龟筮占卜的指示，以恭敬地事奉君长。居上位者不干扰民众，居下位者不轻慢君长。"

缁衣第三十三

【题解】

郑玄《礼记目录》云:“名曰‘缁衣’者,善其好贤者厚也。《缁衣》,郑诗也。”

“缁衣”二字,见本篇引用《诗经·郑风·缁衣》“好贤如《缁衣》”一句,故用以名篇。出土资料郭店楚墓竹简、上海博物馆藏战国楚竹书两篇简本《缁衣》皆无今本首节文字。王锷《礼记成书考》认为今本第二章应该是原本首章,故取篇首文字命名,此说可从。“缁衣”本指黑色布帛所制的朝服,又指《郑风·缁衣》篇名,因首章“缁衣之宜兮”为题。

本篇议论主题多在君臣上下关系、君化民之道,也论及君子交友之道与言行准则等。行文风格明显,多先记孔子言论,再引《诗》、《书》、《易》等经文以证明,所引经文或断章取义,未必符合原作旨意。《隋书·音乐志》引梁朝沈约之言,认为本篇与《坊记》、《中庸》、《表记》四篇都取自已亡佚的《子思子》一书;任铭善《礼记目录后案》则认为本篇是《表记》的下篇,而与《坊记》三篇出于一人之手。无论三篇或四篇同出一人之手,其主要考察关键在于,文例多先议论后引书证。

今本《缁衣》现有两个出土的战国时期的版本可供比对研究,一是1993年在湖北荆门郭店一号战国楚墓出土的简本《缁衣》篇(见《郭店楚墓竹简》,文物出版社,1998年);一是1994年上海博物馆从香港购回收藏的战国简本《缁衣》篇(见《上海博物馆藏战国楚竹书(一)》,上海古籍出版社,2001年)。

子言之曰:"为上易事也,为下易知也,则刑不烦矣。"

【译文】

孔子说:"做君王的让臣下容易侍奉,做臣下的让君王容易了解,这样就不必多用刑罚了。"

子曰:"好贤如《缁衣》[①],恶恶如《巷伯》[②],则爵不渎而民作愿[③],刑不试而民咸服。《大雅》曰:'仪刑文王,万国作孚。'[④]"

【注释】

①《缁衣》:《诗经·郑风》篇名。旧说诗篇为好贤之作,郑桓公、武公父子并为周司徒,善于其职,受到郑人赞誉。缁衣,黑色朝服,因常年穿着已经敝败,故作新衣以赠之,是表示喜爱关怀之情。

②《巷伯》:《诗经·小雅》篇名。巷伯是阉人,为周王后宫巷官之长,故称"巷伯"。幽王好信谗言,故为诗讽刺谗人并警告在位者应远离小人。

③渎:滥。愿:敬谨。

④"《大雅》曰"以下二句:出自《诗经·大雅·文王》。"万国作孚"今本《毛诗》作"万邦作孚"。孚,信。

【译文】

孔子说:"如果喜爱贤人就如同《缁衣》所描写的一样,厌恶坏人就如同《巷伯》所描写的一样,爵位就不会滥授,而人们也会形成敬谨的风气，不必动用刑罚而人们都会服从。"《诗经》上说："效法文王为榜样，天下国家都信服。"

子曰："夫民教之以德，齐之以礼，则民有格心[①]；教之以政，齐之以刑，则民有遯心[②]。故君民者子以爱之，则民亲之；信以结之，则民不倍[③]；恭以莅之，则民有孙心[④]。《甫刑》曰：'苗民匪用命[⑤]，制以刑，惟作五虐之刑，曰法。'是以民有恶德，而遂绝其世也。"

【注释】

①格心：指向善、进取之心。格，孔疏："来也。"

②遯(dùn)心：指逃避刑狱、免于责罚之心。遯，同"遁"。

③倍：通"背"，背叛。

④孙(xùn)：通"逊"，顺。

⑤苗民：三苗部族，亦称"有苗"。原住在长江中游，传说舜时被放逐驱赶至今敦煌三危山一带。匪：同"非"。命：政令。

【译文】

孔子说："民众，如果用道德来教育他们，用礼义来统领他们，那么民众就有向善、进取之心；如果用政令来教训他们，用刑罚来统管他们，那么民众就只会有逃避刑狱、免于责罚之心。所以统领民众的人，对待民众如同爱护自己的儿子，那么人们就会亲近他；如果秉持诚信来团结民众，那么人们就不会背叛他；如果以恭敬的态度来面对民众，那么人们就会有顺服之心。《甫刑》说：'三苗之民不听从政令的管理，于是就制定刑罚来统治，制定了五种酷虐的刑罚，称之为法。'因此造成了三苗之民品德恶劣，到后世终于就灭绝了。"

子曰："下之事上也，不从其所令，从其所行。上好是物，下必有甚焉者矣。故上之所好恶，不可不慎也，是民之表也[①]。"

【注释】

①表：标杆，榜样。

【译文】

孔子说："臣下侍奉君上，不是服从他的命令，而是服从他的行为。君上爱好的物事，臣下必然有人会更加爱好。所以君上的喜好与憎恶，不可以不谨慎，这是人们的标杆和榜样。"

子曰："禹立三年，百姓以仁遂焉[①]，岂必尽仁？《诗》云：'赫赫师尹，民具尔瞻。'[②]《甫刑》曰：'一人有庆，兆民赖之。'《大雅》曰：'成王之孚，下土之式。'[③]"

【注释】

①遂：郑注："犹达也。"

②"《诗》云"以下二句：出自《诗经·小雅·节南山》。师尹，指西周的太师尹氏。具，通"俱"。

③"《大雅》曰"以下二句：出自《诗经·大雅·下武》。孚，信。式，榜样。

【译文】

孔子说："禹即位三年，百姓就都依仁道行事了，难道是所有的人本性都能有仁道吗？《诗经》说：'显赫的太师尹氏，人们都瞻望着他。'《甫刑》说：'天子一人有善行，兆亿民众仰赖他。'《大雅》说：'成王的诚信，是臣民的表率。'"

子曰："上好仁，则下之为仁争先人。故长民者章志、贞教、尊仁[1]，以子爱百姓，民致行己以说其上矣[2]。《诗》云：'有梏德行，四国顺之。'[3]"

【注释】

①章志、贞教、尊仁：郑注："章，明也。贞，正也。"孔疏："当须章明己志，为贞正之教，尊敬仁道。"

②说：同"悦"。

③"《诗》云"以下二句：出自《诗经·大雅·抑》。"有梏(jué)德行"今本《毛诗》作"有觉德行"。梏，大。

【译文】

孔子说："君上喜好仁道，那么臣下就会争先恐后地抢着行仁道。所以领导民众的人应该彰明心志、导正教化、尊重仁道，爱民如子，人们就会尽力地去行仁道，以使君上欢喜愉悦。《诗经》上说：'德行宏大而端正，四方之国就会来归顺。'"

子曰："王言如丝，其出如纶[1]；王言如纶，其出如綍[2]。故大人不倡游言：可言也不可行，君子弗言也；可行也不可言，君子弗行也；则民言不危行[3]，而行不危言矣。《诗》云：'淑慎尔止，不諐于仪。'[4]"

【注释】

①纶：由丝线编绞而成的绶带。

②綍(fú)：同"绋"。郑注："引棺索也。"

③言不危行：即言不高于行，所谓言行一致。危，高。《训纂》引王引之说，"危"读为"诡"，诡者，违也，反也。说亦通。"言不危行"

即言不违于行。

④“《诗》云”以下二句：出自《诗经·大雅·抑》。諐（qiān），过失。今本《毛诗》作“愆”。

【译文】

孔子说：“天子讲的话，假如是像丝那么细，传播到外边会变得像绶带那么粗；天子讲的话，假如是像绶带那么粗，传播到外边会变得像拉棺材的绳子那么粗。所以在上位者不能提倡那种虚浮不实的话：可以说而不可以做的话，君子就不说；可以做却不可以说的事，君子就不做；那么民众言就不会高于行，行也就不会高于言。《诗经》上说：‘你的姿容举止要善美谨慎，不要使礼仪有过失。’”

子曰：“君子道人以言[①]，而禁人以行，故言必虑其所终，而行必稽其所敝，则民谨于言而慎于行。《诗》云：‘慎尔出话，敬尔威仪。’[②]《大雅》曰：‘穆穆文王，於缉熙敬止！’[③]”

【注释】

①道（dǎo）：引导。

②“《诗》云”以下二句：出自《诗经·大雅·抑》。话，郑注：“善言也。”

③“《大雅》曰”以下二句：出自《诗经·大雅·文王》。穆穆，美好。於（wū），叹词。缉熙，光明。敬，敬慎。止，语气词。

【译文】

孔子说：“君子以言语引导人们向善，而以行动制止人们作恶，所以说话时必定考虑最终的结果，行动时必定核查可能的弊端，那么人们就会谨言慎行。《诗经》上说：‘你说出话语要谨慎，你显示仪态要端庄。’《大雅》说：‘堂堂皇皇，美好的文王啊！多么光明，多么敬慎！’”

子曰："长民者，衣服不贰[①]，从容有常，以齐其民，则民德壹。《诗》云：'彼都人士，狐裘黄黄。其容不改，出言有章。行归于周，万民所望。'[②]"

【注释】

①贰：差池。

②"《诗》云"以下六句：出自《诗经·小雅·都人士》。

【译文】

孔子说："领导民众的人，衣服要有模有样不能差，言行举止要从容有规矩，以身作则来规范民众，那么人们的道德就能够齐一。《诗经》上说：'那京都的人士，狐皮裘衣黄黄。他们的容止规矩合度，说话有条有理有文采。行行走走回周都，他们是万民仰望效仿的榜样。'"

子曰："为上可望而知也，为下可述而志也[①]，则君不疑于其臣，而臣不惑于其君矣。《尹吉》曰[②]：'惟尹躬及汤，咸有壹德。'《诗》云：'淑人君子，其仪不忒。'[③]"

【注释】

①为下可述而志也：孔疏："为臣下率诚奉上，其行可述叙而知。"

②《尹吉》：郑注："吉，当为'告'。告，古文'诰'字之误也。尹告，'伊尹之诰'也。《书序》以为《咸有壹德》，今亡。"郭店楚墓竹简《缁衣》、上海博物馆藏战国楚竹书《缁衣》皆作"尹诰"，证明郑注可信。孔疏："言惟尹躬身与成汤，皆有纯一之德。"

③"《诗》云"以下二句：出自《诗经·曹风·鸤鸠》。忒(tè)，差错。

【译文】

孔子说："做人君的使臣子一望即可知其思想，做臣子的诚恳坦然，行为可以表明心志，那么人君就不会怀疑他的臣子，而臣子也不会对人君感到困惑。《尹诰》说：‘伊尹自己与汤，都有专一不变的道德。’《诗经》上说：‘完美善良的君子，他的仪态举止没有一点儿差错。’”

子曰：“有国家者，章善瘅恶[①]，以示民厚，则民情不贰。《诗》云：‘靖共尔位，好是正直。’[②]”

【注释】

①章善瘅(dǎn)恶：孔疏：“章，明也。瘅，病也。言为国者，有善以赏章明之，有恶则以刑瘅病之也。”瘅，憎恶。

②“《诗》云”以下二句：出自《诗经·小雅·小明》。靖，安。共(gōng)，通“恭”。

【译文】

孔子说：“统治国家的人，要表彰良善、憎恨罪恶，向人们展现淳厚正派的政风，那么人们就能团结齐一。《诗经》上说：‘安详恭谨地恪守你的职位，喜好这种正直的人。’”

子曰：“上人疑则百姓惑，下难知则君长劳。故君民者章好以示民俗，慎恶以御民之淫，则民不惑矣。臣仪行[①]，不重辞，不援其所不及，不烦其所不知，则君不劳矣。《诗》云：‘上帝板板，下民卒瘅。’[②]《小雅》曰：‘匪其止共，惟王之邛。’[③]”

【注释】

①仪：郑注：“当为‘义’，声之误也。言臣义事君则行也。”

②“《诗》云”以下二句：出自《诗经·大雅·板》。郑注：“此君使民

惑之诗。”上帝，托言君王。板板，乖戾邪僻。卒，尽。

③“《小雅》曰”以下二句：出自《诗经·小雅·巧言》。郑注：“此臣使君劳之诗。”匪，同“非”。止，容止。共(gōng)，通“恭”。邛(qióng)，劳病。

【译文】

孔子说：“君上多疑而好恶不明，民众就困惑而无所适从；臣下心意难以知晓，君上就会非常辛劳。所以统治民众的人，要表彰良善以昭示人们良好的风俗，要惩戒罪恶以防止人们放纵奢侈，那么人们就不会困惑了。臣下遵行应做的事，不尚空谈，不强求君上去做那些做不到的事，不烦扰君上去纠缠那些搞不清的事，那么君上就不会太辛劳了。《诗经》上说：‘上帝假如乖戾邪僻，下民因此遭受困顿。’《小雅》说：‘他不是在恭行职责，他是让君王遭受苦劳。’”

子曰：“政之不行也，教之不成也，爵禄不足劝也，刑罚不足耻也。故上不可以亵刑而轻爵。《康诰》曰[①]：‘敬明乃罚。’《甫刑》曰：‘播刑之不迪[②]。’”

【注释】

①《康诰》：《尚书·周书》篇名。即康叔之诰，内容是西周早期康叔受封时武王告诫之辞。

②播：施行。不：郑注：“衍字耳。”《尚书·吕刑》作“播刑之迪”。迪：道。

【译文】

孔子说：“政令不能施行，教化不能成功，这是由于封爵、授禄不当而不足以劝勉臣民守法向善，刑法惩罚失据而不足以使人们感到耻辱。所以身居上位的人不可以滥用刑罚而又轻率地封爵、授禄。《康诰》说：

‘要敬谨明察你所执行的刑罚。’《甫刑》说：‘施加刑罚要有道理作依据。’”

子曰：“大臣不亲，百姓不宁，则忠敬不足，而富贵已过也。大臣不治，而迩臣比矣[①]。故大臣不可不敬也，是民之表也；迩臣不可不慎也，是民之道也。君毋以小谋大，毋以远言近，毋以内图外，则大臣不怨，迩臣不疾，而远臣不蔽矣。叶公之顾命曰[②]：‘毋以小谋败大作，毋以嬖御人疾庄后[③]，毋以嬖御士疾庄士、大夫、卿士[④]。’”

【注释】

①迩臣：近臣。比：私下相亲。

②叶公之顾命：孙希旦说：“‘叶’当作‘祭’（zhài），字之误也。”“祭公之顾命”是祭公（字谋父）将死，告周穆王之遗言。见《逸周书·祭公解》。

③嬖（bì）御人：孔疏：“爱妾也。”庄后：孔疏：“齐庄之后，是適（嫡）夫人也。”

④庄士：孔疏：“即大夫、卿之典事者。”

【译文】

孔子说：“大臣与国君不相亲，百姓生活不安宁，这是因为大臣不忠于国君，国君不敬重大臣，而享受富贵却已过度。大臣不治理国政，近臣就会朋比为奸。所以国君不可以不敬重大臣，大臣是民众的表率；国君不可以不慎择近臣，近臣是民众的引导者。国君勿与小臣谋议大臣之事，勿与远臣谈论近臣之事，勿与内臣商讨外臣之事，那样大臣就不会对国君有抱怨，近臣就不会遭非议，远臣就不会被障蔽了。祭公在遗嘱中说：‘不要因为小图谋而败坏了大作为，不要因为宠妾而诋毁端庄的后妃,不要因为宠臣而诋毁端庄正派之士。'"

子曰:"大人不亲其所贤,而信其所贱,民是以亲失,而教是以烦。《诗》云:'彼求我则,如不我得。执我仇仇,亦不我力。'①《君陈》曰:'未见圣,若己弗克见;既见圣,亦不克由圣。'②"

【注释】

①"《诗》云"以下四句:出自《诗经·小雅·正月》。则,马瑞辰《毛诗传笺通释》释为句末语助词,无义。仇仇,犹謷謷,傲慢。

②"《君陈》曰"以下四句:出自《尚书·君陈》。克,能。由,用。

【译文】

孔子说:"身居上位不亲近有德的贤人,而信任鄙贱无德的小人,人们会因而失去了他们所应亲近的准则,政教会因此变得烦乱。《诗经》说:'那君王起初访求我的时候,急急地好像唯恐得不到我。既已得到我就傲慢待我,也不肯真正重用我。'《君陈》说:'在尚未见到圣人之时,就好像自己不能见到圣人一般;等已经见到了圣人,又不能听圣人、用圣人。'"

子曰:"小人溺于水,君子溺于口,大人溺于民①,皆在其所亵也。夫水近于人而溺人,德易狎而难亲也②,易以溺人。口费而烦,易出难悔,易以溺人③。夫民闭于人而有鄙心,可敬不可慢,易以溺人④。故君子不可以不慎也。《大甲》曰:'毋越厥命以自覆也⑤。''若虞机张⑥,往省括于厥度则释⑦。'《兑命》曰:'惟口起羞,惟甲胄起兵,惟衣裳在笥,惟干戈省厥躬。'[⑧]《大甲》曰:'天作孽,可违也;自作孽,不可以逭[⑨]。'《尹吉》曰:'惟尹躬天见于西邑夏,自周有终,相亦惟终。'[⑩]"

【注释】

①"小人"三句:《集解》引吕大临说:"小人,谓民也。君子,谓士大夫。大人,谓王、公。"

②德易狎而难亲也:郑注:"有德者亦如水矣,初时学其近者、小者以从人事,自以为可,则侮狎之","如溺于大水矣"。狎,轻狎,轻慢。

③"口费而烦"三句:郑注:"费,犹惠也。言口多空言且烦数也。过言一出,驷马不能及,不可得悔也。口舌所覆,亦如溺矣。"

④"夫民闭于人"三句:郑注:"言民不通于人道而心鄙诈,难卒告谕。人君敬慎以临之则可,若陵虐而慢之,分崩怨畔,君无所尊,亦如溺矣。"闭,阻塞。

⑤毋越厥命以自覆也:出自《尚书·太甲》。厥,其。覆,败。

⑥虞:管理田猎之地的官员。机:弩牙。本指弩机钩弦的部件,此代指弩机。弩机是安在弩弓臂后部的机械装置,用以控制发射。

⑦括:矢括,指箭的末端。度:郑注:"谓所拟射也。"即瞄准目标。释:放。郑注:"虞人之射禽,弩已张,从机间视括与所射参相得,乃后释弦发矢。"

⑧"《兑命》曰"及以下四句:《兑命》,当作"《说(yuè)命》",《尚书》佚篇名。衣裳,指朝祭之服。笥(sì),衣箱。惟干戈省厥躬,孔疏:"惟所施干戈之事,当自省己身,不可妄加无罪,浪以害人。"

⑨逭(huàn):逃。

⑩"《尹吉》曰"及以下三句:"尹吉"即"尹诰",《尚书·周书》篇名。天,郑注:"当为'先'字之误。"西邑夏,指夏都安邑,位处商都亳

之西，故称“西邑夏”。周，郑注：“忠信为周。”“周”本有周备严密之意，君子尽忠守信，人格周备，故引申有忠信之意。《论语·为政》：“君子周而不比，小人比而不周。”

【译文】

孔子说：“小人被水淹死，君子被口淹死，在上位者被民众淹死，这都是因为他们亵慢不慎而造成的。小人与水接近容易被水淹死，因为水德柔弱易于轻慢狎玩而难于真正亲和，因此小人容易被水淹死。君子说话多空话而烦腻，过头话容易说而难反悔，因此君子容易被口淹死。在上位者面对百姓，百姓不通人情而有鄙诈之心，可以敬慎面对而不可怠慢，稍不当心即反叛离析，因此在上位者容易被人淹死。所以君子不可以不谨慎。《太甲》说：‘勿逾越天命以自取覆灭。’‘如同虞人的弩机张开后，还要看清箭端至目标瞄准了再发射。’《说命》说：‘嘴巴说话不慎会招来羞辱，甲胄配置不慎会引发战争，朝祭的服装收藏衣箱于己不利，要动用干戈兴兵还是先自我省察。’《太甲》说：‘上天作孽兴灾，还能躲避；自己作孽惹祸，却是无可遁逃。’《尹诰》说：‘伊尹我的先人曾亲见西邑夏的先君，他们国君自始至终都能以忠信相待，辅政大臣也能一直奉行忠信到最后。’”

子曰：“民以君为心，君以民为体。心庄则体舒，心肃则容敬。心好之，身必安之；君好之，民必欲之。心以体全，亦以体伤；君以民存，亦以民亡。《诗》云：‘昔吾有先正，其言明且清，国家以宁，都邑以成，庶民以生。谁能秉国成？不自为正，卒劳百姓。’①《君雅》曰：‘夏日暑雨，小民惟曰怨。资冬祁寒，小民亦惟曰怨。’②”

【注释】

①“《诗》云”以下八句：开头“昔吾”至“以生”前五句，今本《毛诗》未

见，当是逸诗；后“谁能”至“百姓”等三句，见《诗经·小雅·节南山》。

②“《君雅》曰”及以下四句：雅，郑注：“《书序》作‘牙’，假借字也。”郭店楚墓竹简《缁衣》正引作“君牙”。《君牙》，《尚书》佚篇名，今本伪《古文尚书·君牙》不可信。曰，此与下文的“曰”均当作“日”，郭店楚墓竹简《缁衣》、上海博物馆藏战国楚竹书《缁衣》皆作“日”，应是秦汉传抄致误。日，指太阳，引申为老天，表面上指太阳在冬夏不能以日照适时调节天候，使得百姓无力对抗寒热雨旱，因此怨天，实乃借日喻君。资，当作“至”。祁，伪《古文尚书》孔传释为“大”。

【译文】

孔子说：“民众把君主当作自己的心，君主把民众当作自己的身体。心端正，身体就能感到舒畅；心肃穆，容止就会显得敬谨。心里喜欢，身体必能安适；君主爱好，民众必定也爱好。心在身体之内而受到保护，也因身体牵累而受到伤害；君主靠民众而生存，也因民众而灭亡。《诗经》说：‘以前我们有位先君，他的言论明白而清楚，国家因此得到安宁，都城因此得以建成，百姓因此得以安生。有谁能好好执掌国政？不自以为是，让百姓老是劳累受苦。’《君牙》说：‘夏季天气暑热又多雨，老百姓抱怨老天；冬季天气又大冷，老百姓也抱怨老天。’”

子曰：“下之事上也，身不正，言不信，则义不壹，行无类也①。”

【注释】

①类：郑注：“谓比式。”

【译文】

孔子说：“臣下侍奉君上，自身不行正道，说话不讲信用，那么道义就不能专一，行为就会没有准则。”

子曰：“言有物而行有格也[1]，是以生则不可夺志，死则不可夺名。故君子多闻，质而守之[2]；多志，质而亲之[3]；精知，略而行之[4]。《君陈》曰：‘出入自尔师虞[5]，庶言同[6]。’《诗》云：‘淑人君子，其仪一也。’[7]”

【注释】

①格：法规。

②多闻，质而守之：孔疏：“虽多闻前事，当简质而守之。”质，少也。

③多志，质而亲之：孔疏：“谓多以志意博交泛爱，亦质少而亲之。”

④精知，略而行之：孔疏：“谓精细而知，孰（熟）虑于众，要略而行之。”

⑤出入自尔师虞：孔疏：“言出入政教，当由女（汝）众人共知谋度。”师，众。虞，谋虑。

⑥庶：众。

⑦“《诗》云”以下二句：出自《诗经·曹风·鸤鸠》。

【译文】

孔子说：“说话有事实依据而行为遵循法规，所以人活着不能夺去他的志向，人死了也不能夺去他的名声。因此君子闻见要广博，确定原则实行并恪守它；君子交际要广泛，择友少精学习而亲近他；知识精细而深思熟虑，规划重点而加以实行。《君陈》说：‘颁发的政令都来自你们众臣的谋虑，众人赞同再实行。’《诗经》上说：‘善人君子，他的威仪始终如一。’”

子曰：“唯君子能好其正[1]，小人毒其正。故君子之朋友有乡[②]，其恶有方。是故迩者不惑，而远者不疑也。《诗》云：‘君子好仇[③]。’”

【注释】

①唯君子能好其正：孙希旦说：“正，谓益者之友，能正己之失者，唯君子能好之，若小人则反毒害之矣。”

②乡(xiàng)：通“向”，方向。

③君子好仇(qiú)：出自《诗经·周南·关雎》。好仇，理想的配偶。仇，今本《毛诗》作“逑”。

【译文】

孔子说：“只有君子能喜欢别人纠正自己的失误，小人会痛恨别人纠正自己的失误。所以君子结交朋友有一定的原则，他厌恶别人也有一定的原则。因此远近之人都信任他，接近他的人不会感到迷惑，远离他的人也不会怀疑他。《诗经》上说：‘君子的理想配偶。’”

子曰：“轻绝贫贱，而重绝富贵，则好贤不坚，而恶恶不著也。人虽曰‘不利’，吾不信也。《诗》云：‘朋有攸摄，摄以威仪。’[①]”

【注释】

①“《诗》云”以下二句：出自《诗经·大雅·既醉》。郑注：“言朋友以礼义相摄正，不以贫富贵贱之利也。”攸，所。摄，辅助，佐理。

【译文】

孔子说：“轻易地与贫贱者绝交，而难以与富贵者绝交，就是喜好贤人的志意不坚定，而厌弃恶人的态度不明确。虽然有人说他是‘不为利’，我也决不相信。《诗经》上说：‘朋友交往要辅佐，辅助佐理靠礼义。'"

子曰:"私惠不归德,君子不自留焉[①]。《诗》云:'人之好我,示我周行。'[②]"

【注释】

①"私惠"二句:郑注:"谓不以公礼相庆贺,时以小物相问遗也。言其物不可以为德,则君子不以身留此人也。"私惠,私下赠送礼物。

②"《诗》云"以下二句:出自《诗经·小雅·鹿鸣》。

【译文】

孔子说:"私下送礼不符合公德的,君子不把这样的人留在身边。《诗经》上说:'喜爱我的人,为我指示坦荡大道。'"

子曰:"苟有车,必见其轼[①];苟有衣,必见其敝[②];人苟或言之,必闻其声;苟或行之,必见其成。《葛覃》曰[③]:'服之无射[④]。'"

【注释】

①轼:车厢前部供凭靠扶持的横木。

②敝:通"蔽",遮蔽。朱彬《训纂》引《释文》"敝,隐蔽也",说:"彬谓古者先知蔽前,后知蔽后。有衣必见其蔽,举在前者言之。"

③《葛覃》:《诗经·周南》篇名。写出嫁妇人归宁父母前的喜悦之情。

④服之无射(yì):出自《诗经·周南·葛覃》。今本《葛覃》作"是刈是濩,为絺为绤,服之无斁"。意谓妇人割取、濩煮葛草,用来织

粗细不同的葛布，将自制的衣服穿在身上一点儿也不厌倦。射，同“斁”，厌。

【译文】

孔子说：“如果有车子，必定能看到车上供人凭靠的车轼；如果有衣服，必定能看到它用来遮蔽身体；如果有人在说话，必定能听到他的声音；如果有人在做事，必定能看到他做出的成果。《葛覃》说：‘这衣服穿着从不感到厌倦。’”

子曰：“言从而行之，则言不可饰也；行从而言之，则行不可饰也。故君子寡言而行，以成其信，则民不得大其美而小其恶。《诗》云：‘白圭之玷，尚可磨也。斯言之玷，不可为也。’①《小雅》曰：‘允也君子，展也大成。’②《君奭》曰：‘在昔上帝，周田观文王之德，其集大命于厥躬。’③”

【注释】

①“《诗》云”以下四句：出自《诗经·大雅·抑》。玷(diàn)，珪玉上的斑点。

②“《小雅》曰”以下二句：出自《诗经·小雅·车攻》。

③“《君奭(shì)》曰”及以下三句：《君奭》，《尚书·周书》篇名。奭，为周召公之名，《君奭》为周公劝勉召公之言。周田观，郑注据古文作“割申劝”，说：“割之言盖也，言文王有诚信之德，天盖申劝之。”郭店楚墓竹简《缁衣》作“割绅观文王之德”。据此似可订为“割绅观文王之德”。今本“周”为“害”字之误，“害”、“割”古通，“申”、“绅”可通，有重申、一再之意。可参见屈万里《尚书集释》。

【译文】

孔子说：“说了之后跟着就去做，那么所说的话就不能掩饰；做了之后跟着就来说，那么所做的事就不能掩饰。所以君子总是少说话而去做，以实际行动成就他的诚信，这样人们就不能夸大自己的美好而缩小自己的丑恶。《诗经》上说：‘洁白的玉珪上有斑点，还可以打磨清除。说出的话有了污点，那就无法挽回。’《小雅》说：‘实在是君子呀！果真有大作为。’《君奭》说：‘从前上帝反复观察文王的德行，才将统一天下的天命降于他的身上。’”

子曰：“南人有言曰：‘人而无恒，不可以为卜、筮。’古之遗言与①？龟筮犹不能知也，而况于人乎？《诗》云：‘我龟既厌，不我告犹。’②《兑命》曰③：‘爵无及恶德④，民立而正事。纯而祭祀⑤，是为不敬。事烦则乱，事神则难。’《易》曰：‘不恒其德，或承之羞。’‘恒其德侦，妇人吉，夫子凶。’⑥”

【注释】

①与：通“欤”，疑问语气词。

②“《诗》云”以下二句：出自《诗经·小雅·小旻》。郑注：“言亵而用之，龟厌之，不告以吉凶之道也。”

③《兑命》：《尚书》篇名。见本篇“子曰：小人溺于水”节注⑧。此处所引六句均不见于郭店简与上博简《缁衣》。

④恶德：郑注：“无恒之德”，“言君祭祀赐诸臣爵，毋与恶德之人也”。

⑤纯：郑注：“犹皆也。”

⑥“《易》曰”以下五句：出自《易·恒卦》九三、六五爻辞。侦，今本《周易》作“贞”，占问。

【译文】

孔子说：“南方人有俗话说：‘人如果情性无常，就不可以为他卜卦、占筮。'这是古代留下来的话吧？龟卜、占筮尚且不能知道这种人的吉凶，更何况是人呢？《诗经》上说：'我们的灵龟已经厌烦了，不会告诉我们吉凶之道了。'《说命》说：'爵位不能授予那些道德恶劣的人，否则人们将误以为他们是正道而仿效。过繁地祭祀，是对神明不敬。事情过于纷繁就会烦乱，祭祀神鬼也难以得福。'《易》上说：'不能恒久地保持德行，有时或会蒙受羞辱。''能恒久地保持德行，占问，妇人吉，男子凶。'"

奔丧第三十四

【题解】

郑玄说："名曰'奔丧'者，以其居他国，闻丧奔赴之礼。此于《别录》属'丧服'之礼矣。实逸《曲礼》之正篇也。汉兴后，得古文，而礼家又贪其说，因合于《礼记》耳。"

本篇与后文的《投壶》篇均为《逸礼》内容。孙希旦《集解》说，《仪礼》古经为五十六篇，藏在秘府，世莫之见，后遂散逸，因此叫做"逸礼"。本篇主要记身居异国之士返乡奔丧之礼，兼记天子、诸侯，并杂记其他各种丧礼。

奔丧之礼①：始闻亲丧②，以哭答使者，尽哀；问故③，又哭尽哀。遂行，日行百里④，不以夜行。唯父母之丧见星而行，见星而舍。若未得行⑤，则成服而后行⑥。过国至竟⑦，哭，尽哀而止。哭辟市朝⑧，望其国竟哭。

【注释】

①奔丧之礼：孙希旦说："首云'奔丧之礼'，所以总目一篇之事也。"言"奔"，是急遽疾驰之辞。

②亲:指父母双亲。

③问故:询问双亲去世的缘故。

④日行百里:孙希旦说:“日行百里行,兼程也,吉行日五十里。”因奔丧而行程加倍。

⑤若未得行:孔疏:“此奉君命而使,使事未了,不可以己私丧废于公事,故成服以俟君命,则人代己也。”

⑥成服:即将丧服穿戴齐备。死者死后第一天小殓,亲人加绖,第二天大殓,第三天亲人成服。

⑦竟:通“境”。下同。

⑧辟(bì):躲避,避开。市朝:集市与官署。孙希旦说:“凡治民之处皆曰‘朝’。”

【译文】

奔丧之礼:刚听到父亲或母亲去世的噩耗,就要向前来报丧的使者哭泣作为回答,尽情地表达自己的悲伤之情;然后向使者询问父母去世的缘故,问完又接着尽情地痛哭。于是动身出发奔丧,每日行程一百里,夜间不赶路。只有为父母奔丧,早上还能看见星星时就出发赶路,晚上星星出现后才止息。如果因为事务不能马上动身奔丧,也可以在三天后按丧礼穿上丧服然后再动身。奔丧时每经过一国的边境都要停步哭泣,也要尽情地表达自己的悲伤才止。哭时要避开集市和官署,这是为了避免打扰民众,望见本国的国境就边走边哭。

至于家,入门左,升自西阶,殡东,西面坐,哭尽哀,括发、袒①,降,堂东即位,西乡哭,成踊②;袭、绖于序东③,绞带④,反位,拜宾,成踊,送宾,反位。有宾后至者,则拜之、成踊、送宾皆如初。众主人、兄弟皆出门⑤,出门哭止,阖门⑥,相者告就次⑦。于又哭⑧,括发、袒,成踊。于三哭,犹括发、袒,成踊。三日成服,拜宾送宾皆如初。

【注释】

①括发:详见《檀弓上》“曾子袭裘而吊”节注②。

②成踊:哭时双脚跳起。见《丧服小记》“奔父之丧”节注③。

③袭:穿好衣服。绖(dié):见《檀弓上》“孔子之丧,二三子皆绖而出”节注①。序东:这里指堂下东墙的东侧。

④绞带:用苴麻做的孝带,系于腰间。人生前要系大带和革带,腰绖相当于大带,绞带相当于革带。孙希旦说:“初服时即绞之,故谓之绞带。”

⑤众主人:主人的庶兄弟。

⑥阖(hé):关。

⑦次:郑注:“倚庐也。”参见《檀弓下》“君于大夫”节注④。

⑧于又哭:指第二日早上的哭灵。

【译文】

奔丧到家门口,从门的左侧进入,由西阶升堂,在灵柩的东侧,面朝西跪坐,尽情地痛哭表达自己的悲伤,脱去吉冠仅用麻绳束发,袒露左臂,从西阶下堂,在阼阶下东侧就位,面朝西痛哭,跳脚;然后到堂下东墙的东侧系好衣襟,戴上首绖,系上绞带,返回阼阶东边主人的位置,拜谢宾客,痛哭跳脚,送宾客到殡宫外,再返回阼阶东边主人的位置。如果有宾客后到,就还要向他拜谢,痛哭跳脚,送他到殡宫外,和刚才所做的一样。送走宾客后,主人的庶兄弟、堂兄弟都走出殡宫之门,出门后就停止哭泣,然后关上殡宫的大门,赞礼者告知应去的丧次。第二天早上哭灵时,也要用麻绳束发,袒露左臂,跳脚痛哭。第三天早上哭灵时,还是要用麻绳束发,袒露左臂,跳脚痛哭。三天后穿好丧服,拜宾、送宾和第一天的礼仪一样。

奔丧者非主人[①]，则主人为之拜宾、送宾。奔丧者自齐衰以下，入门左，中庭北面，哭尽哀，免、麻于序东[②]，即位袒，与主人哭，成踊。于又哭、三哭，皆免、袒。有宾则主人拜宾、送宾。丈夫、妇人之待之也，皆如朝夕哭位[③]，无变也。

【注释】

①主人：丧主，即嫡长子。

②免（wèn）：同“绕”，居丧时一种束发的方式。具体形制见《檀弓上》首节注②。

③朝夕哭：见《杂记上》“朝夕哭不帷”节注①。朝夕哭位，主人在阼阶下，主妇在阼阶上。

【译文】

奔丧者如果不是主人，那么主人就替他拜宾和送宾。奔丧者如果和死者是齐衰以下的亲属，就从家门的左侧进入，在庭院当中面朝北痛哭，尽情地表达悲伤之情，然后到堂下东墙东边头戴绕，系上麻绖，站到自己应站的位置上，袒露左臂，与主人一起跳脚痛哭。第二天、第三天早晨哭灵时，都要戴绕、袒露左臂。有宾客前来吊丧，由主人拜宾、送宾。主人、主妇站在朝夕哭时的位置等待奔丧的人，位置没有改变。

奔母之丧[①]，西面哭尽哀，括发、袒，降，堂东即位，西乡哭，成踊，袭、免、绖于序东。拜宾、送宾，皆如奔父之礼。于又哭，不括发。

【注释】

①奔母之丧：孔疏：“此谓適（嫡）子，故《经》云‘拜宾、送宾，皆如奔父之礼；若庶子，则亦‘主人为之拜宾、送宾’。”奔母之丧的礼节，

除第二天哭灵时戴绕不括发，较父丧之礼为轻，其他与奔父丧之礼皆同。

【译文】

为母亲奔丧，从西阶升堂，到灵柩的东侧面朝西痛哭，尽情地表达悲伤，然后用麻绳束发，袒露左臂，从西阶下堂，在阼阶之东就位，面朝西痛哭，跳脚，然后在东墙的东侧系好衣服前襟、戴上绕、戴上首绖。主人拜宾、送宾的礼仪和奔父丧时一样。只是在第二天早晨哭灵时就不用麻绳束发，只戴绕。

妇人奔丧，升自东阶，殡东，西面坐，哭尽哀。东髽[①]，即位，与主人拾踊[②]。

【注释】

①髽(zhuā)：见《檀弓上》“邾娄复之以矢”节注③。

②拾(jié)：轮流。

【译文】

妇人奔丧，从堂的东侧升堂，到灵柩的东侧，面朝西跪坐，痛哭，尽情地表达悲伤。然后到堂下的东侧去掉裹发的帛，露出发髽，然后即位，与主人轮流跳脚痛哭。

奔丧者不及殡[①]，先之墓，北面坐，哭尽哀。主人之待之也，即位于墓左，妇人墓右。成踊，尽哀，括发，东即主人位，绖、绞带，哭，成踊。拜宾，反位，成踊。相者告事毕。遂冠，归，入门左，北面，哭尽哀，括发、袒，成踊，东即位，拜宾，成踊。宾出，主人拜送。有宾后至者，则拜之、成踊、送宾如初。众主人、兄弟皆出门，出门哭止，相者告就次。于又哭，括发，成踊；于三哭，犹括发、成踊。三日成服，于五哭，相者告事毕。为母所以异于父者，壹括发，其余免以终事。他如奔父之礼。

【注释】

①奔丧者：此奔丧者是嫡长子，下文的“主人”指临时主持丧事的丧主。

【译文】

奔丧者如果没有赶在停殡期间回家，回家后就先到墓地上去，面朝北跪坐，痛哭尽情地表达悲伤。在家代替奔丧者主持丧事的主人接待他的礼数是，男人们在墓的左侧就位，妇人们在墓的右侧就位。奔丧者跳脚痛哭，尽情地表达悲哀，用麻绳束发，然后到墓的东侧就主人之位，戴上麻绖，系上绞带，痛哭，跳脚。拜谢宾客，返回主人之位，跳脚痛哭。这时候赞礼者负责告知哭墓之事完毕。奔丧者于是戴上冠，回宅，自左侧入门，面朝北，痛哭尽情地表达悲伤，然后用麻绳束发，袒露左臂，跳脚痛哭，到阼阶之东就位，拜谢宾客，跳脚痛哭。宾客退出，主人要拜送到门外。有宾客吊丧后到的，主人的拜谢、跳脚痛哭、送客的礼数和开始时一样。主人的庶兄弟、堂兄弟都退出殡宫大门，出了门就停止哭泣，赞礼者告知应去的丧次倚庐。第二天早上哭灵时，要用麻绳束发，跳脚痛哭；第三天早上哭灵时，还是要用麻绳束发，跳脚痛哭。三天后穿上丧服，第五天早上哭灵时，赞礼者负责告知殡宫之礼已完毕。为母亲奔丧和为父亲奔丧的不同之处在于，从墓地回到家时用麻绳束发，其余哭灵时都戴着绕。除此以外的礼节都和奔父之丧一样。

齐衰以下不及殡，先之墓，西面哭尽哀，免、麻于东方，即位，与主人哭，成踊，袭。有宾则主人拜宾、送宾。宾有后至者，拜之如初。相者告事毕。遂冠，归，入门左，北面，哭尽哀，免、袒，成踊，东即位，拜宾，成踊。宾出，主人拜送。于又哭，免、袒，成踊。于三哭，犹免、袒，成踊。三日成服。于五哭，相者告事毕。

【译文】

为齐衰以下的亲属奔丧，如果没在停殡期间赶回，返回后就先到墓地，面朝西痛哭，尽情地表达悲伤，在墓的东侧脱去吉冠，戴上绕，腰间系上麻带，然后就位，和主人一道痛哭，跳脚，然后穿好衣服。若有宾客来吊，就由主人拜宾、送宾。来吊的宾客如有迟到者，拜宾的事仍由主人承担，就像刚才一样。赞礼者宣告哭墓的事完毕。奔丧者于是戴上冠，回家，从门左侧进入，面向北而哭，尽哀为止，然后戴上绕，袒露左臂，跳脚痛哭，然后在阼阶之东就位，主人为之拜宾，奔丧者跳脚痛哭。宾客退出，主人拜谢送出门外。第二天早上哭灵时，戴上绕，袒露左臂，跳脚痛哭。第三天早上哭灵时，也要戴上绕，袒露左臂，跳脚痛哭。三天后穿好丧服。第五天哭灵后，赞礼者告知奔丧礼完毕。

闻丧不得奔丧，哭尽哀；问故，又哭尽哀。乃为位①，括发、袒，成踊，袭、绖、绞带，即位，拜宾，反位，成踊。宾出，主人拜送于门外，反位。若有宾后至者，拜之、成踊、送宾如初。于又哭，括发、袒，成踊。于三哭，犹括发、袒，成踊。三日成服。于五哭，拜宾、送宾如初。

【注释】

①为位：孔疏："若非君命有事，则不得为位，当须速奔。"即此为公干在外、闻丧而不得奔丧者为行礼所设哭位。

【译文】

听到父亲或母亲去世的噩耗却不能回家奔丧,这时要尽情地痛哭表达哀伤;向使者询问父母去世的缘故,然后再尽情地痛哭表达哀伤。于是即哭位,用麻绳束发,袒露左臂,跳脚痛哭,然后系好衣襟,戴上麻绖,系上绞带,在阼阶下就主人之位,出位拜谢吊丧的宾客,然后返回原位,跳脚痛哭。宾客退出,主人拜送于门外,然后返回原位。如果有宾客后到,也要拜谢,跳脚痛哭,送别宾客,如最初时一样。第二天早上哭灵时,要用麻绳束发,袒露左臂,跳脚痛哭。第三天早上哭灵时,还要用麻绳束发,袒露左臂,跳脚痛哭。三天后穿好丧服。第五天哭灵时,拜宾、送宾的礼数和前几天一样。

若除丧而后归,则之墓,哭,成踊,东括发、袒,绖,拜宾,成踊,送宾,反位,又哭尽哀,遂除。于家不哭。主人之待之也,无变于服,与之哭,不踊。自齐衰以下,所以异者免、麻。

【译文】

如果奔丧者是在家人除去丧服后才回到家,那就要先去墓地,痛哭,跳脚,在墓东侧用麻绳束发,袒露左臂,戴上麻绖,然后拜送宾客,返回原位跳脚痛哭,送宾出门,返回原位,又痛哭,尽情地表达悲哀,然后除去丧服。回到家中就不再哭了。原先在家代替奔丧者主持丧事的人在接待奔丧者时,可以不改变自己的吉服,可以和奔丧者一起哭,但不跳脚。如果是齐衰以下的亲属在家人除去丧服之后才回家,礼节不同的地方在于,在墓地时头戴绕,腰间系上麻带,而不用麻绳束发和袒露左臂。

凡为位[①],非亲丧,齐衰以下皆即位,哭尽哀,而东免、绖,即位,袒,成踊,袭,拜宾,反位,哭,成踊,送宾,反位。相者告就次。三日五哭[2],卒。主人出送宾,众主人、兄弟皆出门,哭止[3],相者告事毕。成服,拜宾。若所为位家远,则成服而往[4]。

【注释】

①凡为位:郑注:"谓无君事,又无故,可得奔丧,而以己私未奔者也。"指本应奔丧而因故未能奔丧,乃设位而哭。

②三日五哭:初闻丧一哭,明日早、晚各一哭,后日早、晚各一哭,共五哭。

③"主人"三句:孙希旦说:"按,'主人出送宾'至'哭止'十五字,于上下不相属,注疏皆无解说,盖衍文。"孙说是。译文不译此十五字。

④"若所为位"二句:闻丧不得奔丧的亲属中,或关系较疏,又远离主人(即为位之家),可以在三日成服后才去。

【译文】

凡在外地按亲疏关系排列哭位,如果不是双亲的丧事,是齐衰以下亲属的丧事,就各就其位而哭,尽情地表达哀伤,然后到堂下东墙的东边,脱下冠戴上绕,腰间系上麻带,然后就位,袒露左臂,跳脚痛哭,然后系好衣襟,离位拜谢宾客,然后返回原位,痛哭跳脚,拜送宾客,然后返回原位。赞礼者告知到丧次去。三天哭五次,然后就停止哭泣。赞礼者告知奔丧礼完毕。三天后穿好丧服,有宾客前来吊丧,就拜谢。如果有闻丧欲奔丧的亲属远离丧家,就可以在成服之后前往。

齐衰望乡而哭,大功望门而哭,小功至门而哭,缌麻即位而哭。

【译文】

为服齐衰的亲属奔丧，在望见家乡时就开始哭；为服大功的亲属奔丧，在望见家门时就开始哭；为服小功的亲属奔丧，走到家门口时开始哭；为服缌麻的亲属奔丧，就位后才哭。

哭父之党于庙[①]，母、妻之党于寝，师于庙门外，朋友于寝门外，所识于野张帷。

【注释】

①党：郑注："谓族类无服者也。"

【译文】

同族但无服的人死了，就到祖庙里哭他；母家或妻家的族人死了，就在寝室里哭他；老师死了，就在庙门外哭他；朋友死了，就在寝门外哭他；曾经相识的人死了，就在野外张设帷幕哭他。

凡为位不奠[①]。

【注释】

①凡为位不奠：因为死者的神灵不在此处。奠，葬以前都叫做"奠"，即为死者献上饮食祭品。

【译文】

凡是在远地设哭位的，就不必设供品致奠。

哭天子九，诸侯七，卿大夫五，士三。

【译文】

不能为天子奔丧，就要为他设哭位哭九天；不能为诸侯奔丧，就要为他设哭位哭七天；不能为卿大夫奔丧，就要为他设哭位哭五天；不能为士奔丧，就要为他设哭位哭三天。

大夫哭诸侯，不敢拜宾[1]；诸臣在他国，为位而哭，不敢拜宾；与诸侯为兄弟，亦为位而哭。

【注释】

①不敢拜宾：郑玄认为这是哭其旧君，为了避主人，不敢拜宾。按，丧礼中，只有丧主代表丧家拜宾，故大夫是不能拜宾的。

【译文】

大夫在别国设位哭其旧君，如有宾客前来吊丧，自己不敢拜送；出使他国的臣子，在他国设位哭其去世的国君，如有宾客前来吊丧，也不敢拜送；与诸侯为兄弟而在别国的亲属，在所在之国为位哭去世的诸侯，有宾客前来吊丧，也不敢拜谢。

凡为位者壹袒。

【译文】

凡是在国外为位而哭悼的，只是在闻丧的当天痛哭时袒露左臂一次。

所识者吊，先哭于家而后之墓，皆为之成踊，从主人北面而踊[1]。

【注释】

①踊：郑注："从主人而踊，拾踊也。"即与主人交替跺脚。

【译文】

死者生前相识的人从外地前来吊丧，来时死者已经下葬，那就要先到死者家中去哭，然后再到墓地去哭，哭的时候都要跳脚，面朝北和主人交替跳脚。

凡丧：父在，父为主[①]；父没，兄弟同居，各主其丧；亲同，长者主之；不同，亲者主之。

【注释】

①父在，父为主：孔疏："言子有妻、子丧，则其父为主。"妻、子之丧，本可自己为丧主，但父更尊，因而由父为丧主。

【译文】

凡是妻、子的丧事：父亲如果健在，就由父亲为丧主；父亲如果去世，兄弟虽然同居，也各自主持其妻、子的丧事；如果和死者的关系同样亲，就由亲属中年长者主持丧事；如果和死者的亲疏关系不同，就由与死者关系最亲的人主持丧事。

闻远兄弟之丧，既除丧而后闻丧，免、袒，成踊，拜宾则尚左手[①]。

【注释】

①拜宾则尚左手：郑注："尚左手，吉拜也。"即拜宾时要左手放在右手上面。按礼，远房兄弟是小功、缌麻之亲，除丧后就不必再追服，但也要"免、袒、成踊"。

【译文】

听到远房兄弟去世的消息，已经是除丧后了，就头戴绕，袒露左臂，跳脚痛哭，拜谢宾客时要将左手放在右手上面。

无服而为位者，唯嫂叔及妇人降而无服者麻①。

【注释】

①唯嫂叔及妇人降而无服者麻：妇人指出嫁的族姑、姊妹。孙希旦云："二者本应有服，一以远嫌绝之，一以出嫁降之，故哭之皆有位。"《檀弓上》："嫂叔之无服也，盖推而远之也；姑、姊妹之薄也，盖有受我而厚之者也。"麻，麻绖。吊服本用葛绖，为表示感情的亲近，所以改成麻绖。

【译文】

没有服丧规定但设哭位而哭的，唯有嫂子与小叔，以及出嫁的族姑、姊妹之间，但吊服要改用麻绖。

凡奔丧，有大夫至，袒，拜之，成踊而后袭；于士，袭而后拜之。

【译文】

凡是士奔丧到家作为主人正在行礼时，如果有大夫前来吊丧，那么士就要袒露左臂，向大夫拜谢，跳脚痛哭，再穿好衣服；如果是士前来吊丧，那就穿好衣服后再向他拜谢。

问丧第三十五

【题解】

郑玄说："名曰《问丧》者，以其记善问居丧之礼所由也。"

本篇记居丧时的若干礼节，以及为什么要制定这些礼节。前半篇是暗问，没有"问曰"、"答曰"等明确的设问之词；后半篇则是明问，设为问答。阐述丧礼某些仪节的意义，如始死、殓尸、安魂之祭、寝苫枕块、束发、拄杖等，并说明丧礼之制乃本于人情等。

亲始死，鸡斯[①]，徒跣[②]，扱上衽[③]，交手哭[④]。恻怛之心[⑤]，痛疾之意，伤肾、干肝、焦肺，水浆不入口，三日不举火，故邻里为之糜粥以饮食之[⑥]。夫悲哀在中，故形变于外也；痛疾在心，故口不甘味，身不安美也。

【注释】

①鸡斯：郑注："当为'笄纚'(xǐ)，声之误也。"笄，簪子。纚，束发用的布帛。

②徒跣(xiǎn)：光着脚。

③扱(chā)上衽：深衣前襟的下摆插入腰带中。扱，插。

④交手哭：交手拊心而哭。

⑤恻怛(dá)：悲伤。

⑥邻里：郑注："五家为邻，五邻为里。"糜(mí)：稠粥。

【译文】

双亲刚刚去世，孝子摘掉冠，只留簪子和束发的布帛，光着脚，深衣前襟的下摆插入腰带中，双手交叉在胸前痛哭。悲伤的心情，痛苦的心意，简直使肾脏伤损、肝脏枯萎、肺脏焦灼，汤汤水水都不入口，三天不生火做饭，所以邻里只好送些稠粥让孝子吃。悲哀之情在心中，所以形体发生变化在外面；痛苦之情在心中，所以口中无味，就是甘美的滋味也吃不出，衣着无华，身上不安于穿美丽的衣服。

三日而敛。在床曰尸，在棺曰柩。动尸举柩，哭踊无数。恻怛之心，痛疾之意，悲哀志懑气盛，故袒而踊之，所以动体安心、下气也。妇人不宜袒，故发胸、击心、爵踊[1]，殷殷田田[2]，如坏墙然[3]，悲哀痛疾之至也。故曰"辟踊哭泣，哀以送之"[4]，送形而往，迎精而反也[5]。

【注释】

①发胸：解开胸前的外衣。爵(què)踊：像雀一样跳跃，双足不离地。爵，通"雀"。

②殷殷田田：象妇人捶胸、跳脚的声音。

③如坏墙然：孔疏："言将崩倒也。"

④"故曰"句：见《孝经·丧亲章》。辟，《孝经》作"擗"，旧注："拊心也。"即捶胸。

⑤反：反哭，即从墓地返回祖庙而哭。

【译文】

人死后三天举行大殓。放在床上称作"尸"，装入棺中称作"柩"。

迁动尸体和抬起灵柩时，孝子都要痛哭跳脚，没有计数。悲伤的心情，痛苦的心意，悲哀苦闷之气充满身体，所以孝子要袒露左臂，跳脚痛哭，通过活动身体来安定平复情绪。妇人不适宜袒露左臂，所以就敞开胸前的外衣，捶胸，像麻雀一样跳脚，咚咚砰砰的声响，像是墙体轰然垮塌，这是悲哀伤心到了极点。所以说"捶胸顿足，嚎啕痛哭，哀痛万分地出殡送葬"，将死者的形骸送到墓地，把死者的精气迎回家中。

其往送也，望望然①，汲汲然②，如有追而弗及也。其反哭也，皇皇然③，若有求而弗得也。故其往送也如慕，其反也如疑④。求而无所得之也，入门而弗见也，上堂又弗见也，入室又弗见也，亡矣丧矣，不可复见已矣！故哭泣辟踊，尽哀而止矣。心怅焉怆焉，惚焉忾焉⑤，心绝志悲而已矣。祭之宗庙，以鬼享之，徼幸复反也。成圹而归，不敢入处室，居于倚庐，哀亲之在外也；寝苫枕块，哀亲之在土也⑥。故哭泣无时，服勤三年⑦，思慕之心，孝子之志也，人情之实也。

【注释】

①望望然：孔疏："瞻望之意也。"

②汲汲然：孔疏："促急之情也。"

③皇皇然：孔疏："意彷徨也。"

④"故其往送"二句：见《檀弓上》"孔子在卫"节注②。孔疏："如慕者，如孺子啼慕于母也。"

⑤忾（xì）：叹息。

⑥"成圹而归"六句：孔疏："此明葬之后，犹居庐枕块，不敢入于室处也。"

⑦服勤：孔疏："言服处忧劳勤苦也。"

【译文】

孝子前往墓地送葬时，眼睛向前瞻望着，急切地跟随着，就像要去追赶死去的亲人而又追赶不上的样子。从墓地返回哭时，孝子神情彷徨，好像有所求而没有得到的样子。所以孝子前往送葬时，像孩子思慕父母那样大哭，下葬后返回时又如疑惑着不知亲人的神灵是否来到。找来找去而无所得，进入家门看不见去世的亲人，升堂也见不到亲人，到亲人的寝室也见不到亲人，亲人去世了，永远失去了，再也见不到了！所以哭泣，捶胸顿足，尽情地表达自己的悲哀后才停下来。心中惆怅悲怆，恍惚感叹，心中唯有绝望和悲伤啊。在宗庙中祭祀去世的亲人，把亲人作为鬼神来祭飨，还是怀着侥幸的心情希望亲人的神灵能够返回。孝子把棺柩埋在墓圹中后回家，不敢到寝室去居住，而要住在倚庐中，这是哀痛亲人葬在野外；睡在草苫上，枕着土块，这是哀痛亲人埋在土中。所以哭泣没有定时，忧伤而劳苦地服丧三年，思慕亲人之心，是孝子的心志，也是人情的自然流露。

或问曰："死三日而后敛者何也？"曰："孝子亲死，悲哀志懑，故匍匐而哭之，若将复生然，安可得夺而敛之也？故曰：三日而后敛者，以俟其生也。三日而不生，亦不生矣，孝子之心亦益衰矣。家室之计，衣服之具[①]，亦可以成矣。亲戚之远者，亦可以至矣。是故圣人为之断决，以三日为之礼制也。"

【注释】

①衣服之具：指绞、紟、衾、冒等人死后才开始制作的衣物。

【译文】

有人问："人死后三天才入殓，是为什么？"回答说："孝子的父母刚去世时，孝子心中的悲哀充满身体，所以趴伏在尸体上痛哭，好像父母能死而复生似的，怎么能夺走孝子的心愿而马上入殓呢？所以说：之所以三天后才入殓，是在等待死者的复生。三天后没有复生，就不可能再复生了，孝子认为父母能复生的想法也逐渐消失了。家中办理丧事的计划，入殓所需的衣物，在此期间也都准备好了。远道的亲戚也赶来了。所以圣人为此决定，把人死三天后入殓作为丧礼制度。”

或问曰：“冠者不肉袒[①]，何也？”曰：“冠，至尊也。不居肉袒之体也，故为之免以代之也。然则秃者不免，伛者不袒[②]，跛者不踊，非不悲也，身有锢疾[③]，不可以备礼也。故曰：丧礼唯哀为主矣。女子哭泣悲哀，击胸伤心，男子哭泣悲哀，稽颡触地无容[④]，哀之至也。”

【注释】

①肉袒：脱去上衣左袖，露出左臂。

②伛（yǔ）：驼背。

③锢疾：即痼疾，难以治愈的病。

④无容：不文饰仪容。

【译文】

有人问：“戴冠时不能袒露左臂，这是为什么？”回答说：“冠，最为尊贵。袒露肢体时不能戴冠，所以用绕来代替冠。但秃头的人不戴绕，驼背的人不袒露左臂，瘸子哭丧时不跳脚，并不是这些人内心不悲哀，而是因为他们身有难以治愈的残疾，不能完成这些礼节。所以说：丧礼是以悲哀为主。女子哭泣悲哀，捶胸伤心，男子哭泣悲哀，叩头触地，不在意仪容形象，这都是因为哀伤到了极点。”

或问曰："免者以何为也？"[1]曰："不冠者之所服也。《礼》曰：'童子不缌，唯当室缌。'[2]缌者其免也，当室则免而杖矣。"

【注释】

①"或问曰"及以下句：孔疏："成人肉袒之时须着免，今非成人肉袒亦有着免，故问之。"

②"《礼》曰"以下二句：《仪礼·丧服》作："童子，唯当室缌。传曰：不当室，则无缌服也。"当室，郑注："谓无父兄而主家者也。"童子如果当室，就要用成人之礼。

【译文】

有人问："戴绕是为了什么呢？"回答说："绕本是未加冠的孩童所戴的。《仪礼》上说：'童子没有缌麻之服，只有当家主事的童子才服缌麻。'服缌麻之丧的人就要戴绕，当家主事的人不仅要戴绕还要拄丧杖。"

或问曰："杖者何也？"曰："竹、桐一也。故为父苴杖[1]，苴杖，竹也；为母削杖[2]，削杖，桐也。"

【注释】

①苴(jū)杖：服斩衰时所持的粗劣竹杖。苴，粗劣。

②削杖：服齐衰时所持的丧杖，削去桐木枝叶而成。

【译文】

有人问："丧杖是什么？"回答说："用竹子和桐木做的，二者的作用是一样的。所以为父亲居丧用苴杖，苴杖是用竹子做的；为母亲居丧用削杖，削杖是用桐木削制而成的。"

或问曰:“杖者以何为也?”曰:“孝子丧亲,哭泣无数,服勤三年,身病体羸,以杖扶病也。则父在不敢杖矣,尊者在故也;堂上不杖,辟尊者之处也[①];堂上不趋,示不遽也[②]。此孝子之志也,人情之实也,礼义之经也。非从天降也,非从地出也,人情而已矣。”

【注释】

①“堂上不杖”二句:孔疏:“堂上是父之所在,辟尊者之处,所以为母堂上故不杖也。”

②“堂上不趋”二句:据孔疏,这是孝子丧母因害怕父亲忧戚伤心,在堂上故意不急促趋行。

【译文】

有人问:“拄丧杖是为了什么?”回答说:“孝子的父亲或母亲去世,要无数次哭泣,忧劳地服丧三年,身体羸弱,需要用杖来支撑身体。但如果父亲健在,就不敢为去世的母亲拄丧杖,是因为尊者尚在的缘故;在堂上不拄丧杖,是为了避开尊者的所在之处;在堂上不敢急促趋走,是为了显示从容,以免父亲忧戚。这都是孝子的心愿,是人的真实感情,是礼义的原则。并不是从天而降,也不是从地下冒出的,只不过是人的感情而已。”

服问第三十六

【题解】

郑玄《礼记目录》云:“名曰‘服问’者,以其善问以知有服而遭丧所变易之节。”

孙希旦认为:“上篇广言居丧之礼,此篇专言丧服之义,故因上篇之名而谓之《服问》。”本篇杂记丧礼服制之变易,包括从服轻重、有无之制,有服遭丧之制等等。可与《仪礼·丧服》互补。

《传》曰[①]:“有从轻而重”,公子之妻为其皇姑[②];“有从重而轻”,为妻之父母。“有从无服而有服”,公子之妻为公子之外兄弟[③];“有从有服而无服”,公子为其妻之父母。

【注释】

①《传》:指本书《大传》篇。后文“有从轻而重”、“有从重而轻”、“有从无服而有服”、“有从有服而无服”四句都见《大传》。

②公子:国君的庶子。皇姑:此指公子之母。皇,君。

③外兄弟:郑注:“为公子之外祖父母、从母缌麻。”

【译文】

《大传》中有关“从服”的内容:“有本应跟着服轻服而变为服重服

的”，如国君的庶子为其母服丧，其母为妾，由于父尊，庶子不能穿丧服，只能头戴练冠、穿绛色麻衣，但庶子之妻却仍要为婆婆服齐衰期年；“有本应跟着服重服而变为服轻服的”，如妻为自己的父母服齐衰期年，而夫则跟从妻仅服缌麻三月。“有被跟从者无服而跟从者却有服的”，如国君之庶子因父尊贵而不能为其外祖父母服丧，但其妻却要服缌麻；“有被跟从者有丧服但自己却无服的”，如夫应从妻为岳父、岳母服缌麻之丧，但如果夫是诸侯之子，因父尊贵所以不能为岳父、岳母服丧；再如国君的庶子为其妻之父母，本应服缌麻三月，但因父尊贵，所以就从有服变为无服了。

《传》曰[①]：“母出则为继母之党服，母死则为其母之党服。”为其母之党服，则不为继母之党服。

【注释】

①《传》：这里的《传》不是《大传》，而是旧《传》，即古书。

【译文】

《传》上说：“如果母亲被父亲休出，儿子就要为继母的娘家亲人服丧；如果母亲去世，儿子就要为母亲的娘家亲人服丧。”为母亲的娘家亲人服过丧，就不再为继母的娘家亲人服丧了。

三年之丧既练矣[①]，有期之丧既葬矣[②]，则带其故葛带[③]，绖期之绖[④]，服其功衰[⑤]。有大功之丧亦如之[⑥]。小功无变也[⑦]。

【注释】

①练：练祭，即小祥祭，服丧周年之祭。

②有期(jī)之丧:孔疏:"谓三年之丧练祭之后,又当期丧既葬之节也。"是说本身正在服三年之丧,练祭后又遇要服齐衰期年的亲人去世。

③故葛带:孔疏:"谓三年练葛带也。今期丧既葬,男子则应着葛带,与三年之葛带粗细正同。以父葛为重,故'带其故葛带'。"本来练祭后要从系较重的麻带改为系较轻的葛带,此时遭遇齐衰期年之丧,又要变葛带为麻带,而在亲人下葬后还要再变回葛带。

④绖(dié)期之绖:练祭之后,男子的首绖已除去,但因有期年之丧,所以头上要戴为齐衰之亲服丧的葛绖。

⑤功衰(cuī):斩衰、齐衰之丧在小祥祭后所穿的丧服。功,大功。此丧服与大功初丧的丧服相同,故称"功衰"。

⑥有大功之丧亦如之:孔疏:"此明三年之丧练后,有大功之丧也。"

⑦小功无变也:这是说三年之丧练祭后,即使又遭遇小功之丧,也不用变服,仍服练服、练冠、葛带。

【译文】

三年之丧,已过周年的练祭,又遭遇到有齐衰期年之丧,去世的亲人埋葬后,此时腰上就系练祭后所换的较轻的葛带,头上则要戴为齐衰期年之亲而服的葛绖,穿着较轻的功衰。如果遭遇到的是大功之丧,丧服也是如此。如果遭遇到的是小功之丧,就不用改变丧服,仍穿练祭后应穿的丧服。

麻之有本者①,变三年之葛②。既练,遇麻断本者③,于免绖之④。既免去绖,每可以绖必绖,既绖则去之。小功不易丧之练冠,如免,则绖其缌、小功之绖,因其初葛带。缌之麻不变小功之葛,小功之麻不变大功之葛⑤,以有本为税⑥。

【注释】

①麻之有本者：这是说本身服三年之丧，而又遇大功以上之丧。大功以上的丧服，其制作首绖、腰绖所用的麻都带有根部，故曰“麻之有本者”。

②三年之葛：三年之丧在卒哭祭后就变麻绖为葛绖，但因又有大功以上之丧，所以要再变为麻绖。

③遇麻断本者：意思是本身在服三年之丧，小祥祭后，又遇小功以下之丧。小功以下的丧服，制作首绖、腰绖所用的麻都没有根部。

④于免绖之：指在小功之丧需要戴绕时（小殓、大殓、哭踊等），要加戴小功的首绖。

⑤“缌之麻”二句：意思是说，小功和缌麻属轻丧，虽然初丧就系麻绖，但也不能改变原本重丧之葛。在轻重不同的丧服里，重丧的葛比轻丧的麻要重。

⑥税（tuì）：变。

【译文】

本身有三年之丧，卒哭祭后已变麻绖为葛绖，这时又遇上大功以上之丧，就要把葛绖再变为麻绖。如果是过了小祥祭后遇上小功以下之丧，那么在需要为小功之丧戴绕时，就要加戴小功的首绖，小功之丧殓殡后不需要戴绕了，就可以把首绖去掉。对于小功以下之丧，凡是需要戴绖时就戴绖，戴绖之事完毕后就去掉它。如果在小祥祭后遇上小功以下之丧，不变已戴上的练冠，如果需要为小功或缌麻之丧戴绕，那就要加戴小功、缌麻的首绖，而腰间仍系三年之丧小祥祭后的葛带。如果本身有小功之丧，已经换上葛绖，这时又遇上缌麻之丧，就不能把小功之丧的葛绖改为缌麻之丧的麻绖；如果本身有大功之丧，已经换上葛绖，这时遇上小功之丧，也不能把大功之丧的葛绖改为小功之丧的麻绖，只有大功以上之丧才可以改变之前丧事的葛绖。

殇长、中，变三年之葛①，终殇之月筭②，而反三年之葛。是非重麻，为其无卒哭之税。下殇则否③。

【注释】

①“殇长、中”二句：这是说原本有三年之丧，已既虞、卒哭，变麻为葛，又遇长殇、中殇亲人之丧，本应服大功之丧，但因系未成人而死，因而降等服丧，男子为其服小功，妇人为长殇服小功，为中殇服缌麻。必须是这样降等服丧的小功、缌麻才可以变三年之葛，否则就不能变。殇，见《檀弓上》“周人以殷人之棺椁”节。为殇者服丧，要降服一等。

②终殇之月筭：孔疏：“谓着此殇丧服之麻，终竟此殇之月算数，如小功则五月，缌麻则三月。”筭，同“算”。

③下殇则否：孔疏：“以大功以下殇，谓男子、妇人俱为之缌麻。”

【译文】

原本有三年之丧，既虞、卒哭祭后已改系葛绖，这时又遇上了大功长殇、中殇之丧，就要再换回麻绖，等到殇服五月丧期结束后，再换成前一丧事的葛带。这不是因为殇服的麻绖就比前丧的葛绖重，而是因为殇服的礼仪简略，卒哭祭后不用改换麻绖为葛绖。如果原本有三年之丧，改系葛绖后又遇下殇之丧，就服缌麻，不用改系麻绖了。

君为天子三年，夫人如外宗之为君也①，世子不为天子服。

【注释】

①外宗：郑注：“君外亲之妇也。其夫与诸侯为兄弟服斩，妻从服期。诸侯为天子服斩，夫人亦从服期。”指国君的姑姑、姊妹之

女,舅之女。

【译文】

诸侯国君要为天子服丧三年,国君的夫人就如外宗为国君服丧那样为天子服齐衰期年,国君的嫡长子不用为天子服丧。

君所主:夫人妻、大子、適妇[1]。

【注释】

①夫人妻:即夫人。適:同"嫡"。下同。

【译文】

由国君主持丧礼的有:国君夫人、嫡长子、嫡长子之妻。

大夫之適子为君、夫人、大子,如士服[1]。

【注释】

①如士服:士为国君服斩衰,为夫人、为太子都是服齐衰期年。

【译文】

大夫的嫡长子为国君、国君夫人、太子服丧,和士为国君、国君夫人、太子服丧一样。

君之母非夫人,则群臣无服,唯近臣及仆、骖乘从服[1],唯君所服服也。

【注释】

①近臣:孔疏:"谓阍、寺之属。"即守门人与宦者。仆:驾车之人。

骖乘：陪乘人员。

【译文】

国君的母亲如果不是正室而是妾，那么群臣就不为她服丧，只有国君的近臣如守门人及宦者、车夫及陪乘人跟从国君为之服丧，国君穿什么丧服，这些人就跟着穿什么丧服。

公为卿大夫锡衰以居[①]，出亦如之，当事则弁绖[②]。大夫相为亦然。为其妻，往则服之，出则否。

【注释】

①锡衰(cuī)：用经过加灰捶洗后洁白光滑的细麻布制成的丧服。锡衰是比缌麻还要轻的一种丧服。

②当事：指去卿大夫家吊丧。弁绖：即在皮弁上加一环形麻绖。

【译文】

国君为去世的卿大夫服丧，居处时穿锡衰，出了宫门也穿锡衰，当前往卿大夫家吊丧时就要在皮弁上加上麻绖。大夫间互相服丧，也是这样。为大夫之妻服丧，前去吊丧时穿锡衰，出门就不用穿了。

凡见人无免绖[①]，虽朝于君无免绖，唯公门有税齐衰[②]。

【注释】

①免：去掉。

②税：通“脱”。

【译文】

凡在居丧期间出外见人，不能去掉首绖，即使是去朝见国君也不去掉首绖，只有进入公门时才脱掉齐衰丧服。

《传》曰:“君子不夺人之丧,亦不可夺丧也。”①《传》曰:“罪多而刑五②,丧多而服五③。上附下附,列也。”

【注释】

①“《传》曰”以下二句:见《曾子问》和《杂记下》。孔疏:“君子之人以己恕物”,“不夺人丧,亦不可自夺丧,所以己有重丧犹经以见君,申己丧礼也”。

②刑五:即五刑,指墨、劓、剕、宫、大辟。详见《王制》“司寇正刑明辟”节注⑤。

③服五:即五服。由重到轻的次序是:斩衰、齐衰、大功、小功、缌麻。

【译文】

《传》说:“君子不剥夺人们服丧的权利,也不自己剥夺自己服丧的礼节。”《传》又说:“虽然罪行有很多,但刑罚只有五种;服丧的关系有很多,但丧服只有五等。关系亲就上附重服,关系疏就下附轻服,各自按照其等排列。”

间传第三十七

【题解】

郑玄《礼记目录》说："名曰'间传'者，以其记丧服之间轻重所宜。"

本篇篇名之义有多种说法，但多未被学界认可。孙希旦《集解》说："名篇之义未详。"本篇内容，主要是根据与去世亲人的不同的亲疏关系，其容貌、哭声、言语、饮食、居处、丧服各有不同的规定。

斩衰何以服苴[①]？苴，恶貌也[②]，所以首其内而见诸外也[③]。斩衰貌若苴，齐衰貌若枲[④]，大功貌若止[⑤]，小功、缌麻容貌可也[⑥]。此哀之发于容体者也。

【注释】

①苴(jū)：苴麻，指结子的雌麻。

②恶貌：孔疏："苴是黧黑色，故为'恶貌也'。"

③首其内而见诸外：孙希旦说："谓内有哀情则外有此恶貌也。"

④枲(xǐ)：枲麻，指不结子的雄麻，其颜色较苴麻稍浅。齐衰轻于斩衰，故衰绖不用苴而用枲。

⑤止：郑注："谓不动于喜乐之事。"孙希旦说："有惨戚，无欢欣也。"

⑥容貌可也:孙希旦说:“谓貌如平常之容。”

【译文】

斩衰丧服为什么要用苴麻制作呢?因为苴麻色黑质粗,所以用它来表达自己内心的哀情而展示在外表。服斩衰之丧的人,面色就像苴麻一样是黧黑色的;服齐衰之丧的人,面色就像枲麻一样是浅黑色的;服大功之丧的人,面容无表情,似静止的一样;服小功、缌麻之丧的人,容貌和平常一样就可以了。这是丧亲的悲哀显现在面容和肢体上。

斩衰之哭若往而不反[①],齐衰之哭若往而反,大功之哭三曲而偯[②],小功、缌麻哀容可也。此哀之发于声音者也。

【注释】

①斩衰之哭若往而不反:孔疏:“言斩衰之哭,一举而至气绝,如似气往而不却反声也。”

②三曲:郑注:“一举声而三折也。”偯(yǐ):指哀哭逶迤曲折。

【译文】

服斩衰之丧的人的哭声像是一口气哭出去就不能返回这口气,服齐衰之丧的人的哭声像是一口气哭出去但气还收得回来,服大功之丧的人的哭声曲折委婉,服小功、缌麻之丧的人哭丧时,只要有悲哀的表情就可以了。这是丧亲的悲哀显现在哭声上。

斩衰,唯而不对[①];齐衰,对而不言;大功,言而不议[②];小功、缌麻,议而不及乐[③]。此哀之发于言语者也。

【注释】

①唯而不对:孔疏:“但‘唯’于人,不以言辞而对也。”

②言而不议：孔疏："得言他事，而不议论时事之是非。"

③及乐：孙希旦说："谓及于听乐也。"

【译文】

服斩衰之丧，别人问话时只说"唯唯"而不对答别人的问话；服齐衰之丧，可以对答别人的问话但不主动说话；服大功之丧，可以主动说话但不评说时事，发表议论；服小功、缌麻之丧，可以发表议论但不涉及音乐娱乐。这是丧亲的悲哀显现在言语上。

斩衰三日不食，齐衰二日不食，大功三不食，小功、缌麻再不食，士与敛焉则壹不食。故父母之丧既殡食粥，朝一溢米[①]，莫一溢米[②]；齐衰之丧疏食水饮，不食菜果；大功之丧不食醯、酱；小功、缌麻不饮醴酒。此哀之发于饮食者也。

【注释】

①溢：古代容量单位。见《丧大记》"君之丧，子、大夫、公子、众士皆三日不食"节注②。

②莫：同"暮"。

【译文】

服斩衰之丧的人前三天不吃不喝，服齐衰之丧的人头两天不吃不喝，服大功之丧的人头三顿不吃不喝，服小功、缌麻之丧的人头两顿不吃不喝，士如果参加小殓就要一顿不吃不喝。所以服父母之丧，入棺停殡后可以喝一些稀粥，早上吃一溢米，晚上吃一溢米；服齐衰之丧，入棺停殡后可以吃粗食喝水，但不吃蔬菜瓜果；服大功之丧，入棺停殡后可以吃蔬菜瓜果，但还不能吃醋、酱等调味品；服小功、缌麻之丧，入棺停殡后可以吃醋、酱等调味品，但还不能喝甜酒。这是丧亲的悲哀显现在饮食上。

父母之丧既虞、卒哭[①]，疏食水饮，不食菜果；期而小祥，食菜果；又期而大祥，有醯、酱；中月而禫[②]，禫而饮醴酒。始饮酒者先饮醴酒，始食肉者先食干肉。

【注释】

①虞：祭名。下葬后在当日正午举行的祭祀，意在安魂。卒哭：祭名。虞祭后举行的祭祀。详见《曲礼上》“卒哭乃讳”节注①。

②中：间，即间隔。禫（dàn）：祭名。见《檀弓上》“孟献子禫”节注①。

【译文】

父母之丧，在虞祭、卒哭祭后，就可以吃粗食和喝水，但不吃蔬菜瓜果；一年小祥祭后，可以吃蔬菜瓜果；又过一年大祥祭后，可以吃醋、酱等调味品；大祥后间隔一个月举行禫祭，禫祭后就可以喝甜酒。开始饮酒的要先饮甜酒，开始吃肉的要先吃干肉。

父母之丧，居倚庐，寝苫枕块，不说绖、带[①]；齐衰之丧，居垩室[②]，芐翦不纳[③]；大功之丧，寝有席；小功、缌麻，床可也。此哀之发于居处者也。

【注释】

①说：通“脱”。

②垩（è）室：居丧时用砖垒成的小草屋，屋草不涂泥，只用白垩涂墙。垩，涂饰的白土。

③芐（xià）翦不纳：孔疏：“芐为蒲苹为席，翦头为之，不编纳其头而藏于内也。”翦，同“剪”。

【译文】

父母之丧,孝子居住在倚庐,睡在草苫上,用土块当枕头,睡觉时也不脱首绖和腰绖;服齐衰之丧,居住在垩室,蒲席只剪齐了边却没有收边于内;服大功之丧,可以睡在席子上;服小功、缌麻之丧,可以睡在床上。这是丧亲的悲哀显现在居处上。

父母之丧,既虞、卒哭,柱楣翦屏[①],芐翦不纳;期而小祥,居垩室,寝有席;又期而大祥,居复寝;中月而禫,禫而床。

【注释】

①柱楣:将原本横置于地的楣木用柱子支起。见《丧大记》"父母之丧,居倚庐"节注⑤。屏:倚庐顶的茅草。

【译文】

父母之丧,在虞祭、卒哭祭后,支起搭建倚庐时横于地上的楣木,修剪庐顶的草苫,可以睡在剪齐边而没有收边于内的蒲席;一周年小祥祭后,可以搬到垩室居住,也可以睡在席子上;两周年大祥祭后,可以回到自己的寝室居住;再间隔一个月举行禫祭,禫祭后就可以像平常那样睡在床上。

斩衰三升[①],齐衰四升、五升、六升,大功七升、八升、九升,小功十升、十一升、十二升[②],缌麻十五升去其半[③]。有事其缕[④],无事其布[⑤],曰"缌"。此哀之发于衣服者也。

【注释】

①升:计算布粗细的单位。八十缕为一升。升数越多,布也就越

细密。

②“齐衰四升”三句：自齐衰以下至小功，丧服之所以有三种不同升数，是因为丧服被分为了降服、正服、义服三等。降服，是指由于某些原因(往往是为尊者而降等)，不能按原本的亲属关系服丧，而要服次一等丧服。正服，是指按照原本的亲疏关系服丧，没有变动。义服，是指与死者本无亲属关系，只是由于某种义理才为之穿孝服。三等之中，降服最重，正服次之，义服又次之。下文的大功三等、小功三等，都可以由此类推。

③缌麻十五升去其半：孔疏：“以朝服十五升抽去其半，缕细而疏也。”

④有事其缕：孔疏：“锻治其布纻缕也。”即对布缕进行细加工。事，加工。

⑤无事其布：孔疏：“织布既成，不锻治其布，以哀在外故也。”指不对布加灰捶洗加工，加灰捶洗后的布会洁白光滑。

【译文】

斩衰丧服用三升布制成；齐衰丧服有用四升布制成的，有用五升布制成的，有用六升布制成的；大功丧服有用七升布制成的，有用八升布制成的，有用九升布制成的；小功丧服有用十升布制成的，有用十一升布制成的，有用十二升布制成的；缌麻丧服用十五升布抽去一半线缕制成。线缕要捶洗加工，织成布后就不加灰锻治，这就叫做“缌布”。这是丧亲的悲哀显现在衣服上。

斩衰三升，既虞、卒哭，受以成布六升[①]，冠七升。为母疏衰四升，受以成布七升，冠八升。去麻服葛，葛带三重[②]。期而小祥，练冠、縓缘[③]，要绖不除。男子除乎首，妇人除乎带。男子何为除乎首也？妇人何为除乎带也？男子重首，妇人重带。除服者先重者，易服者易轻者。又期而大祥，素缟、麻衣④。中月而禫，禫而纤⑤，无所不佩⑥。

【注释】

①受以成布六升：孔疏："以言三升、四升、五升之布，其缕既粗疏，未为成布也。六升以下(如按服制'以下'则丧服较轻，如按布制轻重，实为'六升以上')其缕渐细，与吉布相参，故称'成布'也。"受，新受的丧服。是指在服丧的不同阶段，随着悲哀逐渐减轻，丧服逐渐细密精致，新受之服都以上一阶段的布冠粗细为准。如，斩衰初丧用三升布、冠用六升布，卒哭祭后丧服用六升布、冠用七升布，小祥祭后丧服用七升布、冠用八升布。六升以下的布由于太粗疏，不称"布"；六升以上的布才为"成布"。

②葛带三重：单股为一重，两个单股合在一起为二重，两个合好的双股合在一起为三重。

③练冠、縓(quán)缘：见《檀弓上》"练，练衣黄里、縓缘"节注①②。

④素缟：即《玉藻》所说的"缟冠素纰"。孔疏："谓二十五月大祥祭，此日除脱，则首服素冠，以缟纰之。"麻衣：用十五升布做的深衣，不镶彩边。

⑤纤：头戴黑经白纬的布制作的冠。

⑥无所不佩：孔疏："吉祭之时，身寻常吉服，平常所服之物无不佩也。"

【译文】

斩衰用三升布制作，虞祭、卒哭祭后，新受服用六升布制作，冠用七升布制作。为母亲服丧，穿的丧服用四升布制作，虞祭、卒哭祭后，新受服用七升布制作，冠用八升布制作。虞祭、卒哭祭后，男子要去掉麻腰绖而换成葛腰绖，葛腰绖用两股合好的线拧成。一周年小祥祭后，就可以改戴练冠，穿镶浅红色领边的中衣，但男子的葛腰绖还不能除掉。男子除丧是从首绖开始,妇人除丧是从腰绖开始。男子除丧为什么要先除首绖呢?妇人除丧为什么要先除腰绖呢?因为男子最重要的部位是首,而妇人最重要的部位是腰。除去丧服的时候,要先除去最为重要的部位;原本在服重丧,又遭遇轻丧,要为轻丧改变丧服时就只能改变轻的部位。两周年大祥祭后,就可以头戴用白色生绢制成的冠,冠缘用白绫镶边,身穿麻衣。再隔一个月举行禫祭,禫祭后就可以戴用黑经白纬的布制成的冠,可以佩带平常所佩带的各种饰物。

易服者何为易轻者也?斩衰之丧既虞、卒哭,遭齐衰之丧,轻者包①,重者特②。既练遭大功之丧,麻、葛重③。齐衰之丧,既虞、卒哭,遭大功之丧,麻、葛兼服之④。

【注释】

①轻者包:孔疏:"言斩衰受服之时而遭齐衰初丧,男子所轻要(腰)者,得着齐衰要(腰)带,而兼包斩衰之带也。若妇人轻者,得着齐衰首绖,而包斩衰之绖。"即在受服时重丧之服包括了轻丧之服(男子的腰绖和妇人的首绖)。

②重者特:孔疏:"男子重首,特留斩衰之绖;妇人重要(腰),特留斩衰要(腰)带。"即在受服时特别保留了重丧之服(男子的首绖和妇人的腰绖)。特,独,一。

③"既练"二句:原本服斩衰之丧,已过小祥祭,男子已去除首绖,腰上由麻绖改为葛绖;妇人去除腰绖,只有葛首绖。此时又遇大功之丧,男子又要加麻首绖,腰绖也由葛绖改为麻绖,妇人也是如此,这就是"重麻"。到大功之丧卒哭祭后,男子和妇人的首绖和腰绖又改葛绖,这就是"重葛"。

④兼服:男子本身有齐衰之丧,卒哭祭后就改换麻绖为葛绖,此时

又遭遇大功之丧，就要按着“易服者易轻者”的原则将葛腰绖换为麻腰绖，但首绖仍然是葛绖，因而是麻、葛兼服。

【译文】

原本在服重丧，又遭遇轻丧，为轻丧而改变重丧之服，为什么要先改变较轻的部位？原本在服斩衰之丧，在虞祭、卒哭祭后，又遇上齐衰之丧，因为男子丧服较轻的部位是腰，就要系上齐衰的麻腰绖，这就包括了斩衰的葛腰绖；而妇人丧服较轻的部位是首，就要戴上齐衰的麻首绖，这样就包括了斩衰的葛首绖；男子丧服较重要部位是首，所以就专一地戴着斩衰的麻首绖；妇人丧服较重要部位是腰，就专一地系着斩衰的麻腰绖。如果原本在服斩衰之丧，一周年小祥祭后又遇上大功之丧，那么无论男女，都要戴上麻首绖和麻腰绖，这叫“重麻”，大功之丧的卒哭祭后，无论男女，都改为葛首绖和葛腰绖，这叫“重葛”。如果原本在服齐衰之丧，虞祭、卒哭祭后又遇上大功之丧，那么男子就要用麻腰绖改换为葛腰绖，而头上仍戴着前丧的葛首绖，这是麻与葛兼而服之。

斩衰之葛，与齐衰之麻同；齐衰之葛，与大功之麻同；大功之葛，与小功之麻同；小功之葛，与缌之麻同。麻同则兼服之。兼服之服重者，则易轻者也[1]。

【注释】

①“兼服之服”二句：孙希旦说：“兼服之者，谓兼轻重服之绖、带而服之也。服重者，谓为重丧服其重者，谓男子首绖，妇人要（腰）带也。易轻者，谓以轻服易其轻者，谓男子要（腰）带，妇人首绖也。至轻丧既虞、卒哭，则反服重丧；至重丧既除，则又专服轻丧也。”

【译文】

斩衰丧服在卒哭祭后要把麻绖改为葛绖，而葛绖的粗细与齐衰丧服初丧时所服的麻绖相同；齐衰丧服在卒哭祭后要把麻绖改为葛绖，而葛绖的粗细与大功丧服初丧时所服的麻绖相同；大功丧服在卒哭祭后要把麻绖改为葛绖，而葛绖的粗细与小功丧服初丧时所服的麻绖相同；小功丧服在卒哭祭后要把麻绖改为葛绖，而葛绖的粗细与缌麻丧服初丧时所服的麻绖相同。正因为二者相同，所以在服重丧时已改换葛绖，这时又遇轻丧，就可以兼服前丧的葛和后丧的麻。重丧与轻丧同时兼服的情形，重丧既虞、卒哭祭后又遇丧则服其轻，而轻丧既虞、卒哭祭后又遇丧，则反服其重。

三年问第三十八

【题解】

郑玄《礼记目录》:“名曰‘三年问’者,善其问以知丧服年月所由。”

本篇以问答的形式来说明亲疏关系不同,居丧的时间也不同,有三年、一年、九月、五月、三月之分。孙希旦《集解》说是“其实总问三年以下五服之义也”。本篇文字与《荀子·礼论》基本相同,或认为《礼记》抄录《荀子》,也有人认为是荀子抄录《礼记》。

三年之丧何也?曰:称情而立文,因以饰群①,别亲疏、贵贱之节,而弗可损益也。故曰“无易之道也”。创巨者其日久,痛甚者其愈迟。三年者,称情而立文,所以为至痛极也。斩衰、苴杖②,居倚庐,食粥,寝苫枕块,所以为至痛饰也。三年之丧,二十五月而毕③,哀痛未尽,思慕未忘,然而服以是断之者,岂不送死有已,复生有节也哉!

【注释】

①饰群:孔疏:“饰,谓章表也。群,谓五服之亲也。因此三年之丧差降,各表其亲党。”即服丧依三年之丧以下的差别,反映亲疏关

系的差异。此句或读为“因以饰群别、亲疏、贵贱之节”，亦通。

②苴杖：见《丧服小记》“苴杖，竹也”节注①。

③“三年之丧”二句：三年之丧实为二十五月，服丧在第二十五月举行大祥之祭。大祥祭后就可以除去丧服穿上平日的吉服。详见《檀弓上》“鲁人有朝祥而莫歌者”节。

【译文】

居丧三年是如何规定的呢？回答说：这是依据人的悲哀的感情而制定的礼仪，以此来表明亲属关系，区别亲疏、贵贱等级，因而是不可以减损或增加的。所以说是“不能改变的原则”。创伤严重，恢复起来时间就长；悲痛得越厉害，平复起来就越慢。居丧三年，就是根据人心悲伤的感情而制定的礼仪，用以表示悲痛到了极点。穿着斩衰之服，手执苴木之杖，身居倚庐之中，喝着稀粥维持生命，睡着草苫做床铺，垫着土块做枕头，这些都是极度哀痛的表现。居丧三年，二十五个月完毕，哀痛并没有结束，思念并没有忘记，然而服丧之期截止了，送别死者的活动终结了，生者恢复正常的生活了，这岂不是表示这些都是有时限、有节制的吗！

凡生天地之间者，有血气之属必有知，有知之属莫不知爱其类。今是大鸟兽，则失丧其群匹，越月逾时焉，则必反巡过其故乡，翔回焉，鸣号焉，蹢躅焉[①]，踟蹰焉，然后乃能去之。小者至于燕雀，犹有啁噍之顷焉[②]，然后乃能去之。故有血气之属者莫知于人，故人于其亲也，至死不穷。将由夫患邪淫之人与[③]？则彼朝死而夕忘之，然而从之，则是曾鸟兽之不若也，夫焉能相与群居而不乱乎？将由夫修饰之君子与？则三年之丧，二十五月而毕，若驷之过隙[④]，然而遂之，则是无穷也。故先王焉为之立中制节[⑤]，壹使足以成文理[⑥],则释之矣[⑦]。

【注释】

①踯躅(zhí zhú):同下文"蹢躅",徘徊不前的样子。

②啁噍(zhōu jiū):鸟的鸣叫声。噍,同"啾"。

③患邪淫之人与:《训纂》引王念孙说,"'患邪淫之人'当作'愚陋邪淫之人',谓至愚极陋,不知礼义也","《荀子·礼论》正作'愚陋邪淫'"。

④驷之过隙:孔疏:"驷马骏疾,空隙狭小,以骏疾而过狭小,言急速之甚。"从缝隙中看四马驾车奔过,形容时间过得飞快。

⑤立中制节:孔疏:"立中人之制,以为年月限节。"即按照中等标准,制定了三年的服丧期限。

⑥壹使足以成文理:孔疏:"所以成三年文理者,以三年一闰,天道小成,又子生三年然后免于父母之怀,故服以三年成文章义理。"

⑦释:除丧。

【译文】

凡是天地间的万物,只要是有血气的动物一定都有知觉,而有知觉的动物没有不知道爱自己的同类的。现在就拿大的鸟兽来说,如果丧失了自己群里的同伴,过了一月,过了一季,都要返回来巡视,经过过去居住的地方,一定要盘旋飞翔,要鸣叫,徘徊不前,然后才能离去。小到像燕子、麻雀之类,还要哀鸣一阵子,然后才会离去。在所有有血气的动物中,没有比人更富于智慧的了,所以人对于死去的亲人,思念的感情到死也不会停止。能由着那些愚蠢粗鄙淫邪的人吗?他们早上死了亲人,晚上就忘记了,如果依从着他们的想法做事,就是连鸟兽也不如了,这样怎么能让人们生活在一起而不发生混乱呢?能由着那些讲究修养的君子吗?他们认为三年服丧,二十五个月就结束,就像看四马驾车从缝隙间奔过那么短暂,如果顺从他们的想法,那丧期就无穷无尽了。所以先王制定了适中的丧期来加以节制，使人们按照义理一道完成礼节，然后就除去丧服。

然则何以至期也[1]？曰：至亲以期断[2]。是何也？曰：天地则已易矣，四时则已变矣[3]，其在天地之中者，莫不更始焉，以是象之也。然则何以三年也？曰：加隆焉尔也，焉使倍之，故再期也[4]。由九月以下何也？曰：焉使弗及也。故三年以为隆，缌、小功以为杀[5]，期、九月以为间。上取象于天，下取法于地，中取则于人，人之所以群居和壹之理尽矣。故三年之丧，人道之至文者也，夫是之谓至隆，是百王之所同，古今之所壹也，未有知其所由来者也。孔子曰："子生三年，然后免于父母之怀。夫三年之丧，天下之达丧也。"[6]

【注释】

①期（jī）：周年。郑注："言三年之义如此，则何以有降至于期也。期者，谓为人后者，父在为母也。"

②至亲以期断：郑注："言服之正，虽至亲皆期而除也。"

③"天地"二句：孔疏："言期是一年之周匝，而天气换矣，前时已毕，今时又来，是变改矣。"

④再期：两周年。二十五个月实际上是满两年，而经过三年。

⑤杀（shài）：减降。

⑥"孔子曰"以下四句：见于《论语·阳货》。达丧，《论语》作"通丧"。

【译文】

那么为什么丧期有为一年的呢？回答说：为至亲服丧原本应为一年。这是为什么呢？回答说：一年当中，天地已变化运行一周，四季已变化更替一轮，凡是在天地间的万物，没有不重新开始的，所以服丧一年就是象征天地四时的变化。那么，有的丧期为什么要规定三年呢？回答说：这是为了表示更加隆重，于是使丧期延长一倍的时间，服丧要满两年。那么，有的丧期在九个月以下又是为什么呢？回答说：因为有的亲属不是至亲，丧期也就达不到一年。所以丧期中，父母恩情最重，服斩衰三年最为隆重，服缌麻三月和小功五月，恩情递减、丧期递减；齐衰期年和大功九月，恩情与丧期都介于前后两者之间。这种规定，上取象于天时循环，下取法于大地变化，中间则取法于人情，人们之所以能够群体居住而又和谐一致的道理，都极尽地包涵在里面了。所以三年之丧，是人情之道最完美的表现，是极致隆盛的礼仪，是历代明王所共同实行的，是古往今来所一直遵行的，没有人知道其由来已经多久了。孔子说："孩子生下来三年，才能离开父母的怀抱。所以为父母服丧三年，是天下通行的丧制。"

深衣第三十九

【题解】

郑玄《礼记目录》:"名曰'深衣'者,以其记深衣之制也。深衣,连衣裳而纯之以采者。"

"深衣"就是上衣下裳相连的一种服装,镶以花边,诸侯、大夫、士夕时之服,庶人之吉服,考古发现战国、秦、汉出土深衣多见,类似后世的长袍。《玉藻》篇也有关于深衣制度的内容,黄宗羲、江永皆有专门研究,可以参看。

古者深衣盖有制度,以应规、矩、绳、权、衡①。短毋见肤②,长毋被土。续衽钩边③,要缝半下④。袼之高下⑤,可以运肘;袂之长短⑥,反诎之及肘⑦。带,下毋厌髀⑧,上毋厌胁⑨,当无骨者。

【注释】

①规:圆规。矩:曲尺。绳:墨线。权:秤锤。衡:秤杆。

②短毋见肤:郑注:"衣取蔽形。"

③续衽:孔疏:"衽,谓深衣之裳,以下阔上狭,谓之为'衽'。接续此

衽而钩其旁边，即今之朝服有曲裾而在旁者是也。”深衣用布十二幅，前后各六幅，接续前、后两侧的两幅布就叫“衽”。钩边：据考证，这是指在深衣的右后内衽上缝缀一幅上窄下宽的布，用来遮蔽深衣的裳际。这样在走路时才不会显露出后衽的里子。

④要缝半下：即《玉藻》所说的“缝齐倍要”。要，同“腰”。缝，大。

⑤袼（gē）：郑注：“衣袂当掖之缝也。”即衣袖与腋下之接缝处。

⑥袂（mèi）：衣袖。

⑦反诎之及肘：孔疏：“故反诎其袂（袖）得及于肘也。”即如果将衣袖反折过来到腋部，则口沿恰到肘部。诎，屈。

⑧厌（yā）：压。髀（bì）：大腿骨。

⑨胁：肋骨。

【译文】

自古以来，深衣的做法大抵有一定的制度，要与圆规、矩尺、墨绳、秤锤、秤杆的要求相应和。深衣，再短也不能露出皮肤，再长也不能触到土面。裳两旁的衽，前、后两幅缝合，斜边与底边就形成一个钩状的锐角，右后衽要缝缀一幅布用以遮掩裳际；深衣腰围的宽度是下裳的一半。袖子和腋下接缝处的高低，要可以活动肘部；袖口的长短，如将衣袖反折到腋则口沿刚好到肘部。腰间的大带，下端不要压住大腿骨部位，上端不要压住肋骨部位，要正好在大腿骨和肋骨间无骨的部位。

制：十有二幅[①]，以应十有二月。袂圜以应规[②]，曲袷如矩以应方[③]，负绳及踝以应直[④]，下齐如权、衡以应平[⑤]。故规者，行举手以为容；负绳、抱方者，以直其政，方其义也。故《易》曰：“《坤》六二之动，直以方也。”[⑥]下齐如权、衡者，以安志而平心也。五法已施[⑦]，故圣人服之。故规、矩取其无私，绳取其直，权、衡取其平。故先王贵之。故可以为文，可以为武，可以摈相，可以治军旅，完且弗费[⑧]，善衣之次也[⑨]。

【注释】

①十有二幅：孔疏："深衣，其幅有六，每幅交解为二，是十二幅也。"

②圜：同"圆"。

③曲袷（jié）：指深衣的方形的衣领。郑注，汉代的衣领为交领，古代的衣领为方折之形。

④负绳：孔疏："衣之背缝及裳之背缝，上下相当，如绳之正。"

⑤下齐（zī）如权、衡：孔疏："言裳下之齐，如权之衡低仰平也。"指深衣的下摆像秤杆秤锤轻重高低要取得平衡等齐。

⑥"《易》曰"以下二句：见于《易·坤卦》六二之象辞。

⑦五法：孙希旦说："谓规、矩、绳、权、衡也。"

⑧弗费：这是说深衣的制作不费功。深衣用十五升的白布制作，也不需绣图彩绘。

⑨善衣：郑注："朝祭之服也。"

【译文】

深衣的裁制：深衣上衣下裳，共用布十二幅，象征一年有十二个月。圆形的袖口为圆形与圆规相应合，衣领交会如矩尺与方正相应合，背缝从后背直下到两脚踝后跟与直垂相应合，裳的下摆如秤杆秤锤齐整与平准相应合。之所以袖口为圆形应合圆规，是表示举手揖让都合于仪容；背缝笔直垂下与胸前领口方形，是表示为政正直、道义方正。所以，《易》上说："《坤卦》六二之动，平直而方正。"裳的下摆若使用秤杆秤锤称重，要平衡齐整，表示心志安定、心态平和。深衣完全符合规、矩、绳、权、衡五个方面的标准，所以圣人才穿着它。所以规、矩，取其大公无私之义；绳，取其正直之义；权、衡，取其公平之义。所以先王看重深衣。穿着深衣，既可以习文，又可以练武，可以作为傧相，也可以整治军队，样式完备且不费力，是朝服、祭服以外最好的衣服。

具父母、大父母[①]，衣纯以缋[②]。具父母，衣纯以青。如孤子[③]，衣纯以素。纯袂、缘、纯边，广各寸半[④]。

【注释】

①大(tài)父母：祖父母。

②纯(zhǔn)：郑注："缘之也。"即镶边。下同。缋(huì)：指彩色的缯帛。郑注："尊者存，以多饰为孝。"

③孤子：郑注："三十以下无父称'孤'。"

④广各寸半：郑注："缘边，衣裳之侧，广各寸半，则表里共三寸矣，唯袷广二寸。"这是就外表一面说的，表里共三寸。只有领口的镶边是二寸，表里共四寸。

【译文】

如果父母及祖父母都健在，深衣就要用彩色花纹布条来镶边。如果只有父母健在，深衣就要用青布条来镶边。如果是孤子，深衣就要用白布条来镶边。深衣袖口的镶边，深衣下摆的镶边，深衣裳的镶边，宽度都是一寸半。

投壶第四十

【题解】

郑玄《礼记目录》说："名曰'投壶'者，以其记主人与客燕饮、讲论才艺之礼。"

本篇记投壶之礼的具体事宜，从投壶礼开始前的主、客互相辞让，到壶的设置，投壶的游戏规则，分数计算、胜负双方的饮酒，壶矢的大小规定等等，此外还记录了两条有关鲁国鼓鼙的乐谱。《大戴礼记》中也有《投壶》篇，可互相参看。

投壶之礼：主人奉矢[①]，司射奉中[②]，使人执壶。主人请曰："某有枉矢、哨壶[③]，请以乐宾。"宾曰："子有旨酒、嘉肴[④]，某既赐矣[⑤]，又重以乐，敢辞。"主人曰："枉矢、哨壶不足辞也，敢固以请[⑥]。"宾曰："某既赐矣[⑦]，又重以乐，敢固辞。"主人曰："枉矢、哨壶，不足辞也，敢固以请。"宾曰："某固辞不得命，敢不敬从。"宾再拜受，主人般还[⑧]，曰："辟[⑨]。"主人阼阶上拜送[⑩]。宾般还，曰："辟。"已拜，受矢，进即两楹间，退反位，揖宾就筵。

【注释】

①奉：捧。下同。矢：孙希旦说："矢用木为之，而不去皮，无羽、镞之属，与射者之矢不同。"因投壶与射礼属于同类活动，所以也称之为"矢"。

②司射：主持投壶礼的官员。中：盛放算筹的器具，为鹿、兕等形，用木刻制，背上凿孔容筹。旧注说，大夫用兕（犀牛类动物）形之中，士用鹿形之中。

③某：代指主人自己。枉矢、哨壶：孔疏："枉，谓曲而不直也。哨，谓哨峻不正。是主人谦逊之辞。"

④旨（zhǐ）酒：美酒。

⑤某既赐矣：《大戴礼记·投壶》无此四字。

⑥敢固以请：《大戴礼记·投壶》无"固"字。

⑦某既赐矣：《大戴礼记·投壶》作"某赐旨酒嘉肴"。

⑧般（pán）还：孔疏："乃般（盘）曲折还。"即盘桓。

⑨辟（bì）：避。

⑩拜送：孔疏："北面拜送矢也。"

【译文】

投壶的礼仪：主人捧着投壶所用的矢，司射捧着盛放算筹的中，主人让人捧着壶。主人邀请宾客，谦称道："我有杆歪不直的矢和口斜不正的壶，请求用来娱乐嘉宾。"宾客回答说："您用美酒佳肴招待，我已受赐，现在又加上娱乐，我还是请求辞谢吧。"主人又说："杆歪不直的矢，口斜不正的壶，不值得您推辞，还是坚邀您参加。"宾客又说："我已经接受您的美酒佳肴了，现在又加上娱乐，我还是请求辞谢吧。"主人又邀请说："杆歪不直的矢，口斜不正的壶，不值得您推辞，还是坚邀您参加。"宾客就说："我再三推辞得不到您应允，那就只好恭敬地从命了。"于是宾客再拜行礼，主人则盘桓退后，口中说："不敢当。"然后主人在阼阶上行拜送礼，将矢授于宾客。宾客也盘桓退后，口中说："不敢当。"主人已行拜送之礼，赞者将主人要投的矢交给主人，主人接过矢，走到两楹柱之间，表示将投壶设放于此处，然后退回阼阶上的主位，向宾客作揖，请宾客就位。

司射进度壶[①]，间以二矢半[②]，反位，设中，东面，执八算，兴[③]。请宾曰："顺投为入[④]，比投不释[⑤]。胜饮不胜者，正爵既行[⑥]，请为胜者立马[⑦]，一马从二马[⑧]。三马既立，请庆多马。"请主人亦如之。命弦者曰："请奏《狸首》[⑨]，间若一[⑩]。"大师曰[⑪]："诺。"

【注释】

①度壶：度量壶所放设之处。

②间以二矢半：《大戴礼记·投壶》无此五字。《训纂》引王念孙说，"间"字涉上文"两楹间"而衍，"以二矢半"四字疑衍。孔疏："虽矢有长短，而度壶皆使去宾、主之席各二矢半也。室中去席五尺，堂上则去席七尺，庭中则去席九尺。"

③兴：起。

④顺投：指矢的头部先投进壶中。

⑤比投：一人连续投矢。投壶应为宾、主轮流，如果一人连续投就算犯规。释：释算，即计算投中的算筹。

⑥正爵：郑注："所以正礼之爵也。或以罚，或以庆。"

⑦请为胜者立马：孔疏："必谓算为'马'者，马是威武之用，为将帅所乘。今投壶及射，亦是习武，而胜者自表堪为将帅，故云'马'也。"投壶每次取胜，要立一马的模型作为筹码，先立三马者为胜方。孙希旦以孔疏为非，说："陈用之云：'汉人格五之法，有功马、散马，皆刻马象而植焉。'或投壶之马亦如此与？"

⑧一马从二马：孔疏以为俗本有此五字，误。《大戴礼记·投壶》无此五字。即《少仪》所说的“擢马”，如果一方二马，一方一马，那么这时就将一马并入二马，凑成三马，并判得二马者为胜家。见《少仪》“尊长于己逾等”节注⑪。

⑨《狸首》：逸《诗》篇名。

⑩间若一：孔疏：“谓前后乐节，中间疏数如似一也。”

⑪大师：即太师，乐官之长。

【译文】

司射捧着壶进入，丈量设置壶的位置，将壶放在宾客与主人之间距离都为二矢半的地方，然后返回原位跪坐，将盛放算筹的中放置好，面朝东，手执八支算筹站起来。司射向宾客告知投壶的规则，说：“矢的头部投进壶中才算投入，投矢由主、宾轮流进行，如果一人连投，即使投进也不算数。胜者罚输者喝一杯酒，喝了罚酒后，输者为胜者在中上竖立起一枚算筹，这叫做“立马”，投壶以先立起三马为获胜，如果一方有二马，一方有一马，那么有二马的一方可以撤去对方的一马，而自己凑成三马。先立三马获胜，输的一方就要斟酒庆贺多马的胜方。”司射又告诉主人规则。司射吩咐奏乐的乐工说：“比赛时要演奏《狸首》，乐曲前后的节奏、乐曲调式的快慢疏密要完全一致。”太师回答说：“是。”

左右告矢具[①]，请拾投[②]。有入者，则司射坐而释一算焉[③]。宾党于右，主党于左。

【注释】

①左右：孔疏：“左，谓主人；右，谓宾客。”

②请拾（jié）投：孔疏：“拾，更也。司射又请宾、主更递而投。”拾，轮流，交替。

③释一算：孔疏："司射乃坐释一算于地也。"

【译文】

司射向左右宾、主报告矢已经准备好，可以轮流投壶了。有将矢投入壶中，司射就跪坐着放一枚算筹在地上。投壶时宾客一方坐在司射的右边，主人一方坐在司射的左边。

卒投，司射执算曰[①]："左右卒投，请数。"二算为纯[②]，一纯以取，一算为奇[③]。遂以奇算告[④]，曰："某贤于某若干纯。"奇则曰"奇"，钧则曰"左右钧"[⑤]。

【注释】

①司射执算：《大戴礼记·投壶》作"司射执余算"。从上下文看，作"执余算"是，译文据此。

②纯(quán)：一双。

③奇(jī)：单一，单数。

④遂以奇算告：据《释文》和《大戴礼记·投壶》，此句应作"有胜者，司射遂以其算告"。此处或有脱误。

⑤左右钧：孔疏："钧，犹等也。等则左右各执一算以告。"

【译文】

投矢完毕，司射拿着剩余的算筹说："宾、主双方投矢结束，请允许计算筹数。"两个算筹计作一纯，一次取一纯，如果剩下一个算筹，就叫"奇"。计算出结果后，司射就拿着获胜一方多出来的纯说："某多于某若干纯。"如果还有奇数，就要报告"还有奇数"，如果双方投中的数目均等，就说"左右成绩均等"。

命酌[①]，曰："请行觞。"酌者曰："诺。"当饮者皆跪，奉觞曰:"赐灌。"胜者跪曰:"敬养[②]。"

【注释】

①命酌:郑注:"酌者,胜党之弟子。"

②敬养:孙希旦说:"敬养者,酒所以养老、养病也。此实罚爵,而曰'赐灌',曰'敬养'者,皆谦敬之辞也。"

【译文】

司射对胜利一方的子弟说:"请为失败的一方斟罚酒。"胜利一方的子弟说:"是。"斟好酒后,失败的一方都跪下捧着酒杯,说:"承蒙赐饮。"胜的一方也跪下说:"恭敬奉养。"

正爵既行[①],请立马。马各直其算。一马从二马,以庆。庆礼曰:"三马既备,请庆多马。"宾、主皆曰:"诺。"正爵既行[②],请彻马。

【注释】

①正爵既行:孔疏:"谓正礼罚酒之爵既行,饮毕之后,司射乃请宾主请为胜者树标立其马也。"

②正爵既行:此为"饮庆爵",即为庆贺胜者而饮。

【译文】

依礼罚酒之后,就为胜利的一方设置一马。哪一方得胜就把马立在哪一方算筹的前面。立马以三马为胜,如果有一方得一马,而另一方得二马,则得一马的一方应将自己的一马并入另一方的二马,并庆祝对方的获胜。举行庆礼时,司射说:"三马已经齐备,请为多马的胜者庆贺。"宾、主双方都说:"好的。"依礼庆贺胜者饮酒后,就撤掉马。

算多少视其坐[①]。筹[②]，室中五扶，堂上七扶，庭中九扶[③]。算，长尺二寸。壶，颈修七寸，腹修五寸，口径二寸半，容斗五升。壶中实小豆焉，为其矢之跃而出也。壶去席二矢半。矢以柘若棘[④]，毋去其皮。

【注释】

①算多少视其坐：郑注："算用当视坐投壶者之众寡为数也，投壶者人四矢，亦人四算。"即算筹按参加投壶的人数而定，每人发四根矢。

②筹：郑注："矢也。"即投壶所用的矢。

③"室中五扶"三句：孔疏："投壶有三处，堂中及庭中也。日中则于室，日晚则于堂，太晚则于庭，是各随光明处也。矢有长短，亦随地广狭。室中狭，矢长五扶；堂上稍宽，矢长七扶；庭中大广，矢长九扶。四指曰扶，扶广四寸，五扶者，则二尺也。七扶者，则二尺八寸也。九扶者，则三尺六寸也。"按，一扶为四寸。

④柘（zhè）：木名。

【译文】

算筹多少要根据参加比赛的人数来定。矢的长度，如果是在室内投壶，矢长二尺；如果是在堂上投壶，矢长二尺八寸；如果是在庭中投壶，矢长三尺六寸长。算筹，长一尺二寸。壶，颈长七寸，腹深五寸，口径是二寸半，容量是一斗五升。壶中盛着小豆，是为了防止投入的矢又跳出来。壶要距席位两矢半。投壶所用的矢，用柘木或棘木制成，不要去掉树皮。

鲁令弟子辞曰[①]："毋怃[②]，毋敖，毋偝立[③]，毋逾言[④]！偝立、逾言有常爵[⑤]。"薛令弟子辞曰："毋怃，毋敖，毋偝立，毋逾言！若是者浮[⑥]。”

【注释】

①弟子：郑注：“宾党、主党年稚者也。”投壶时年轻人站在堂下，担心他们不守秩序，因此由司射予以警告。

②怃(hū)：大。此指大声喧哗。

③偝(bèi)：同“背”。郑注：“不正乡(向)前也。”

④逾言：郑注：“远谈语也。”

⑤常爵：郑注：“常所以罚人之爵也。”

⑥浮：罚酒。

【译文】

投壶时，鲁国的司射告诫站在堂下宾、主双方的子弟说：“不要喧哗，不要傲慢，不要背身而立，不要遥相喊话！背身而立，遥相喊话，要依常例罚酒。”薛国的司射告诉宾、主双方的子弟说：“不要喧哗，不要傲慢，不要背身而立，不要遥相喊话！若有违反的就要罚酒。”

鼓：○□○○□□○□○○□[①]；半，○□○□○○○□□○□○。鲁鼓。○□○○○□□○□○○□□○□○○□□○；半，○□○○○□□○。薛鼓。取半以下为投壶礼，尽用之为射礼。

【注释】

①○□：郑注：“圜者击鼙，方者击鼓。”

【译文】

击鼓鼙的乐谱是：○□○○□□○□○○□；一半是○□○□○○○□□○□○。这是鲁国的鼓谱。○□○○○□□○□○○□□○□○

○□□○;一半是○□○○○□□○。这是薛国的鼓谱。“半”字以下的鼓谱用于投壶礼,全的鼓谱用于射礼。

司射、庭长及冠士立者皆属宾党①,乐人及使者、童子皆属主党②。

【注释】

①庭长:即司正,负责酒宴时在庭中督察仪容不合规范者。冠士:指加冠后的成人。

②使者:孙希旦说:“主人所使令之人,若执壶者、设筵者、授主人以矢者,皆是也。”

【译文】

司射、庭长以及站着的成年人,都作为宾客的一方,奏乐之人、服务之人以及小孩,都作为主人的一方。

鲁鼓①:○□○○□□○○;半,○□○○□○○○○□○□○。薛鼓:○□○○○○□○□○□○○○□○□○○□○;半,○□○□○○○○□○。

【注释】

①鲁鼓:这是鲁鼓和薛鼓乐谱的另一种记载。

【译文】

鲁鼓的另一份鼓谱:○□○○□□○○;一半是○□○○□○○○○□○□○。薛鼓的另一份鼓谱:○□○○○○□○□○□○○○□○□○○□○;一半是○□○□○○○○□○。

儒行第四十一

【题解】

郑玄曰："名曰'儒行'者，以其记有道德者所行也。"

本篇借孔子之口，记述了儒者不与人争、特立独行的品德特性。《集解》引吕大临说："此篇之说，有夸大胜人之气，少雍容深厚之风，窃意末世儒者将以自尊其教，谓'孔子言之'，殊可疑。然考其言，不合于义理者殊寡，学者果践其言，亦不愧于为儒矣。此先儒所以存于篇也与？"

鲁哀公问于孔子曰："夫子之服，其儒服与？"① 孔子对曰："丘少居鲁，衣逢掖之衣②；长居宋，冠章甫之冠③。丘闻之也：君子之学也博，其服也乡，丘不知儒服。"

【注释】

①"鲁哀公问于孔子曰"以下二句：郑注："哀公馆孔子，见其服与士大夫异，又与庶人不同，疑为儒服而问之。"

②逢掖之衣：孔疏："谓肘、掖（腋）之所宽大。"逢，大。郑注："此君子有道艺者所衣也。"

③“长居宋”二句：章甫，殷之冠名，形制已不可考。宋为殷后代。

【译文】

鲁哀公问孔子说：“先生穿的衣服，是儒者的服装吧？”孔子回答说：“我年少时居住在鲁国，穿的是襟袖宽大的衣服；长大后住在宋国，戴的是殷人的章甫之冠。我听人们说：君子的学问要广博，穿衣服要入乡随俗，我可不知道儒服是什么样子的。”

哀公曰：“敢问儒行。”孔子对曰：“遽数之不能终其物[①]，悉数之乃留[②]，更仆，未可终也。”

【注释】

①遽(jù)数：急促地数说。物：事。

②悉数之乃留：孔疏：“若委细悉说之，则太久也。”留，久。

【译文】

哀公又问道：“敢问儒者的德行有哪些。”孔子答道：“仓促地数说不能说完这些事，全部细细地数说又要花费很长时间，就是仆人换班伺候，也还是不能说完。”

哀公命席，孔子侍，曰：“儒有席上之珍以待聘[①]，夙夜强学以待问，怀忠信以待举，力行以待取。其自立有如此者。

【注释】

①珍：孙希旦说：“玉也”，“犹玉之在席上，非有求于人，而聘问者自不能舍也”。

【译文】

哀公命人设席，孔子陪侍，说：“儒者有如筵席上的宝玉，等待诸侯的聘用;早早晚晚努力学习,等待别人的询问;心怀忠信,等待别人的举荐;身体力行,等待别人的取用。儒者的自立就是这样的。

“儒有衣冠中[①],动作慎;其大让如慢,小让如伪[②];大则如威,小则如愧[③];其难进而易退也,粥粥若无能也[④]。其容貌有如此者。

【注释】

①衣冠中:《集解》引吕大临说:“谓得其中制,不异于众,不流于俗而已。”指儒者的衣帽穿戴中允合众。

②“其大让”二句:孔疏引庾氏曰:“让大物不受,拒于人急如似傲慢;让小物之时,初让后受,如似伪然。”

③“大则如威”二句:孔疏:“言有大事之时,形貌则如似有所畏惧也”,“言行小事之时,则如似有所惭愧。‘如威’、‘如愧’,皆谓重慎自贬损”。威,畏惧,敬畏。

④粥粥(yù):孔疏:“是柔弱专愚之貌。”

【译文】

“儒者的衣帽穿戴随众如常人,行为动作谨慎;在大事上的拒绝推辞令人觉得似乎是傲慢,在小事上的谦让推辞令人觉得似乎是虚伪;办大事时小心翼翼似乎是畏惧的样子,办小事时审慎恭谨似乎是愧疚的样子;他们难于争进而易于退让,柔弱谦卑的样子似乎是无能之人。儒者的容貌就是这样的。

“儒有居处齐难[①],其坐起恭敬;言必先信,行必中正;道涂不争险易之利[②],冬夏不争阴阳之和;爱其死以有待也,养其身以有为也。其备豫有如此者。

【注释】

①齐难(zhāi nǎn):恭敬庄重的样子。难,《训纂》引王引之说,通“戁”(nǎn),敬也;“‘齐难’与‘恭敬’义亦相近也”。

②道涂不争险易之利:孔疏:“君子行道路,不与人争平易之地,而避险阻以利己也。”

【译文】

“儒者平时居处庄重严肃,坐下站起都恭恭敬敬;说话一定先考虑诚信,做事一定公正持中;行于道路,不为了利己而与人争抢平易之地,躲避险阻;日常居止,不为了自己的舒适,冬天和人争抢温暖处,夏天和人争抢阴凉处;爱惜生命而等待时机,修养身体以备有所作为。儒者预防患害的准备就是这样的。

“儒有不宝金玉,而忠信以为宝;不祈土地,立义以为土地;不祈多积,多文以为富①;难得而易禄也,易禄而难畜也。非时不见,不亦难得乎!非义不合,不亦难畜乎!先劳而后禄,不亦易禄乎!其近人有如此者②。

【注释】

①多文以为富:孔疏:“儒以多学文章技艺为富,不求财积以利其身也。”

②其近人有如此者:孔疏:“言儒者亲近于人,有如此在上之诸事也。”

【译文】

“儒者不以金玉为宝,而以忠信为宝;不祈望富有土地,而将树立道义视为自己的土地;不祈望多多积聚财富,而以多学文章技艺作为自己的财富;儒者很难得到,得到后却很容易以俸禄养起来,很容易以俸禄养起来但若与信义不合却又难以长期畜养。若非明君之时就不出现，这不是很难得到吗！如若君王不合道义，儒者就不会合作，这不是很难畜养吗！儒者都是先劳作而后受禄，这不是很容易以俸禄养起来的吗！儒者亲近人的情形就像上面所说的。

"儒有委之以货财，淹之以乐好①，见利不亏其义；劫之以众，沮之以兵②，见死不更其守；鸷虫攫搏③，不程勇者④；引重鼎，不程其力；往者不悔，来者不豫⑤；过言不再，流言不极⑥；不断其威⑦，不习其谋⑧。其特立有如此者。

【注释】

①淹之以乐好：孔疏："言以爱乐玩好浸渍之也。"淹，沉浸，浸渍。

②沮：恐吓。

③鸷（zhì）虫：猛禽凶兽。攫（jué）：鸟兽用爪子迅速抓取。

④不程勇者：《训纂》引王念孙说："'不程勇者'当作'不程其勇'，与'不程其力'对文。"孙希旦说："'勇者'，当从《家语》作'其勇'。"甚是。程，量，估量。

⑤往者不悔，来者不豫：孔疏："言儒者有往过之事，虽有败负，不如其意，亦不追悔也"；"谓将来之事，其所未见，亦不豫前防备，言已往及未来平行自若也"。

⑥过言不再，流言不极：孔疏："言儒者有愆过之言，不更为之"；"若闻流传之言，不穷其根本所从出处也"。极，指追究到底。

⑦不断其威：孔疏："言儒者不暂绝其威严，容止常可畏也。"

⑧不习其谋：郑注："口及则言，不豫其说而顺也。"孔疏："谓口及其事，则言论谋度之，不豫（预）前备其言说，而顺从所谋之也。"即开口即说，不事先准备谋划后照着说。

【译文】

“对于儒者，把金钱财物送给他，用玩乐的嗜好去沉溺他，面对利益诱惑他也不会遗弃道义；以人多势众来威胁他，用兵器武力来恐吓他，面对死亡他也不会改变操守；和猛兽凶禽搏斗，他不估量顾惜自己的勇敢；牵引重鼎，他不估量顾惜自己的力量；过去已经错过的事不后悔，将来还未到来的事也不预备；说过的错话就不会再说，流传的言语不会穷追；容貌举止可敬畏不失威严，直率说话，不预谋策划好才开口。儒者的特立独行就是这样的。

“儒有可亲而不可劫也，可近而不可迫也，可杀而不可辱也。其居处不淫[①]，其饮食不溽[②]，其过失可微辨而不可面数也。其刚毅有如此者。

【注释】

①淫：郑注：“谓倾邪也。”

②溽（rù）：浓厚。

【译文】

“儒者可以亲近但不可以劫持，可以接近但不可以强迫，可以杀但不可以侮辱。儒者的居所不奢侈邪僻，饮食不丰厚隆盛，儒者的过错可以委婉地辨明但不可以当面指责。儒者的刚毅就是这样的。

“儒有忠信以为甲胄[①]，礼义以为干橹[②]；戴仁而行，抱义而处；虽有暴政，不更其所[③]。其自立有如此者。

【注释】

①甲胄：铠甲和头盔。

②干橹(lǔ):郑注:“小楯(盾)、大楯(盾)也。”

③不更其所:孔疏:“不改其志操,迥然自成立也。”

【译文】

“儒者把忠信当做甲胄,把礼义当做盾牌;头戴着仁出行,怀抱着义居处;虽然遇到暴政,也不改变自己的志意操守。儒者的自立就是这样的。

“儒有一亩之宫[①],环堵之室[②];筚门圭窬[③],蓬户瓮牖[④];易衣而出[⑤],并日而食[⑥];上答之不敢以疑[⑦],上不答不敢以谄[⑧]。其仕有如此者。

【注释】

①一亩之宫:孔疏:“一亩,谓径一步,长百步为亩。若折而方之,则东、西、南、北各十步为宅也。”宫,墙垣。

②堵:古代以版筑法筑墙,版长一丈,宽二尺,五版为一堵,即长、宽各一丈。

③筚门:即“柴门”,荆木编的门。圭窬(yú):上尖下方的圭形小门。

④蓬户:编蓬草为门户。瓮牖(yǒu):孔疏:“谓牖窗圆如瓮口也。又云,以败瓮口为牖。”

⑤易衣而出:这是说全家只有一件衣服,谁出门谁就换上。

⑥并日而食:郑注:“二日用一日食也。”

⑦不敢以疑:孔疏:“谓已决竭心力,不敢疑贰于君也。”

⑧上不答不敢以谄:孔疏:“已有言语而君不用,及不见使,则已宜静默,不敢谄媚来进也。”

【译文】

“儒者只有一亩见方的宅院,夯土筑成墙垣;用荆柴做成门,院墙上掏个圭形小门，用蓬草编成门户，墙壁上凿出瓮口一样的圆孔做窗牖；全家有一套见客的衣服出门才换上，两天只能吃一天的食物；提出建议得到君上的回答和任用，竭尽心力决不敢对君上有怀疑和贰心；提出建议得不到君上的回答和任用，静默不语而不敢谄媚求进。儒者做官入仕就是这样的。

"儒有今人与居，古人与稽①；今世行之，后世以为楷；适弗逢世，上弗援②，下弗推③。谗谄之民，有比党而危之者，身可危也，而志不可夺也；虽危，起居竟信其志④，犹将不忘百姓之病也。其忧思有如此者。

【注释】

①稽：郑注："犹合也。"

②援：郑注："犹引也，取也。"

③推：郑注："犹进也，举也。"

④起居：郑注："犹举事动作。"信：通"伸"。

【译文】

"儒者虽与今人一起生活，却和古人的意趣相合；他们在今世的行为，将成为后世的楷模；恰巧生不逢时，上不为君王伸以援手，下没有众人助以推手。谗毁谄媚的人结党构陷他，但也只能危害他的身体，却改变不了他的志向；即使处境危险，行事举动还要施展自己的抱负，还时刻不忘百姓的疾苦。儒者忧国忧民的情怀就是这样的。

"儒有博学而不穷，笃行而不倦；幽居而不淫①，上通而不困②。礼之以和为贵，忠信之美，优游之法③，举贤而容众④，毁方而瓦合⑤。其宽裕有如此者。

【注释】

①幽居:谓独处时。

②上通:通达于上。指被国君任用做官。

③优游:和柔。

④举贤:孔疏作"慕贤",云:"以见贤思齐,是慕贤也。"是。应据以改"举"为"慕"。

⑤毁方而瓦合:《训纂》引吕大临说:"陶者之为瓦,必圆而割分之,分之则瓦,合之则圆。"《集解》引陈澔说:"陶瓦之事,其初则圆,剖之为四,其形则方,毁其圆以为方,合其方而复圆。"陶工制瓦,先将泥坯做成一圆柱形,再裁割成几片瓦晾干烧制。因此,放弃圆形才有方瓦,放弃方形才能合瓦恢复圆形。此处以方象征儒者,毁己之方而合瓦成圆,是儒者宽容和合之意。

【译文】

"儒者虽博学但不中止学习,踏实地实行而不知疲倦;虽身居幽隐之处也不邪僻放纵,通达于上受器重而不会困顿穷迫。遵循礼仪以和为贵,讲究忠信之美德,以和美柔软之方法,仰慕贤人又能包容众人,放弃了自己的方形而如合瓦般与众融为圆形。儒者的宽容大度就是这样的。

"儒有内称不辟亲①,外举不辟怨,程功积事②,推贤而进达之,不望其报,君得其志。苟利国家,不求富贵。其举贤援能有如此者。

【注释】

①辟(bì):避开,躲开。

②程功:计算考核功效。积事:积累劳作成绩。孔疏:"言儒者欲举

人之时，必程效其功，积累其事，知其事堪可乃推而进达之，不妄举人也。”

【译文】

“儒者推举人才时，对内不避讳自己的亲属，对外也不回避自己的仇家，根据计算考核的功效和累积的劳绩加以评估衡量，推举贤才，引荐任用，不期望得到对方的回报，只希望国君能如愿得志。只要能为国家谋利，不求富贵。儒者推举贤人、引用能人就是这样的。

“儒有闻善以相告也，见善以相示也；爵位相先也①，患难相死也；久相待也②，远相致也③。其任举有如此者。

【注释】

①相先：郑注：“犹相让也。”

②久相待：郑注：“谓其友久在下位不升，己则待之乃进也。”

③远相致也：郑注：“谓己得明君而仕，友在小国不得志，则相致远也。”

【译文】

“儒者之间，听到了有益的话就相互告知，见到了有益的事就相互传示；有爵位利益先让给朋友，有祸患灾难愿牺牲献身；朋友不被任用，就长久地等着他共同晋升，朋友在他国不能为仕，就设法把他招来一起任官。儒者任用举荐朋友就是这样的。

“儒有澡身而浴德①，陈言而伏，静而正之，上弗知也，粗而翘之②，又不急为也；不临深而为高③，不加少而为多④；世治不轻⑤，世乱不沮⑥；同弗与，异弗非也。其特立独行有如此者。

【注释】

①澡身:孔疏:"谓能澡洁其身,不染浊也。"浴德:孔疏:"谓沐浴于德,以德自清也。"

②粗而翘之:郑注:"粗,犹疏也,微也。君不知己有善言正行,则观色缘事而微翘发其意使知之。"

③不临深而为高:孔疏:"地既高矣,不临此众人深下之处更增高大,犹言不临此众人卑贱处而自尊显也。"

④不加少而为多:郑注:"谋事不以己小胜自矜大也。"指夸大自己的作用和成绩。

⑤世治不轻:孔疏:"世治之时,虽与群贤并处,不自轻也。"

⑥世乱不沮:孔疏:"言世乱之时,道虽不行,亦不沮坏己之本志也。"沮,废坏。

【译文】

"儒者常'洗澡',以道德沐浴身心,陈述自己的建议而伏听君命,安静地恪守正道,如果国君对自己的建言不理解,就稍加启发,并不急于实施推行;不在地位低的人面前炫耀,以显示自己的高大,不把自己原本小小的作用和成绩加以夸大吹嘘;治世虽然与群贤能相处并不自我轻视,乱世虽然无道也不废弃自己的气节志意;观点相同也不能不顾义理而相互阿谀结党,观点不同也不能不顾是非一概非议反对。儒者的特立独行就是这样的。

"儒有上不臣天子,下不事诸侯;慎静而尚宽,强毅以与人,博学以知服;近文章,砥厉廉隅[①];虽分国,如锱铢[②],不臣不仕。其规为有如此者。

【注释】

①廉隅(yú):棱角。此指方正的品格。

②锱铢(zī zhū):古代重量单位。孔疏:“二十四铢为‘两’,八两为‘锱’。”《训纂》引王引之说:“古人言锱者,其数或多或少。”或说六铢为一锱,四锱为一两。

【译文】

“儒者中有的上不臣于天子,下不事奉诸侯;谨慎安静而崇尚宽大,刚强坚毅而善与人交,博学而知敬服先代贤人;喜好学习文章,锻炼磨砺出刚正的品格;即使有国君将国土分封给他,他也视为锱铢小事并不看重,不称臣也不做官。儒者对自己的行为规范就是这样的。

“儒有合志同方[①],营道同术[②];并立则乐,相下不厌[③];久不相见,闻流言不信。其行本方立义[④],同而进,不同而退。其交友有如此者。

【注释】

①合志同方:孔疏:“言儒者与交友合齐志意,而同于法则也。”

②营道同术:孔疏:“谓经营道艺,同齐于术,同术则同方也。”

③相下不厌:孔疏:“谓递相卑下,不厌贱也。”

④其行本方立义:孔疏引庾氏云:“言其行所本必方正,所立必存义也。”

【译文】

“儒者的朋友,有的志意相合,为学之法也相同;有的经营道艺,艺术之路也一样;能与朋友在一起共事就感到欢乐,交往时都谦逊地争为卑微,不怕居于底下;即使久不相见,听到了不利于对方的流言蜚语也不会相信。所作所为都本于方正,所立所言都根据道义,理念行为都相同就进而深交,理念行为不同就退而疏远。儒者的交友就是这样的。

“温良者，仁之本也。敬慎者，仁之地也。宽裕者，仁之作也。孙接者[1]，仁之能也。礼节者，仁之貌也。言谈者，仁之文也。歌乐者，仁之和也[2]。分散者，仁之施也[3]。儒者兼此而有之，犹且不敢言‘仁’也。其尊让有如此者[4]。

【注释】

①孙接：孔疏：“言孙(逊)辞接物是仁儒之技能。”孙，通“逊”。

②“歌乐者”二句：孔疏：“言歌舞喜乐是仁儒之和悦。”

③“分散者”二句：孔疏：“言分散蓄积而振贫穷是仁儒之恩施也。”

④尊让：孔疏：“尊，谓恭敬；让，谓卑让。谓尊敬于物，卑让于人。”

【译文】

“温厚善良，是仁的根本。恭敬谨慎，是仁的基础。宽容大度，是仁的动作。谦逊接物，是仁的能力。礼节仪态，是仁的外貌。言语谈吐，是仁的文采。歌舞喜乐，是仁的和悦。分财济贫，是仁的施恩。儒者都具备了这些美德，尚不敢说自己已合乎‘仁’的标准。儒者对物的尊敬、对人的谦让就是这样的。

“儒有不陨获于贫贱[1]，不充诎于富贵[2]，不慁君王[3]，不累长上[4]，不闵有司[5]，故曰‘儒’。今众人之命儒也妄，常以儒相诟病。”

【注释】

①陨获：郑注：“困迫失志之貌也。”

②充诎：郑注：“欢喜失节之貌。”

③慁(hùn)：辱。

④累：郑注：“犹系也。”指牵连、连累。

⑤闵:病。

【译文】

“儒者不因贫贱困迫而失志,不因富贵欢喜而失节,不受国君的侮辱,不受上级的束缚,不受官员的刁难,所以才称之为‘儒’。现在很多人称作‘儒’,却虚妄不实,所以‘儒’才被当做一个耻辱的名称。”

孔子至舍,哀公馆之,闻此言也,言加信,行加义,“终没吾世,不敢以儒为戏”。

【译文】

孔子回到鲁国,鲁哀公接待他住进公馆,听了孔子的这番话,自己的言语更加讲信用,自己的行为更加符合道义,并说,“直到我离世,再不敢拿儒者开玩笑了”。

大学第四十二

【题解】

郑玄说:“名曰‘大学’者,以其记博学,可以为政也。”

大学,就是博学的意思。宋代理学家以为《大学》是“初学入德之门也”,二程将此篇从《礼记》中抽出编次章句,朱熹编《四书》,将本篇与前文《中庸》编入,将本篇放在首篇,并重新编排训释。本篇主要论述君子个人自身修养与为政治国的关系。文中首章提出了明明德、亲民、止于至善三条纲目,然后提出实现天下大治的八个步骤,即格物、致知、诚意、正心、修身、齐家、治国、平天下,而修身是最根本的一项。

大学之道①,在明明德②,在亲民③,在止于至善。知止而后有定,定而后能静,静而后能安④,安而后能虑,虑而后能得⑤。物有本末,事有终始,知所先后,则近道矣。

【注释】

①大学:据郑玄《礼记目录》之说,“大学”是“博学”的意思。朱熹说:“大学者,大人之学也。”即广博地学习。

②明明德:孔疏:“在于章明己之光明之德也。”即要使自己光明正

大的德行更加彰明。

③亲民:程颐认为“亲”当作“新”,指革新、更新。朱熹:“言既自明其明德,又当推以及人,使之亦有以去其旧染之污也。”

④静而后能安:孔疏:“以静故情性安和也。”

⑤虑而后能得:孔疏:“既能思虑,然后于事得安也。”

【译文】

努力广博地学习,是为了彰显光明的品德,为了让人去除旧污点、变换新面貌,为了达到至善至美的境界。知道应达到的境界后才有确定的志向,确定了志向后才能心态宁静,心态宁静后才能情性安和,情性安和后才能思虑详审,思虑详审后才能处事得宜、至于美善。万物都有本有末,凡事都有终有始,能知道事物的本与末,始与终,就接近于明白事物发展之“道”了。

古之欲明明德于天下者,先治其国;欲治其国者,先齐其家;欲齐其家者,先修其身;欲修其身者,先正其心;欲正其心者,先诚其意;欲诚其意者,先致其知[①],致知在格物[②]。物格而后知至,知至而后意诚,意诚而后心正,心正而后身修,身修而后家齐,家齐而后国治,国治而后天下平。

【注释】

①“欲诚其意者”二句:孔疏:“言欲精诚其己意,先须招致其所知之事,言初始必须习学,然后乃能有所知晓其成败。”知,识。

②致知在格物:孔疏:“言若能学习,招致所知。格,来也。”格物,指探究事物的原理。

【译文】

古代有想要彰显自己的光明之德推广到天下的,就要先治理好自己的国家；要治理好自己的国家，就要先管好自己的家庭；要管好自己的家庭，就要先修养自身的品德；要修养自身的品德，就要先端正自己的内心；要端正自己的内心，就要先使自己的意念真诚；要使自己的意念真诚，就要先学习获得知识；要学习获得知识，就要先探究事物的道理。事物的道理得到探究后才能获得真知，获得真知而后才使意念真诚，意念真诚而后才使内心端正，内心端正而后才做到自身的修养，修养自身而后才能管好自己的家庭，管好自己的家庭而后才能治理好国家，治理好国家而后才能做到天下太平。

自天子以至于庶人，壹是皆以修身为本。其本乱而末治者否矣[①]。其所厚者薄，而其所薄者厚[②]，未之有也！此谓知本，此谓知之至也。

【注释】

①其本乱而末治者否矣：孔疏："本乱，谓身不修也。末治，谓国家治也"；"否，不也。言不有此事也"。

②所厚者：指修身。所薄者：即上文的"末"。

【译文】

从天子至庶人，都把修养自身作为根本。如果修身这个根本没做好，要治理好国家那是不可能的。应该重视的却被忽略，应该忽略的却被重视，没有这样的事理！这就是知道根本，这就是至为高上的智慧。

所谓诚其意者，毋自欺也。如恶恶臭，如好好色，此之谓自谦[①]，故君子必慎其独也！小人闲居为不善，无所不至，见君子而后厌然[②]，揜其不善，而著其善[③]。人之视己，如见其肺肝然，则何益矣！此谓诚于中，形于外，故君子必慎其独也。曾子曰："十目所视，十手所指，其严乎！"富润屋[4]，德润身[5]，心广体胖[6]，故君子必诚其意。

【注释】

①谦：郑注："读如'慊'(qiè)，慊然安静之貌。"朱熹说："谦，快也，足也。"

②厌(yǎn)然：躲避隐藏的样子。

③著其善：孔疏："宣著所行善事。"

④富润屋：孔疏："言家若富，则能润其屋，有金玉又华饰见于外也。"

⑤德润身：孔疏："谓德能沾润其身，使身有光荣见于外也。"

⑥心广体胖(pán)：孔疏："言内心宽广，则外体胖大。"胖，安适。

【译文】

所谓使意念真诚，就是不要自己欺骗自己。犹如厌恶恶臭，犹如喜好美色，这就叫做获得自我的满足，所以君子在独处时一定要很谨慎！小人在闲居独处时做不好的事，没有什么坏事不干，见到君子后就隐藏躲避，掩盖藏匿做过的坏事，宣传夸耀自己做过的善事。岂不知在别人眼中看着他，就如同看清了他的肺肝一样，他这样做又有什么益处呢！这就叫做内心有真实的想法，外表上一定会表现出来的。所以君子在独处时一定要很谨慎。曾子说过："虽独处，其实也有很多眼睛在看着你，很多手在指着你，多么严厉、多可敬畏啊！"财富可以装饰屋室，道德可以润饰身心，心胸宽广，身体自然安适，所以君子一定要使自己的意念真诚。

《诗》云："瞻彼淇澳，菉竹猗猗。有斐君子，如切如磋，如琢如磨。瑟兮僩兮，赫兮喧兮。有斐君子，终不可諠兮！”[1]“如切如磋”者，道学也[2]；“如琢如磨”者，自修也[3]；“瑟兮僩兮”者，恂栗也[4]；“赫兮喧兮”者，威仪也；“有斐君子，终不可諠兮”者，道盛德至善[5]，民之不能忘也。《诗》云：“於戏，前王不忘[6]！”君子贤其贤而亲其亲，小人乐其乐而利其利，此以没世不忘也。《康诰》曰[7]：“克明德。”《大甲》曰：“顾諟天之明命[8]。”《帝典》曰：“克明峻德。”皆自明也。汤之盘铭曰[9]：“苟日新，日日新，又日新。”《康诰》曰：“作新民。”《诗》曰：“周虽旧邦，其命惟新。”[10]是故君子无所不用其极。《诗》云：“邦畿千里，惟民所止。”[11]《诗》云：“缗蛮黄鸟，止于丘隅。”[12]子曰：“于止，知其所止，可以人而不如鸟乎？”《诗》云：“穆穆文王，於缉熙敬止！”[13]为人君，止于仁；为人臣，止于敬；为人子，止于孝；为人父，止于慈；与国人交，止于信。子曰：“听讼，吾犹人也，必也使无讼乎！”[14]无情者不得尽其辞，大畏民志。此谓知本。

【注释】

①“《诗》云”以下九句：出自《诗经·卫风·淇澳》，有个别文字与今本《毛诗》不同。淇，水名。澳（yù），弯曲的水岸。菉竹，今本作“绿竹”，草名。猗猗（yī），茂盛美貌。有斐，今本作“有匪”，有文采貌。切、磋、琢、磨，据《尔雅·释器》，治骨曰“切”，治象牙曰“磋”，治玉曰“琢”，治石曰“磨”。瑟，庄严的样子。僩（xiàn），宽大威武的样子。喧，通“咺”，有威仪之貌。諠（xuān），今本作“谖”，忘记。

②道学：孔疏：“论道其学矣。”

③自修：孔疏：“谓自修饰矣，言初习谓之学，重习谓之修。”

④恂栗:孔疏:"恂,读为'峻',言颜色严峻战栗也。"

⑤道:言说。

⑥於(wū)戏,前王不忘:出自《诗经·周颂·烈文》。於戏,即"呜呼"。

⑦《康诰》:与下文的《大甲(太甲)》、《帝典(尧典)》皆为《尚书》篇名。

⑧顾:郑注:"念也。"諟(shì):是,正。

⑨盘铭:镌刻在沐浴的盘上的铭文。

⑩"《诗》曰"以下二句:出自《诗经·大雅·文王》。

⑪"《诗》云"以下二句:出自《诗经·商颂·玄鸟》。止,居止。

⑫"《诗》云"以下二句:出自《诗经·小雅·緜蛮》。缗蛮,即緜蛮,《毛传》:"小鸟貌。"郑笺:"小鸟知止于丘之曲阿静安之处而托息焉。"

⑬"《诗》云"以下二句:出自《诗经·大雅·文王》。於(wū),叹词。缉熙,光明的样子。止,语助词。

⑭"子曰"以下三句:出自《论语·颜渊》。

【译文】

《诗经》上说:"看那淇水湾湾,绿绿竹林郁郁葱葱。有位文雅的君子,好像是经过修治切磋的象牙,好像是经过雕琢打磨的美玉。庄严而威武,显赫而有威仪。这样文雅的君子,让人始终难忘记!""好像是经过切磋的象牙",是说君子研究学问;"好像是经过雕琢打磨的美玉",是说君子自身的修养。"庄严而威武",是说君子的神态严峻而笃实;"显赫而有威仪",是说君子外表显耀仪容威严。"这样文雅的君子,让人始终难忘记",是说君子的盛道至善至美,人民永不能忘。《诗经》上又说:"呜呼!先王的美德永永远远不能忘!"君子尊重贤人,亲爱亲人,小人则享受快乐,收获利益,因此先王离世后没人能忘怀。《康诰》上说:"文王能彰显光明的德行。"《太甲》上说:"要念念不忘上天赋予你的显明的使命。”《尧典》上说：“帝尧能够彰明崇高的道德。”都是说要彰显自己的德行。商汤的盘铭说：“如果有一日能自我更新，就能日日都自我更新，每日都自我更新。”《康诰》上说：“日日自新做新民。”《诗经》上说：“周虽是旧国，但已领受了新天命、有了新国运。”所以，君子改革更新无不竭尽全力。《诗经》上说：“国都辖地方圆千里，都是人民居住之地。”《诗经》上又说：“緜緜蛮蛮的小小黄鸟，停在弯弯山丘的一角。”孔子说：“该停止的时候，知道应该停止在哪里，怎么可以人还不如鸟呢？”《诗经》上说：“庄严肃穆的文王啊，知道恭敬光明的地方。”做国君的，要做到仁的境界；做臣子的，要做到恭敬的境界；做儿女的，要做到孝顺的境界；做父母的，要做到慈爱的境界；与国人交往，要做到诚信的境界。孔子说：“审理诉讼，我和别人的想法都是一样的，一定是要不再有诉讼才好！”让想隐瞒实情的人不能编谎狡辩申说，使民心大大地敬畏服从。这就叫知道事物的根本。

所谓修身在正其心者：身有所忿懥①，则不得其正；有所恐惧，则不得其正；有所好乐，则不得其正；有所忧患，则不得其正。心不在焉，视而不见，听而不闻，食而不知其味。此谓修身在正其心。

【注释】

①忿懥(zhì)：郑注：“怒貌也。”

【译文】

所谓要修养自身德行就是要端正内心：自身如果有愤怒怨恨，内心就不能端正；自身如果有畏惧恐慌，内心就不能端正；自身如果有喜好欢乐，内心就不能端正；自身如果有忧患烦愁，内心就不能端正。心思不能专注于要做的事情，虽然也在看，却是看不到；虽然也在听，却是听不清；虽然也在吃，却是吃了还不知道什么滋味。这就是说，修养自身德行就是要端正内心。

所谓齐其家在修其身者：人之其所亲爱而辟焉[①]，之其所贱恶而辟焉，之其所畏敬而辟焉，之其所哀矜而辟焉，之其所敖惰而辟焉[②]。故好而知其恶，恶而知其美者，天下鲜矣！故谚有之曰："人莫知其子之恶，莫知其苗之硕。"此谓身不修不可以齐其家。

【注释】

①辟：朱熹说，"读为'僻'"，"犹偏也"。下同。

②敖惰：傲视怠慢他人。敖，通"傲"。

【译文】

所谓管好家要先修养好自身的德行：就是说人们对自己所亲爱的人会偏向喜爱，对自己所厌恶的人会偏向厌恶，对自己所敬畏的人会偏向敬畏，对自己所怜悯的人会偏向怜悯，对自己所傲视怠慢的人会偏向傲视怠慢。所以，喜好一个人也能知道他的缺点，厌恶一个人也能知道他的优点，这样的人天下很少！所以谚语说："对于自己的孩子，没有人还知道孩子有缺点；对于自己的庄稼，总觉得禾苗长得还不够壮硕。"这就叫不进行自身德行的修养就不能管好自己的家。

所谓治国必先齐其家者，其家不可教而能教人者，无之。故君子不出家而成教于国：孝者，所以事君也；弟者[①]，所以事长也；慈者，所以使众也。《康诰》曰："如保赤子[②]。"心诚求之，虽不中不远矣。未有学养子而后嫁者也！一家仁，一国兴仁[③]；一家让，一国兴让；一人贪戾，一国作乱。其机如此[④]。此谓一言偾事[⑤]，一人定国。尧、舜率天下以仁，而民从之；桀、纣率天下以暴，而民从之。其所令反其所好，而民不从。是故君子有诸已而后求诸人，无诸已而后非诸人[⑥]。所藏乎身不恕，而能喻诸人者，未之有也[⑦]。故治国在齐其家。《诗》云：“桃之夭夭，其叶蓁蓁；之子于归，宜其家人。”[⑧]宜其家人，而后可以教国人。《诗》云：“宜兄宜弟。”[⑨]宜兄宜弟，而后可以教国人。《诗》云：“其仪不忒，正是四国。”[⑩]其为父子兄弟足法，而后民法之也。此谓治国在齐其家。

【注释】

①弟：通“悌”。

②如保赤子：见《尚书·周书·康诰》。赤子，刚出生的婴儿。

③一家仁，一国兴仁：孔疏：“言人君行善于家，则外人化之。”

④机：关键。

⑤偾(fèn)：孔疏：“犹覆败也。”

⑥“是故”二句：孔疏：“谓君子有善行于己，而后可以求于人，使行善行也”；“谓无恶行于己，而后可以非责于人为恶行也”。

⑦“所藏乎身”三句：孔疏：“谓所藏积于身既不恕实，而能晓喻于人，使从已者，未之有也。言无善行于身，欲晓喻于人为善行，不可得也。”

⑧“《诗》云”以下四句：出自《诗经·周南·桃夭》。夭夭，美好的样子。蓁蓁(zhēn)，茂盛的样子。

⑨“《诗》云”以下句：出自《诗经·小雅·蓼萧》。

⑩“《诗》云”以下二句：出自《诗经·曹风·鸬鸠》。忒(tè)，差错。

【译文】

所谓治理好国家要先管好自己的家，是说自己的家人如果不能教导好，却能教导好别人的事是没有的。所以君子不出家门就能教化国家：在家中的行孝，可用于侍奉君主；在家中的行悌，可用于侍奉尊长；在家中的行慈爱，可用于对待百姓。《康诰》上说："爱护民众如同爱护婴儿。"只要诚心地追求，即使不能完全合乎要求，但也不会相差很远。没有谁先学会了养育子女然后才出嫁的！一个人君的家庭讲仁爱，整个国家就都讲仁爱；人君的家庭讲礼让，整个国家就都讲礼让；人君一个人贪狠暴戾，一个国家就混乱动荡。事情的关键就是这样的。这就是所说的，一句话可以坏大事，一个人可以定国家。尧、舜用仁爱统率天下，那百姓也跟着学仁爱；桀、纣用残暴统率天下，那百姓也跟着学残暴。国君的政令如果和自己的喜好正相反，那民众是不会服从的。所以君子要自己做善事，才能要求别人做善事；自己不做坏事，才能要求别人不做坏事。如果自己没有忠恕之心、没有做善行，而要晓谕别人有忠恕之心、做善行，这是从来都没有过的事。所以要治理好国家，首先要管理好自己的家庭。《诗经》上说："桃花盛开美艳艳，枝叶繁密而茂盛。这个女子嫁人了，全家欢喜和乐融融。"全家欢喜和乐融融，然后才能教导国人。《诗经》上说："兄弟和睦。"兄弟和睦，然后才能教导国人。《诗经》上说："他的仪态仪容无差错，正是四方诸国的领袖和榜样。"自己作为父亲、作为儿子、作为哥哥、作为弟弟，都足以被人效法，而后人们就会效法他。这就叫做要治理国家，首先要管理好自己的家庭。

所谓平天下在治其国者：上老老而民兴孝，上长长而民兴弟，上恤孤而民不倍[①]，是以君子有絜矩之道也[②]。所恶于上，毋以使下；所恶于下，毋以事上；所恶于前，毋以先后；所恶于后，毋以从前；所恶于右，毋以交于左；所恶于左，毋以交于右。此之谓絜矩之道。《诗》云:“乐只君子,民之父母。”[③]民之所好好之,民之所恶恶之,此之谓民之父母。《诗》云:“节彼南山,维石岩岩。赫赫师尹,民具尔瞻。”[④]有国者不可以不慎,辟则为天下僇矣[⑤]。《诗》云:“殷之未丧师,克配上帝。仪监于殷,峻命不易。”[⑥]道得众则得国[⑦],失众则失国。

【注释】

①倍:通“背”。

②絜(xié)矩之道:朱熹说:“是以君子必当因其所同,推以度物,使彼我之间各得分愿,则上下四旁均齐方正,而天下平矣。”絜,度量。矩,规则,法则。

③“《诗》云”以下二句:出自《诗经·小雅·南山有台》。只,语气词,无义。

④“《诗》云”以下四句:出自《诗经·大雅·节南山》。孔疏:“节然高峻者,是彼南山,维积累其石,岩岩然高大。”岩岩,山崖高耸的样子。赫赫,孔疏:“显盛貌。”师尹,指周王大臣太师尹氏。具,通“俱”。

⑤辟则为天下僇(lù):孔疏:“君若邪辟,则为天下之民共所诛讨。”辟,邪僻。僇,通“戮”。

⑥“《诗》云”以下四句:出自《诗经·大雅·文王》。丧师,丧失民心。师,众。仪,今本《毛诗》作“宜”。峻命,即天命。峻,今本作“骏”,大。

⑦道:孔疏:“犹言也。”

【译文】

所谓平定天下要先治理好国家:国君尊敬老人,国人就会兴起孝顺之风；国君尊重长者，国人就会兴起敬顺长者之风；国君抚恤孤弱之人，国人也就不会背离抛弃他们，因此，君子要推行“絜矩之道”。厌恶自己的上级对付自己的行为，就不会以此对待自己的下级；厌恶自己的下级对付自己的行为，就不会以此对待自己的上级；厌恶前面的人对付自己的行为，就不会以此对待自己后面的人；厌恶后面的人对付自己的行为，就不会以此对待自己前面的人；厌恶自己右边的人对付自己的行为，就不会以此对待自己左边的人；厌恶自己左边的人对付自己的行为，就不会以此对待自己右边的人。这就叫做“絜矩之道”。《诗经》上说：“快快乐乐的君子啊，是百姓的父母。”百姓所喜欢的就喜欢，百姓所厌恶的就厌恶，这样的君王就是百姓的父母。《诗经》上说：“那巍峨的南山，山崖高大险峻。显赫的师尹啊，万民都在瞻仰他。”统治国家的君王不可不谨慎，如若邪僻将被天下共诛讨。《诗经》上说：“殷商还没丧失民心时，德行还能与上帝相配。应该借鉴殷商灭亡的教训，永保天命真是不容易。”说的就是，得民众就能得国家，失民众就会失国家。

是故君子先慎乎德。有德此有人，有人此有土，有土此有财，有财此有用。德者本也，财者末也。外本内末，争民施夺。是故财聚则民散，财散则民聚。是故言悖而出者，亦悖而入①；货悖而入者，亦悖而出②。《康诰》曰：“惟命不于常！”道善则得之，不善则失之矣。《楚书》曰：“楚国无以为宝，惟善以为宝。”③舅犯曰④：“亡人无以为宝，仁亲以为宝⑤。”

【注释】

①“言悖而出者”二句：孔疏：“悖，逆也。若人君政教之言逆悖人心而出行者，则民悖逆君上而入以报答也，谓拒违君命也。”

②“货悖”二句：孔疏：“若人君厚敛财货，悖逆民心而入积聚者，不能久，如人畔(叛)于上，财亦悖逆君心而散出也。言众叛亲离，财散非君有也。”

③“《楚书》曰”以下二句：朱熹说，《楚书》，《楚语》。但今本《国语·楚语》中无类似文句。

④舅犯：见《檀弓下》“晋献公之丧”节注④。

⑤亡人：亡命之人，指晋文公重耳。孔疏：“奔亡之人，无以货财为宝，唯亲爱仁道以为宝也。”

【译文】

所以，君子首先要谨慎地修养德行。有了好德行才会有民众，有了民众才会有国土，有了国土才会有财富，有了财富才有国家的支出使用。德行是本，财富是末。如果轻本重末，就会争夺百姓的财与利。所以国君聚敛财富，民心就会离散；国君分散财富，民心就会聚合。所以如果国君拂逆民心、讲出违背情理的话，那么民心就会违抗国君、讲出违背情理的话报复；如果国君拂逆民心、聚敛财货不走正道，那么民心叛离、也会使财货不正常地散出。《康诰》上说：“天命不可能永远不变！”这是说行善就能得到，不行善就会失去。《楚书》上说：“楚国没有什么东西可以当做宝贝的，只把善良当做宝贝。”舅犯说：“流亡在外的人没有什么可以当做宝贝的，只把对仁道的亲爱当作宝贝。”

《秦誓》曰[①]：“若有一介臣，断断兮无他技[②]，其心休休焉[③]，其如有容焉。人之有技，若己有之；人之彦圣[④]，其心好之，不啻若自其口出[⑤]，实能容之[⑥]。以能保我子孙黎民，尚亦有利哉！人之有技，媢嫉以恶之[⑦]；人之彦圣，而违之俾不通[⑧]。实不能容，以不能保我子孙黎民，亦曰殆哉！”唯仁人放流之，迸诸四夷[⑨]，不与同中国。此谓唯仁人为能爱人，能恶人。见贤而不能举，举而不能先[10]，命也[11]；见不善而不能退，退而不能远，过也。好人之所恶，恶人之所好，是谓拂人之性，菑必逮夫身[12]。是故君子有大道，必忠信以得之，骄泰以失之。

【注释】

①《秦誓》：《尚书》篇名。秦穆公不听大臣劝阻而偷袭郑国，结果惨败。穆公于是悔而自誓。

②断断：郑注："诚一之貌也。"

③休休：宽容，美善。

④彦：郑注："美士曰彦。"

⑤不啻(chì)：不只。

⑥实：孔疏："是也。"

⑦媢(mào)嫉：孔疏："媢，妒也。见人有技艺，则掩藏媢妒，疾以憎恶之也。"

⑧违之：孔疏："违戾抑退之。"俾(bǐ)不通：孔疏："使其善功不通达于君。"俾，使。

⑨迸：通"屏"。

⑩举而不能先：孔疏："假设举之，又不能使在其己之先，是为慢也。"

⑪命也：郑注："命，读为'慢'，声之误也。"

⑫菑：同"灾"。

【译文】

《秦誓》上说："若有一位臣子，诚诚恳恳，没有其他的技能，但心胸宽广，能够容下他人。别人有技能，他就像自己拥有一样；别人有俊才美德，他会喜欢人家。不仅是口头上称赞，而是真心地包容与喜欢。这就能保护我的后世子孙与百姓，真正有利于国家！相反，也有一种人，别人有技能，他就嫉妒厌烦；别人有俊才美德，他就加以阻挠贬抑，不让国君知道人家，就是不能容纳人家，这样我的后世子孙与百姓就得不到保护，国家就会危险！”只有仁义之人才能将这种嫉妒贤良的人驱逐他们、流放他们，把他们扔到四夷的荒野去，不让他们居住在中国。这就是说，只有仁人才能爱护贤良之臣，才能痛恨不善的恶人。看见了贤良之人而不能举荐，举荐后而不能在自己之前得到任用，这就是怠慢；看见了不善的恶人而不能黜退，黜退后又不能将他们驱逐流放到远方，这就是过错。喜好众人所厌烦的恶人，厌恶众人所喜欢的好人，这就叫拂逆人的善良的本性，灾祸就会降临到他身上。所以君子有治国的大道，必须行忠信才能得到，如果自身骄纵就会失去。

生财有大道①。生之者众，食之者寡，为之者疾，用之者舒②，则财恒足矣。仁者以财发身③，不仁者以身发财。未有上好仁而下不好义者也，未有好义其事不终者也，未有府库财非其财者也。孟献子曰：“畜马乘④，不察于鸡豚⑤；伐冰之家⑥，不畜牛羊；百乘之家⑦，不畜聚敛之臣。与其有聚敛之臣，宁有盗臣。”此谓国不以利为利，以义为利也。长国家而务财用者，必自小人矣。彼为善之⑧，小人之使为国家，灾害并至。虽有善者，亦无如之何矣！此谓国不以利为利，以义为利也。

【注释】

①生财有大道：孔疏：“大道，谓所由行孝悌仁义之大道也”；“明人君当先行仁义，爱省国用，以丰足财物”。

②为之者疾，用之者舒：孔疏：“谓百姓急营农桑事业也”，“谓君上

缓于营造费用也”。

③仁者以财发身：孔疏：“谓仁德之君以财散施发起身之令名也。”

④畜马乘(shèng)：指初为大夫之家。乘，四匹马拉的车。

⑤不察于鸡豚：这是说不与民争利。

⑥伐冰之家：指卿大夫以上之家。卿大夫以上的家庭在丧祭中要用冰，因此冬日需要采冰存储，故称“伐冰之家”。

⑦百乘之家：有百乘兵车，指有采地的卿大夫之家。

⑧彼：指国君。

【译文】

生产财富有道可循。就是生产财富的人多，消费财富的人少，生产经营要快捷，消费耗用要缓慢，那么财富就会经常充裕富足。仁德之君将财富分散以此赢得名声；而不仁之君则不惜败坏自身而发财。没有君上爱好仁德而臣下却不讲义气的，没有讲究义气却办不成事情的，也不会不把国家府库的财富当做自己的财富加以爱护的。孟献子说：“拥有车马的初为大夫的人家，就不考虑算计家里养鸡喂猪获利；可以伐冰存储用于祭祀的卿大夫之家，就不畜养牛羊；有百乘兵车的有采邑的卿大夫之家，就不要豢养聚敛财富的臣下。如果是豢养着一帮聚敛财富的臣下，还不如养一帮强盗呢。”这就是说，国家不应该以牟取财富利益为利，而应当以道义为利。作为一国之长、国家领袖却想着如何聚敛财富，一定出自小人的引诱。国君是要让国家好，而由小人来治理国家，那就要闹到灾害并至的地步。这样，即使有好人强人来帮助也没办法救助啦！这也就是说，国家不应该以牟取财富利益为利，而应当以道义为利。

冠义第四十三

【题解】

郑玄《礼记目录》云："名曰'冠义'者，以其记冠礼成人之义。"

冠，指加冠礼。古代男子成年时，举行加冠典礼以表示成人，本篇主旨就是解释《仪礼·士冠礼》的意义。本篇首先强调冠礼乃"礼之始"，古代圣王重视冠礼；其次乃就《士冠礼》的若干具体仪节，如筮日、筮宾、冠于阼、命字、见母与兄弟、见君卿大夫乡先生等，阐释其意义；然后反复申说冠礼的重要性。孙希旦说："《仪礼》所载谓之《礼》者，《礼》之经也。《礼记》所载谓之《义》者，训是经之义也。"《礼记》从《冠义》起，有《昏义》、《射义》、《乡义》、《燕义》、《聘义》等六篇诠释礼经(《仪礼》)相关篇章的意义。

凡人之所以为人者，礼义也。礼义之始，在于正容体，齐颜色，顺辞令[①]。容体正，颜色齐，辞令顺，而后礼义备。以正君臣，亲父子，和长幼。君臣正，父子亲，长幼和，而后礼义立。故冠而后服备，服备而后容体正，颜色齐，辞令顺。故曰："冠者[②]，礼之始也。"是故古者圣王重冠。

【注释】

①"正容体"三句：孙希旦引吕大临说："容体，动乎四体者也。颜色，发乎面目者也。辞令，见乎言语者也。三者，修身之要也。"

②冠(guàn)：加冠礼。

【译文】

人之所以成为人，是因为有礼义。礼义的起始，在于使体态举止庄严端正，使神色表情得体恰当，使言语辞令顺畅合宜。体态举止庄严端正，神色表情得体恰当，言语辞令顺畅合宜，然后礼义就算齐备了。以此使君臣关系正确、父子情感亲善、长幼相处和睦。君臣关系正确，父子情感亲善，长幼相处和睦，然后礼义就算确定了。因此，举行了加冠礼之后，服装就完备了，服装完备之后，才能体态举止庄严端正，才能神色表情得体恰当，才能言谈辞令顺畅合宜。所以说："冠礼，是一切礼的开始。"因此，古代圣王都重视冠礼。

古者冠礼筮日、筮宾[①]，所以敬冠事。敬冠事所以重礼，重礼所以为国本也。

【注释】

①筮日：使用蓍草占问吉日。筮宾：占问确定主持冠礼的贵宾。

【译文】

古代举行冠礼时，要先占筮以决定行礼的吉日与主持行礼的贵宾，这是因为对冠礼敬重认真。对冠礼敬重认真就会重视礼仪礼制，重视礼仪礼制乃是国家的根本。

故冠于阼[①]，以著代也[②]。醮于客位[③]，三加弥尊[④]，加有成也。已冠而字之[⑤]，成人之道也。见于母，母拜之；见于兄弟，兄弟拜之；成人而与为礼也。玄冠、玄端⑥，奠挚于君⑦，遂以挚见于乡大夫、乡先生⑧，以成人见也。

【注释】

①阼：孔疏："言適（嫡）子必加冠于阼。阼，是主人接宾之处。"阼阶，为堂前东阶，主人之位。本节内容可参《郊特牲》"冠义"节。

②著：明。代：代替父亲。在此处为嫡子举行冠礼，表示将来要继承取代父亲。

③醮（jiào）：一种饮酒的仪节。主人酌酒于宾，宾饮后不必回敬。客位，在户西。此后三句，《仪礼·士冠礼》记文作："醮于客位，加有成也；三加弥尊，喻其志也。"略异。

④三加：行冠礼时，初加缁布冠，次加皮弁，最后加爵（què）弁，三次加冠一次比一次尊贵。

⑤字：取字。成年后，在外以字行。

⑥玄端：一种黑色的礼服。

⑦奠挚：把见面礼放在地上。因为国君位尊，不敢亲自递交，只好放在地上。挚，见面的礼物。

⑧乡大夫、乡先生：《训纂》引刘台拱说："案《士冠礼》及《冠义》，皆当作'卿大夫'，作'乡'误也。""卿大夫"为现任之卿大夫，"卿先生"指退休后居住在乡里者。

【译文】

所以，冠礼在阼阶上举行，表明成年后的受冠者继承、取代父亲的意义。在户西客位上向宾客酌酒，三次所加之冠，一次比一次更尊贵，加冠并加字，表示受冠者成年了。加冠后就取字，这是走上成人之路的标志。然后去见母亲，母亲要向他行拜礼；去见兄弟，兄弟也要向他行拜礼；这是因为他已经是成人了，要向他行成人之礼。戴着黑色的礼冠、穿着黑色的礼服，面见国君，将见面的礼物放在地上拜见国君，然后带着见面的礼物去拜见卿大夫、卿先生，都以成人之礼拜见。

成人之者，将责成人礼焉也①。责成人礼焉者，将责为人子、为人弟、为人臣、为人少者之礼行焉。将责四者之行于人，其礼可不重与②？

【注释】

①责：求。

②与：通“欤”。

【译文】

对于已成年的人，将要以成人之礼要求他。所谓以成人之礼要求他，就是要求他按照为人之子、为人之弟、为人臣下、为人晚辈的礼节行事。将要求受冠者以这四方面的礼节待人处事，冠礼怎能不得到重视呢？

故孝、弟、忠、顺之行立，而后可以为人，可以为人而后可以治人也。故圣王重礼。故曰：“冠者，礼之始也，嘉事之重者也①。”

【注释】

①嘉事：即嘉礼，“五礼”之一。古人把礼分为吉、嘉、宾、军、凶五种，其中冠、婚、饮食、射、燕飨等相关礼仪属嘉礼。

【译文】

所以，孝顺父母、友爱兄弟、忠诚君王、顺从长辈的行为做到了，然后才算可以做人；可以做人，然后才能够治理人。所以圣王重视礼。因此说：“冠礼，是礼的开始，是嘉礼中最重要的。”

是故古者重冠。重冠故行之于庙[①]，行之于庙者，所以尊重事。尊重事而不敢擅重事，不敢擅重事，所以自卑而尊先祖也。

【注释】

①庙：指祢庙，即父庙。

【译文】

所以，古代重视冠礼。因为重视冠礼，所以冠礼是在宗庙举行的；之所以在宗庙举行，是因为要表示对冠礼的尊崇重视。对冠礼的尊崇重视，表示重要的事务不敢擅自做主。重要的事务不敢擅自做主，所以冠礼要在宗庙举行，这是表示谦卑而尊敬祖先。

昏义第四十四

【题解】

郑玄《礼记目录》云："名曰'昏义'者，以其记娶妻之义、内教之所由成也。"

旧注说，"娶妻之礼，以昏为期，因名焉"。本篇是诠释《仪礼·士昏礼》的意义，其中特别强调的是"妇顺"之道，古人认为妇顺则家和，家和足以兴邦，所以说"昏礼者，礼之本也"。本篇末尾又论述王后六宫设置，与天子六官分领内外，阴阳相济，相辅相成。

昏礼者，将合二姓之好，上以事宗庙，而下以继后世也。故君子重之。是以昏礼纳采、问名、纳吉、纳征、请期①，皆主人筵几于庙②，而拜迎于门外，入揖让而升，听命于庙，所以敬慎、重正昏礼也。

【注释】

①"是以昏礼"句：据《仪礼·士昏礼》，古代婚礼有六项主要仪节，即纳采、问名、纳吉、纳征、请期、亲迎，俗称"六礼"。本节先谈前五礼，亲迎见下节。在行"六礼"之前必须先"下达"，即男方请媒

人至女方表达提亲之意，女方同意后才“纳采”。纳采，孔疏：“谓采择之礼。”指男方备礼派人至女方家，表示已选择其女为婚配对象，正式请女方接受此选择。采，选择。问名，纳采后，男方请媒人询问女方的名字。《曲礼上》说：“男女非有行媒，不相知名。”古代男女不经过媒人无以得知彼此名字，男方主动问名的目的是为了要占问婚事吉凶。纳吉，问名占卜得吉兆，男方就请媒人至女方家，请女方接纳此吉兆，谓之纳吉。纳征，孔疏：“纳聘财也。”纳吉后男方派媒人至女方家致送聘礼，又称“纳币”。请期，纳征后，男方经过占卜选出婚礼的吉日，派媒人至女方报告，征得女方同意，“请”，孔疏：“男家不敢自专，执谦敬之辞。”

②主人：指女方家长。筵（yán）：坐席。以下仪节，据《仪礼·士昏礼》，男方行媒至女方时，女方要在宗庙接待行礼，以示敬慎。

【译文】

婚礼，是要用以结合成两姓家族之好，对上得以祭祀宗庙祖先，对下得以传宗接代延续子嗣，所以君子重视它。因此婚礼中的纳采、问名、纳吉、纳征、请期五项仪节，都由女方主人在宗庙设置坐席、几案，然后亲自在庙门外拜迎男方使者，进入宗庙后，拱手作揖行礼，引导来宾升堂，并在庙堂上聆听使者转达男方的意见，这样做是为了表示敬谨、审慎、郑重、正规地对待婚礼。

父亲醮子而命之迎①，男先于女也。子承命以迎，主人筵几于庙，而拜迎于门外。婿执雁入②，揖让升堂，再拜奠雁③，盖亲受之于父母也。降出，御妇车，而婿授绥④，御轮三周⑤，先俟于门外。妇至，婿揖妇以入，共牢而食，合卺而酳⑥，所以合体、同尊卑，以亲之也。

【注释】

①父亲:指男方主人。醮子:男方至女方家亲迎之前,男方主人向儿子敬酒,并期勉儿子传承之责,醮辞可参《仪礼·士昏礼·记》。醮,参《冠义》“故冠于阼”节注③。

②雁:鹅,婿所执的见面礼。婚礼的几项仪节都以雁为见面礼。

③再拜:拜两次。据《仪礼·士昏礼》“奠雁,再拜稽首,降出”,婿应该是先把雁放下,然后再拜,《昏义》此处颠倒。

④绥:登车时用以挽持的绳索。

⑤御轮三周:郑注:“婿御妇,车轮三周,御者代之,婿自乘其车,先道之归也。”

⑥卺(jǐn):饭后饮酒用以盛酒的酒具,将瓠瓜剖成两半以为瓢,夫妇各持一半,以示“合体”。酳(yìn):食毕以酒漱口。

【译文】

男方的父亲向儿子敬酒,然后吩咐儿子亲自去迎娶,这是表示由男方先相迎于前,女方而后相随。儿子秉承父命去迎亲,女方主人在宗庙设置坐席、几案,然后亲自在庙门外拜迎。婿拿着见面礼鹅进入庙门,拱手作揖行礼相让登堂上,放下鹅,两次行拜礼,这是表示他亲自从女方父母手中迎受新妇。婿下堂,出门,驾驶新妇乘坐的车,然后把登车的绳索递交给新妇让她挽持着登车,再驾着车子让车轮转三圈,然后将车子交给车夫驾驶,自乘车先行回到自己家门外等候。新妇到达,婿拱手作揖行礼请新妇入门,新人一起吃饭,同吃一组牲牢,饭后,饮酒漱口。这是用同一个瓠瓜剖成两半的酒具,两人各持一瓢盛酒而饮。这是表示夫妇从此合为一体、同尊卑,相亲相爱。

敬慎重正而后亲之①,礼之大体而所以成男女之别②,而立夫妇之义也。男女有别,而后夫妇有义;夫妇有义,而后父子有亲;父子有亲,而后君臣有正。故曰:“昏礼者,礼之本也。”

【注释】

①敬慎重正而后亲之:孔疏:“言行昏礼之时,必须恭敬谨慎,尊重正礼,而后男女相亲。”

②礼之大体而:或说此五字为衍文。

【译文】

婚礼,敬谨、审慎、郑重、正规,然后夫妇相亲相爱,这是礼的要点,用以认定男女之别,而确保夫妇之间的道义。男女有别,而后确保夫妇之间有道义;夫妇之间有道义,而后父子之间就能亲和;父子之间能亲和,而后才有正确的君臣关系。所以说:“婚礼,是礼的根本。”

夫礼始于冠,本于昏,重于丧、祭,尊于朝、聘,和于乡、射,此礼之大体也。

【译文】

礼,以冠礼为起始,以婚礼为根本,以丧礼、祭礼为最隆重,以朝礼、聘礼为最尊贵,以乡饮酒礼和乡射礼最为和谐,这是礼的主要内容。

夙兴[①],妇沐浴以俟见[②]。质明[③],赞见妇于舅姑[④]。妇执笲[⑤],枣、栗、段脩以见[⑥]。赞醴妇[⑦],妇祭脯、醢[⑧],祭醴,成妇礼也。舅姑入室,妇以特豚馈[⑨],明妇顺也。厥明[⑩],舅姑共飨妇以一献之礼[⑪],奠酬,舅姑先降自西阶,妇降自阼阶,以著代也。

【注释】

①夙兴：早起。本节简述为妇之礼，即婚后新妇拜见舅姑的各项仪节的意义。仪节详见《仪礼·士昏礼》。

②俟(sì)：等待。

③质明：指天刚亮，成婚后隔天。质，正。

④赞：协助行礼的人。见(xiàn)：同"现"。舅姑：即公婆。

⑤笲(fán)：竹制的容器，盛放下文所说的"枣、栗、段脩"。

⑥段脩：即腶脩，指用佐料加以捶治的肉干。脩，干肉。

⑦赞醴妇：赞者代表舅姑向新妇进醴酒。

⑧祭：指食前祭饮食之神的礼仪。脯、醢(hǎi)：肉条和肉酱。

⑨特豚：一只煮熟的小猪。据《仪礼·士昏礼》："舅姑入于室，妇盥馈，特豚，合升，侧载，无鱼、腊，无稷，并南上。"

⑩厥(jué)明：据孙希旦《集解》，指明日，即成婚后第三天早上。

⑪飨(xiǎng)：以酒食招待人。一献之礼：饮酒之礼，见《文王世子》"凡语于郊者"节注⑩。

【译文】

成婚后第二天一早起床，新妇沐浴以等候拜见公婆。天刚亮时，赞者带领新妇去拜见公婆。新妇带着盛放枣子、栗子、干肉的竹筐拜见公婆。赞者代表公婆向新妇进醴酒，新妇用肉条、肉酱行祭食礼，用醴酒行祭食礼，完成了为人媳妇之礼。公婆回到室中，新妇进献一只煮熟的小猪，这是用以表明新妇顺从公婆的心意。第三天早上，公婆一起招待新妇，行一献之礼，新妇再次拿到公婆酬答的酒后，放在食物的左侧不再饮用，然后，公婆从西边客阶先下堂，新妇则从东边阼阶下堂，这是用以显示新妇此后将接替婆婆料理家务。

成妇礼，明妇顺，又申之以著代，所以重责妇顺焉也。妇顺者，顺于舅姑，和于室人，而后当于夫①，以成丝麻、布帛之事，以审守委积、盖藏[②]。是故妇顺备而后内和理，内和理而后家可长久也，故圣王重之。

【注释】

①当：称，配合。

②委积：财物。盖藏：储粮。

【译文】

完成为人媳妇之礼，表明媳妇顺从公婆的心意，又显示了媳妇此后将接替婆婆料理家务，这都是为了特别强调为人媳妇要顺从。所谓媳妇顺从，指顺从公婆，使家人关系和谐，而后才能称丈夫的心意，完成纺丝、制麻、织造布帛的工作，据以严格地保守住家庭的财物、粮食。所以媳妇具备了顺从的德行，而后家庭就能和谐有条理；家庭和谐有条理，而后家就可以长长久久绵延不绝，所以圣王特别重视妇顺之德。

是以古者妇人先嫁三月[①]，祖庙未毁[②]，教于公宫[③]，祖庙既毁，教于宗室[④]，教以妇德、妇言、妇容、妇功。教成，祭之，牲用鱼，芼之以蘋、藻[⑤]，所以成妇顺也。

【注释】

①先嫁三月：出嫁前三个月。此节针对与国君同姓同族的许嫁女子而言。

②祖庙未毁：据孔疏，这是指许嫁女子与国君的关系是同一高祖（由自己往上数四世祖先）的，这样，其高祖之庙则尚未迁毁。如果许嫁女子与国君高祖之上的祖先相同（关系更为疏远），则许嫁女子之高祖庙已迁毁了。

③公：指国君。

④宗室：据郑注，指宗子之家。

⑤芼(mào)：杂拌，拌和。

【译文】

所以，古代妇人在出嫁前三个月，如果高祖之庙还没迁毁，就在国君的宫室教育她；如果高祖之庙已经迁毁，就在宗子的宫室教育她。教她学习为人媳妇应具备的德行、为人媳妇应说的辞令、为人媳妇应持有的容貌举止、为人媳妇应该做的事功。教育完成后，就祭告祖先，祭牲用鱼，用蘋、藻调和羹汤，这是为了使她养成为妇顺从的品行。

古者天子后立六宫、三夫人、九嫔、二十七世妇、八十一御妻①，以听天下之内治②，以明章妇顺，故天下内和而家理。天子立六官、三公、九卿、二十七大夫、八十一元士③，以听天下之外治，以明章天下之男教，故外和而国治。故曰："天子听男教，后听女顺；天子理阳道，后治阴德；天子听外治，后听内治。教顺成俗，外内和顺，国家理治，此之谓盛德。"

【注释】

①六宫：六座寝宫。据孙希旦《集解》，自三夫人至八十一御妻皆分属六宫，以辅佐王后管理内治。

②内治：指料理家政、操持家务。

③六官：指管理国务的主要机构与负责官吏，具体所指，其说不一。或说，天官冢宰、地官司徒、春官宗伯、夏官司马、秋官司寇、冬官司空，合称"六官"。

【译文】

古代的天子，在王后下面设立六宫，置三夫人、九嫔、二十七世妇、八十一御妻，以管理天下的家政、家务，以彰显妇女顺从的德行，所以使得天下所有的家庭都能内部和谐而治理有方。天子设立六官，置三公、九卿、二十七大夫、八十一元士，以管理天下的政事、政务，以明确天下男子的政教，因此政治和睦而国家安定。所以说：“天子负责对男子教化，王后负责令女子顺从；天子治理阳刚之道，王后治理阴柔之德；天子负责王宫之外的国政、国务，王后负责王宫之内的家政、家务。男子受到良好的教化，女子养成顺从的品行，全国形成良好风俗；王宫之外和睦，王宫之内和顺，国家治理得井井有条，这就是天子与王后伟大的德行。”

是故男教不修，阳事不得，適见于天①，日为之食；妇顺不修，阴事不得，適见于天，月为之食。是故日食则天子素服而修六官之职，荡天下之阳事②；月食则后素服而修六宫之职，荡天下之阴事。故天子之与后，犹日之与月，阴之与阳，相须而后成者也③。天子修男教，父道也；后修女顺，母道也。故曰：“天子之与后，犹父之与母也。”故为天王服斩衰，服父之义也；为后服资衰④，服母之义也。

【注释】

①適（zhé）：通“谪”，责备。见（xiàn）：同“现”。

②荡：荡涤，清除。指除去污秽。

③须：待，引申有依靠的意思。

④资衰：即齐衰。“资”、“齐”古音相近，可通假。

【译文】

所以男子的教化如果不修治完善，阳刚之事就不能办好；上天所显现的谴责，就是日蚀；妇女的顺服之道如果不修治完善，阴柔之事就不能办好；上天所显现的谴责，就是月蚀。所以如果发生日蚀，天子就穿上纯白的衣服，并检讨改进六官的职事，对天下阳事中的污秽加以清除；如果发生月蚀，王后就穿上纯白的衣服，并检讨改进六宫的职事，对天下阴事中的污秽加以清除。所以天子与王后，就如同太阳与月亮，阴与阳，彼此互相依存辅佐才能成功。天子负责男子的教化，属于为父之道；王后负责教育妇女顺从，属于为母之道。所以说："天子与王后，如同父亲与母亲。"因此，为天子服丧要服斩衰，类似为父亲服丧的意义；为王后服丧要服齐衰，类似为母亲服丧的意义。

乡饮酒义第四十五

【题解】

郑玄说："名曰'乡饮酒义'者，以其记乡大夫饮宾于庠序之礼，尊贤养老之义。"

本篇阐发《仪礼·乡饮酒礼》之义。"乡"是周代的行政单位，乡之下有州、党、族、闾。乡学叫"庠"，学制三年，学成者要推荐给天子或诸侯。乡学三年业成于正月举行乡饮酒礼，乡大夫为主持人，招待乡中贤者与年高德劭者。乡大夫从学成者中选择最为贤能的一人为宾，其次者一人为介，再次者三人为众宾，与他们共饮。乡饮酒礼也在每年的十二月蜡祭排序齿位时举行，但礼节不尽相同。

乡饮酒之义：主人拜迎宾于庠门之外[①]，入三揖而后至阶，三让而后升，所以致尊让也。盥、洗、扬觯[②]，所以致絜也[③]。拜至、拜洗、拜受、拜送、拜既[④]，所以致敬也。尊让、絜、敬也者，君子之所以相接也。君子尊让则不争，絜、敬则不慢。不慢不争，则远于斗、辨矣[⑤]，不斗、辨，则无暴乱之祸矣，斯君子所以免于人祸也。故圣人制之以道。

【注释】

①主人：指乡大夫。庠：郑注："乡学也。州、党曰序。"

②扬：举。觯（zhì）：饮酒器。

③絜：通"洁"。下同。

④拜至：宾客初至升堂，主人要在阼阶上拜谢其前来。拜洗：主人为宾客洗爵，宾客要在西阶上面朝北拜谢主人。拜受：主人献酒于宾，宾受爵前先行拜礼。拜送：宾接受爵后，主人在阼阶上拜送行礼。拜既：宾客饮酒后向主人行拜礼致谢。既，尽。

⑤斗、辨：孙希旦说："斗，谓逞于力；辨，谓竞于言。"

【译文】

乡饮酒礼的含义：乡大夫在乡学庠的门外迎宾，并向宾行拜礼；主宾入门，三次行揖礼后来到堂阶前，三次谦让行礼后升堂，这是表示互相尊重和礼让。主人洗手、洗酒杯，然后端起酒杯向宾客献酒，这是要表示清洁干净。宾客初到，主人在阼阶上拜谢他的到来；主人为宾客清洗酒杯，宾客在西阶上面朝北拜主人表示感谢；主人向宾客献酒，宾客行拜礼接受献酒；宾客接受献酒端好酒杯后，主人在阼阶上拜送行礼；宾客饮酒后向主人行拜礼致谢。这些礼节都是互相致敬、表达尊敬之意。尊重谦让、洁净、致敬，君子之间的交往之礼就是这样的。君子间互相尊重谦让，就没有争斗；保持清洁干净，互相致敬、表示尊敬之意，就没有怠慢与轻视。没有怠慢轻视和争斗，也就没有暴力动粗和争辩吵闹。没有暴力动粗和争辩吵闹，就不会发生暴乱的祸患了，这就是君子为什么能避免人为的祸患的原因。所以圣人才制定了乡饮酒礼来教导人们。

乡人、士、君子[①]，尊于房户之间[②]，宾主共之也。尊有玄酒[③]，贵其质也。羞出自东房，主人共之也。洗当东荣[④]，主人之所以自絜而以事宾也。

【注释】

①乡人、士、君子：郑注："乡人，乡大夫也。士，州长、党正也。君子，谓卿、大夫、士也。"

②尊：酒樽。房户：指东房房门和室门。

③玄酒：见《曾子问》"曾子问曰：祭必有尸乎"节注⑥。

④洗：盛水器，形状类似今之洗脸盆，用来承接盥洗时下注之弃水。荣：屋翼。见《丧大记》"复，有林麓则虞人设阶"节注⑤。

【译文】

乡大夫、州长、党正和卿大夫举行乡饮酒礼时，把酒樽放在东房门和室门之间，这表示宾、主共同饮用此酒。其中一个酒樽里盛的是玄酒，这是尊重玄酒的质朴。菜肴从东房端出，这表示是主人提供的。洗正对着东边屋檐，这是主人用来自己洗手、保持清洁以敬事宾客的设置。

宾、主，象天地也。介、僎[①]，象阴阳也。三宾[②]，象三光也[③]。让之三也，象月之三日而成魄也[④]。四面之坐，象四时也。天地严凝之气，始于西南而盛于西北，此天地之尊严气也，此天地之义气也。天地温厚之气，始于东北而盛于东南，此天地之盛德气也，此天地之仁气也。主人者尊宾，故坐宾于西北，而坐介于西南以辅宾。宾者，接人以义者也，故坐于西北；主人者，接人以仁、以德厚者也，故坐于东南；而坐僎于东北，以辅主人也。仁义接，宾、主有事，俎、豆有数，曰圣；圣立而将之以敬，曰礼；礼以体长幼，曰德；德也者，得于身也[5]。故曰："古之学术道者[6]，将以得身也。是故圣人务焉。"

【注释】

①介：辅助宾客行礼的副手。僎(zūn)：通"遵"，主人特邀来参加饮酒礼的、曾经担任卿大夫的长者，辅助主人行礼。

②三宾：三位宾长。乡饮酒礼时，经乡中选拔的最优者为主宾，另选三位较年长者坐在堂上，其余来宾都站在堂下。

③三光：指星宿中的三颗大星，或说指二十八宿中的房、心、尾三宿。

④成魄：或作"生魄"、"生霸"，指自月朔后二三日起，月亮重新受明发光。旧说谓月朔后月亮重新发光时的黑暗之处为魄。

⑤"德也者"二句：郑注："谓成己令名。"孔疏："是得善行于其身，谓身之所行者得于理也。"

⑥术：郑注："犹艺也。"

【译文】

宾和主，象征天和地。辅助宾行礼的副手和主人特邀来参加礼仪的卿大夫，象征阴与阳。三位宾长，象征着三颗星辰。互相谦让三次后升堂，象征月朔三天后重新出现的光明。四面的坐席，象征四季。天地间的严肃凝重之气，开始于西南方而在西北方最强盛，这是天地间的尊严之气，是天地之间的义气。天地之间的温厚之气，开始于东北方而在东南方最强盛，这是天地间的盛德之气，是天地间的仁气。主人尊重宾客，所以请宾客坐在西北方的席位上，让介坐在西南方的席位上以辅助宾客。宾客，待人接物靠的是道义，所以坐在西北方的席位上；主人，待人接物靠的是仁德厚重，所以坐在东南的席位上；而特邀来参加礼仪的卿大夫坐在东北方的席位上，请他们来辅助主人。仁德义气互相交接，宾、主之间按照礼节行礼，俎、豆都有一定之数，这就叫圣。圣，已确立，又加之以敬，这就叫礼；用礼来体现长幼之别，这就叫德；德，就是自身有善行、自身获得美名。所以说："古时候，学习道艺之人，就是要自身有所得。因此，圣人要实行这些礼仪。"

祭荐、祭酒，敬礼也①。哜肺，尝礼也②。啐酒③，成礼也。于席末④，言是席之正，非专为饮食也，为行礼也，此所以贵礼而贱财也。卒觯，致实于西阶上⑤，言是席之上，非专为饮食也，此先礼而后财之义也。先礼而后财，则民作敬让而不争矣。

【注释】

①祭荐：祭，指食前祭。荐，指主人献上的脯醢。

②哜(jì)肺，尝礼也：孔疏："宾既祭酒之后，兴，取俎上之肺哜齿之，所以尝主人之礼也。"哜，用嘴抿一下，尝一下。

③啐(cuì)：尝，喝一小口。

④席末：孔疏："谓席西头也。"

⑤致实：喝干觯中的酒。

【译文】

宾客以肉干蘸酱，行食前祭，又取酒爵盛酒表示献祭，这是表示对主人的敬重。宾客要取俎上之肺尝一下，这是行以主人所献牲肉的尝礼。宾客又抿一小口酒，表示完成了主人的献酒之礼。宾客尝酒时，要移坐在席的西端，这表示设此席的正途并不是为了饮食，而是为了行礼，这是表示重视礼仪而轻视财富。将觯中的酒饮尽，干杯于西阶之上，也是说设此席并不是为了饮食，这也是先行礼仪而后考虑财富之义。先行礼仪而后考虑财富，人们就会兴起恭敬谦让的风气而不再会发生争斗劫夺了。

乡饮酒之礼[①]:六十者坐,五十者立侍以听政役[②],所以明尊长也。六十者三豆[③],七十者四豆,八十者五豆,九十者六豆,所以明养老也。民知尊长养老,而后乃能入孝弟[④];民入孝弟,出尊长养老,而后成教;成教而后国可安也。君子之所谓孝者,非家至而日见之也,合诸乡射[⑤],教之乡饮酒之礼,而孝弟之行立矣。孔子曰:“吾观于乡而知王道之易易也[⑥]。”

【注释】

①乡饮酒之礼:此处所说乡饮酒之礼,指“正齿位之礼”,宾、介皆为年老者。

②以听政役:孔疏:“所以立于阶下,示其听受六十以上政事役使也。”

③豆:盛菜肴的食器。

④入孝弟:孔疏:“入门而能行孝弟(悌)。”

⑤乡射:乡射礼,指进行射箭比赛的乡饮酒礼。

⑥吾观于乡而知王道之易易也:孔疏:“言我观看乡饮酒之礼,有尊贤尚齿之法,则知王者教化之道,其事甚易”;“而云‘易易’者,取其简易之义,故重言易易”。

【译文】

乡饮酒之礼:六十岁以上的坐着,五十岁以上的站着陪侍听候差遣,以此来表明对年长者的尊敬。给长者的食物,为六十岁以上的设三豆,为七十岁以上的设四豆,为八十岁以上的设五豆,为九十岁以上的设六豆,以此表示对老人的奉养。百姓知晓尊敬长者、奉养老人,然后在家中才能孝顺父母、敬事兄长;能够在家里孝顺父母、敬事兄长,才能在外尊敬长者、奉养老人,然后才能形成教化;形成教化,然后国家才能安定。君子所说的孝,并非家家户户地去宣传或每天见面训导,只要召集乡民举行乡射礼时,教导他们行乡饮酒之礼,就能使孝顺父母、敬事兄长的行为树立起来。孔子说:“我在乡间观看了乡饮酒礼后,就知道王者推行治国教化之道是很容易的事。”

主人亲速宾及介①,而众宾自从之。至于门外,主人拜宾及介,而众宾自入。贵贱之义别矣②。

【注释】

①速:郑注:“谓即家召之。”

②别:明。

【译文】

主人亲自到家中邀请正宾和正宾副手,众宾则跟从着正宾和正宾的副手前来。到乡学门外,主人向正宾和正宾副手行拜礼,众宾就直接跟从着进入。其中的尊卑贵贱的意义就明晰了。

三揖至于阶,三让,以宾升。拜至。献、酬辞让之节繁①。及介,省矣②。至于众宾,升受、坐祭、立饮,不酢而降③。隆杀之义辨矣④。

【注释】

①献:一献之礼。酬:主人第一次献酒于宾,宾回敬主人,主人饮毕后再自饮一杯,再次酌酒敬宾。凡主人先饮以劝宾之酒谓之“酬”。

②及介,省矣:据《仪礼·乡饮酒礼》,省去的礼节包括拜洗、哜肺、啐酒、告旨(赞扬主人的酒美)。

③酢:尸食毕,主人为其酌酒漱口,尸再酌酒回敬主人,称为“酢”。

④隆杀之义辨矣:郑注:“尊者礼隆,卑者礼杀,尊卑别也。”

【译文】

进门后主人与正宾互行三揖之礼来到堂阶前,又互行三让之礼,宾主才一齐升堂。升堂后,主人在阼阶上行拜至礼,拜谢正宾前来。入席后,主人酌酒献宾,宾又回敬主人,主人又酌酒自饮后再酌酒献宾,互相辞让的礼节很繁复。至于主人对正宾副手的接待礼节,就简略减少一些。至于接待众宾的礼节,只是升堂上受酒,在西阶上跪坐行祭,站立饮酒,客人饮酒后不用回敬主人即可下堂。对尊者之礼的隆重与对卑者之礼的减省的意思是清清楚楚的。

工入,升歌三终[①],主人献之。笙入三终[②],主人献之[③]。间歌三终[④],合乐三终[⑤],工告“乐备”,遂出。一人扬觯[⑥],乃立司正焉[⑦]。知其能和乐而不流也[⑧]。

【注释】

①升歌三终:孔疏:“谓升堂歌《鹿鸣》、《四牡》、《皇皇者华》,每一篇而一终也。”按,三篇皆为《诗经·小雅》篇名。

②笙入三终:孔疏:“谓吹笙之人,入于堂下,奏《南陔》、《白华》、《华黍》,每一篇而一终也。”按,三篇亦皆为《诗经·小雅》篇名,但已佚失,仅有目无诗。

③主人献之:主人像吹笙的乐工献酒。

④间歌三终:孔疏:“堂上人先歌《鱼丽》,则堂下笙《由庚》,此为一终。又堂上歌《南有嘉鱼》,则堂下笙《崇丘》,此为二终也。又堂上歌《南山有台》,则堂下笙《由仪》,此为三终也。”此三篇也都是《诗经·小雅》篇名。间,交替。

⑤合乐三终：孔疏："谓堂上下歌、瑟及笙并作也。若工歌《关雎》，则笙吹《鹊巢》合之；若工歌《葛覃》，则笙吹《采蘩》合之；若工歌《卷耳》，则笙吹《采蘋》合之。"

⑥一人：孔疏："谓主人之吏也。"

⑦司正：宴会时站在庭中纠察众人的仪容。

⑧流：失礼。

【译文】

乐工进入，先演唱《鹿鸣》、《四牡》、《皇皇者华》三首歌，演唱后主人向乐工献酒。然后吹笙的乐工进入，吹奏《南陔》、《白华》、《华黍》三首乐曲，吹奏后主人也向吹笙者献酒。然后堂上和堂下交替歌唱、吹奏，堂上唱《鱼丽》后，堂下吹奏《由庚》；堂上唱《南有嘉鱼》后，堂下吹奏《崇丘》；堂上唱《南山有台》后，堂下吹奏《由仪》；然后堂上和堂下一齐合奏，也演奏三首歌曲。然后乐工报告说"歌曲都已演奏完毕"，然后就下堂站在西阶的东侧，面朝北。主人之吏一人举杯，表示旅酬开始，设立一名司正，纠察众人的仪容。这样就知道乡饮酒礼能使百姓和乐欢洽又不失礼。

宾酬主人，主人酬介，介酬众宾，少长以齿，终于沃、洗者焉[①]。知其能弟长而无遗矣。

【注释】

①沃：浇。

【译文】

旅酬开始，正宾先自饮一杯然后酌酒献主人，主人接过酒杯饮尽后再酌酒献正宾的副手，正宾的副手饮尽后就酌酒献给众宾，要按照年龄大小依次献酒饮酒，一直献酒到为宾主浇水洗手的人为止。这样就知道乡饮酒礼能够使百姓敬顺长者而无所遗漏。

降，说屦升坐[①]。修爵无数[②]。饮酒之节，朝不废朝，莫不废夕[③]。宾出，主人拜送，节文终遂焉[④]。知其能安燕而不乱也。

【注释】

①说：通“脱”。

②修爵：即无算爵。即在旅酬后，宾、主开始不计杯数地畅饮。

③莫：同“暮”。

④终遂：郑玄说：“终遂，犹充备也。”

【译文】

撤去俎后，宾、主下堂脱掉鞋子，然后重新升堂入座。大家开始互相敬酒，不计其数地畅饮。饮酒的节度，以早上不耽误上朝、晚上不耽误家事为限度。乡饮酒礼结束，宾客辞去，主人拜送于门外，自始至终，礼节毫无差错。这样就能知道乡饮酒礼能使百姓安乐而又不出混乱。

贵贱明，隆杀辨，和乐而不流，弟长而无遗，安燕而不乱，此五行者，足以正身安国矣。彼国安而天下安，故曰：“吾观于乡，而知王道之易易也。”

【译文】

宾客的身份贵贱分明，礼节的隆重减省明辨，和乐欢洽而不失礼，敬顺长者而无所遗漏，安乐而不出混乱，做到这五条，就足以规正自身、安定国家了。国家安定后天下也就安定了，所以孔子说：“我观看了乡饮酒礼后，就知道王者的治国之道是很容易推行的。”

乡饮酒之义：立宾以象天，立主以象地，设介、僎以象日月，立三宾以象三光。古之制礼也，经之以天地，纪之以日月，参之以三光，政教之本也。

【译文】

乡饮酒礼的象征意义：设立正宾来象征上天，设立主人来象征大地，设立宾的副手、观礼的卿大夫，来象征日月，设立三位宾长来象征三颗星辰。古人在制礼时，以天地为原则，以日月为纲纪，以三大星辰为辅佐，这就是政教的根本。

亨狗于东方[①]，祖阳气之发于东方也[②]。洗之在阼[③]，其水在洗东，祖天地之左海也[④]。尊有玄酒，教民不忘本也。

【注释】

①亨：同"烹"，烹调。东方：指堂的东北角。

②祖：效法。

③洗之在阼：即上文的"洗当于东荣"。

④左：东。

【译文】

乡饮酒礼的牲肉是狗肉，在堂的东北角烹煮狗肉，这是效法阳气发源于东方。洗放在阼阶的东南，水放在洗的东边，这是效法天地的东方是海。酒樽里装有玄酒，这是教导百姓不要忘本。

宾必南乡。东方者春，春之为言蠢也，产万物者圣也。南方者夏，夏之为言假也[①]，养之、长之、假之，仁也。西方者秋，秋之为言愁也[②]，愁之以时，察守义者也[③]。北方者冬，冬之为言中也，中者藏也。是以天子之立也，左圣乡仁，右义偝藏也[④]。介必东乡，介宾主也[⑤]。主人必居东方，东方者春，春之为言蠢也，产万物者也，主人者造之，产万物者也。月者三日则成魄，三月则成时。是以礼有三让，建国必立三卿。三宾者，政教之本，礼之大参也。

【注释】

①假(gé)：大。

②愁(jiū)：通“揫”，敛。

③察：郑注：“察，或为‘杀’。”

④偝：同“背”。

⑤介宾主：这是说主人坐在堂上东侧面朝西，正宾坐在堂上北侧面朝南，介正处于主、宾之间。

【译文】

正宾在堂上一定要面朝南而坐。因为东方是春的位置，春就是万物蠢蠢欲动的意思，产生万物就是圣。南方是夏的位置，夏就是大的意思，养育万物，成长万物，壮大万物就是仁。西方是秋的位置，秋就是收敛的意思，按时节收敛，肃杀就是坚守义。北方是冬的位置，冬就是中的意思，而中就是收藏的意思。所以天子站立时，左边挨着圣人，面朝南而向着仁，右边挨着义，背朝北而依着藏。介一定面朝东而坐，因为他处在宾、主之间。主人一定要坐在东方，因为东方是春的位置，而春是蠢动欲生的意思，是生长万物的，而主人正是提供一切饮食的。月朔后的三天，月亮出现魄，三个月就成为一季。所以有宾、主互相谦让的三次之礼，建国有三个卿位。乡饮酒礼设立三位宾长，这些就是政教的根本，也是制定礼仪的依据。

射义第四十六

【题解】

郑玄说："名曰'射义'者，以其记燕射、大射之礼，观德行取于士之义。"

古代射礼有五：一曰乡射，谓州长招集民众习礼于州序之射；二曰大射，谓诸侯与其臣在国学习礼之射；三曰燕射，谓君宴其臣，一献之后举行之射；四曰宾射，谓天子、诸侯宴飨来朝之宾，因与之射；五曰泽宫之射，谓天子祭前选择助祭之士之射。本篇主要发明《仪礼》中《乡射礼》和《大射仪》二篇之义，阐述了射之乐章的上下等级差别，天子、诸侯选士与祭之法，君臣、父子正鹄之义，以及饮酒养病之事等。

古者诸侯之射也，必先行燕礼①；卿、大夫、士之射也，必先行乡饮酒之礼。故燕礼者，所以明君臣之义也；乡饮酒之礼者，所以明长幼之序也。故射者，进退周还必中礼②。内志正，外体直，然后持弓矢审固，持弓矢审固，然后可以言中。此可以观德行矣。

【注释】

①燕礼：古代贵族在闲暇之时，为慰劳下属而举办的宴饮的礼仪。

燕，通“宴”。

②周还（xuán）：周旋。中（zhòng）：符合。

【译文】

古代诸侯举行大射礼前，一定要先举行燕礼；卿、大夫、士举行射礼前，一定要先举行乡饮酒礼。所以燕礼，是用来明确君臣之义的；乡饮酒礼，是用来明确长幼之序的。所以射箭的人，他的进退转身都一定要符合礼节的规定。内心端正，外表挺直，然后手持弓箭就能稳定牢固，手持弓箭稳定牢固，然后才可以谈得上射中。所以说一个人外部的举止就能看得出内在的德行。

其节：天子以《驺虞》为节，诸侯以《狸首》为节，卿大夫以《采蘋》为节，士以《采蘩》为节①。《驺虞》者，乐官备也；《狸首》者，乐会时也；《采蘋》者，乐循法也；《采蘩》者，乐不失职也。是故天子以备官为节，诸侯以时会天子为节，卿大夫以循法为节，士以不失职为节。故明乎其节之志，以不失其事，则功成而德行立。德行立则无暴乱之祸矣，功成则国安。故曰：“射者，所以观盛德也。”

【注释】

①“天子以《驺虞》为节”四句：《驺虞》、《采蘋》、《采蘩》都是《诗经·召南》篇名，《狸首》则为逸《诗》篇名。

【译文】

射箭时的音乐伴奏节拍：天子以《驺虞》为节拍，诸侯以《狸首》为节拍，卿大夫以《采蘋》为节拍，士以《采蘩》为节拍。《驺虞》这首诗歌，是赞美百官齐备的；《狸首》这首诗歌，是赞美诸侯按时朝见天子的；《采蘋》这首诗歌，是赞美卿、大夫遵循法度的；《采蘩》这首诗歌，是赞美士不失职守的。所以天子以赞美百官齐备的音乐为节拍，诸侯以赞美按时朝会天子的音乐为节拍，卿、大夫以赞美遵循法度的音乐为节拍，士以赞美不失职守的音乐为节拍。所以，显明了各自伴奏音乐节拍的志趣，而不失各自的职事，这样就能成就功业而树立德行。德行树立了就没有暴动作乱的祸患了，功业成就了国家就安定了。所以说："通过射礼，可以观察至为伟大的德行。"

是故古者天子以射选诸侯、卿、大夫、士①。射者，男子之事也②，因而饰之以礼乐也。故事之尽礼乐，而可数为以立德行者，莫若射，故圣王务焉。

【注释】

①"是故"句：孔疏，这是指天子通过射礼考察诸侯以下人员的德行及才艺的高下，并非直接加以拔擢任用。或说这是天子通过射礼考察诸侯以下人员德行，选拔参与祭祀的人员。

②射者，男子之事也：《内则》云："子生，男子设弧于门左。"家中生了男孩子，就在大门左侧悬挂弓，所以说射是男子之事。

【译文】

所以古时的天子通过射箭礼仪来选拔诸侯、卿、大夫和士。射箭，是男子与生俱来的事，所以才用礼乐来修饰它。所以在所有事情中，尽情地用礼乐加以修饰，而且可以多次反复地进行，并能够兴树立德行的，没有比射箭更好的了，所以圣王重视并致力于这项礼仪。

是故古者天子之制：诸侯岁献、贡士于天子①，天子试之于射宫。其容体比于礼，其节比于乐，而中多者，得与于祭；其容体不比于礼，其节不比于乐，而中少者，不得与于祭。

数与于祭而君有庆，数不与于祭而君有让；数有庆而益地，数有让而削地。故曰："射者，射为诸侯也。"是以诸侯君臣尽志于射以习礼乐。夫君臣习礼乐而以流亡者，未之有也。

【注释】

①岁献：郑注："献国事之书及计偕物也。"诸侯每年向天子提交国事及财政收支情况的报告，并呈献贡物。贡士：郑注："三岁而贡士。旧说云：大国三人，次国二人，小国一人。"

【译文】

所以古时天子规定这样的制度：诸侯每年要向天子贡献方物、推荐士，天子在射宫里考核他们。如果仪容体态合乎礼节，动作节奏合乎音乐，射中的又多，那就能参加天子的祭祀；如果仪容体态不合乎礼节，动作节奏不合乎音乐，射中的又少，就不能参加天子的祭祀。士参加天子的祭祀次数多，天子就奖励推荐的诸侯；士参加天子的祭祀次数少，天子就责备推荐的诸侯；多次奖励就增加诸侯的封地，多次责备就削减诸侯的封地。所以说："射礼，举行射箭的礼仪是为了诸侯。"所以诸侯君臣都用心于射礼，学习射礼的礼仪和音乐。因此，诸侯君臣用心学习射礼的礼仪和音乐而封国被灭、君臣流亡的，从未有过。

故《诗》曰："曾孙侯氏，四正具举。大夫君子，凡以庶士，小大莫处，御于君所。以燕以射，则燕则誉。"[①]言君臣相与尽志于射以习礼乐，则安则誉也。是以天子制之，而诸侯务焉。此天子之所以养诸侯而兵不用，诸侯自为正之具也。

【注释】

①"故《诗》曰"以下八句：逸《诗》诗句。孔疏是《狸首》的内容，后世

学者有异议。侯氏，诸侯。郑注："四正，正爵四行也。四行者，献宾、献公、献卿、献大夫，乃后乐作而射。"小大莫处，指小官、大官凡是有职务的没有不来到的。御，侍。

【译文】

所以《诗》上说："天子后裔各家诸侯燕礼饮酒，正爵献酒四轮过后举行射礼。大夫、君子及众士、庶士，无论小官大官、凡是有职务的无不参与，都到国君之处去服侍。既燕饮又射箭，安享欢乐又有好声誉。"这就是说，诸侯君臣同心协力都致力于射礼，并学习射礼的礼仪和音乐，就又能安乐又有声誉。所以天子制定了射礼礼仪，而诸侯致力于射礼。这就是天子之所以蓄养着诸侯而不需要动用武力去挟制诸侯，而诸侯也可以规范修正自己的方法。

孔子射于矍相之圃①，盖观者如堵墙。射至于司马②，使子路执弓矢出延射③，曰："贲军之将④，亡国之大夫，与为人后者⑤，不入，其余皆入。"盖去者半，入者半。又使公罔之裘、序点扬觯而语⑥。公罔之裘扬觯而语曰："幼、壮孝弟⑦，耆、耋好礼⑧，不从流俗，修身以俟死，者不⑨？在此位也。"盖去者半，处者半。序点又扬觯而语曰："好学不倦，好礼不变，旄、期称道不乱⑩，者不？在此位也。"盖廑有存者⑪。

【注释】

①矍(jué)相：古地名。圃：种植蔬菜瓜果的园地。

②射至于司马：孔疏："欲射之前，先行乡饮酒之礼，献宾及介，献众宾之后，未旅之前，作相为司正。至于将射，转司正为司马。"司正负责纠察饮酒者的仪容，司马负责主持射礼各项活动。

③子路：孔子的弟子。见《檀弓上》"孔子哭子路于中庭"节注①。

延:进。

④贲(fèn):郑注:"读为'偾'。偾,犹覆败也。"

⑤与为人后者:指通过干求等手段成为别人的后人的人,如庶子夺取嫡位等。

⑥公罔之裘:公罔裘,人名。姓公罔,名裘。孔子的学生。之,语助词。序点:人名。姓序,名点。孔子的学生。

⑦幼、壮:二十曰"幼",三十曰"壮"。

⑧耆(qí)、耋(dié):六十曰"耆",七十曰"耋"。

⑨者不:郑注:"言有此行不,可以在此宾位也。"不,同"否"。下同。《训纂》引王念孙说,此句应在"者"下断句,"不"字从下读,为发语词,"不在此位"即"在此位"。亦可备一说。

⑩旄:通"耄"(mào),八十、九十曰"耄"。期:即"期颐",百岁老人。

⑪廭:通"仅"。

【译文】

孔子在矍相的菜园里演习射礼,围观的人多到如一堵墙。饮酒后主持乡饮酒礼的司正变为司马,孔子让子路手持弓箭进到观礼者中邀请射箭的人,说:"败军之将,亡国的大夫,通过干求做他人后嗣的,不得进入,其余的人都可以进入参加射礼。"于是约有一半的人离去了,另一半的人入场。准备旅酬时,孔子又让公罔裘和序点举起酒杯对观礼者说:"二、三十岁时孝顺父母、敬顺兄长,六、七十岁时还喜好礼仪,不流于俗,修身至死,这样的人有吗?有的话就留在原位。"这样又约有一半的人离开了,剩下一半的人留在原位。序点又举杯对观礼者说:"爱好学习而不厌倦,爱好礼仪而不改变,八、九十直到百岁始终遵循道义而不乱,这样的人有吗?有就请留在原位。"结果留下的仅有几个人了。

射之为言者绎也[①],或曰舍也[②]。绎者,各绎己之志也。故心平体正,持弓矢审固,持弓矢审固则射中矣。故曰:"为人父者以为父鹄[3]，为人子者以为子鹄，为人君者以为君鹄，为人臣者以为臣鹄。"故射者各射己之鹄。故天子之大射谓之"射侯"，射侯者，射为诸侯也。射中则得为诸侯，射不中则不得为诸侯。

【注释】

①绎：孔疏："陈也，言陈己之志。"

②舍：孔疏："中也，谓心平体正，'持弓矢审固'，则能中也。"

③为人父者以为父鹄（gǔ）：孔疏："谓升射之时，既身为人父，则念之云'所射之鹄是为人父之鹄，中则任为人父，不中则不任为人父'。故为人之父者，以为父鹄。下放（仿）此。"鹄，箭靶。

【译文】

射就是"绎"的意思，或者说是"舍"的意思。绎，就是陈述自己的志向。所以在射箭时心气平和，把持弓箭就稳定牢固，把持弓箭稳定牢固，就能射中目标。所以说："做父亲的就要把靶子当作做好父亲的目标，做儿子的就要把靶子当作做好儿子的目标，做国君的就要把靶子当作做好国君的目标，做臣子的就要把靶子当作做好臣子的目标。"所以，每个人所要射的靶子都是自己应达到的目标。所以天子的大射叫"射侯"。射侯，就是以射礼检验诸侯能否做诸侯。射中就可以为诸侯，射不中就不能为诸侯。

天子将祭，必先习射于泽[1]。泽者，所以择士也。已射于泽，而后射于射宫，射中者得与于祭，不中者不得与于祭。不得与于祭者有让，削以地；得与于祭者有庆，益以地。进爵、绌地是也[2]。

故男子生，桑弧，蓬矢六，以射天地四方[3]。天地四方者，男子之所有事也。故必先有志于其所有事，然后敢用谷也，饭食之谓也。

【注释】

①泽：宫名。孔疏："泽所在无文，盖于宽闲之处，近水泽而为之也。"

②绌：通"黜"。

③"故男子生"三句：见《内则》"国君世子生"节。

【译文】

天子将要举行祭祀，一定要先在泽宫中演习射箭。泽，就是选择，用以选择参与祭祀的人士。已在泽宫习射，而后就去射宫射箭，射中的诸侯可以参加天子的祭祀典礼，没射中的诸侯就不能参加祭祀典礼。不能参加祭祀典礼的诸侯会受到责罚，削减封地；可以参加祭祀典礼的诸侯会受到褒奖，增加封地。进爵，或削地，说的就是这个意思。

因此，男孩出生了，就要让射人用桑木做的弓和六支蓬草茎制的箭，射向天地四方。天地四方，是男子的事业所在的地方。所以一定要先立志于事业所在的地方，然后才敢让他享用谷物，就是说这才敢让他吃饭食。

射者，仁之道也。射求正诸己，己正而后发，发而不中则不怨胜己者，反求诸己而已矣。孔子曰："君子无所争，必也射乎！揖让而升，下而饮，其争也君子。"①

【注释】

①"孔子曰"以下五句：出自《论语·八佾》，个别字略有不同。必也射乎，郑注："言君子至于射则有争。"

【译文】

射箭这件事，包含了仁的道理。射箭，首先要端正自身，自身端正后才把箭发射出去，射出后没有射中，不抱怨胜过自己的人，而要反过来对自己加以检讨。孔子说："君子之间没有什么可以争的，至于射箭的时候就一定会有争了！比赛双方互相揖让升堂，射完后再互相揖让下堂饮酒，即使是争也是君子之争。"

孔子曰："射者何以射？何以听？循声而发，发而不失正鹄者，其唯贤者乎！若夫不肖之人，则彼将安能以中？"《诗》云："发彼有的，以祈尔爵。"[①] 祈，求也，求中以辞爵也。酒者，所以养老也，所以养病也，求中以辞爵者，辞养也。

【注释】

①"《诗》曰"以下二句：出自《诗经·小雅·宾之初筵》。尔，你。

【译文】

孔子说："射箭的人怎样射箭？又怎样听着音乐和射箭相配合？循着音乐的节奏发射出箭矢，发射箭矢而能不失靶子的，那只有贤者吧！如果是不肖之人，他怎么能射中靶子呢？"《诗》上说："射出箭矢而射中目标，祈求保佑不喝罚酒。"祈，就是求的意思，祈求箭矢射中目标以免喝罚酒。酒，是用来养老的，是用来养病的，祈求箭矢射中目标而免于喝酒，就是辞却他人的奉养。

燕义第四十七

【题解】

郑玄说："名曰'燕义'者，以其记君臣燕饮之礼、上下相尊之义。"

燕礼是古代贵族于闲暇之时为慰劳下属而举行的宴饮活动。燕礼的仪节较为简单，以饮酒为主，只求尽宾、主之欢。燕礼有多种，包括天子燕饮来朝诸侯，诸侯燕饮他国来聘之臣，诸侯自燕饮其臣等等。本篇主要记载诸侯宴请臣下之礼。《仪礼》中有《燕礼》一篇，本篇即为阐释其义。

古者周天子之官有庶子官①。庶子官职诸侯、卿、大夫、士之庶子之卒②，掌其戒令与其教治③，别其等，正其位。国有大事，则率国子而致于大子④，唯所用之；若有甲兵之事，则授之以车甲，合其卒伍，置其有司，以军法治之，司马弗正⑤。凡国之政事⑥，国子存游卒⑦，使之修德学道，春合诸学，秋合诸射，以考其艺而进退之⑧。

【注释】

①庶子：郑注："犹诸子也。《周礼》诸子之官，司马之属也。"按，"庶

子"为周代司马的属官,掌诸侯、卿大夫之庶子的教养等职事。本段是《周礼·夏官·诸子》的职文,朱熹、王夫之认为当置于本篇之末。孙希旦认为:"此《诸子》职之文,与《燕礼》本无所当,盖后人因篇末有献庶子之事,误以即庶子之官,遂引此冠于篇首耳。"

②庶子:诸子。卒(cuì):通"倅"。郑注:"诸子副代父者也。"即为父之副手。

③掌其戒令:孔疏:"此等众子须有戒法政令,而庶子官掌之。"教治:指教育与治身。

④国子:即上文的"诸侯、卿、大夫、士之庶子"。大:同"太"。

⑤司马:指管理国家军政事务的官员。正:通"征",征调。

⑥国之政事:《集说》:"是国之寻常小事,谓力役、土功、胥徒之属,不与于国子,唯民庶所为。"

⑦国子存游卒:孔疏:"未仕者之中,不于其事也。"指王公子弟无公职、可自由行动者。

⑧以考其艺而进退之:孔疏:"是庶子之官,考校其艺之高下,而进退其能否,能者进之,否者退之。"

【译文】

古时候周天子所设置的官职中有庶子官。庶子官负责管理诸侯、卿、大夫、士之诸子,为其父之副手,执掌管理他们的戒法政令、教育和治身,辨别他们的等级,规正他们的朝位。国家有祭祀一类大事,就率领他们到太子那里,由太子使用;如果有打仗的事,就发给他们兵车和甲胄,编成队伍,设立官员,按照军法治理,司马不征用他们。凡是国家要服劳役、土木工程等平常政事,这些贵族子弟中无公职的人都不参与,而安排他们修养品德,学习道艺。春天把他们聚合在学校中学习,秋天把他们聚合在射宫里习射,考核他们的技艺,以其能力的高下决定他们晋升或黜退。

诸侯燕礼之义：君立阼阶之东南，南乡[①]，尔卿大夫[②]，皆少进，定位也。君席阼阶之上，居主位也。君独升立席上，西面特立，莫敢適之义也[③]。

【注释】

①乡：通"向"。

②尔：通"迩"。据《燕礼》郑注："揖而移之，近之也。"即君揖卿大夫，让他们靠近。

③莫敢適：孔疏："言臣下莫敢与君敌匹而为礼。"適，同"敌"。

【译文】

诸侯举行燕礼的意义：国君站在阼阶的东南方，面朝南，向卿作揖让卿大夫近前，卿大夫都稍前进，站定在自己的位置上。国君的席位设在阼阶之上，表示国君处在主位。国君单独升堂站立在席上，面朝西方独自站立，这表示臣下没人敢与君匹敌为礼的意思。

设宾、主，饮酒之礼也。使宰夫为献主[①]，臣莫敢与君亢礼也[②]。不以公卿为宾，而以大夫为宾[③]，为疑也[④]，明嫌之义也。宾入中庭，君降一等而揖之，礼之也。

【注释】

①宰夫：郑注："主膳食之官也。"为太宰属官。进行燕礼时，因国君尊贵，宾客不敢与之抗礼，因此由宰夫代替国君为主人。

②亢：同"抗"。

③以大夫为宾：此宾非正宾或众宾，而是为了饮酒礼仪的需要由国君从大夫中指定设置的。

④疑：孔疏："拟也。"据旧注，公卿为朝臣之尊，如以公卿为宾，则有

比拟于君、与君抗礼的嫌疑,因此要以地位较低的大夫为宾。

【译文】

设置宾、主,这是饮酒礼的礼数。让宰夫代国君作为主人向宾客献酒,这是表示臣下不敢与国君对等行礼。饮酒仪式中不由公卿担任宾,而由国君指定一位大夫为宾,因为公卿地位尊贵,若由他担任宾,像是要比拟于国君、与国君抗礼,所以要明确地避开嫌疑。宾进入中庭,国君要降一级台阶作揖请他登阶上堂,这是以礼待宾。

君举旅于宾[①],及君所赐爵,皆降,再拜稽首[②],升成拜[③],明臣礼也。君答拜之,礼无不答,明君上之礼也。臣下竭力尽能以立功于国,君必报之以爵禄,故臣下皆务竭力尽能以立功,是以国安而君宁。礼无不答,言上之不虚取于下也。上必明正道以道民[④],民道之而有功,然后取其什一,故上用足而下不匮也。是以上下和亲,而不相怨也。和宁,礼之用也。此君臣上下之大义也。故曰:"燕礼者,所以明君臣之义也。"

【注释】

①举旅于宾:孔疏:"举旅酬之酒以酬宾。"燕礼之旅酬,由国君为宾、为卿、为大夫、为士一一举旅酬之酒。据《燕礼》,举旅时,小臣作下大夫二人之媵觯于公,公取一觯饮,然后取大夫之媵觯以酬宾,宾饮酒。而后再与众依次相酬。

②再拜稽(qǐ)首:再拜,拜了两次。稽首,古代的一种跪拜礼,为"九拜"之一。详《曲礼下》"大夫、士见于国君"节注④。

③升成拜:据《燕礼》,臣下接受君的赐酒后,臣下在堂下行再拜稽首之礼即可,但国君派小臣表示辞谢,因此臣子又升堂再行拜

礼，就叫“升成拜”。

④道(dǎo)民：即“导民”。

【译文】

当燕礼举行旅酬仪式时，国君举杯向宾旅酬劝酒，以及国君向臣子赐酒，宾与受赐的臣子都要下堂向国君两拜磕头；国君表示辞谢，宾就升堂两次磕头，完成拜礼，这是表明为臣之礼。国君再答拜，礼没有只受不答的，这是表明君上之礼。臣下竭尽全力、竭尽所能为国立功，国君一定要以爵位俸禄作为回报，因此臣下就都会竭尽全力、竭尽所能去立功，这样就能国家安定、国君安宁。礼没有只受不答的，就是说君上也不能搞虚的，只从臣下取得而不予以回报。君上必须彰显申明正道以引导百姓，百姓跟随引导而成功有效益，然后国家抽取十分之一的赋税，这样君上财用充足，臣下百姓也不匮乏。所以上下和睦亲近而不会相互怨恨。和睦安宁，就是礼的作用。这就是君臣上下的大义。所以说：“燕礼，是用来彰显申明君臣之义的。”

席：小卿次上卿[①]，大夫次小卿，士、庶子以次就位于下。献君，君举旅行酬，而后献卿；卿举旅行酬，而后献大夫；大夫举旅行酬，而后献士；士举旅行酬，而后献庶子。俎、豆、牲体、荐、羞[②]，皆有等差，所以明贵贱也。

【注释】

①小卿次上卿：孙希旦说：“上卿，谓三卿也。小卿，大夫之上，若司徒下之小司徒，司马下之小司马也。”此处译文据《燕礼》补充部分内容。

②荐：脯醢。羞：菜肴。

【译文】

燕礼的席位：宾坐在户牖之间，上卿坐在宾席的东侧，小卿坐在宾席的西侧，次于上卿；大夫坐在小卿的西侧，次于小卿；士与庶子依次在堂下站立。饮酒时，宰夫先向国君献酒，国君饮酒之后，举杯向众宾举旅酬酒劝饮，然后，宰夫又向卿献酒；卿饮酒之后，举杯向众宾举旅酬酒劝饮；然后，宰夫又向大夫献酒；大夫饮酒之后，举杯向众宾举旅酬酒劝饮；然后，宰夫又向士献酒；士饮酒之后，举杯向众宾举旅酬酒劝饮，最后，宰夫向庶子献酒。席前所陈设的俎、豆以及牲体、肉条、肉酱各种菜肴都按着不同等级有所差别，这是用以表明贵贱等级差别的。

聘义第四十八

【题解】

郑玄《礼记目录》云："名曰'聘义'者，以其记诸侯之国交相聘问之礼，重礼轻财之义也。"

本篇释《仪礼·聘礼》之义。聘，就是访问的意思。古时天子与诸侯、诸侯之间如果久无会盟，就要互派使者联络感情。本篇所记为诸侯之间互派使者聘问。如果派出使者的身份高，就叫"大聘"；如果派出的使者身份低，就叫"小聘"。

聘礼：上公七介①，侯、伯五介，子、男三介，所以明贵贱也。介绍而传命②，君子于其所尊弗敢质，敬之至也。三让而后传命③，三让而后入庙门，三揖而后至阶，三让而后升，所以致尊让也。

【注释】

①上公：周制，三公八命，出封时，加一命为"上公"。《周礼·春官·典命》："上公九命为伯，其国家、宫室、车旗、衣服、礼仪，皆以'九'为节。"介：使者的副手与随从。

②介绍而传命：指众介依次排列，相继而立，聘国之介和主国之介传递各自君主之命。绍，继。

③三让而后传命：孔疏："谓宾在大门外，见主人陈摈，以大客之礼待己，己不敢当，三度辞让，主人不许，乃后传聘君之命。"

【译文】

聘礼：上公派卿任出聘之使，随从的介七名；侯、伯派卿任出聘之使，随从的介五名；子、男派卿任出聘之使，随从的介三名，这是用以表明等级的贵贱。宾、主将随从的介依次排列，相继传话，表示君子对于他所尊敬的人不敢直接对话，这是表示至高的恭敬。出聘之使的来宾见到主人方面大礼迎接，辞让三次，而后传达上国君的问候和自己的使命；来宾传命后，主人请来宾进入庙中，来宾谦让三次，而后方进入庙门；来宾进入庙门后，三次作揖行礼到达阶前；主人邀来宾登阶，相互谦让三次，主人带着来宾一起升阶登堂。这些都是宾、主之间表示相互的尊敬与谦让。

君使士迎于竟[①]，大夫郊劳，君亲拜迎于大门之内而庙受。北面拜贶[②]，拜君命之辱。所以致敬也。敬让也者，君子之所以相接也。故诸侯相接以敬让，则不相侵陵。

【注释】

①竟：通"境"。

②北面拜贶（kuàng）：孔疏："君于阼阶之上，北面再拜，拜聘君之贶。"贶，郑注："赐也。"指赐赠礼物。

【译文】

主国国君要先派士到国境迎接来聘的使者，又派大夫到郊外慰劳，国君亲自在王宫大门拜迎，然后在庙中接受来聘使者的聘问。国君在阼阶上面朝北拜谢来聘使者赠送的礼物，拜谢来聘国的国君屈辱地遣使前来聘问的盛情。这些都是主国国君对来聘使者、来聘国的国君表达的敬意。尊敬谦让，是君子交往的方式。所以诸侯间交往尊敬谦让，就不会互相欺凌侵犯了。

卿为上摈，大夫为承摈，士为绍摈①。君亲礼宾。宾私面私觌②，致饔饩③，还圭、璋④，贿赠⑤，飨、食、燕。所以明宾客君臣之义也。

【注释】

①"卿为上摈(bìn)"三句：摈，通"傧"，负责接待来宾、上传下达及司掌礼仪的人。据《聘礼》注："主君，公也，则摈者五人；侯、伯也，则摈者四人；子、男也，则摈者三人。"上傧、承傧、绍傧都是主国国君的迎宾者。承、绍，继。

②私面私觌(dí)：孔疏："私面，私以己礼面见主国之卿大夫也。私觌，私以己礼觌主国之君。以其非公聘正礼，故谓之'私'。"即以私人名义与礼节拜访主国的卿大夫与国君。

③饔(yōng)饩(xì)：指主国送给来聘使者的饔饩的牢数。"饔"是已杀之牲，"饩"是未杀之牲。

④还圭、璋：孔疏："谓宾将去时，君使卿就宾馆，还其所聘之圭、璋。"使者聘问国君时用圭作见面礼，聘问夫人时用璋作见面礼。来聘使者离去时，主国国君要派人送还。

⑤贿赠：孔疏："贿赠者，因其还玉之时，主人之卿并以贿而往还玉，既毕，以贿赠之，故《聘礼》'还圭璋毕，大夫贿用束纺'是也。"指来聘使者临行前，主国国君以一束细绢奉赠。

【译文】

主国接待来聘之宾，由卿为上傧，大夫为承傧，士为绍傧。主国国君亲自执醴酒酬献来宾。正式的聘问礼之后，来聘之宾私下里以个人名义与礼节拜访主国卿大夫，以个人名义与礼节晋见主国国君，期间，主国国君将饔饩送到来聘之宾的馆舍，来聘之宾离去前，主国国君要派人退还来聘之宾见面时奉献的圭、璋，同时还要赠送一束细绢。访问期间，主国国君要举行飨礼、食礼、燕礼来招待来聘之宾。这都是用以表明来聘的宾客与主国君臣之间的礼数。

故天子制诸侯，比年小聘，三年大聘，相厉以礼①。使者聘而误，主君弗亲飨、食也②，所以愧厉之也。诸侯相厉以礼，则外不相侵，内不相陵。此天子之所以养诸侯，兵不用而诸侯自为正之具也。

【注释】

①厉：通“励”，勉励，激励。

②主君弗亲飨、食：孔疏：“谓来聘使者行聘之时，礼有错误，则主国之君不亲自飨、食以接宾，所以使宾耻愧，自勉劝厉。”主国国君在使者来聘期间要举行两次飨礼和一次食礼招待。如果使者礼仪上发生错误，那么主国国君就不亲自设飨礼、食礼招待来宾，而将准备飨、食礼用的牲畜送到使者住宿的馆舍去。

【译文】

所以天子为诸侯制定礼仪的规则，诸侯间每年派大夫进行小聘问，每三年派卿进行大聘问，以礼仪来互相勉励。如果聘问时使者在礼节上有失误，主国国君就不亲自为来聘的使者举行飨礼和食礼，以此让他感到惭愧羞耻，以此激励他。如果诸侯之间能够以礼仪来互相勉励，那么对外就不会互相侵犯，对内就不会互相欺凌。这就是天子用以管理诸侯，不需要动用武力就能使诸侯自己规范自己、自己纠正自己的工具。

以圭、璋聘，重礼也。已聘而还圭、璋，此轻财而重礼之义也。诸侯相厉以轻财重礼，则民作让矣。

【译文】

用圭、璋作为聘问使者的礼物，这是重视聘礼的表现。聘问的使者归国前，主国又将圭、璋还给聘问的使者，这是轻视财物而重视礼仪的用意。如果诸侯都能以轻财重礼来互相勉励，那么他们的百姓就会兴起谦让的风气。

主国待客，出入三积[①]。饩客于舍[②]，五牢之具陈于内[③]，米三十车，禾三十车，刍、薪倍禾，皆陈于外。乘禽日五双[④]，群介皆有饩牢，壹食，再飨，燕与时赐无数。所以厚重礼也。古之用财者不能均如此，然而用财如此其厚者，言尽之于礼也。尽之于礼，则内君臣不相陵，而外不相侵，故天子制之而诸侯务焉尔。

【注释】

①出入三积：孔疏："谓入三积，出亦三积。"孙希旦说，"积"谓刍、米之属，所以供宾道路之需者。

②饩：孔疏："案《聘礼》致客有饔有饩，今直云'饩客'者，略言之。"

③五牢：据孔疏，"五牢"是饪（煮熟的牲肉）一牢、生肉二牢、饩二牢。

④乘（shèng）禽：孔疏："乘行群匹之禽，雁鹜之属。"即成行成双飞行的禽类。

【译文】

主国招待来访的客人，到来和离开时都要馈送粮草三次。客人住进宾馆之后，主国国君派人将饔饩五牢送到宾馆，都陈放在宾馆门内；还有三十车米，三十车禾，六十车柴草，都陈放在宾馆门外。每天还要馈赠雁一类的飞禽五双，来聘使者的随从都要致送饔饩，主国国君还要为客人举行一次食礼，两次飨礼，而燕礼和当令物品的赏赐都没有固定的数目。这些都是表示对礼的高度重视。古人用财并不能都这样，然而在这件事上使用财物如此丰厚，是为了表示尽心于礼仪。能够尽心于礼仪，那么对内君臣就不会互相欺凌，对外国家就不会互相侵略，所以天子制定聘礼，而诸侯都努力施行。

聘、射之礼，至大礼也①。质明而始行事②，日几中而后礼成③，非强有力者弗能行也，故强有力者将以行礼也。酒清人渴而不敢饮也④，肉干人饥而不敢食也，日莫人倦⑤，齐庄、正齐而不敢解惰⑥。以成礼节，以正君臣，以亲父子，以和长幼。此众人之所难，而君子行之，故谓之有行。有行之谓有义，有义之谓勇敢。故所贵于勇敢者，贵其能以立义也；所贵于立义者，贵其有行也；所贵于有行者，贵其行礼也。故所贵于勇敢者，贵其敢行礼义也。故勇敢强有力者，天下无事则用之于礼义，天下有事则用之于战胜。用之于战胜则无敌，用之于礼义则顺治。外无敌，内顺治，此之谓盛德。故圣王之贵勇敢、强有力如此也。勇敢、强有力而不用之于礼义、战胜，而用之于争斗，则谓之乱人。刑罚行于国，所诛者乱人也。如此，则民顺治而国安也。

【注释】

①至大礼也：孔疏："至极繁大之礼。"

②质明:天刚亮。质,正。

③几:近。

④酒清人渴而不敢饮也:孔疏:"此谓射礼也。言欲射之时,先行燕礼,唯以礼献酬,不敢恣意醉饱,但行礼而已。"

⑤莫:同"暮"。

⑥齐庄:斋庄,肃穆,端正。正齐:整齐。解:通"懈"。

【译文】

聘礼、射礼,是最重大的礼。天刚亮就开始举行礼仪仪式,到接近中午礼仪仪式才完成,不是强有力的人就不能参与仪式。所以只有强有力的人才能参与礼仪仪式。仪式中,酒已滤清,但人们即使渴了也不敢喝;肉放干了,但人们即使饿了也不敢吃。日已暮,人已倦,但人们仍然神态端庄,行止整齐,不敢松懈怠惰。这样完成了各项礼节,使君臣关系正确,使父子关系亲爱,使长幼关系和睦。这是一般人难以办到的,而只有君子能办得到,所以说君子有德行。有德行就叫做有义,有义就叫做勇敢。所以勇敢者之所以可贵,就可贵在于他能够树立道义;树立道义之所以可贵,就可贵在于他有德行;有德行之所以可贵,就可贵在于他能够遵行礼仪。所以人们认为勇敢可贵,就可贵在于他敢于实行礼义。所以勇敢的、强有力的人,天下太平无事之时,就用以倡导实行礼义;天下有事之时,就用于战胜敌人。用于战胜敌人就能做到无敌天下,用于倡导实行礼义上就能使天下顺顺畅畅地得到治理。对外天下无敌,对内天下顺顺畅畅地得到治理,这就叫做盛德。所以圣王对勇敢的、强有力的人最为重视。勇敢的、强有力的人,如果不用到倡导实行礼义和战胜敌人上,而用到争强斗胜上,那就叫做乱人。国家执行的刑罚,要处罚诛杀的就是乱人。这样做,百姓就会顺顺畅畅地得到治理而国家就能安定了。

子贡问于孔子曰:"敢问君子贵玉而贱碈者何也[①]?为

玉之寡而碈之多与?”孔子曰:“非为碈之多故贱之也,玉之寡故贵之也。夫昔者君子比德于玉焉:温润而泽,仁也;缜密以栗,知也[2];廉而不刿,义也[3];垂之如队,礼也[4];叩之,其声清越以长,其终诎然,乐也[5];瑕不揜瑜、瑜不揜瑕,忠也[6];孚尹旁达,信也[7];气如白虹[8],天也;精神见于山川,地也。圭、璋特达,德也[9];天下莫不贵者,道也。《诗》云:‘言念君子,温其如玉。’[10]故君子贵之也。”

【注释】

①碈:同“珉”,似玉的石头。字或作“碅”。

②缜密以栗,知也:孔疏:“栗,谓坚刚。”《训纂》引王引之曰:“谨案坚刚非知也,栗者,秩然有条理之貌。《说文》:‘瑮,玉英华罗列秩秩。’‘瑮’与‘栗’同。”

③廉而不刿(guì),义也:孔疏:“言玉体虽有廉棱,而不伤割于物,人有义者,亦有断割而不伤物。”廉,棱角。刿,伤。

④垂之如队,礼也:孔疏:“言玉体垂之而下坠,人有礼者亦谦恭而卑下。”队,同“坠”。

⑤“其声”三句:孔疏:“言玉体以物叩击,其声清泠发越以长远而闻,其击之终,音声则诎然而止,不如钟声击罢犹有余音也。其为乐之法,初作声而发扬,乐罢则止如槁木,言玉体亦然。”诎然,郑注:“绝止貌也。”

⑥“瑕不揜瑜”二句:孔疏:“言玉之病处不揜映美处,玉之美处不揜映病处,皆以忠实见外,如人之忠者,亦以忠心见外。”揜,同“掩”。

⑦孚尹(yún)旁达,信也:孔疏:“玉采色彰达,著见于外,无隐掩,如人有信者亦著见于外。”孚,同“浮”。尹,通“筠”,指润色在外。

⑧虹:古人谓虹为天之气。

⑨圭、璋特达,德也:孔疏:"以聘享之礼,有圭璋、璧琮,璧琮则有束帛加之乃得达,圭璋则不用束帛,故云'特达'";"言人之有德,亦无事不通,不须假他物而成"。

⑩"《诗》云"以下二句:出自《诗经·秦风·小戎》。

【译文】

子贡问孔子说:"请问,君子为什么珍视玉而轻视珉呢?是因为玉少而珉多的缘故吗?"孔子回答说:"不是因为珉多就轻视它、玉少就珍视它。从前,君子的美德都拿玉来比拟。玉温和而润泽,这就像是'仁';缜密而有条理,这就像是'智';有棱角但不伤人,这就像是'义';垂挂而下坠,这就像是'礼';叩敲一下,声音清泠悠扬,而后绝然而止,这就像是'乐';瑕疵不会掩盖美质,美质也不会掩盖瑕疵,这就像是'忠';光彩外显旁达无隐匿,这就像是'信';玉上光气如白虹,这就像是'天';精气在山川中显现,这就像是'地'。圭、璋作为朝聘礼物可不附加束帛单独使用,特别送达,这就像是'德';天下没有人会不看重玉,这就像是'道'。《诗经》上说:'想念君子,他像玉那样温润。'所以,君子重视玉。"

丧服四制第四十九

【题解】

郑玄说："名曰'丧服四制'者，以其记丧服之制取于仁、义、礼、知也。"

本篇阐述制定丧服所根据的四项原则——恩（恩情）、理（义理）、节（节制）、权（权变），而这四项原则分别本于仁、义、礼、智。本篇内容也见于《大戴礼记·本命》和《孔子家语·本命解》，可互相参看。

凡礼之大体[1]，体天地，法四时，则阴阳，顺人情，故谓之礼。訾之者[2]，是不知礼之所由生也。

【注释】

①大体：郑注："礼之言体也，故谓之礼，言本有法则而生也。"孙希旦说，此言凡礼由是四者而生，盖五礼之所同也。下文乃专以丧礼言之。

②訾（zǐ）：诋毁。

【译文】

凡礼的基本点与法则是，取法天地，效法四时，比照阴阳，顺应人情，所以称之为礼。诋毁礼的人，是不知道礼是怎样产生的。

夫礼吉凶异道[①]，不得相干，取之阴阳也。丧有四制，变而从宜，取之四时也。有恩、有理，有节、有权[②]，取之人情也。恩者仁也，理者义也，节者礼也，权者知也。仁、义、礼、知，人道具矣[③]。

【注释】

①吉凶异道：孔疏："言吉凶各异其道，及衣服、容貌、器物不同也。"

②有恩、有理，有节、有权：孙希旦说，有亲属而服之者谓之"恩"；本非亲属，因义理之宜而服之者谓之"理"；立其制限谓之"节"；酌其变通谓之"权"。

③仁、义、礼、知，人道具矣：孔疏："仁属东方，义属西方，礼属南方，知(智)属北方。四时并备，是'人道具矣'。"

【译文】

吉礼、凶礼两种礼仪规制做法各不相同，不能互相干犯，因为它们分别取法于阴阳。丧服制度有四条准则，丧服的变化相宜地进行，就是取法于四时。服丧的四条准则，有据恩情而服，有据义理而服，有据节制而服，有据权变而服，都取法于人情。据恩情而服就是仁，据义理而服就是义，据节制而服就是礼，据权变而服就是智。有仁、义、礼、智这四条，做人的道德就齐备了。

其恩厚者其服重，故为父斩衰三年，以恩制者也。

【译文】

对恩情深厚的，丧服就重，所以为去世的父亲要服斩衰三年，这就是根据恩情制定的礼。

门内之治恩揜义①，门外之治义断恩②。资于事父以事君而敬同③，贵贵尊尊，义之大者也。故为君亦斩衰三年，以义制者也。

【注释】

①门内之治恩揜义：孔疏："以门内之亲，恩情既多，揜藏公义，言得行私恩，不行公义。"门内，指本族内。

②门外之治义断恩：孔疏："既仕公朝，当以公义断绝私恩。"

③资：郑注："犹操也。"

【译文】

为族内的人服丧，感情重于道义；为族外的人服丧，道义重于感情。拿为父亲服丧相同的敬意来为国君服丧，尊敬贵人，尊崇尊者，这是义理中最重大的原则。所以为国君也服斩衰三年，这就是根据道义制定的礼。

三日而食①，三月而沐，期而练②，毁不灭性，不以死伤生也。丧不过三年，苴衰不补③，坟墓不培④，祥之日鼓素琴⑤，告民有终也，以节制者也。

【注释】

①食：郑注："食粥也。"

②练：服丧满一年后举行练祭，改戴练冠。

③苴（jū）衰：苴麻之衰，即斩衰。

④培：孔疏："益也。"

⑤祥：大祥祭。素琴：孙希旦说："琴之无饰者也。"

【译文】

父母之丧，三天后可以喝粥，三月后可以洗头，一年练祭后改戴练冠，身体虽然毁伤但不至于危及性命，这是说不能因为死者而伤害了生者。丧期不超过三年，斩衰丧服破了也不补，坟墓不再垒土，大祥祭后就可以弹奏素琴，这是告诉人们服丧是有终结的，这就是根据节制原则制定的礼。

资于事父以事母而爱同。天无二日，土无二王，国无二君，家无二尊，以一治之也。故父在为母齐衰期者，见无二尊也。杖者何也？爵也[①]。三日授子杖，五日授大夫杖，七日授士杖。或曰担主[②]，或曰辅病[③]。妇人、童子不杖[④]，不能病也。百官备，百物具，不言而事行者，扶而起；言而后事行者，杖而起；身自执事而后行者，面垢而已。秃者不髽[⑤]，伛者不袒[⑥]，跛者不踊。老病不止酒肉。凡此八者[⑦]，以权制者也。

【注释】

①杖者何也？爵也：孔疏："杖之所设，本为扶病，而以爵者有德，其恩必深，其病必重，故杖为爵者而设，故云'爵也'。"

②担主：孔疏："《丧服传》云：'杖者何？爵也。无爵而杖者何？担主也。'郑注云：'担，假也'，'尊其为主'，'假之以杖'。"指无爵之嫡子假借丧杖而为丧主，主持丧事。

③辅病：即扶病。孔疏："《丧服传》云：'非主而杖者何？辅病也。'谓庶子以下，虽非適（嫡）子皆杖，为其辅病故也。"

④妇人、童子不杖：孔疏："杖既扶病，何妇人、童子所以不杖？为其

不能病也。妇人,谓未成人之妇人。童子,谓幼少之男子。”

⑤髽(zhuā):孔疏:“髽者是妇人之大紒,重丧辫麻绕发。”即用麻线编辫发髻。

⑥伛(yǔ):驼背。

⑦八者:即前述八种情况。孔疏:“应杖不杖,不应杖而杖,一也。扶而起,二也。杖而起,三也。面垢,四也。秃者,五也。伛者,六也。跛者,七也。老病者,八也。”

【译文】

用侍奉父亲的相同的态度来侍奉母亲,敬爱之心是相同的。但是,天上没有两个太阳,地上没有两个王,国家没有两个君主,家里没有两个尊者,只能由一个人来治理。所以父亲健在为去世的母亲服齐衰一年,即体现家中没有两个尊者。服丧为什么要拄着丧杖呢?表示服丧者是有爵位的人。国君去世,第三天授给世子丧杖,第五天授给大夫丧杖,第七天授给士丧杖。丧礼中,有的人没有爵位也拄丧杖,或是因为是嫡子要主持丧事,或是因为生病而要用杖来支撑身体。男女未成年的不用拄杖,因为他们不能因为哀伤而生病。百官齐备,百物具备,有的丧主不用说话就能把事情办好,这样的丧主可以竭尽其哀痛之情,要别人搀扶才能站起来;有的丧主需要自己发话才能把事情办好,这样的丧主要适当收敛其哀痛之情,自己拄杖站起来;有的丧主要亲身做事才能把事情办好,这样的丧主蓬头垢面也是可以的。服丧时,秃头的人不用露出发髻,驼背的人不用袒衣露体,跛子哭丧时不需跳脚。年老和有病的人不需停止喝酒吃肉。以上八件事,这就是根据礼仪的权变制定的礼。

始死,三日不怠[①],三月不解[②],期悲哀[③],三年忧,恩之杀也。圣人因杀以制节,此丧之所以三年,贤者不得过,不肖者不得不及,此丧之中庸也,王者之所常行也。

【注释】

①不怠：郑注："哭不绝声也。"

②不解：郑注："不解衣而居，不倦息也。"

③期悲哀：孔疏："谓期之间，朝夕恒哭。"

【译文】

亲人刚死，孝子三天内哭声不断，三个月不解衣而睡，没有倦意；一年里悲哀愁苦，朝夕常痛哭；三年内忧思在心，恩情随着时间过去而减弱，哀痛逐渐递减。圣人依据恩情随着时间过去而减弱，哀痛逐渐递减的情况来制定礼节，所以丧期是三年，贤人也不能超过，不肖的人也不能达不到，这是丧礼中的中庸之道，是历代君王所常实行的。

《书》曰："高宗谅闇，三年不言。"[①]善之也。王者莫不行此礼，何以独善之也？曰：高宗者，武丁。武丁者，殷之贤王也。继世即位，而慈良于丧。当此之时，殷衰而复兴，礼废而复起，故善之。善之，故载之《书》中而高之，故谓之"高宗"。三年之丧，君不言。《书》云"高宗谅闇，三年不言"，此之谓也。然而曰"言不文"者[②]，谓臣下也。

【注释】

①"《书》曰"以下二句：出自《尚书·无逸》。谅闇，居丧所处的倚庐。闇，同"暗"。

②言不文：出自《孝经·丧亲章》：子曰："孝子之丧亲也，哭不偯，礼无容，言不文，服美不安，闻乐不乐，食旨不甘，此哀戚之情也。"

【译文】

《尚书》上说："殷高宗居处倚庐，三年不说政事。"这是在赞扬他。君王没有不行此礼的，为什么只夸奖殷高宗呢？回答说：殷高宗，就是武丁。武丁，就是殷代的贤王。继承父亲即位，孝顺温良地守丧。他在位时，殷代由衰而逐渐复兴，礼由废弃逐渐兴起，所以赞扬他。因为赞扬他，所以记载在《尚书》中并颂扬他，所以称他为“高宗”。三年之丧，君王不开口谈政治。《尚书》上说的“殷高宗居丧住在倚庐中，三年不开口谈政事”，说的就是这件事。然而，古书上说“孝子在居丧期间，说话不讲究文辞”，说的是臣下的居丧礼。

礼：斩衰之丧，唯而不对；齐衰之丧，对而不言；大功之丧，言而不议；缌、小功之丧，议而不及乐①。

【注释】

①“斩衰之丧”八句：见《间传》“斩衰，唯而不对”节。

【译文】

礼制规定：服斩衰之丧，别人问话时只发出“唯唯”的声音而不回答别人的问话；服齐衰之丧，可以回答别人的问话但不主动说话；服大功之丧，可以主动说话但不发表议论；服缌麻、小功之丧，可以发表议论但不说快乐之事。

父母之丧，衰冠、绳缨、菅屦①，三日而食粥，三月而沐，期十三月而练冠，三年而祥。比终兹三节者②，仁者可以观其爱焉，知者可以观其理焉，强者可以观其志焉。礼以治之，义以正之，孝子、弟弟、贞妇皆可得而察焉。

【注释】

①菅（jiān）：茅草。屦（jù）：鞋。

②三节：孙希旦说，谓三月而沐，期而练，三年而祥。盖丧以既葬、

既练、既祥为变除之大节也。

【译文】

为父母服丧，头戴丧冠，冠缨用麻绳编成，脚穿草鞋，三天后才喝点儿稀粥，三个月后才洗头，满一年即十三个月后才改戴练冠，第三年举行大祥祭。完成了这三个阶段的孝子，仁者就可以观察到他的爱心，智者就可以观察到他的理性，强者就可以观察到他的志意。用礼来治理丧事，用道义来规正丧事，是不是孝子，是不是顺从的兄弟，是不是贞洁的妇人，都可以观察出来。